现代西方社会思潮研究

乐 平 著

对外经济贸易大学出版社
中国·北京

图书在版编目（CIP）数据

现代西方社会思潮研究／乐平著．—北京：对外经济贸易大学出版社，2011
ISBN 978-7-5663-0162-8

Ⅰ．①现…　Ⅱ．①乐…　Ⅲ．①社会思潮－研究－西方国家－现代　Ⅳ．①D091.5

中国版本图书馆 CIP 数据核字（2011）第 190003 号

现代西方社会思潮研究

乐　平　著

责任编辑：强晓洁

对 外 经 济 贸 易 大 学 出 版 社
北京市朝阳区惠新东街 10 号　　邮政编码：100029
邮购电话：010－64492338　　发行部电话：010－64492342
网址：http://www.uibep.com　　E-mail：uibep@126.com

山东省沂南县汇丰印刷有限公司印装　　新华书店北京发行所发行
成品尺寸：155mm×230mm　　22.5 印张　　321 千字
2011 年 10 月北京第 1 版　　2011 年 10 月第 1 次印刷

ISBN 978-7-5663-0162-8
印数：0 001－2 000 册　　定价：41.00 元

前　言

人类历史的列车风驰电掣般地穿越时间的隧道，已经掠过新世纪的第一个十年。历史的列车以它独特的方式向搭乘它的人提出了同样的问题：对经历过的生活、现实遇到的种种问题以及未来的种种可能性是否作了清醒地审视与思考？的确，现实中的每个人都有自己的回答，对于普通的人来说，思考仅仅基于自己的生活和身边的生计。但对思想家来说，思考是其天职。他们在前辈的肩上，对现实社会及其发展的趋势进行思考、研究、批判及预测。从他们的感受力、洞察力和历史观出发，对人类现实的处境以及未来的走向，提出独到性、个性化、批判性的理论和预测，试图反映时代的变迁与走势，在困境之中寻找到有效解决问题的途径。关于人类究竟应该如何认识和对待自己与自然、自己与自己的生存状况之间的关系，始终是一个难于回避的问题。19 世纪后期至整个 20 世纪是人类进入工业革命之后的变化最迅速的时期，成就与灾难共存，和平与战争更替，痛苦与欢乐交织，自由与压迫相争……哈姆雷特式的“生存还是死亡”的矛盾困扰着人类社会生活的方方面面。面对着巨大的生存与发展的挑战，相继涌现出大量的思想家，并以自身独特的视角关注并给予解答。思想是人类文明的“活的灵魂”，而“文明是实践的事情，是一种社会品格”。[①] 正是 100 多年复杂的历史进程，产生了庞杂而众多的社会思潮，对这一特殊时代的社会发展产生了巨大的影响，左右着社会生活的各个角落。

所谓社会思潮是反映特定环境中人们的某种利益、要求，并对社会生活有广泛影响的思想趋势或倾向。表现为由一定的理论形态的思想为

---

① 马克思恩格斯全集：第一卷. 北京：人民出版社，1956：666.

主导，或表现特定环境中人们的社会心理的理论反映，是社会现实的综合表现形式。社会思潮也是社会气候的“晴雨表”，其社会功能表现为批判性和预测性。而作为对社会存在的反映的思潮，是随着时代的进步和对发展的阶段性所出现的问题的反映而突出它的主流性，但是任何社会思潮都有其生命周期。正如马克思所说，一种理论的命运如何，主要取决于它能够在多大程度上表达自己时代的特点，满足自己时代的需要。因此社会思潮的时代需要性和自身发展的逻辑不断产生作用，或成为过眼云烟，或正在兴起。

现代西方社会思潮涉及人文及社会科学的所有领域，其中影响社会思潮理论出发点的思潮可分为两大哲学思潮：人本主义与科学主义。“哲学本不是站在它的时代以外，它就是关于它的时代的实质的知识”，“任何真正的哲学都是自己时代精神的精华”，[①] 所以就哲学的性质以及与当代的经济、政治、文化、人们行为的关系来说，也是本书对 20 世纪主要社会思潮进行探究的起点。紧紧扣住当代社会发展的特点和时代主题，着重对在当代西方社会中产生重大影响的现代西方主要社会思潮进行分析研究，关注现代社会思潮发展的逻辑轨迹、理论视角、提出的问题、理论发展面临的困境与挑战，以及其作为社会改造方案的意识形态的社会功能。由于受自身理论学养及篇幅所限，着重对 20 世纪产生重要影响的西方主要社会思潮进行分析与探究。研究的思潮包括：现代西方哲学思潮的人本主义和科学主义；对当代资本主义社会进行批判的社会思潮：西方马克思主义；西方科学技术革命引发的社会思潮：西方未来主义；当代世界性的文化思潮：后现代主义；建构资本主义社会发展理念的政治思潮：自由主义、保守主义、民主社会主义。

现代西方社会思潮思想观点庞杂，流派众多，理论内部发展多变，线索复杂，要准确把握有相当的难度，更难将思想家的思想理论完整再现并加以评述，因此需要构建评述的方法论，以便更好地将思潮中的精华展现出来。本书着重从四种关系中把握现代西方社会思潮中的理论精

① 马克思恩格斯全集：第一卷. 北京：人民出版社，1956：120－121.

华。首先，广博与精深的关系。尽可能多展示思潮的理论系统、信息和发展动态，更重要的是把握内在的思维方法。将思想家最有独创性、启发性和代表性的思想观点，按其发展的内在线索、思维的逻辑，提出解决问题的特殊思路，精选出加以阐述。因为，问题的提出有时比答案更重要，论证的过程有时比结果更有启发，资料的释义比资料的数量重要得多，因此对重要的思想家的理论观点的阐述，更强调对其文本的理解。其次，述与评、介绍与批判的关系。对涉及的社会思潮和流派，需要忠实的介绍、同情的理解，也需要批判的超越。没有批判精神的理论是没有活力和生气的。其三，外部批判与内部批判的关系。所谓外部批判是指，理论之间的相互理解、同情和对话式的批判。内部批判，是一个理论派别中的对话，揭示理论内部的矛盾、困境或缺陷，探求出路。黑格尔曾经说过：哲学史料经过“哲学工程的建筑师”的构造，便获得了批判的生命，成为“活生生的精神”，哲学史不再是堆满了被推翻的理论的“死人的王国”，这里展现的将是高尚心灵的更迭，思想英雄的较量。希望用此观点看待现代社会思潮的发展。其四，社会思潮存在的社会条件与理论的内在发展的关系。任何一种社会思潮都是时代的产物，必然与社会条件密切相关，否则无法理解其产生的意义与建筑。但是，理论自身的承袭性是十分重要的，它是思想发展的逻辑线索。在此基础上，对现代西方社会思潮浩瀚的思想观点进行必要的裁剪，客观、真实地将其思想的精华展现，强调理论的时代影响力、独特性和思想家的亲历性，从整体上理解这些思想及其存在的局限，以便更好地为我们研究和解决中国社会发展提供滋养与借鉴。

本书获得对外经济贸易大学研究生部教学研究项目的资助，得到对外经济贸易大学出版社社长刘军、总编刘传志、编辑王煜和强晓洁等的大力支持，在此一并表示衷心的感谢。囿于水平所限，错误恐怕难免，恳请专家学者不吝赐教。

乐 平

2011 年 7 月

目　录

第一章

西方唯意志主义思潮

唯意志主义产生于19世纪的德国，19世纪下半叶和20世纪初流行于德、英、法和北欧等国。它的产生及流行是与资产阶级丧失革命性，资本主义发展到垄断阶段的历史条件密切相关。唯意志主义属于现代非理性主义思潮。19世纪中期前后，德国哲学家叔本华和丹麦神秘主义哲学家克尔凯郭尔率先打出了反理性主义的旗帜，他们都要求哲学摆脱外在的虚幻世界而回到个人的内心世界，形成现代人本主义思潮的开端。特别是克尔凯郭尔不满当时社会过于尊崇理性的风尚，针对黑格尔哲学中作为理性化身的“绝对精神”，提出世界的本质是孤独个性的主观意志，强调人的非理性的心理体验，开启了唯意志主义哲学向现代哲学转型的大门。唯意志主义哲学带有浓厚的悲观主义色彩，在很大程度上预示了资本主义危机时代的来临。

一、现代人本主义与唯意志主义

1. 形成的社会与理论背景

现代人本主义思潮发端于19世纪上半叶，到20世纪初基本成形。现代人本主义一方面继承了西方文艺复兴以来的人文主义哲学传统，另一方面又对这一传统进行了批判，形成了强调以独立“个人”为主要研究对象，阐述人的生存、人的意义、人性的解放等与现代人的处境相关的人的问题。

传统的人本主义哲学是以人的理性作为哲学发展的主轴，要求摆脱经院哲学以及一切传统和权威的束缚，主张解放思想，强调普遍的人性、人类共同本质、人的认识能力。在思维方式上是把本体当作事物的具体和特殊的存在及其各种特性的基础，传统人本主义哲学的任务就是揭示和阐明本体的概念，然后推出一切。立足于逻辑演绎方法，企图求得一个普遍的原则，向世人提供真实的、具有普遍性和必然性的知识，以揭示全部自然界的奥秘。但是，哲学发展的结果或事实是使主与客、心与物、灵与肉分裂，使人沦落为一架没有血肉的机器，人变成了抽象的人、概念的人，人自身的问题被忽略了。然而到19世纪中叶，资本主义社会矛盾日益尖锐化，资本积累不断加深了异化现象，传统的道德观、价值观的丧失，人们感到资本主义并没有带来人的普遍幸福和人性的充分发挥，而是痛苦和灾难，对理性主义越来越失去信念，而人作为个体存在的价值、人在自然和社会中的地位等问题日益突出，加之资本主义由于垄断冲突导致的战争与经济危机，在很大程度上摧毁着大多数人的努力，人的处境变得不可控、不确定；同时科学技术的迅速发展，推动了社会快速发展，人被社会巨浪裹挟着向前，越发感到自己被工具化、被异化。现代人生存的困惑、疑问在传统的理论中难以寻找到满意的答案，因此在现代社会人心中形成了孤独、疑惑、彷徨、烦恼、恐惧、空虚、无奈，甚至绝望的心理。这些人内心中真实而直接的体验，被现代人本主义的思想家察觉并试图给人生的现状给予解释，并努力寻找解决的途径。在这样的背景下，产生了批判传统理性主义的现代人本主义思潮。西方唯意志主义思潮率先发起对传统理性主义的批判，开非理性主义哲学之先河。

2. 非理性主义哲学的基本特征

现在人本主义思潮内部存在众多流派，具有明显非理性主义哲学特征。非理性主义哲学特点是强调情感、意志、直觉、本能等非理性的活动在人的整个精神和物质存在中的决定作用，否定理性思维的主导地位。虽然各派别哲学家的思想观点彼此有相谬之处，但是，有一点是共同的，就是从根本上否定传统理性主义至高无上的地位，以及由此建立起来的道德伦理观念、价值观念、知识体系、思维方式，企图从人自身非理性因素中探求出一条解决人生问题的道路。也正是由于非理性主义力图使人摆脱被绝对理性和现实异化的境况，重现人的本真存在，充分发挥人的生命力、创造力，研究个人独特的个性、生命、本能，从对外部自然界的研究转向对人本身的内在精神的研究，因此它往往也被归为人本主义思潮之列。主要包括唯意志主义、生命哲学、现象学、存在主义、弗洛伊德主义、法兰克福学派、哲学人类学、解释学等，虽然研究的视角有差别，但是其共同特征是强调人的多样性、个体性、特殊性，反对传统人本主义过于崇尚人的共性。

根据非理性主义哲学流派理论特点可以对基本特征进行大致的概括：（1）把人作为哲学的基本问题和出发点、核心；（2）否定或贬低理性的作用，强调或夸大非理性的意志、本能、直觉和自我意识的作用，与理性、逻辑和科学对立；（3）表现出悲观主义的倾向。

二、叔本华的生在意志论

叔本华（Authur Schopenhauer, 1788－1860）是19世纪第一个对黑格尔为代表的理性思辨哲学进行批判，并努力从根本上改变西方哲学发展方向的德国哲学家。他出生于但泽（今波兰格但斯克）一个银行家的家庭，从小孤僻、傲慢，有精神病气质，终身未娶。年轻时他曾按父愿去英、法等国学习经商，后来弃商从学。1809年赴哥丁根大学学医，次年改学哲学，是柏拉图的崇拜者；1811年到柏林大学听费希特和施莱尔马赫的课；1813年以《充足理由律的四重根》的论文获耶拿大学哲学博士学位。后来先后居魏玛、德累斯顿，研究印度哲学和佛学，1820年凭《作为意志和表象的世界》一书成为柏林大学哲学讲师。当时德国各大学哲学讲坛大都由以黑格尔为代表的理性派哲学家主持，叔本华对此极为愤恨，欲与他们一争高低。他在柏林大学时就企图与当时同在此任教的黑格尔争夺听众，但遭惨败。辞职后，独处著述。1860年在法兰克福辞世。

由于1848年革命以前的德国，资本主义社会的矛盾尚未明显暴露，资产阶级向往以理性主义为旗帜的革命，而叔本华以批判理性、宣扬悲观主义为主要特征的哲学显然不合时宜，因此他的代表作《作为意志和表象的世界》几乎无人问津。叔本华只好自嘲说自己的著作不是为当代人，而是为后人写的。随着1848年革命的失败，德国资产阶级灰心失望，工人运动的高涨以及与之相应的马克思主义的产生和传播，资本主义制度的内在矛盾逐步明朗，使德国资产阶级原本较软弱的革命性进一步受挫。对理性的不信任，苟且偷安，逃避现实成了流行的风尚。这时叔本华哲学符合了现实的需要而受到极大欢迎。许多原来对他投以鄙视眼光的著名人物转而对他颂扬备至，称他为“伟大的哲学家”。

叔本华哲学如此大悲大喜的戏剧性变化，恰恰说明其哲学对现代西方哲学发展有着不可或缺的重要意义。叔本华哲学的重要意义不在于它适应了1848年后的德国特殊的社会环境，而在于它对传统理性主义的批判正好预示了德国唯心主义的没落。他尖锐地指出，现在德国哲学是吹牛的骗子和假充内行的骗子的产物。他宣称自己的哲学采取了“完全不同于过去的一切哲学思维的方法，并强调要做自我的思想家，而不做诡辩的思想家。”并自认是康德的忠实继承人，并致力于把康德关于“善良意志”的伦理学改造为意志主义的本体论。必须指出，叔本华的哲学克服了德国古典哲学艰深、晦涩的特征，以文字清新而不肤浅的方式表达思想，并将传统形而上学问题与人生的意义直接挂钩，使得哲学从象牙塔中解放出来，恢复了哲学的原始活力。

1. 世界是我的表象

叔本华的哲学是从康德的成就出发，阐述其理论的[①]。康德认为：理论理性不纯粹而实践理性纯粹。其意隐含着实践理性高于理论理性的结论，因此叔本华认为传统哲学中理性思维只能认识表象世界。运用理性思维的人犹如束缚在堡垒外面，绕着堡垒转来转去而找不到入口一样，无法认识世界和人的本质。要想认识世界和人的本质，就必须依赖于认识的主体——人，从主体与世界的关系入手。任何客体的存在都是依赖于主体存在的，都不可避免地要以主体为存在的条件，否则没有意义。

叔本华在《作为意志和表象的世界》开篇的第一句话，“世界是我的表象：这是一个真理，是对于任何一个活着和认识着的生物都有效的真理。”并将其作为自己哲学的出发点，也是知识论的第一命题。他认为：“一切的一切，凡已属于这世界的一切，都无可避免地带有以主体为条件（的性质），并且也仅仅只是为主体而存在。世界即是表象。”[②]一个能进行反省思维的人，“他不认识什么太阳，什么地球，而永远只是眼睛，是眼睛看见太阳，永远只是手，是手感触着地球；就会明白围绕着他的这个世界只是作为表象而存在着的。”[③] 作为认识者或表象者的人就是“主体”。“主体就是这世界的支柱，是一切现象，一切客体一贯地，经常作为前提的条件，凡是存在着的东西，就只是对于主体的存在。”[④] 作为主体的人，其本质就是“意志”。因为决定人的行为的是动机，而动机中起抉择作用的是意志。在此叔本华强调，如果我们审视内心，立刻便可体会到行动的意愿，这就是意志。身体的每一次活动都是一次意志活动的现象，是意志的客体化。如牙齿、食道、肠的输送就是客体化的饥饿；生殖器是客体化了的性欲。[⑤] 直观世界是意志的客体

① 叔本华．作为意志和表象的世界．北京：商务印书馆，1982：567.

② 叔本华．作为意志和表象的世界．北京：商务印书馆，1982：26.

③ 叔本华．作为意志和表象的世界．北京：商务印书馆，1982：25.

④ 叔本华．作为意志和表象的世界．北京：商务印书馆，1982：28.

⑤ 叔本华．作为意志和表象的世界．北京：商务印书馆，1982：163.

性，是意志的显出，是意志的镜子，[①] 都叫作表象。

在这里，叔本华说的“世界是我的表象”，不是论述世界是由我创造的，也不是否认事物世界的客观存在，而是说它对我们的呈现，是我们关于它的一切论断的前提。世界上的事物之所以有不同的类型，是因为我们人有不同的表象方式。如：（1）直观经验的表象方式；（2）抽象的概念；（3）对时间、空间的先天直观行动；（4）独立表象由主体的意志、动机而产生的表象方式。从认识论意义上说，对象总是主体的对象。其存在及其意义在一定程度上是以主体为转移的。

2. 作为意志的世界

叔本华在《作为意志和表象的世界》的第二篇“世界作为意志初论”中认为，世界分为两部分：一方面是表象，一方面是意志。主体是认识一切而不被任何事物所认识的，是世界的支柱，我们每个个人正是这样一个主体。而客体则是我们通过先验的时空范畴去认识的事物，比如我们的身体。主体和客体共同构成作为表象的世界，故而是不可分的。叔本华认为人们只能认识时间、空间和因果性，而这些东西都只在表象间发挥作用、形成联系，和意志本身无关。感性、知性和意志之间不存在因果关系。所以一切表象的存在都是意志的客体化。他认为一切表象的存在源于两种完全不同的形式，其一是感性和知性，其二是意志。

人的一切行为是由意志活动和行为活动两方面构成的，在叔本华看来两者是具有同一性的。意志活动不是感性和知性，即思考过程的那种活动，因为这种活动属于表象，和物自体即意志无关。意志只在行为活动中使自己现身。“事实上，意志自身在本质上是没有一切目的的，一切止境的，它是一个无尽的追求。”[②] 它是某种无法抑制的、盲目的冲动，某种非理性的欲求。人们所有的行为都是这种盲目的冲动，一切表象中的活动只是使人们感觉自由的假象。意志是一种不能被克服的东

---

① 叔本华. 作为意志和表象的世界. 北京：商务印书馆，1982：236.

② 叔本华. 作为意志和表象的世界. 北京：商务印书馆，1982：235.

西，我们每一行为都是意志的现身。

在叔本华看来意志也不是仅限于人。他说在无机的自然中，意志在普遍的自然力中使自己获得客体化。就像人类行为一样，意志就在那往下掉落的石头中使自己现身。人是主体和客体的统一，整个世界都是主体和客体的统一。世界的主体是意志，世间一切都是意志主体的活动。当人以意志直观活动时，意志就成为了直观的对象，这就是表象。因此世界既是意志，也是表象。人的意志与世界的意志是连续的、相通的，可以由此达彼，由我及物地类比推理。由此叔本华认为，外部世界的本质或内核也是意志。如石头自由落体运动，植物向上生长，磁针指向北方，地球被太阳吸引，动物的欲望冲动，水流的向前奔腾，等等，都是意志主体的活动。这样一来，叔本华就把意志当成了本体的东西，在他看来，世界的内在本质或内核就是意志，万事万物不过是意志客观化的产物。

那么叔本华所说的意志是什么？他认为意志就是一种求生存的欲望冲动，即生存意志（the will to live）。它是一切欲望的根源，是支配着人的思想和行为的本质，但是，生存意志也是不可遏止的盲目冲动和欲求①。在他看来，“意志既然是世界的自在之物，是这世界内在的蕴涵和本质的东西；而生命，这可见世界，现象，又都只是意志的镜子；那么现象不可分离地伴随着意志，如影不离形；并且哪儿有意志，哪儿就会有生命、有世界。”②

3. 理性与直觉

关于生存意志，他认为是不受任何因果联系和规律制约的，一切认识方式如感情经验、理性思维，并不是认识客观因果联系和规律的手段。他指出传统的理性主义哲学强调人的理智引出人的存在、意志和行动，人的理智支配人的行为，这是一个“古老的普遍的根本性错误”。其实理性没有如此高的地位。“意志是主人，理性是仆人”。认识和理

① 叔本华. 作为意志和表象的世界. 北京：商务印书馆，1982：252、236.

② 叔本华. 作为意志和表象的世界. 北京：商务印书馆，1982：377.

智的出现仅是为盲目冲动的意志点燃了一盏明灯，使之能较自觉地为自己的生存开辟道路，因而理性只是满足欲望的工具。理性只能认识表象世界，而无法认识生存意志，只能听命于生存意志。

那么如何认识作为世界本质的生存意志呢？叔本华认为，只有依靠生存意志的自我内省，即一种非理性的直觉的体验，人们才能认识人的本质，进而认识世界的本质。这是由于主体本身是一种绝对自由、自发的、能动的力量的冲动，即意志，理性是无法理解的，要理解自由、自发存在的价值和意义要依靠直觉。只能意会不可言传的境界是主客体融合为一体。不是让抽象思维、理性的概念盘踞人的意识，而是把“全部精神能力献给直观（直觉），沉浸在直观中，并让意识充满着对于当下的自然客体物或任何其他东西的静观，不管这对象是风景，是树木，是岩石，是建筑物或其他什么。……就是人们自失于对象之中了，……忘记了他的个体，忘记了他的意识；”“人们不再把直观者与直观（本身）分开了，而是两者已经合一了”；这时认识主体已是“纯粹的、无意识的、无痛苦的、无时间的主体”。[①] 而“纯粹主体就不在时间之流和一切其他关系之中。这样人们或是从狱室中，或是从王宫中观看日落，就没有什么区别。”[②] 这样可以使我们摆脱了主观性，摆脱为意志服务的奴役性而转入纯粹认识的状况，在大自然的怀抱中，创新获得力量。叔本华特别崇尚“艺术直觉”。认为“审美”是生存意志的“超越”。在艺术的直觉中，一切事物与内在心灵、主体与客体、个体与整体才能真正地融合，并在融合中真正体验到意志世界的存在和本质。

值得注意的是：对叔本华来说，理性及其抽象不是最重要的，重要的是生命的具体，抑制理性的至高无上的作用并不是要反理性，而是要恢复被忽视的鲜活的生命。面对具体的事物，叔本华以直觉之利用抽象概念使它超出具体事物及现象而达到本体的试图，又使其陷入对理性批判的自相矛盾之中，而且也使自己的非理性主义哲学具有强烈的神秘主

---

① 叔本华. 作为意志和表象的世界. 北京：商务印书馆，1982：249－250.

② 叔本华. 作为意志和表象的世界. 北京：商务印书馆，1982：275.

义倾向。

4. 悲观主义的人生观

叔本华认为，最高级的活动是人在意志驱使下的生命活动。根据意志既能动又盲目的特点，他把人理解为具有多方面、多层次的欲望，富有喜怒哀乐之情的活生生的人。为此尼采称赞说，这是“个人的哲学”，描绘了“人生之画的全景”。叔本华强调意志至上的理念，应该得出意志主宰一切的行动主义的观点，但是却相反，他认为意志在本质上是邪恶和痛苦的，是永无止境的苦难和罪恶的渊薮。他认为，在现实生活中，人的本质就在于他的意志有所追求，生存意志就是对一种生存欲望的追求，因此追求得到满足就是幸福，缺少满足就是痛苦，少了新的愿望就是空虚的想往、沉闷、无聊。“欲求和挣扎是人的全部本质”。[①] 对于人来说，获得满足后，又缺少新的欲求的对象，马上会受到空虚和无聊的袭击，人的存在和生存本身就会成为他不可忍受的重负，所以人生是在痛苦和无聊之间像钟摆一样地来回摆动着；[②] 痛苦是人生所不可避免的。人是千百种需要和欲望的凝聚体，人生的结果是痛苦，“每一部生命史就是痛苦史”。人生在整个本性上便已不可能有真正的幸福。人生本质上就是一个形态繁多的痛苦，是一个一贯不幸的状态；……乐观主义是没脑子，没思想的空谈；要不就是“作为对人类无名痛苦的恶毒讽刺……”[③] 相信幸福就是生命的目的，乃是最大的荒谬。

既然人生是一部痛苦史，那么如何摆脱痛苦？叔本华首先从对人进行分类，来讨论他们的现实状况。

叔本华说，对于人，应进行分层次理解：第一，具有个性的个体；第二，具有天才的个人。具有个性的人不自觉地受意志的支配，意志看似主观任意，为所欲为，但实际上是客观盲目的冲动。在多数情况下，意志不服从理智，我们这些具有个性的人甚至不知道自己真实的意愿动

---

① 叔本华. 作为意志和表象的世界. 北京：商务印书馆，1982：427.

② 叔本华. 作为意志和表象的世界. 北京：商务印书馆，1982：427.

③ 叔本华. 作为意志和表象的世界. 北京：商务印书馆，1982：447.

机是什么（这类似于后来弗洛伊德所说的“下意识动机”）。人只不过是意志的工具，生活对人是折磨和苦难。而人的个性是天生的，人从出生之时就被意志严格决定；千差万别的性格不过是意志的多样形态，人们如同不能选择体质一样，不能选择性格，人的性格就是他的命运。因此，人的善恶是天生，幸福与不幸也是命中注定。但人们却相信，自己的努力可以塑造个性，改变命运，这是人世纠纷争斗的根源。人力图满足自己的欲望，他的个性必然是利己的，利己主义的生活结果不是贪得无厌，就是恐惧不安，或是百无聊赖。个性越显著，则欲望越强烈，痛苦越深刻。如果我们对一生作整体考察，如果只强调最基本的方向，那它实际上总是一场悲剧，只有在细节上才有喜剧的意味。①

而作为天才的人则不同，天才是摆脱了意志（或欲望）的控制的、超凡脱俗的人。他们的天才主要表现于艺术和哲学。叔本华有一套关于艺术本质的独特理论。他说，意志不是通过感官，而是通过心灵在艺术创作和欣赏的过程中被认识的，心灵认识意志的途径是艺术想象和直观，而不是推理思维。艺术形象是意志向心灵的显现，心灵的瞬间感受和意志的创造是统一的；艺术的本质是意志对自身的直观，而不是对人或事加以概念化的产物。叔本华把艺术直观称作“自失”。

自失是直观者与直观境界的融合，“人自失于对象之中，也就是说，人们忘记了他的个性，忘记了他的意志。”在艺术的创造和欣赏中，人们超越了因果律，不受经验和个人利益的支配，不管在王宫还是在狱室里，人们都可以观赏到同样壮观的落日。艺术的创造者和欣赏者具有同样的才能。叔本华这样描述心灵的艺术感受：“永远寻求而又永远不可得的安宁就会在转眼之间自动光临而我们也就达到了十足的怡悦了。”这就是没有痛苦的心境，摆脱了可耻的意志之驱使的心境。②

叔本华在考察不同人的生存状态后指出，人生在本质上就是一个形态繁多的痛苦，是一个一贯不幸的状况。之后叔本华提出了四个摆脱人

① 叔本华．作为意志和表象的世界．北京：商务印书馆，1982：442．
② 叔本华．作为意志和表象的世界．北京：商务印书馆，1982：274．

生痛苦的方式并加以讨论。

其一，患癫狂症。失去自我，没有烦恼和痛苦。但是叔本华认为这种方法不可取，由于人不能自主，因此不是一种有意识摆脱痛苦的有效方法。

其二，可能有人会以自杀的方式结束痛苦，但叔本华认为也不足取。人注定是悲剧演员，不能不负责任地在剧幕落下前逃走。而且自杀是一种徒劳的行为，不可能使人得到自救。自杀只能消灭躯体，不能消灭自我意志，生命意志总是稳保生命的，而生命的形式又是没有终点的"现在"，[1] 死后仍然在轮回中受苦。

其三，通过艺术创作，凭借艺术的直观以体验意志，把自我完全投入到对象之中，达到主客体交融，自我与对象合一的、暂时的、无我的境界。审美的快感可以使人从现实的奴役中解放出来，忘却自我，使意识升华为纯粹的无意志的思考，可以暂时地摆脱痛苦和烦恼。但是这种方式多数普通人难以到达，只有少数天才方可达到。

其四，向"远古的印度智慧"学习，通过哲学的思考，懂得人生的本质是意志，意志就是痛苦。要永恒地解脱就是彻底地否认生命意志，泯灭一切意志、欲望，力求在内心中对一切事物保持漠然，从而忘却现实生活。随着意志被泯灭，世界的各种表象形式：时间、空间以及主客体，一概不存在了，在我们的面前就是虚无。"无欲是（人生的）最后的目的，它是一切美德和神圣性的最内在的本质，也是从尘世得到解脱。"[2] 通过彻底压制欲望，杜绝生命之源，无欲无争，万念俱寂，心如死灰，达到佛教的虚无涅槃的境界，彻底摆脱身心的困扰。这种方法是叔本华极力倡导的摆脱人生痛苦的途径。

在西方哲学史上多数哲学家不断地讨论以幸福为生命的目的，而叔本华却指出幸福的暂时性，使用大量的篇幅论述痛苦为生命归宿，这在西方哲学史上是罕见的，只是他在印度哲学中学到的更多的是消极悲观

---

① 叔本华. 作为意志和表象的世界. 北京：商务印书馆，1982：385.
② 叔本华. 作为意志和表象的世界. 北京：商务印书馆，1982：220.

的人生态度。

基于对叔本华日常生活的判断，罗素在《西方哲学史》一书中评价道：叔本华的“知命忍从主义不大前后一致，也不大真诚”。“在他一生中很难找到任何美德的痕迹，……很难相信，一个深信禁欲主义和知命忍从是美德的人，会从来也不曾打算在实践中体现自己的信念。”① 而这种矛盾的表象恰恰说明作为人都要受到欲望的诱惑，无数欲望的实现是相互制约、相互排斥的，导致在社会生活中个人的努力往往难以实现，痛苦和挣扎困扰着每一个人，更不要谈在社会转型时期变革的阵痛下的人们真实体验。叔本华的哲学是将人们的痛苦体验表达出来，并进行了独特视角的解释，且试图寻找出路。这也就是马克思所说：“哲学家们只是用不同的方式解释世界，问题在于改造世界。”② 叔本华只是以他的方式解释当时德国向现代化转向而导致的社会剧变中人的处境和面临的困惑，强调人们在大变革中的无奈。一定程度上也反映了德国资产阶级在强大的封建势力面前表现出的软弱、消极和悲观的情绪，只有以消极的方式寻找解脱。因此，罗素认为哲学家也非圣贤，哲学的结局也只能是保持沉默。

尽管如此，我们还是必须看到叔本华的悲观主义在推动近代西方哲学转型中的重要意义。首先，他颠覆了几千年西方传统对人的理性至高无上的理解，指出了传统哲学将人抽象，对人的真实处境的忽视，没有意识到非理性的意志对人们的制约作用，开启了现代哲学对现实的人非理性因素的研究。其次，揭示了现代社会的基本事实：在农耕社会里，欲望过于狭窄、特殊，受传统的义务控制，无法具体化，但是在现代资本主义社会里，欲望以普遍的占有性的个人主义形式出现。在这种制度下，积累的惟一目的就是为了进行新的积累。欲望具有无限性，欲望的追求具有无止境性，在一定程度上揭示了在竞争的社会中个人无限地膨胀自己，无条件的、无底线地实现自己，其结果必然是痛苦的，是一场

---

① 罗素. 西方哲学史：下卷. 北京：商务印书馆，1982：310.

② 马克思恩格斯选集：第1卷. 北京：人民出版社，1995：57.

悲剧。他特别指出建立在自然科学发展基础上的乐观主义是具有盲目性的，在“知识就是力量”口号鼓舞下的理性主义在为人类社会的发展造福的同时，也会给整个世界带来灾难，并预示了深藏于现代西方社会发展中各种社会危机的到来。无疑叔本华的悲观主义是建立在对资本主义生活本质的痛苦性洞察的基础上的。

三、尼采的强力意志论

1. 个人经历和思想发展的三个时期

尼采（Friedrich Willhelm Nietzsche 1844－1900）出生于德国一个新教牧师世家，自认其祖先是波兰贵族。最初在波恩大学学习神学，后转入莱比锡大学，师从李奇尔教授学习古典语言学。毕业前夕，25 岁的尼采成为瑞士巴塞尔大学古典语言学额外教授，次年成为正式教授。1879 年因病辞职，在瑞士、意大利、法国等地养病、写作，1889 年患精神分裂症，1900 年死于魏玛。

尼采的思想可分为三个时期：前期（1869～1876 年）对古希腊悲剧和艺术进行研究，宣扬意志主义的哲学；受叔本华与音乐家瓦格纳的影响，同时又对他们思想中的“危机、死亡和坟墓的气息”不满，开始寻求克服叔本华的悲观主义的途径，著有《悲剧的诞生》（1872 年）和《不合时宜的沉思》（1873～1876 年，包括四篇论文）；中期（1876～1879 年）批判传统形而上学、堕落价值观和一切虚伪文化，主张积极奋发之人生，著有《人性，太人性》（1876～1879 年）、《润光》（1881 年）和《快乐的科学》（1882 年）等作品；后期（1883～1885 年）猛烈抨击基督教，宣扬超人思想，模仿《旧约全书》的格调写成《查拉图斯特拉如是说》（1883～1884 年）、《善恶的彼岸》（1886 年）、《道德谱系学》（1887 年）。1888 年患病前夕，以超人的精力写作，著有《偶像的黄昏》、《反基督》、《瓦格纳事件》以及自传《瞧，这个人》。1889 年以后，患精神病期间所作的笔记死后以《强力意志》为题编辑出版。

尼采的人生经历也可以看作三个时期：英雄的时期：有偶像，遵循社会推崇的美德；沙漠时期：偶像坍塌，怀疑。有点像陈子昂所说："前不见古人，后不见来者，念天地之悠悠，独怆然而涕下"的味道。不过他也有一个转机，重新思考，重新评价一切；超人时期：创造时期，重建价值体系。

尼采不是书斋中的哲学家，他对构建哲学宏大体系没有兴趣。他的主要贡献是：对传统和现代的文化，特别是传统理性主义、基督教道德和启蒙时代以来的文化进行猛烈的抨击。他在自传中写道："就我本性来说，我是好战的。攻击是我的本能之一。"[①] 尼采在新旧交替之际，提出"重估一切价值"的口号，要批判一切流行的价值，推翻一切偶像，并提出以"强力意志"为标准的"超人"的价值观。他以各种风格为武器，对以往概念推理式的哲学作出反叛，也可以说是一种清算和终结。他的著作大多是格言式的哲学议论，语言精辟尖锐，具有强大的感染力，有时又令人困惑。但对20世纪的文化和哲学影响很大。可以说尼采是地道的另类，他爱以逆理悖论的方式发表意见，目的是让守旧的读者们震惊。[②] 他还觉得不这样不足以真正表达他要表达的思想。也有的现代哲学家认为，尼采是最不好懂的西方哲学家之一，他没有体系，不用传统的哲学语言。他大量使用极具冲击力和穿透力的隐喻。可能这恰恰是尼采的目的：即颠覆近代西方理性哲学至上地位，挑战古希腊以来的被称为真理的一切，重新估价。

尼采继承了叔本华的意志主义，并对此作了两点重要修改：一是把叔本华的存在意志改为权力意志；二是把叔本华的悲观主义改造为行动主义。

2. "给人类生存一种解释和意义"

尼采的哲学思考是围绕着认识人生悲剧展开的，他试图寻找一种全新的人生意义。他从研究古希腊悲剧入手，以日神阿波罗和酒神狄奥尼索斯为线索，阐述古希腊悲剧艺术的起源、表现和本质，从而引申出他

---

① 尼采. 看哪这人——尼采自述. 北京：中央编译出版社，2000：15.

② 罗素. 西方哲学史：下卷. 北京：商务印书馆，1982：314.

对人生意义的理解。

日神作为一切造型力量之神，预言之神，也是光明之神，他的光辉使万物呈现美的外观，“向我们表明了‘外观’的全部喜悦、智慧及其美丽”。在他看来，外观本质上是人的一种幻觉，是梦境，是遮蔽真实世界的。希腊的造型艺术、荷马史诗、奥林匹斯众神形象堪称日神艺术的典范。①

酒神象征情绪的放纵。尼采说，酒神状态是“整个情绪系统激动亢奋”，是“情绪的总激发和总释放。”② 但是它并非一般的情绪，而是一种表现人本性的悲剧性情绪。在古希腊酒神祭是一种神秘仪式，在活动里，人们可以打破一切禁忌，狂饮纵欲。尼采认为，这是为了追求一种解除个体化束缚、复归原始自然的体验。酒神状态象征着一种痛苦与狂喜交织的癫狂状态。

尼采认为，日神和酒神都根植于人深层本能，前者是个体的人借助外观的幻觉自我肯定的冲动，后者是个体的人自我否定而复归世界本体的冲动。前者教人不放弃人生的快乐，后者教人们不回避人生的痛苦。前者用美丽的面纱消除人生的痛苦，后者却撩开现实世界的面具，直视人生真实的痛苦。前者执着人生，后者超脱人生，前者迷恋瞬间，后者向往永恒。相比酒神精神更具有形上的性质，具有悲剧的色彩。③ 而古希腊人试图以日神作为有神话作用的镜子映照自己，为自己的生活辩护。在日神明丽阳光下，人感到生存是值得努力追求的，奥林匹斯山上众神的法力可以忍受现实的人生的痛苦，在希腊悲剧艺术中以美的映照来对抗现实的痛苦。

但是哲学家思考的焦点是真实的世界，是现实生活中的个体的发展与世俗社会所谓的理性的束缚间的冲突。这才是尼采研究希腊悲剧的真实所在，透过现实的悲剧，“给人类生存一种解释和意义”。尼采认为

---

① 尼采．悲剧的诞生．周国平，译．上海：三联书店，1986：4－9.
② 尼采．悲剧的诞生．上海：三联书店，1986：2.
③ 尼采．悲剧的诞生．上海：三联书店，1986：4.

当人的内在激情被理性抑制时，人生的悲剧就产生了。① 在浅薄的科学乐观主义和虚假的基督教乐观主义流行的时代，悲观主义自有其深刻之处。悲剧把个体的痛苦和毁灭演给人看，却使人生出快感，这快感从何而来？“每部真正的悲剧都用一种形而上学的慰藉来解脱：不管现象如何变化，事物基础之中的生命仍是坚不可摧的和充满欢乐的。”②

“人生的悲剧性方面，本是一切人生哲学不应当回避的方面。肤浅的乐观主义回避这个方面，虚假的乐观主义掩盖这个方面，适见其肤浅和虚假。叔本华式的悲观主义承认人生的悲剧性，这是它比上述乐观主义深刻和真实的地方。但是，同时它又屈从于人生的悲剧性，得出了否定人生的结论。”尼采承认人生的悲剧性，并要战胜人生的悲剧性，从而与叔本华式的悲观主义相反。③

尼采在对古希腊悲剧的分析中，表现出对现代文化的不满。“现代人的形象已经成为彻头彻尾的假象”，现代文化也不过是“一件披在冻馁裸体上的褴褛彩衣”，完全丧失了悲剧直视人生的勇气和审美的艺术情趣，贫乏和虚伪成为现代文明的两个致命的弱点。现代文明所患的一切病症，其根源在于生命本能的萎缩。他从叔本华的悲观主义意志哲学中得到启示，并以酒神的悲剧形象，还人生价值和意义。“既然宇宙生命本身生生不息，个体生命稍纵即逝，那么，要肯定生命，就必须超越个人的眼界，立足于宇宙生命，肯定生命全体，包括肯定其中必定包含的个人的痛苦和毁灭。这是酒神精神的真髓。”④

用生命本身的力量来战胜生命的痛苦，而当你抗争之时会感觉到，百倍强烈地感觉到生命的欢乐。痛苦是生命不可缺少的部分，没有痛苦的人生只能是卑微的幸福。伟大的幸福正是战胜巨大的痛苦所产生的生命的崇高感。痛苦磨砺意志，激发生机，解放心灵。“人是最勇敢的动物……他高唱战歌征服一切痛苦，而人类的痛苦是最深的痛苦。”“人

---

① 尼采. 悲剧的诞生. 周国平，译. 上海：三联书店，1986：344.

② 尼采. 悲剧的诞生. 周国平，译. 上海：三联书店，1986：28.

③ 周国平. 尼采：在世纪的转折点上. 上海：上海人民出版社，1986：71.

④ 周国平. 尼采：在世纪的转折点上. 上海：上海人民出版社，1986：74.

类对于生命的观察越深，对于受苦的观察就越深。”[①] 正是在痛苦以及征服痛苦的斗争中，人最高限度地感受和享受了生命。“迫使我们自强”，“人必须且有必要强大，才会变得强大。”而不能向叔本华所揭示的那样，“生命并不能给人以真正的满足，因而不值得我们依恋。”于是听天由命吧。酒神告诉我们的是多么的不同！[②]

什么是酒神精神？就是一种人生态度。热爱人生的人对生命满怀感激之情，肯定人生的全部，连同它的苦难和悲剧。热爱人生的人纵然比别人感受到更多更强烈的痛苦，同时却也感受到更多更强烈的生命之快乐。酒神精神的一个重要标志，乃是支配你自己，使自己坚强！生命敢于承受超过其限度的灾难，这本身就是一个胜利。人生诚然是一出悲剧，直面它，将它轰轰烈烈地演下去，我们自己就是悲剧的英雄，我们也要欢欣鼓舞地演这出悲剧，从自身的痛苦乃至毁灭中体会生命的伟大和骄傲。人生的顶点是“笑一切悲剧”，是对自己生命的肯定，自己救自己。[③] 在此，尼采通过酒神来肯定人生的价值，尊重生命的本能，以不屈服的抗争，呼唤在新世纪来临之际真实生命的觉醒和自我救赎。

3. 向传统理性挑战

人生既然是一场悲剧，那么世俗世界的悲剧是如何产生的？尼采经过对处于转型过程的资本主义社会进行分析后认为，当人的内在激情被理性抑制住时，人生的悲剧就产生了。真正有生命力的哲学应该发自于人的健康精神，而自苏格拉底开始，哲学的兴趣就转向了构筑概念体系，淡漠了人的情感，委顿了精神，走上了衰退之路。

近代欧洲是理性主义胜利进军的时代。“知识就是力量”响彻云霄。人类自豪地发现，通过自身优越的理性及发明的工具，满足着自己无止境的欲望，人类已成为世界真正的造物主，没有人怀疑理性至高无上的地位。对理性主义者来说，“一切都必须在理性的法庭面前为自己的存在作辩护或者放弃存在的权利。思维着的悟性成了衡量一切的惟一

① 周国平. 尼采：在世纪的转折点上. 上海：上海人民出版社，1986：74.

② 尼采. 悲剧的诞生. 周国平，译. 上海：三联书店，1986：277.

③ 周国平. 尼采：在世纪的转折点上. 上海：上海人民出版社，1986：71.

标准。”[1] 尼采痛指这种理性的自夸、自我膨胀是一种幼稚病。

尼采认为，现实的理性世界只是虔诚的神话，是对未来的幻想以及各种所谓知识、真理所构筑的虚假的图像。它扼杀了人生最宝贵的激情，泯灭了人类最珍贵的意志。尼采指出，历史是一场悲剧。这一切归之于苏格拉底及其志同道合者。他将知识视为美德；罪恶仅仅源于无知；有德者即幸福者。[2] 认为凭借知识的力量可治百病，思维能洞悉万物的本质。于是求知欲泛滥，“建立概念、判断、推理的逻辑程序被尊崇为至高无上的事业和最值得赞叹的天赋。”[3] 而一切教育却又以世俗的理性为准绳，一切新品格都被窒息在这种习惯的胞胎里。这是一张笼罩全球的理性之网。苏格拉底及其志同道合的现代后继者们将崇高的道德行为、同情、牺牲、英雄主义的冲动、睿智等等，统统视为从所谓知识辩证法中推导出来的。社会生活中的任何个人都无法跳出他所接受的概念体系之外去考察这种体系是否与经验相一致。在传统理性的重压下，人们失去了人的真实本质，丧失了独立思考的能力，使人格理性化。所以人们追求知识、真理只是一种盲目的幻觉的果实。这是人类陷入悲剧之所在。越是经理性严格训练的饱学之士，就越是缺乏激情和创造性，“生命僵死之处，必有法则堆积。”

尼采认为，作为理性体现的科学，它借以掌握事物的手段是逻辑概念和推理。可是，思维凭借这些逻辑手段不可能“达到存在的深不可测的渊源”。对人生的探索不能靠抽象的逻辑思维，而要靠真切的心灵体验。在科学精神支配下，人们凭概念指导生活，恰恰虚度了人生。人生并无现成的目标和意义，为了给人生提供一种目标和意义，首先需要的是巨大的人生热情。科学恰恰“是冷静和枯燥的，缺乏爱，也不懂得如何不满和渴望的深情”，“科学只看见知识的问题，受苦对于它的世界是一种无关的、不可解的东西——至多又是一个问题罢了！”[4] 他还认

① 尼采全集：第八卷．386．
② 尼采．悲剧诞生．周国平，译．上海：三联书店，1986：60．
③ 尼采．悲剧诞生．周国平，译．上海：三联书店，1986：65．
④ 尼采全集：第一卷．453－454．

为，科学热衷于追求知识，从事外在的物质活动，忽视人的内心活动，忽视真正支配人的愿望和行动的生命意志。这种浅薄的乐观主义使人浮在生活的表面，追求物质的繁荣。

尼采认为，从苏格拉底开始就将灵魂与身体、知识和本能的关系搞颠倒了。他借助查拉图斯特拉之口说：灵魂和身体不可分。身体是本能与冲动的集合，是力的集合。它不仅是美德的起源，也是一切知识和真理的起源，思想只不过是内驱力的功能。我们追求知识的原因是我们有征服欲，知识是权利的工具，知识并不是客观世界的摹本，而是一个解释的过程。但传统的科学却以为它们的解释就是事物本来的样子，将自己的虚构硬加在现实上面。它实际上是理性的知识在限制生命，把知识当作生命的仲裁者。①

尼采要求将感性身体代替理性主体，从生命和权力意志的角度重新理解知识。将理性活动变成了生命活动。他想破除传统理性主义的科学教条，强调非理性的作用，值得肯定，但是将科学活动仅仅理解为生命活动没有说服力。

他还指出，科学是启蒙运动产生出来的最终孽种，因此只是对世界的一个暂时的解释，对科学和科学进步的信念是危险的幻想。科学的进步并不总是给人类带来幸福。现代“科学主义”——对科学的盲目的崇拜——只是宗教的一个浅薄替代品。宗教和科学提出的宏大言论，都是毫无道理的。② 他警告说：当心俄狄浦斯的命运：解开了自然之谜的人，必定是杀父娶母，瓦解了神圣的自然秩序的人。是的，神话看来向我们透露，智慧是一个违背自然的残酷现象，那靠自己的知识将自然推入深渊的体会自然是瓦解自然的过程。③

尼采对他所生活的时代科学技术的迅猛发展保持着冷静的批判精神，在不否定现代理性科学在人类发展中的重要作用的同时，指出理性自身的局限，反对夸大科学造福人类的能量，反对将科学技术推上神

---

① 张汝伦．现代西方哲学十五讲．北京：北京大学出版社，2004：75.

② 戴维·罗宾逊．尼采与后现代主义．北京：北京大学出版社，2005：56－57.

③ 雅斯贝斯．尼采其人其说．北京：社会科学文献出版社，2001：239.

坛。一再强调当全人类把注意力放在发展科学事业上时，不要忘记科学技术不是人类的终极目的，应该对人生这个更根本的问题进行探索，关注人的真实存在。

4. “重新估价一切价值”——上帝死了

既然人生是一场悲剧，那么人类如何从悲剧中走出来呢？谁来挽救人类呢？尼采在对当时的社会进行了一番分析之后，发现全智全能的上帝已不能挽救人类，因为“上帝死了”。

欧洲人近两千年来的精神生活，是以信仰上帝为核心的。文艺复兴以来，欧洲人的基督教信仰已经逐渐解体。哲学、科学、历史考证从各个角度对基督教原理进行了批判，并引出了激烈的政治变革和哲学变革。尼采与前人不同之处在于，他第一次明确指出了基督教信仰解体后欧洲出现了价值真空的事实，并且把基督教批判与欧洲传统的价值观的批判紧密结合起来。在尼采的“上帝死了”的耸人听闻的呼喊中，欧洲信仰危机的严重性形象地呈现在人们面前。在科学迅速发展的时代，为什么人们照样信仰，进教堂？可能有人会说，好歹得有信仰，否则人生便失去了依托。而尼采却说：“你们天天进的教堂是上帝的坟墓！你们把死人当活人一样相信着，欺骗着自己，其实你们根本没有信仰！”人们宁可把死人当活人一样相信着，欺骗自己，也不愿意或不敢承认上帝已死了的事实，为的是不失去惟一的精神寄托。尼采用机智的寓言把旧信仰崩塌的原因冷峻地告诉公众：上帝被我们杀了！

尼采用了两则寓言说明杀死上帝的原因何在。《查拉图斯特拉如是说》中说出了原因之一：“上帝明察一切和人类，所以他不能不死！这样一个见证人不死，是人类不能忍受的。”① 上帝作为人类的监视者，以基督教伦理的价值尺度束缚着人的心灵，使人的本能受到压制，上帝的存在与人类的自然本性相违背，人性要获得自由，就必须杀死上帝。在这种价值逆转中，方可取得行动的合理性。

尼采又借退职老神父之口说出上帝死的原因之二：上帝年轻时来自

① 尼采. 查拉图斯特拉如是说. 北京：文化艺术出版社，1987：318.

东方，辛苦而好复仇，为自己建立了一所地狱，以娱乐其爱徒们。但是终于老了，变得温柔、平和而慈悲，不像严父而像祖父，更像老态龙钟的老祖母，衰弱地坐在墙垣的角落，恼恨自己孱弱的双腿，意志的倦怠，恼恨于世界的倦怠，有一天因过多的怜悯窒息而死。[①] 尼采在这里影射基督教的历史，基督教从反抗的宗教转变成为顺从和怜悯的宗教，最后耄老而亡。上帝之死不仅是合理的，也是历史发展的必然。他认为早期基督教产生于人们的心理活动，这一偶像也会随新时代的到来而倾覆，没有什么值得大惊小怪的。旧价值体系的毁坏，预示着新的价值体系的诞生。摆脱了基督教的精神枷锁，人类的创造精神才得以复活，在没有上帝的世界里，人们获得了机会，人们必须为自己的生活寻找新的目标和意义，着手建立新的价值——以人的意志为中心的价值，“重新估价一切价值”。

尼采认为必须对居于一切价值之首的道德价值进行清算。因为道德对于人的心灵是一种最大的无形的支配力量，“揭穿了道德的人，同时也就揭穿了人们信仰或曾经信仰过的一切价值的无价值。”传统的道德观念是上帝的最后掩体，它深深地渗透在人们的日常生活中，而又一直被视为最高的价值。尼采自称非道德主义者和反基督徒，痛斥教会对激情的阉割，对生命的摧残，认为“教会的实践是与生命为敌”，[②]“基督教是刽子手的形而上学”。[③] 他认为道德的根源，不应该在先验的领域里去寻找，而应该从人自身寻找，……从人的生存状况看，现存的道德价值就必须被批判。“必须对这些价值的价值提出疑问。”[④]

要问一问：它们迄今为止是阻碍还是促进了人类的发展？它们是否是生活困惑、贫困、退化的标志？它们自身是否显现了生活的充实、力量和意志或显现了生活的勇气、信心和未来？

在这里可以看到，尼采对现行道德发展的结果所造成的生活状况违

---

① 尼采．查拉图斯特拉如是说．北京：文化艺术出版社，1987：312．

② 尼采．偶像的黄昏．长沙：湖南人民出版社，1987：32．

③ 尼采．偶像的黄昏．长沙：湖南人民出版社，1987：48．

④ 江怡．走向新世纪的西方哲学．北京：中国社会科学出版社，1998：473．

反了人的生命要求感到愤怒。尼采认为现行的道德体系违背自然本性，毁灭了人的生活，泯灭了存在的伟大的特征，阉割了人性，以怜悯、同情，主张禁欲主义、宽恕、谦卑、顺从为内容的传统的道德哲学在对道德的所有阐述中没有一点真理，所有的概念的因素都是虚构的。[①] 它束缚了生命，压制生命，剥夺了人的自由。尼采反对这种道德的绝对普遍性，但是他肯定道德个别的历史普遍性。必须指出，他并不是主张取消一切道德，而是反对扼杀生命的道德——基督教道德。基督教奉为美德的同情、宽恕、谦卑、驯顺等品格，导致人没有旺盛的生命力和激情，没有自我创造的愿望，只是把获得功利当做生活和行动的准则，因此尼采认为基督教道德是一种破坏性道德，就是奴隶道德的变形。基督教道德的理想是"善良的、仁慈的、宽厚的人。"而这种颓废的道德、虚伪的意志是对真实生命的违抗，是对生命的束缚。这种道德要求同情、怜悯、禁欲主义，宣称谦卑是美德，使人变成俯首帖耳的庸众。

尼采面对旧道德呼唤道："拯救不幸者，不是你的怜悯，而是你的勇气。[②]"懦弱是造成一切妥协、颓废的原因，基督教的道德对人类社会起一种腐蚀的作用。当今世界，人们应该勇于否定现状，勇于改造现实，肯定自我。毁灭奴隶的道德就是赢得强有力的、高贵庄严的人，即自我创造、自我立法的人。同时要进行道德价值的转换，确立新的道德，即自主的道德。新道德应该能够体现健全的生命本能，充沛的强力意志，独特的"自我"，真诚的人生态度，蓬勃的创造精神。这与奴隶道德有明显的区别：奴隶道德虚伪、怯懦、乐天安命、满足现状；自主道德却积极进取，勇于创造，不乞求同情，不循规蹈矩，不安于平庸，决不听命神或他人，重建人的尊严，自己主宰自己的命运，使人做自己的主人，因此尼采也称其为主人的道德。

5. 强力意志

既然上帝死了，理性也失去了权威，那么用什么来解释人类的行

---

① 雅斯贝斯. 尼采其人其说. 北京：社会科学文献出版社，2001：152－158.

② 陈鼓应. 悲剧哲学家尼采. 上海：三联书店，1996：85.

为，乃至整个世界的一切现象呢？尼采给出了答案："每个民族悬挂着一张道德表，看，这是它的克服的标志；看，这是它的强力意志的呼唤。"① 也就是说，不同民族的行为和道德千差万别，但都是强力意志的创造物。人的真实的生命力、创造力都来自强力意志。"凡有生命之处，就有意志，但不是生存的意志，而是——强力意志。"② 它是发自生命自身的内在冲动，酒神式的力量提高和充实感，是一种创造力。

在尼采哲学中，强力意志（The Will to Power）是一个重要概念。尼采明确地说明"The will to power"与"power"是不同的。他认为，"power"即"世俗的权势"，而"权势是邪恶的"。"人们在权势欲的眈视下，将匍匐得比蛇和猪还要低。权势欲是硬心肠者的最强狠的鞭笞，最残酷者自己留着的酷刑。……焚身的黯黯的火焰。"③ 而"强力意志"④ 是一种最原始的发动力，"生物所追求的首先是释放自己力量——生命本身就是强力意志"。尼采将强力意志定为酒神精神的形而上学别名，赋予其哲学的涵义：它不是一般的力量，而是强大的力量，是一种生命意志。不是追求生命本身而是追求生命得以超越自身的强力；强力意志是具有支配力、统治力、影响力的，有追求和趋向之义。真正的意志就是酒神的生命意志。强力意志是一个价值判断。对真、善、美的评价是强力意志的产物。

在尼采看来，酒神精神就是代表生命本体的意志，它是酒神式的力量的提高和充实感。它的核心就是肯定生命、肯定人生。而肯定生命必须以生命力的足够强大为前提。生命不断地向上追求，超越陈腐，再生新生，是生命永不枯竭的本性。尼采的强力意志说代表一种人生态度。生命的意义就在于追求的锲而不舍，就是释放，所以才导致了生命的不可枯竭。强力意志作为世界的本体精神，充分地肯定生命的价值。人生

---

① 陈鼓应. 悲剧哲学家尼采. 上海：三联书店，1996：91.

② 陈鼓应. 悲剧哲学家尼采. 上海：三联书店，1996：92.

③ 陈鼓应. 悲剧哲学家尼采. 上海：三联书店，1996：91.

④ 旧译使用"权力意志"，为了与世俗的权势区分，新译使用了"强力意志"，也有学者将其译为"冲创意志"、"冲力意志"，本文采用"强力意志"。

虽然是短暂的，只要秉承世界本体生生不息的创造意志，成为精神的强者，那就会成为精神上的强者，就会实现自己的价值。所以，人生真正的意义并不在于活多长，而在于积极的创造甚至战斗，努力使生命富有力量感，这样才能充分感受人生。人在这种创造过程中就要有痛苦和磨砺，由于它的刺激力和生命感，不断因此而高涨，所以也会化为人生的快乐。

尼采再三强调，生命是必须不断自我超越的东西，它不能满足于自身，而要不断向上，创造高于自身的东西那里去寻求自身的意义和目的。[①] 而强力意志是永不枯竭的增值着的生命意志，是生命的核心。在此尼采认为叔本华的无目的的意志是没有价值的。他要给生命意志确切的目的和意义。尼采真诚地思考了人生，而且是一个勇敢的探索者。

但必须看到，在尼采的思想深处，保留着对世俗社会等级制度的辩护。他认为，具有强力意志的强者只是少数，多数人是弱者，强者理所应当地支配和统治弱者。“我的学说是：有上等人，也有下等人，一个个人是可以使千万年的历史生色的——也就是说，一个充实的、雄厚的、伟大的、完全的人，要胜过无数残缺不全、鸡毛蒜皮的人。”[②] 人与人的这种不平等是天经地义的，是世界的本质——强力意志所决定的。由此可见，尼采在对基督教道德批判中，将上帝从圣坛上推倒，努力为人类寻找新道德标准，又留恋于世俗社会的等级制度，将强力意志推上圣坛。

6. 人生理想的象征——超人

超人是尼采的理性人格，他不满现代人的懦弱、堕落、颓废，呼唤人们从驯化的道德枷锁中释放出来，发挥自己的潜能，在创造中提升和超越自我。他说“从前人们说起上帝，当他们眺望远海时；然而，现在我教你们说‘超人’”。“我教你们超人，人是一定要被超越的某种东西”，生命的本质就在于不断地自我超越。“超人就是大地的意义。”[③]

---

① 周国平．尼采：在世纪的转折点上．上海：上海人民出版社，1986：89－90.

② 西方现代资产阶级论著选辑．北京：商务印书馆，1982：22.

③ 陈鼓应．悲剧哲学家尼采．上海：三联书店，1996：73－74.

超人就是要反对基督教虚无主义信仰和来生世界观，返回到古希腊自然主义的人生观。他一再强调："人的生存令人感到莫名的恐惧，始终还没有意义……我要教人以他们存在的意义，这就是超人"。①尼采强调超人的目的是给人的生存提供一个目标和意义。

超人是什么样的人？尼采并没有作出确定的回答，但是他通过与查拉图斯特拉称之为"末人"特征进行对比给出一个大致的指向。

末人的特征与超人恰好相反。首先，末人是个性被泯灭的人。他们按习惯的、传统的思想方式和道德规范来思想和行动，千人一面。是没有牧羊人的羊。一切人意愿相同，一切人相同。②其次，末人是缺乏创造性、自主性的人，一切模仿别人或听别人指使，走别人走过的路，按照别人的评价方式来评价，人云亦云。再次，末人是谨小慎微，猥琐卑劣，浑浑噩噩生活的人。他们苟且偷生，无所作为。总之，末人是缺乏旺盛的强力意志的人，是为理性派哲学和基督教传统以及奴隶道德所支配的人，实际上也就是指日常生活中的普通人。③

与末人相反，超人的根本特征就是生命力（强力意志）得到充分发挥的人，是充满酒神精神的生命的肯定者和生之欢乐的享受者。有健全的生命本能和旺盛的强力意志的强者，是冲破了一切传统的思维方式和道德规范的束缚、超越善恶的人，是具有鲜明的个性和创造性的人，是具有超群的智力、坚强的意志、绝对的自主性、高昂的激情的人。超人好像大海，掀起猛浪，吞没浊世和一切污行；超人好似狂风暴雨，震慑一切；平常人是卑微懦弱的，而超人则勇猛刚强；他们逾越一切，重新估价一切。是自树价值尺度的创造者，本身不受任何道德和法律的制约。是不为现代文明所累的"未来之子"，是"一切形象的形象"。④

除此之外，尼采在他的多部著作中对超人作了各种不同的解释。（1）将超人比作金发野兽，作为自由、刚强的象征；又如，他说一般

① 周国平．尼采：在世纪的转折点上．上海：上海人民出版社，1986：258．
② 查拉图斯特拉如是说．北京：文化艺术出版社，1987．
③ 查拉图斯特拉如是说．北京：文化艺术出版社，1987．
④ 查拉图斯特拉如是说．北京：文化艺术出版社，1987：217．

人之于超人，犹如猿猴之于人。（2）超人是“天才”、“上等人”，是“真正的精华”，是“真理的化身”。（3）超人不是一般意义的英雄、伟人。历史上和现实社会中最伟大的人物都太人性了。超人是强力意志旺盛的，为了实现强力意志不惜使用一切手段而不受良心的责备的人。（4）“超人”喜好冒险，选择强手与之斗争；他绝不是“集体相爱的燕雀”，而是“独往独来的雄鹰。”（5）超人是“狂人”，就是“疯狂”。总之，尼采的超人是一个具有多层次、多方面含义的概念。人们可以对它作出各种不同的解释。尼采的目的是为20世纪的人的生存给出一个多角度的参照体系。

他认为，由苏格拉底和基督教开始的西方文明并不意味着人类的进步，而是意味着人类的日益堕落和退化。人类进入19世纪后，西方传统文明价值体系濒临崩溃，真正创造性的文化一片凋零，市侩文化充斥社会，人们处于一种麻木、无目标、无标准的状态。而达尔文的进化论强调生物的族类的进化，抹杀了人与动物的本质区别，把人降到动物的水平，使人失去了依靠和理想，从而失去了价值和意义。为了拯救和重新肯定人的价值和意义，必须寻找或建构新的依靠和理想。既然上帝已死，如果人类要超越自身的局限，就应以超人为坐标。他一再强调“超人就是大地的意义。”

7. 尼采对后世的影响

尼采处于资本主义社会在“看不见的手”推动和资本贪婪竞争的时期，导致旧有的各种传统迅速崩塌。尼采是痛苦的，感受到了社会巨变带来的负面效应，力图在现代工具理性与生命本能的冲突中，世俗追求与精神超越的距离间，传统伦理与未来时代的抗衡里，摒弃传统哲学家过多地对过去的容纳、继承基础上形成一个新理论的途径，直接以征服未来为目的，创造新价值，唾弃一切空洞的理论，以关怀人类命运为强烈的责任感，唤醒人们的现代觉悟。他揭示了现代人在精神上无所归依的处境，批判基督教道德的虚伪以及上帝死亡之后留下的价值真空，引发了对人的生存意义的深入思索；他对于工业文明和科学理性的否定性批判以及对意志、情感的本体意义的强调，推动了现代非理性主义思潮发展，开启了对人的无意识精神活动的研究；他对人性的自我创造、自我实现、自我超越性的描述，成为现代人学研究的起点。当代西方哲学对人的研究沿着两个方向发展：一是马克思开辟的宏观社会学方面，着重揭示社会的人的实践本质，探索人的发展和解放的途径。一是尼采所开辟的微观心理学方面，揭示个体的非理性本质。他提出的价值重估以及对终极意义、绝对权威、宇宙中心的消解倾向，带有后现代先驱的色彩。

尼采是一个悲剧性人物，生活和思想都充满着矛盾。他在自传中说："我是一个矛盾的人，还从来没有一个人像我这样的矛盾。"他对一切现存的价值观的否定有虚无主义的印象，但他自称其本性"趋向肯定，否定和批判仅仅是间接的、不得已的"。在尼采那里将"虚无主义"区分为"积极的"和"消极的"。他认为，否定的"虚无主义"是消极的，原因是它没有导致任何积极的后果，而积极的"虚无主义"包含着积极的、肯定的结论，就是按照强力意志的标准，重新定义被抹杀的价值观念，把被取消的区别又重新加以界定。尼采以"积极的虚无主义"的手法，给予众多关键概念既否定又肯定的双重意义。尼采对"主人道德"的表达，也充满着矛盾。一方面强调其弱肉强食、残酷无情，另一方面它又有济世救人、慷慨大度，有英雄气概。

尼采的思想独树一帜，对西方哲学的主流传统构成极大的冲击，奠定了当代哲学独特的怀疑论基础。正如后现代哲学家福柯所说："尼采标志着一个开端，由此当代哲学才能开始重新思考。他毫无疑问将继续长期支配当代哲学的发展。"① 存在主义哲学家雅斯贝斯说：尼采为存在主义扫清了道路，他的方法使我们的思想相继涌起。的确，存在主义的主要命题都可以在尼采那儿找到源头。弗洛伊德在自传中曾提到，他为了独立完成自己的精神分析学说，很长时间内都不敢去读尼采的书，因为他发现自己对于生命本能和无意识精神活动的思考，都是尼采已经直觉和猜测到的。法兰克福学派代表人物马尔库塞提出，生命本能升华

---

① 戴维·罗宾逊. 尼采与后现代主义. 北京：北京大学出版社，2005：99.

为艺术力量之后，便能够对抗并超越现存的社会关系；这种乌托邦人学理论显然也是受了尼采审美人生观的启示。总之，当代哲学的确在尼采之后发生了极大的转变，他的许多洞见和挑战成为当代哲学研究的主题。

参考文献

[1] 叔本华. 作为意志和表象的世界. 北京：商务印书馆，1982.

[2] 叔本华. 生存空虚说. 北京：作家出版社，1987.

[3] 叔本华. 叔本华论说文集. 北京：商务印书馆，1999.

[4] 尼采. 悲剧的诞生. 上海：三联书店，1986.

[5] 尼采. 查拉斯图拉如是说. 北京：文化艺术出版社，1987.

[6] 尼采. 尼采文集. 西宁：青海人民出版社，1995.

[7] 尼采. 权力意志：重估一切价值的尝试. 北京：商务印书馆，1991.

[8] 尼采. 超善恶：未来哲学的序曲. 北京：中央编译出版社，2005.

[9] 尼采. 看哪这人. 北京：中央编译局，2000.

[10] 陈鼓应. 悲剧哲学家尼采. 上海：三联书店，1996.

[11] 洪谦. 西方现代资产阶级哲学论著选辑. 北京：商务印书馆，1982.

[12] 周国平. 尼采：在世纪的转折点上. 上海：上海人民出版社，1986.

[13] 夏基松，褚平. 现代西方哲学纲要. 南京：江苏人民出版社，1986.

[14] 江怡. 走向新世纪的西方哲学. 北京：中国社会科学出版社，1998.

[15] 刘放桐，等. 新编现代西方哲学. 北京：人民出版社，2000.

[16] 赵敦华. 现代西方哲学新编. 北京：北京大学出版社，2001.

[17] 戴维·罗宾逊. 尼采与后现代主义. 北京：北京大学出版社，2005.

[18] 夏基松. 现代西方哲学. 上海：上海人民出版社，2006.

第二章

现代西方存在主义思潮

一、存在主义概述

1. 存在主义产生的社会背景

存在主义是一种非理性主义哲学流派，在现代西方哲学诸多流派中，是对西方社会生活影响最大的社会思潮。它经历了第一次世界大战、第二次世界大战，广泛流行于 20 世纪五六十年代的西欧。"存在主义"一词源于拉丁文"Existentialism"，意思是存在、生存、实在。作为一个哲学学派，存在主义的产生一般认为以海德格尔于 1927 发表的《存在与时间》为标志。

作为一种有较完整的理论体系，并产生了较大影响的哲学流派，存在主义是在第一次世界大战后的德国正式形成的。当时德国因在一战中遭到失败而在与列强争霸中遭到严重挫折，国内社会秩序动荡不定。在俄国十月革命成功的鼓舞下，1918～1928 年柏林工人不断进行起义、武装斗争，严重威胁着德国资产阶级的生存。这种内外交困的处境使德国资产阶级充满了孤独、忧虑、烦恼、恐惧等悲观情绪。然而他们又不甘失败，企图重整旗鼓。宣称从死中领会生命的意义的存在主义应运而生。德国的其他阶层也承受着德国社会的矛盾和危机所带来的灾难，向来十分强烈的日耳曼民族主义情绪也受到了沉重的打击，虚无主义和从痛苦中求重生的情绪也大为滋长，存在主义也能适应他们的精神境界。但是，当希特勒的纳粹党上台，法西斯狂热笼罩德国大地时，具有悲观主义色彩的存在主义就不再时兴了。德国存在主义的主要代表人物有海德格尔和雅斯贝斯。

第二次世界大战后存在主义在德国又开始流行。除了海德格尔和雅斯贝斯以外，还有一些存在主义者在积极活动。如宣称积极的存在主义的鲍尔诺夫。对海德格尔等人的哲学的研究一直是德国哲学的热点之一，不过德国存在主义并没有明显的进一步的发展。一些存在主义者移居国外，另一些存在主义者在理论上越来越趋向解释学、解构主义等其他流派。

从历史考察，第二次世界大战开始后，存在主义的中心由德国移到了法国，而且广泛流行主要是在20世纪50至60年代。它不仅是一种哲学，而且几乎成为青年人的一种生活方式，主要思想渗透在社会生活的各个方面，如意识形态、文学、艺术、服饰、家庭关系等，被称为“时代的象征”。

法国存在主义的主要代表有萨特、马塞尔、加缪、德—布伏瓦、梅洛—庞缔等人。由于他们大都是哲学家兼作家、戏剧家或政论家，善于利用文艺等较为生动和通俗易懂的形式来阐发其哲学观点，这就促进了他们的哲学不仅在思想界，而且在广大知识分子中的传播。存在主义在法国之所以成为时髦哲学，这与第二次世界大战中身处逆境的法国社会不少人的消沉颓废、悲观失望的情绪密切相关。二战之后欧洲（西欧）人反思战争中的经历，很多人对人在战争中生死之间所表现出的恐惧、焦虑、孤独、荒谬的状态有着深切的体会，对在战争的大是大非面前做出选择过程中所经历烦恼、彷徨、悔恨、无奈的心情的研究成了存在主义的主题。

二战结束后，资本主义的矛盾、危机并没有消失，广大知识分子以及青年学生对资本主义制度所造成的人的异化现象的抗议风起云涌，使存在主义在战后的法国的影响有增无减。随着欧洲发达国家学生运动转入低潮，存在主义从1968年后开始走向衰落，被结构主义和后结构主义等新的流派取代。

2. 存在主义的基本特征

存在主义是一个从解释人的本真存在出发来揭示人存在的意义和方式，进而揭示个人与他人及世界的关系的哲学流派。在一定意义上说是在胡塞尔现象学推动下，对19世纪中期以来出现的批判传统形而上学或理性派形而上学的哲学思潮的进一步发展。西方哲学界往往把它当作广义的现象学运动的重要组成部分。现象学主张“回到事物本身”，[①] 要求人们把最熟悉、最本真、最接近的东西当作哲学研究的对象，海德格尔把胡塞尔所说的“现象”从“先验自我”领域转到了“人的存在”领域，这是现象学发展的必然结果。

存在主义哲学家的基本哲学倾向同早期非理性主义哲学家基尔凯郭尔和尼采等人的思想一脉相传。强调人的真实的自由存在的本体论，推崇对临界状态的非理性主义认识论，注重个人的自我选择与创造活动。也有些人把其哲学当作强调人的能动性和创造性的行动哲学、生活哲学、自由哲学。虽然在存在主义的不同发展阶段哲学家对问题阐述的角度有差异，但是总体上看，存在主义有比较完整的理论体系，共同特征比较突出。主要表现为：第一，存在主义是关于人的哲学。要求以超越主客、心物二分的传统哲学的思维方式，关注人的存在。第二，强调个体的存在。传统哲学讲抽象的人，作为“类”的人，而不是个体。他们认为，人是一个一个的存在。第三，强调非理性的体验。把孤寂、烦恼、畏惧、绝望、迷惘，特别是对死亡的忧虑等非理性的心理体验当作人的本真存在的基本方式，只有揭示它们才能揭示人的真正存在。因此，存在主义基本倾向是悲观主义。第四，大多数的哲学家强调人的超

① 赵敦华. 现代西方哲学新编. 北京：北京大学出版社，2001：91.

越性。认为人的存在就是不断超越和创造活动，就是人的行动和实践。而这些都意味着人的自由。强调人的能动性和创造性，因此称自己的哲学是行动主义哲学、生活哲学、自由哲学。最后，否定任何形式决定论，肯定人的自由与责任感。

二、海德格尔的存在主义

马丁·海德格尔（Martin Heidegger）1889 年 9 月 26 日出生在一个天主教家庭。父亲弗里德里希·海德格尔在梅斯基希小镇的天主教教堂任职司事。马丁·海德格尔早年在教会学校读书。17 岁时，他从一个神父那里借到布伦坦诺的《亚里士多德所说的存在的多重意义》一书，对存在意义的问题产生兴趣。1909 年进入弗赖堡大学先学神学两年后转入哲学，并同时修读人文科学和自然科学。1913 年在李凯尔特及施奈德的指导下完成博士学位论文《心理主义的判断学说》，他的讲师资格论文题目是《邓·司各脱关于范畴的学说和意义的理论》。1914 年，他获得了博士学位。第一次世界大战爆发后，1914 年 8 月，海德格尔应征参军，但两个月后因为健康欠佳而退伍。1917 年，又到西线战场服役。1918 年，从战场回来后，海德格尔正式成为胡塞尔的高级助教，在胡塞尔的指导下，一面学习一面任教。虽然深受胡塞尔的现象学的熏陶，但他授课的重点却不完全是胡塞尔式的。1920 年得胡塞尔推荐在弗赖堡大学任教。1923 年，他开始担任马尔堡大学哲学教授，开始专注写作《存在与时间》的第一稿。1927 年《存在与时间》分别在《现象学年鉴》第八卷上刊登，同时以单行本面世。

1928 年，胡塞尔退休，海德格尔也辞去马尔堡大学的席位，回到弗赖堡大学继任胡塞尔的哲学讲座。自 1931 年起，海德格尔与德国纳粹党关系越来越密切，1933 年，他加入了纳粹党并当选为弗赖堡大学的校长。他的就职演说中运用了大量纳粹的或与纳粹宣传合拍的言词，受到学术界的谴责。特别是出任弗赖堡大学校长期间，号召学生效忠希特勒，并认为他是德意志民族的“救星”，强调德国大学的目的是“教育和训练德国人民命运的领袖和卫士”。他更主张大学的三根支柱分别是“劳动服务、军役服务和知识服务”。1934年他辞去校长一职，但未曾退党。1936年开讲尼采思想，以表明与纳粹运动分手，后受过纳粹的排挤、监视和迫害。1945年至1947年，因为他的纳粹党背景而禁止他在大学任教。直到1951年才被允许在大学讲课，退休后仍在任教，但撤销他荣誉退休教授所享有的特权。20世纪50年代后期完全退休，长期隐居。1976年，海德格尔于出生地梅斯基希与世长辞并以罗马天主教仪式安葬。

海德格尔毕生从事的哲学探索，其目的不是要建立某种固定的哲学体系，而是寻找揭示存在的道路。他的主要著作有：《存在与时间》（1927年）、《什么是形而上学》（1929年）、《现象学基本问题》（1923年）、《真理的本质》（1943年）、《林中路》（1953年）、《走向语言之途》（1959年）等，还有一些研究哲学史的著作，其中对赫拉克利特、康德、尼采的研究最为精彩。《海德格尔全集》编辑出版了65卷。

1. *存在概念与存在问题*

在《存在与时间》的扉页上，海德格尔引用了柏拉图的一段话：“当你们使用‘是’或‘存在’这样的词，显然你们早就很熟悉这些词的意思，虽然我们也曾以为自己懂得的，现在却感到困惑不安。”① 而全书正文的开篇第一节的标题是“突出地重提存在问题的必要性”，“这里所提的问题如今已久被遗忘了。”② 并指出这一遗忘从柏拉图就已经开始。两千多年来，我们不仅不曾为存在问题提供回答，相反，存在问题的遗忘不断加深。所以，海德格尔深感有重提存在问题的必要。他甚至自诩说，在两千多年的遗忘以后，“在《存在与时间》里，追问存在意义的问题第一次在哲学史上被特别作为问题提出来并得以发展。”③

海德格尔认为在很长一段时间里对“存在”的理解存在三种主要的成见：

（1）“存在”是“最普遍的”概念。“无论一个人于存在者处把握

---

① 海德格尔. 存在与时间. 上海：三联书店，2006：扉页.

② 海德格尔. 存在与时间. 上海：三联书店，2006：3.

③ 陈嘉映. 海德格尔哲学概论. 上海：三联书店，1995：31.

到的是什么，这种把握已经包含了对存在的某种领会。”但“存在”的“普遍性”不是族类上的普遍性。如果存在者在概念上是依照类和种属来区分和联系的话，那么“存在”却并不是对存在者的最高领域的界定。存在的普遍性不是类别上的普遍性。不管亚里士多德多么依附于柏拉图对存在论问题的提法，凭借这一揭示，他还是把存在问题置于全新的基础之上了。诚然，连他也不曾澄明这些范畴之间的联系的晦暗处。中世纪的存在论主要依循托马斯主义和司各脱主义的方向对这一问题进行了各种各样的讨论，但是没能从根本上弄清楚这个问题。“黑格尔最终把‘存在’规定为‘无规定性的直接性’，并且这一规定奠定他的《逻辑学》中所有更进一步的范畴阐述，在这一点上，他与古代存在论保持着相同的眼界，只是亚里士多德提出的与关乎实事的‘范畴’的多样性相对的存在统一性问题，倒被他丢掉了。因此人们要是说：‘存在’是最普遍的概念，那可并不就等于说：它是最清楚的概念，再也用不着更进一步的讨论了。‘存在’这个概念毋宁说是最晦暗的概念。”①

（2）“‘存在’这个概念是不可定义的。这是从它的最高普遍性推论出来的。……确实不能把‘存在’理解为存在者，令存在者归属于存在并不能使‘存在’得到规定。存在既不能用定义方法从更高的概念导出，又不能由较低的概念来表现。……虽然传统逻辑的‘定义方法’可以在一定限度内规定存在者，但这种方法不适用于存在。其实，传统逻辑本身就根植在古希腊存在论之中。存在的不可定义性并不取消存在的意义问题，它倒是要我们正视这个问题。”②

（3）“存在〔是〕”是自明的概念。在一切认识中，一切命题中，在对存在者的一切关联行止中，在对自己本身的一切关联行止中，都用得着“存在〔是〕”。而且这种说法“无需深究”，谁都懂得。谁都懂得“天是蓝的”、“我是快活的”等等。③

---

① 海德格尔. 存在与时间. 上海：三联书店，2006：4－5.

② 海德格尔. 存在与时间. 上海：三联书店，2006：5.

③ 海德格尔. 存在与时间. 上海：三联书店，2006：5.

海德格尔认为传统哲学对“存在”的三种成见足以说明重提“存在”问题的必要性。两千年来，亚里士多德的错误在于混淆了“存在”（being）与“存在者（存在物）”（beings）这两个概念。“存在”的意义是过程，是动词（to be）的含义，“存在者”的意义是实体，是名称的含义。尽管传统哲学仍不失对存在意义的可贵探索，并做了歪曲、片面的解释，但是歪曲和片面也是自我显示过程中的环节，它们从一个方面、层次和角度揭示了存在的意义。只是在自我显示的过程中，一事物才进入存在的状态，获得了一个存在物的具体名称。然而，亚里士多德把存在物看作是“存在”的基本意义，用实体及附属于实体的性质定义存在，把存在论归结为本体论。而真正的存在必须是其他存在的基础，对于它的分析能够导致对一般存在的把握。人就是这样的存在物。因为只是通过人的存在，其事物才能得以显示自己，人的存在是其事物存在的先决条件。真正的存在是具体个人的此时此刻的存在，关于人的哲学是有根的存在。

2. “此在”

在海德格尔看来，存在总是存在者的存在，必须通过存在者通达存在。但并非什么存在者都可以。只有人，只有这对存在发问的人，领会着存在；而且人必须领会存在。人就是这样的存在者，因为只是通过人的存在，其他事物才能得以显示自己，人的存在是其他事物存在的先决条件。只有人这种特殊的存在者才能提出和追问存在问题，才能揭示存在者的存在的意义。于是海德格尔给了人这种独特的存在者一个专门的名称——“此在（Dasein）”。

“此在”就是存在于此的意思。它具有两个特征：一是“此在的‘本质’在于它的生存。”二是“这个存在者为之存在的那个存在，总是我的存在。”[①] 第一个特征说明了人与其他存在者根本不同，人不像其他存在者那样具有固定的、不变的本质，他的本质是由自己的存在过程决定的。一个人的一生所作所为决定了他是一个什么样的人。一切取

---

① 海德格尔. 存在与时间. 上海：三联书店，2006：49.

决于他自己，取决于他的选择，他的努力。海德格尔认为，人的存在是一个自我现实的过程，而他的本质就是这一现实过程的全部内容；只要这个过程还没有结束，他就能改变自己，重新塑造自己。当然也可以选择不变的存在方式。总之，他的存在决定了他的本质。第二个特征说明，人不像其他存在者那样是个类属。每个人都是一个存在者。而且谈及"此在"时，只能用单称的代词"我是"、"你是"。每个此在都是单独的自我。而此在的存在有两种状态：本真的存在和非本真的存在。本真的状态是自我的真实的存在，非本真的状态是被平凡的、公众的生活所掩盖的个人存在。海德格尔认为，即便是假象也是一种自我的显示，只不过是不完全的、片面的，甚至是歪曲的显示。对于人来说，在现实条件下，不能离开日常生活来了解真实的自我，只有通过非本真的状态，才能达到本真的状态。海德格尔试图通过对大量的日常生活现象和心理体验的分析来揭示"此在"的本真此在。①

3. 此在：烦、畏、死

海德格尔对此在进一步分析后指出："此在总以这样或那样去存在的方式是我的此在。此在以何种方式向来我属，它无论如何总已决定好了，这个在其存在中对自己的存在有所作为的存在者把自己的存在作为它最本己的可能性来对之有作为。此在总作为它的可能性来存在。"②人作为存在者在其日常生活的存在中将面临着各种各样的可能性，因为此在的人的存在是处于敞开状态的。此在的人要有所作为，就要与其他事物、他人"遭遇"，要把它们作为自己生存的环境而联系在一起，这就形成了"世界"。"世界"是人的存在的方式，是与其他事物向人显示的结构。但是这个"世界"既是人的存在的方式，即"在世之在"，又是自我与他人同时显现出来的存在方式，即"与他人共在"。

"在世之在"是强调人不是独立的存在，是在与人的生存相关联的一切之中；"与他人共在"是自我与他人的关系和相互作用，可以是此

---

① 赵敦华. 现代西方哲学新编. 北京：北京大学出版社，2001：108.

② 海德格尔. 存在与时间. 上海：三联书店，2006：50.

消彼长，或人作为消失在他人之中，或作为代替他人。消失在他人的自我是常人，而常人就是具有服从、平凡、迁就、不负责任和适应感的集体的、匿名的自我。所以海德格尔认为：在人存在的世界里，就会被烦所支配，“在世”打上了烦的印章。①

海德格尔将“烦”分为：烦忙和烦神。烦忙和烦神都是从烦中派生出来的，不同在于其针对的特定对象不同。烦忙的对象是特定的事物；烦神的对象是特定的人；而烦本身没有特定对象，它是一般的人生的态度。人们会有这样的体会，即使在无所事事的时候，也会感到心烦。因此，海德格尔对“烦”提出了三个问题：烦对人意味着什么？烦是一种摆脱不掉的心情，烦揭示出了人当下的处境；人为什么而烦？他的目标，他的未来，他的烦显示了他的潜在性；人面对什么而烦？他已经存在于世界之中，他的烦揭示了一个已经显示出的世界，烦是过去的延续。烦揭示的是将来——过去——现在的整体结构。烦使人感到了他的现实性、可能性、抛置性和沉沦性，他的自由和已经形成的特征，他周围的环境与他的选择，如此等等。海德格尔将烦的实际生活归结为“沉沦”。他认为“人本身属于他人之列并且巩固着他人的权力……这个他人不是这个人，不是那个人，不是人本身，不是一些人，不是一切人的总数。这个他人是个中性的东西，就是常人。”②“常人怎样享乐，我们就怎样享乐；常人怎样从‘大众’中抽身回来，我们也就怎样抽身回来；常人对什么东西愤怒，我们就对什么东西愤怒。这个常人不是任何确定的人，而一切（却不是作为总和）都是这个常人，就是这个常人指定着日常生活之在的方式。”③“每人都是他人而没有一个人是他本身。”在这里海德格尔用实例指出，自我消失在他人中。本来人应该成为自己，按照自己的意愿来创造自己，赋予自己生活一种独特的意义。但在现实中，大多数人，不得不与自己的本质相疏远，在日常生活中受着异己力量的控制和支配，把自我溶化在别人的存在方式中。这是

---

① 海德格尔．存在与时间．上海：三联书店，2006：50.

② 海德格尔．存在与时间．上海：三联书店，2006：147.

③ 海德格尔．存在与时间．上海：三联书店，2006：147.

自我的“沉沦状态”。海德格尔认为，人在“沉沦状态”下基本的情绪就是“畏”。

海德格尔认为，烦的展开状态是通过畏来现身和领会的。烦中必有畏，只有揭示畏，才能揭示烦的整体性结构。

什么是“畏”？所谓“畏”，就是此在在沉沦过程中“它本身面临逃避”。这种畏被称作是此在的“本真状态”。畏惧是个人面临与其敌对的以及使他遭到遗弃、沉沦的状态产生的一种恐惧心理。

在海德格尔看来，“此在的生存意义就是畏”，畏不是“怕”。“怕”是对自我周围的人与物的害怕，自我了解它们时时在作弄他，伤害他。而畏则不然，畏是一种无形的、不可名状的东西对个人形成的威胁。畏没有具体的畏惧的对象，畏之所畏者就是“在世的存在本身”，[①] 畏比“怕”更可怕，它浸透了自我的心灵深处而永远无法自解，因为畏是“存在自身”，是随时随地都可能来临而又无法避免的死亡。因此，畏是一种独特的“无规定性”。他这样描述畏的境界：“在畏中人觉得‘茫然失其所在’……我们说不出我们对什么感到茫然失措。我就是感到整个就这样。万物与我们本身都沉入一种麻木不仁境界。”[②]

在海德格尔看来，由于“畏”的情绪，人放弃本质，逃避“沉沦”，寻求“安宁”，但是由于自我存在的时间限制，“存在总是向一个不确定的确定——死亡而奔跑着。它经常处于一种从自身那里迸发出来的危险中”。“死是未来的一种方式。自我的存在从自我的存在的那一刻起，就把这个方式接了过来”。人的存在就是向死存在，向终了而存在，死是“自我或存在的最高可能性”。海德格尔认为，死这种自我存在的实质并不是人人都能随时觉察到的。虽然人都知道人终有一死的真理，但人们总是把死理解为类似道路的终点，它离我尚有一段距离，死还不属于我。而死就是一个深渊，在人生旅途的脚下，随时可能跌落下去。死是确实的，又是不确定的。只有当人经受苦难和折磨，特别是面

---

① 海德格尔．存在与时间．上海：三联书店，2006：216.

② 海德格尔．存在与时间．上海：三联书店，1987：350.

临死亡时，人们才会从世俗生活中摆脱出来，回到真正的自我。他说："死亡把个人交付给他自己，"因为"死总是自己的死"，[①] 谁也不能代替。

海德格尔认为，"死"也就是指人们由于终日沉湎于日常琐事，往往不能真正与内在的自我接触，因而，通常意识不到自我，只有当经历苦难和折磨的时候，特别是面临死亡时，才能最深刻地体会到自我的存在。一个人只有在濒临死亡的时候，才能真正把自己与他人、社会、集体完全分裂开来，才能突然面对着自我，懂得自己的存在与其他存在根本不同，懂得生与死的根本不同，懂得生、个人存在的意义，因而，死亡就成为通向真正的存在的入口处。

海德格尔还进一步解释"为死而在"的意义。他认为，死亡对于人类说不啻是呼唤，它使人感到切身的不断威迫，超出尘世喧嚣而有机会进入无遮蔽的境地，人意识到自己是终有一死的人，因而潜心于本来属于自己的世界，死使人领略到人的存在的时间性和有限性。

海德格尔认为对"死"的领悟，是帮助那些处在烦恼、恐惧、失望困境中的人猛醒，在死来临之前，自由地去展现自己最本己的能在，积极地自我筹划，以便实现最能体现自己的独特的存在的各种可能性，在有生之年，按照本质的自我去获得最好的自我实现。"为死而在"、"先行到死中去"，投入到死的境界，并由此超越一切，展现自我的真实的存在，对向死存在进行本真存在的筹划，展现最本己的可能性。[②]

应该承认，在哲学发展史上还没有一个哲学家用了巨大的篇幅诠释死亡。而海德格尔通过对死亡的透彻地分析，认识人的存在的种种可能性，摆脱人的"沉沦状态"，在有限的时空中更好地面对自我和筹划自我的未来的存在，依靠自我的觉悟来拯救自己。

三、萨特的存在主义

让·保罗·萨特（Jean-Paul Sartre，1905－1980）1929 年毕业于被

---

① 海德格尔．存在与时间．上海：三联书店，2006：304．

② 海德格尔．存在与时间．上海：三联书店，2006：302－303．

称为“哲学家摇篮”的巴黎高等师范学院。1933至1934年间到柏林的法兰西研究所研究现象学，之后陆续发表四篇论文：《自我的超越》(1934年)、《想象》(1936年)、《情绪理论大纲》(1939年)和《影像论》(1940年)。二战爆发以后，他于1939年应征入伍，1940年被俘，在德国的战俘营里研读了海德格尔的著作。1941年被释放回国。参加了反法西斯的抵抗运动，1943年发表代表作《存在与虚无》，受到人们的欢迎，被称作“反对附敌的哲学宣言”。1945年创办了著名的《现代》杂志。1946年发表的《存在主义是一种人道主义》，更具体地阐述了存在主义的现实社会意义，对战后法国人的精神生活产生重要影响。战后他思想左转，信奉马克思主义，但不参加共产党，只做共产党的同路人。1956年匈牙利事件后，与共产党分道扬镳。他反对一切强者对弱者自由的剥夺，反对一切侵略战争：反越战，反苏联的侵略。他和罗素组成“国际战犯审判法庭”，他是执行庭长。1960年发表《辩证理性批判》，将存在主义与马克思主义结合起来。此外，还发表了大量的剧本和小说。1964年他拒领诺贝尔文学奖。萨特反对苏联式的社会主义，却支持中国的社会主义。他于1959年访华，盛赞中国的“我为人人，人人为我”的精神是一种“深刻的人道主义”。晚年写《福楼拜传》。萨特充分运用文学手段宣传存在主义哲学思想，从而大大扩大了存在主义的理论影响。法国马克思主义理论家F·英克尔所言：“萨特是我们时代的人，他觉察到了当代的问题。”1980年逝世时，巴黎五万群众为他举行了隆重的葬礼，纪念这位象征着时代精神的哲学家。

1. “反思前的我思”

萨特接受了胡塞尔关于意识的意向性的基本观点，即胡塞尔认为，现象是存在本质的直接显示，二者之间不是对立的东西，不分内外。不同在于：一是他企图从纯粹意识现象出发进一步揭示存在的意义，建立现象学的本体论；二是他摒弃了胡塞尔的先验自我。

萨特在胡塞尔现象学的影响下，也反对传统哲学将现象与本质的二元论，认为现象是存在、本质的直接显现。他指出，我们可以把一切看成是现象，现象后面不存在本质，不存在康德的“物自体”。本质并不包含现象的内部，本质就是现象呈现的东西，本质就是现象的意义。意义是什么？意义是相对于人而言的东西，人之前就没有意义。所以，本质就是人的主观给现象加上去的东西，是人意识所派生的。现象作为其本身的存在的显现并不隐藏本质，而是启示本质，它本身就是本质。①

于是萨特对笛卡儿的“我思故我在”的观点进行修改。首先认为离开了笛卡儿的“我思”，一切观点成为或然的，因为笛卡儿的我思是一种逻辑的、理性的我思，这种我思是不能把握存在的，所以它不能作为出发点。其次，他认为，笛卡儿的“我思”是不依赖物质世界的特殊实体。因此，萨特认为意识不是实体，它的意义在于超越自身达到客体。而笛卡儿的“我思故我在”本身就包含了主客体的二元对立，所以萨特认为哲学的出发点应该是一个比“我思”更原始的东西。

他还进一步分析道，现象作为存在的直接显现的系列是有限的，而存在本身可以显现的系列在原则上是无限的。现象的存在与存在的现象的区分意味着存在本身除了现象存在之外还有未显现的即超现象的“东西”存在。他们构成现象的条件的两个方面，一是意识，也就是使存在得以显现的东西，一是存在本身，即意识所显现的东西。这就意味着他的现象学本体论以意识为出发点。②

萨特将意识分为：“反思的我思”和“反思前的我思”。反思的意识（自我意识）是把意识本身当作对象意识。它的活动不是直接指向对象，而是指向对象的意识，属于第二级的。“反思前的我思”是直接指向对象而不是关于对象的意识。它是原始的、主客不分的纯粹意识。是消除二元对立的，因此它什么都不是，是虚无。属于意识的中的第一级意识。以一个桌子为例。我的意识指向桌子时，我的意识的存在和桌子的存在是同一的，这是反思前的我思。当我把我的意识直接指向关于桌子的意识，并把意识本身当作对象加以反思，就是反思的意识。凡是

---

① 刘放桐，等. 新编现代西方哲学. 北京：人民出版社，2000：368.

② 萨特. 存在与虚无. 上海：三联书店，1987：3－4.

意识均是对某物的意识，它直接指向某物。“意识只要求，显现着的存在不仅因为它显现而存在，为意识而存在的超越现象存在本身是自在的”。也就是说被“反思前的我思”规定的外部世界，他称之为“自在地存在”。①

萨特认为各种意识现象都有意向性，即指向性。意向活动是自由的。意识活动包括知觉、想象和情绪。实际上在萨特那里对意识本身的反思是一种超越，包含着主体性的自为的活动。萨特还强调，我们所认识的事物的本质不过是现象的意义。意义是什么？意义是相对于人而言的东西，人之前没有意义，本质就是人的主观给现象加上的东西。

这样，萨特就从对反思前的我思与反思的意识区别的分析中推断出主体和客体，自在的存在与自为的存在，也为他的自由理论提供了认识论的基础。

2. 自在与自为

反思前的我思规定出外部客体——“自在的存在”，反思的意识所指向的是：“自为的存在”。自在与自为是关于存在的两个基本概念。自在不依赖于人的意识存在。自在表明了在未被意识所指向之前，存在着的东西，但是我们不知道、也不能说它以何种方式存在，处于何种状态。自在为意向活动提供了背景和素材，意识从中分辨出具体的事物和具体的事物的存在状态，本来时间、空间状态。被意识活动所意向的存在是——“自为”的存在，它是按意识所规定的目的倾向而如此的存在。

萨特说在我们考察存在的现象之后，认为自在是不依赖人的意识的存在，我们只能给自在的存在规定三个特点，对于自在，“存在存在。存在是自在。存在是其所是。”② 具体意思是（1）存在是自在的，它表示不是上帝创造的，也不是自己创造的，自在的存在是非创造的；（2）自在没有存在的理由，它与别的存在没有任何关系，是孤立的。

① 萨特．存在与虚无．上海：三联书店，1987：22、9．

② 萨特．存在与虚无．上海：三联书店，1987：27．

（3）存在将不是派生的，具有偶然性，它永远是多余的。[①] 总之，一切东西，就其自身存在而言，处于一团混沌、无差别、朦胧的状态，它好像是一团漆黑的、充实而又不动的整体。总之，自在的存在是一种没有变化、没有任何规定性的、僵死的、被动的、消极的东西。自在的世界是一个无可名状的、偶然的、荒谬的世界，一个使人感到苦闷、烦恼、孤寂、厌倦、恐惧甚至绝望的世界，一个敌视人的、使人异化的世界。[②]

关于自为的存在，萨特认为，它是被意识活动所意向的存在。也是对具体事物的存在状态，包括时间、空间状态进行分辨。"自为不是别的，只是自在的纯粹虚无化。"[③] 就是我们说的意识活动指向的存在。它是按意识所规定的目的倾向而如此这般的存在。自为是一种不断超越、否定、创造的活动，不断使自己与世界获得新的价值和意义。

而世界的意义是人的意识的安排和改造规定的，世界才是相互区别与联系的，具有实用性和工具效用的存在。人的意识是自由的，没有任何规律性或必然性来指导意识如何处理自在。意识活动的自由在于对自在的否定，于是可以根据自己的设想，说自在不是什么。否定如何产生肯定的存在？这里关键是了解萨特的关于"虚无"的概念。他说，虚无和存在是"互补"的，"把世界理解为世界，是一种虚无化"；"虚无是使世界获得一个轮廓的东西。"[④]

所谓虚无化是这样的一个过程，它把充实的、不变的自在的一部分虚空掉，使之成为有差别、相互分离，因而成为相互联系、可以运动的各种事物。在这里萨特强调：人的意识的作用在于否定、分辨、分离，通过虚空背景而让一个或一些事物显现于如实之中。没有如实的虚无，也就没有人所能意识到的世界。并且萨特通过虚无与存在的关系来说明人与世界的关系。不但外部有自在与自为之分，人的存在也有自在与自

---

① 萨特．存在与虚无．上海：三联书店：1987：26－27．

② 刘放桐，等．新编现代西方哲学．北京：人民出版社，2000：371．

③ 萨特．存在与虚无．上海：三联书店：1987：786．

④ 萨特．存在与虚无．上海：三联书店：1987：47．

为之分，人也要虚无自己的自在。人的自在是他现在所处的生活境况，人的自为表现为对已有的存在境况的否定。人的意识不断地否定他的自在，这是虚无化，即从自在中分离自己所欠缺的存在。萨特认为："可能性就是自为为了成为自我所欠缺的东西。"① 在人的意识中，他的存在总是欠缺，他永远不满足已有的一切，总要设定并努力实现新的可能性，这就是他的自为存在。"世界从本质上说是我的世界。……没有世界，就没有自我性，就没有个人；没有周围，就没有人，就没有世界。"②

3. 存在先于本质

通过对意识和人的存在的分析，萨特奠定了存在的本体论基础。他在《存在主义是一种人道主义》一书中，提出了作为存在主义第一原理——"存在先于本质"的命题。如海德格尔所说的人的实在性。萨特说"我们说存在先于本质的意思指什么呢？意思就是说首先有人，人碰上自己，在世界上涌现出来——然后才给自己下定义。如果人在存在主义者眼中是不能下定义的，那是因为在一开头人是什么都说不上的。他所以说得上是往后的事，那时候他就会是他认为的那种人了。所以，人性是没有的，因为没有上帝提供一个人的概念。人就是人。这不仅说他是自己认为的那样，而且也是他愿意成为的那样——是他（从无到有）从不存在到存在之后愿意成为的那样。人除了自己认为的那样以外，什么都不是。这就是存在主义的第一原则。而且也就是人们称它为'主观性'；他们用主观性这个字眼是为了责难我们。但是我们讲主观性的意思除了说人比一块石头或者一张桌子有更大的尊严外，还能指什么呢？我们的意思是说，人首先是存在——人在谈得上别的之前，首先是一个把自己推向未来的东西。并且感觉到自己在这样做，人确实是一个拥有主体生命的规划，而不是一种苔藓或者一种真菌，或者一棵花椰菜。"③ 在这个自我设计之先，无物存在。即使再睿智的上天也没有。

---

① 萨特. 存在与虚无. 上海：三联书店：1987：55.

② 萨特. 存在与虚无. 上海：三联书店：1987：152.

③ 萨特. 存在主义是一种人道主义. 上海：上海译文出版社，1988：8.

人只有在他计划成为什么时才能获得存在，只是希望，还不够。因为“想要”或者“意图”一词，通常是指一种在我们已塑造出我们自己之后所作的一种自觉决定。我们可以希望参加一个宴会，写一本书，或是结婚——但是在这些情形下，通常所谓“我的意愿”，很可能是一种先前的或自发的决定。

萨特再三强调，人的本质不是类本质，不是固定不变的本质。所谓人的本质，泛指人的各种有质的规定性的特征，包括人的才能、专长、职业、地位等等。决定人的本质的存在是一个自由选择的过程。由于存在具有主观性，意在强调选择的自由和自觉，所以萨特认为，人的存在先于本质使人与物区别开。物是消极被动的，没有自由，不能自己造就自己，而人不同，人是一种不断自我设计、谋划、选择、造就的存在物。

萨特所谈的存在的自由选择是与决定论相对立的。他反对一切形式的决定论，特别是反对宗教决定论。他认为，上帝按照自己的概念创造人，人的本质先于人的存在。现在上帝被推翻了，先天的本质就不存在了。而启蒙运动虽然否定了上帝的决定作用，但是又假设了一个“普遍的人性作为先于人的存在的本质。”而人的存在是个别的，不能用普遍的人性来规定个别性的存在。那么谁为人规定本质呢？是人以自己的选择造就了他自己。他说，在人的面前横着各种各样的可能性，它们的现实决定于人的自己设计、谋划、选择、造就。人可以决定自己是一个爱国的勇士，还是一个出卖祖国的懦夫。如一把裁纸刀生产出来后就永远是裁纸刀了，再没有别的可能；而人则不然，人永远是他的可能性，人是还未造成的东西。不是上帝怀着人的本质创造了人，而是人自己造就自己。尽管人总是陷于种种特定的处境之中，但再怎么样他还是有自由选择的可能。例如，对于一个残疾人来说，残疾固然是一个无法改变的事实，但是，他可以选择怨天尤人，自暴自弃，他可以选择坦然面对，自强自立。不同的选择，使他成为不同的人。残疾只是一个事实，但绝非残疾人的本质，残疾人是怎样的人，要看他如何选择。

萨特强调：“人不是别的，人只是他所打算成为的，只有在人实现自己的范围内人才存在，因此，人不是别的，人只是他自己的行动的总和；人不是别的，人的生活是什么，人也就是什么。”①

在此，萨特肯定人的存在先于本质，就是人来到这个世界上没有任何规定性，不是上帝创造的，而是人通过自己的选择成其为现在的自我，同时又不把人当作现成的、固定的存在，而当作一种不断推向将来的存在，“人是人的未来”。② 存在主义肯定这一点意味着它是一种强调人的能动性和创造性并鼓励个人不断积极向上的行动哲学。他自己也认为与海德格尔悲观主义的人道主义相比，他的人道主义是乐观主义的。因为“人类需要重新找回自己，并且理解到什么都不能使他挣脱自己，连一条证明上帝存在的正确证据也救不了他，在这个意义上，存在主义是乐观的。它是一个行动的学说。”③

4. 自由与责任

萨特指出，存在主义的基本观点就是主张存在先于本质，就是说人的本质出于人的自由的创造。“人就是永远不能参照一个已知的或特定的人性来解释自己的行动，换言之，决定论是没有的，——人是自由的，人就是自由的。”④ 除了人自己的自由选择之外，没有什么东西能够决定人的存在。因此，自由选择是绝对的，“绝对”的意义是“无条件”。人注定是自由的。“人不是先存在以便后来变成自由的，人的存在和他的自由没有区别。”“人类的自由先于人的本质，并且使人的本质成为可能。”⑤ 自由不是人的本质或人性，自由是具有主观性和超越性特征的意识活动，与人的现实生活中的具体的自由是有区别的，后者是受到各种条件的限制，在现实生活中人并不能随心所欲。但是，在人们的思想上对自己面临的各种可能性加以选择的自由不受限制。萨特同意人是在各种条件下进行选择的，但是，条件能否发生作用，归根到底

---

① 怀特. 分析的时代. 北京：商务印书馆，1981：131.

② 萨特. 存在主义是一种人道主义. 上海：上海译文出版社，1988：13.

③ 萨特. 存在主义是一种人道主义. 上海：上海译文出版社，1988：31.

④ 萨特. 存在主义是一种人道主义. 上海：上海译文出版社，1988：12.

⑤ 萨特. 存在与虚无. 上海：三联书店，1987：56.

取决于人自己的选择。比如，一个抵抗者被关进监狱，他的环境似乎决定了他不能够做任何选择，其实不然，仍然有很多可能性可供他选择：他可以选择越狱，可以选择读书；即使他什么也不做，静静地躺着看天花板上的小虫爬行，这也是一种选择；不选择也是一种选择。自由就是选择的行为本身。萨特反对一切决定论的因素：环境、遗传、教育、性格等等，这些因素都属于过去，它们能够对人的存在发生作用，是因为人自己的选择，接受了它们的影响，不是过去决定现在和将来，而是人自己决定并选择了一条容易的道路通向未来。①

这里我们可以看到，萨特的自由是个人的主观意愿，一种在思维中超越现实世界的种种威胁，预示行动的可能性而已。这种自由意志明显与现实生活中的情况对立。如果选择自由是绝对的，那么马上就遇到自己与他人的关系以及个人与整体、世界的关系的问题。为了避免这一问题，他强调个人的自由选择必须与所承担的道德责任联系起来。

萨特说："如果存在真是先于本质的话，人就要对自己是怎样的人负责，所以存在主义的第一个后果是使人人明白自己的本来面目，并且把自己存在的责任完全由自己担负起来。还有，当我们说人对自己负责时，我们并不是指他仅仅对自己的个性负责，而是对所有的人负责。"②那么，负责的标准是什么？长期以来人们以上帝的价值为标准，但是现在上帝死了，于是萨特指出，随着上帝的消失，一切能在理性天堂内找到价值的可能性都消失了，任何先天的价值都不再存在了。如俄国作家陀思妥耶夫斯基所说的那样："如果上帝不存在，什么事都将是容许的。"这对存在主义来说就是起点。上帝不存在了，就意味着人找不到可依靠的东西，也找不到任何借口。③ 人的确可以自由地选择做任何事情，但同时他也要为他的选择承担全部的后果。绝对自由意味着绝对的责任。

至于如何选择，那也完全是个人的事，没有任何标准。萨特举了他

---

① 赵敦华. 现代西方哲学新编. 北京：北京大学出版社，2001：128.

② 萨特. 存在主义是一种人道主义. 上海：上海译文出版社，1988：8.

③ 萨特. 存在主义是一种人道主义. 上海：上海译文出版社，1988：12.

的一个学生的例子来说明这一点：二战时，这个学生的父亲打算去做汉奸，而他哥哥已经在战争中阵亡。这个学生发誓要替他哥哥报仇，但又丢不下他母亲，因为他是母亲惟一的安慰，这时他处于两难境地。萨特分析说，在这种情况下，价值、情感都不足恃，找人商量也无济于事。所以萨特的回答是："你是自由的，所以你选择吧——这就是说，去发明吧。没有任何普遍的道德准则能指点你应当怎样做，世界上没有任何的天降标志。"① 只是有一条，每个人都必须对他的选择承担责任。

在萨特看来，存在主义的核心思想就是"自由承担责任的绝对性质，通过自由承担责任。"② 不论对什么人，也不管在任何时代，在任何情况下人都是自由的，都要为自己的自由选择承担责任，而不能把自己是什么样的人归结为遗传或环境等外界的因素。哪怕是随大流的人生态度也不能推卸一点对自己的责任。为自己的选择找各种各样的借口，为自己开脱，是自我欺骗。自我欺骗显然是虚伪的，因为它掩盖了人有承担责任的完全自由。选择与承担责任是一体的两面，缺一就没有自由。

萨特也看到，人的选择是自由的，当人们选择时知道自己不仅要对自己负责还要对全人类负责，人会感受到自己所要承受的巨大责任而陷入深深地焦虑。如一个指挥员在接到上级命令组织进攻时，他知道这与几十位士兵的生死相关，又不能违抗命令，因此必然感到焦虑和痛苦。萨特认为这种焦虑与痛苦是应该面对的，是命定的。焦虑是自由本身对自由的反思的把握，焦虑既不可能被掩盖，也不可能被消除，逃避焦虑这是自欺。③

关于绝望，萨特认为，人是要死的，这就决定了人最终是绝望的。如对于革命者来说，即在他死后，希望依靠战友将革命的事业继续下去，将革命成功。而能够实现的前提是他的战友们要和他一样对承担责任有共识，但是因为人都是有自由意志的，我们不知道他们会做出什么

---

① 萨特．存在主义是一种人道主义．上海：上海译文出版社，1988：16.

② 萨特．存在主义是一种人道主义．上海：上海译文出版社，1988：23.

③ 萨特．存在与虚无．上海：三联书店：1987：74、79.

样的选择，今天可以选择反法西斯主义，明天可能会选择建立法西斯主义。我不能把我的信心建立在人类的善良或人对社会改善的兴趣上，我们只能把自己所有的依靠限制在自己意志的范围内，或者在我们的行动行得通的相对可能性之内。[①] 对未来我们只能是绝望。

在这里我们可以感受到萨特哲学中弥漫着的焦虑、孤独、绝望的情绪，但是他否认他的哲学是悲观主义的。他解释道："绝望不是希望的对立面，绝望是我的基本目的不可能实现，因此在人的实现中存在着一种本质的失败的信念。所以，在我写《存在与虚无》的时候，最后我只能在绝望中找到一个关于什么是人的状态的明晰的观点。"[②] 他强调，他的哲学不是消极无为的，而是积极干预社会，强调个人行动。"我认为希望是人的一部分，人类的行动是超越的。那就是说，它总是在现在中孕育，从现在朝向一个未来的目标，我们又在现在中设法实现它；人类的行动在未来找到它的结局，找到它的完成；在行动的方式中始终有希望在。"[③] 萨特认为他与海德格尔不同，他要求人们应当从"烦"中猛醒过来，振作起来，既然人生无定，是纯粹偶然的，而人又必须生活，必须选择，因此，就应当从"烦"中吸取人生的动力，"冒险地选择"，通过冒险，创造个人的生存和未来，从"无"中并发出实有的东西。萨特常常引起这样一句谚语："不冒险，无所得"，借以强调不顾一切去行动、去选择的重要性。因此，萨特的悲观主义是以冒险主义作为补充的。但是，萨特最终还是决定放弃个人主义，他在《自传》中说："我放弃了战前的个人主义和纯粹个人的概念，转向社会里的个人和社会主义。"萨特在1980年3月，临终前的最后一次谈话中，想到自己将死去，他说："不管怎样，这世界似乎显得丑恶、不道德，而又没有希望。这是一个老人的平静的绝望，而他将在这种绝望中死去，但是我抵制的恰恰就是绝望，而我知道我将在希望中死去，但必须为这种希

① 萨特. 存在主义是一种人道主义. 上海：上海译文出版社，1988：17－18.
② 萨特. 存在主义是一种人道主义. 上海：上海译文出版社，1988：33.
③ 萨特. 存在主义是一种人道主义. 上海：上海译文出版社，1988：32.

望创造一个基础。”[①] 这就是他反复强调的行动和所要承担的责任。他肯定地预言：“世界的未来是有希望的。”

5. *存在主义对马克思主义的“补充”*

20 世纪 50 年代，萨特开始思考如何将自己的存在主义与“具有强大生命力”的马克思主义相结合，以适应时代的需要。在 60 年代出版的《辩证理性批判》中，一改早年对马克思主义的态度，试图建立一种“存在主义的马克思主义”。他说，马克思主义依然是我们时代的哲学，它是不可超越的，因为产生它的那些历史条件还没有被超越。[②] 任何超越的企图都将返回到马克思主义之前的过时的哲学。萨特认为，自 17 世纪以来，只有三个哲学时期：笛卡儿与洛克时期、康德与黑格尔时期以及马克思哲学时期。其中只有马克思哲学还活着，但是还很年轻，几乎还在儿童时期，它还没有开始发展，因此它仍然是我们时代的哲学。[③] 不过，萨特也说，自己的存在主义无法与马克思主义平起平坐。存在主义只不过是一种寄生的思想体系，生活在知识的边缘，无论如何只有在马克思主义这块沃土上才能形成。应该指出，萨特所说的马克思主义主要是指马克思本人的思想，特别是年青的马克思的思想。他认为，马克思主义在马克思那里是人学，首先是恩格斯把它物化，见物不见人。后有苏联的马克思主义者又使这种物化达到了登峰造极的地步。他们忘记了历史的辩证法的特殊性，使人类的历史“失去人性”，把历史放进烟雾腾腾的自然界中，从而“把人洗了一次硫酸澡而消灭掉了”。马克思主义成了“非人的人学”，患了贫血症，所以要用存在主义“医治”当前马克思主义的贫血症，补充马克思主义中的人学“空场”。[④]

萨特要以他的人学辩证法“补充”马克思主义。在《辩证理性批判》中，萨特提出了“人学辩证法”。他认为辩证法只是根源于个人意

---

① 萨特. 存在主义是一种人道主义. 上海：上海译文出版社，1988：93.
② 何林. 萨特：存在给自由带上镣铐. 沈阳：辽海出版社，1999：112.
③ 萨特. 辩证理性批判. 北京：商务印书馆，1963：24.
④ 刘放桐，等. 新编现代西方哲学. 北京：人民出版社，2000：379.

识的总体化运动，只能是人的实践所形成的社会历史领域中的规律，在自然界是不可能有辩证法的。他反对的理由是：第一，辩证法只来源于个人的实践，自然界本身不存在人的实践；第二，辩证法从实践的实质和内容看就是总体化，它只存在于社会的总体中，自然界中的事物是僵死的、机械的分散，是反辩证法的。如果走入了存在辩证法，就会使人依靠外部规律，而不依靠自己陷入消极、无为的巨大危险中。他批评恩格斯武断地把辩证法硬塞进自然界。辩证法不是客观对象自身所固有的，只能由人所创造，以人的实践为源泉。[①] 马克思的后继者们在这方面犯的根本错误就在于脱离了人的实践，在自然界寻找规律。而人的实践构成辩证法。

萨特承认历史领域的辩证法。他认为在人类历史的发展中存在着一对矛盾：历史和社会是人创造的，但同时每个个人又生活在一定的社会环境中，在一定的先决条件中创造历史。马克思用经济关系解释历史的动力与发展方向，解决人与历史的矛盾问题。但是，由于恩格斯将历史唯物主义自然化，简单地将经济因素看成是推动历史发展的动力，陷入一种“经济决定论”。特别是现代马克思主义者忽视了人的关系，忘记了人的主观能动性和创造性，贬低了人的地位，特别是没有谈及个人的存在。因此，萨特试图以人学辩证法“改造”马克思主义。

萨特认为，辩证法应该首先是“人学”，它的出发点是个人实践。人的存在是有机现象，是对无机体的否定，但是，人的物质需要则是回归物质环境，是否定之否定，是自然对人的否定。这构成了辩证法的第一个“圆圈”。接着出现的是需求与匮乏的辩证法，这是人的生产活动的基础。在生产活动中，通过自然的中介，人的超越活动统一过去、现在和将来，表现为物以人为中介、人以物为中介的辩证法。

辩证法循环又产生自身的否定，这就是反辩证法的实践惰性。他认为实践具有反目的性，人变成了自己产物的产物。如由于对树木的大量砍伐而引起水灾。因此人在这个否定阶段成为自己生产物的奴隶，人被

① 刘放桐，等. 新编现代西方哲学. 北京：人民出版社，2000：380.

异化，被组成在群集。这时人的结合是一种无目的的消极的结合，没有形成共同利益，只成为满足需求的生产中的一个环节。人们由于生活和斗争的需要，逐渐形成共同的目的，组成“集团”。集团开始仅是“融合集团”，是松散的、没有约束力的集合，随着人性的恢复，形成了一定共同目标。为了确保“融合集团”的长期性和斗争的胜利，又在此基础上发展成“誓愿集团”，这个集团的成员为了保证公共的自由，超越给定生存状况，在自由活动中实现未来的可能性，这是历史辩证法的第二个“圆圈”。辩证法是不断发展的，在以后的发展中，集团又会蜕变为功能性团体，产生官僚国家，产生新的异化，引起革命。历史的辩证法在异化——革命——再异化的循环中继续前进。

这样萨特从个人的实践出发，对人类发展史作了重新解释。人类复杂而曲折的发展历史就这样被简化，抛开了马克思历史唯物主义的基本观点，更谈不上对其的“补充”，只不过是对马克思主义产生以前的老调重弹而已。

萨特重新解释历史的方法论。为了把人的实践纳入社会整体之中，重新解释各社会集团与个人之间的关系，萨特提出了“中介方法”、“前进—逆溯方法”，作为与马克思主义结合的路径。

关于中介方法，萨特认为马克思主义用社会物质生活条件、阶级等一般的、普遍的概念去分析人，不准确、不具体，必须借助于中间环节，以便对人做有血有肉的具体分析。也就是借助从社会学、心理学等辅助学科的分析方法来考察人的“深密”之处。如分析一个人，要从家庭背景、环境、童年经历、婚姻状况、个体的生理心理和情感等因素来认识人，理解人。这些因素是与个人的生活成长直接相关。这是马克思主义缺乏的一种中介层次，也是被现代马克思主义者所忽视的。

前进—逆溯方法：前进方法是把人放在社会总体之中，研究由个人实践构成社会整体。马克思主义的这种方法是行之有效的，对生产关系的总体分析有助于对个人的了解。逆溯方法：就是要抓住人的特殊性与个别性，追问构成集团的个人存在的条件、生活经历和精神感情历程，以便用新的经验事实来充实和修订原理。简单说，就是既朝向社会整体，又复归个人实践的研究方法，对二者进行“一来二往”的研究方法。萨特认为弗洛伊德的精神分析理论有重要的历史认识意义，应该补充进马克思主义的历史方法论中。

6. 对存在主义哲学评述

存在主义作为现代西方哲学主要的流派之一，虽然已走向衰落，但仍然很有影响。它是西方资本主义社会矛盾和危机的产物，比较集中和突出地表现了垄断资产阶级不能摆脱资本主义所固有的矛盾和危机而必然产生的惊恐不安、忧虑、沮丧、苦闷等没落情绪。在经济和社会危机的打击下，资本主义社会中的其他阶层的人们（特别是小资产阶级）也遭到各种不幸和悲剧。战争、经济危机和社会混乱给一些人在观念上造成了极大的混乱，在心理上投下了悲观的阴影。可以说，存在主义是资本主义危机时代的危机哲学。美国存在主义者巴雷特曾说：“存在主义哲学……是处于解体状态中的资产阶级社会的产物。”

存在主义是一个复杂的哲学思潮，法国哲学家富尔基埃曾说：“有多少存在主义哲学家就有多少种存在主义。”这无疑给评价存在主义带来了很大的麻烦，但还是可以从以下几点对存在主义作分析评述：

（1）存在主义具有明显的人本主义倾向。存在主义者认为自然界、物并不具有真正的“存在”，惟有人才具有“存在”，他们把人的“存在”当作全部哲学的基础和出发点。把个人的主观感受、个人的处世态度作为哲学的中心问题，企图离开外部世界而从个人的主观感受中去寻求个人的责任、选择、处世态度等问题的答案。它以个人在世的惟一性、偶然性和可能性颠覆了传统哲学过分强调一般、必然性，把规律推向宿命的思维方式。存在主义鲜明地表达了当代资本主义社会中人与社会的矛盾，关注个人的社会处境，强调人对个性自由的追求，这都是有进步意义的。但其人本主义并没有超出文艺复兴以来资产阶级人文主义的抽象人性论，也就是说，它的视角仍然是个人、自我，而缺乏一个更高的、社会的层次，所以这种人本主义总不免带有狭隘的个人主义气息。

(2) 存在主义倡导非理性主义。它察觉到垄断资本主义和帝国主义的形成，使得科学技术的成就可以被用来危害人类，给人们带来无穷灾祸，导致社会的不公正、异化现象层出不穷，甚至认为资本主义社会是人们内心世界的基本价值被扭曲，道德意识衰退以及精神财富沦丧的根源，认为科学、理性、技术是人类遭受苦难的最终原因。在资产阶级文明遭到严重冲击的环境下，存在主义批判以往思辨哲学只谈理智的、逻辑的思维程序，强调感受、体验等非理性的东西，尤其注重畏惧、焦虑等病态的心理感受。它夸大了非理性思维活动的意义，认为人的情绪、体验、自由才是决定一切的、绝对的，从而贬低理性地位，强调非理性因素对人的作用的确纠正了传统哲学片面的错误，试图以焦虑、孤独、绝望等心理因素说明人在现实生活中的矛盾困境。但是它犯了与传统哲学同样的错误，走向另一个极端，而且现实人的心理状态仅仅是对现实社会矛盾的反映，其内在的根源并没有在存在主义哲学中展现。存在主义哲学迎合了二战前后社会环境下悲观、孤独的情绪，它一味鼓励个人进行自由选择的行为，却对行为的结果表示怅然，对人类的前途也不抱任何希望。而且，存在主义哲学认为人被抛到世界上就是荒谬的，人的一生都在操心、忧虑，人最终逃脱不了死亡，人生除了不断地躁动并无其他意义，这种悲观主义倾向显而易见。而且并没有谈及寻找解决的途径，也只能剩下“对于未来只有绝望”。

(3) 存在主义否定一切道德规范。存在主义哲学强调人的绝对自由，没有任何可以依据的道德标准。人可以自由地选择自己要成为什么样的人，人可以选择做什么，“自由是道德判断的标准。”但是，每个人均可自由地选择，在现实生活中必然会发生冲突，于是存在主义只好用责任解决人与人之间由于自由引发的困扰。这样社会生活中道德只能凭借个体的道德良心来遵守，而责任标准被虚无化了，主要依靠行为主体自我判断即可。其结果只能给实现自由的环境造成不可想象的灾难。

存在主义哲学反映和表达了人们在资本主义制度异化的世界里，完全没有安全感的心理状态。但是随着资本主义的社会矛盾相对缓和，存在主义作为一个哲学流派逐渐衰落，它在西方哲学中所占据的统治地位也开始被其他哲学流派所取代。

参考文献

[1] 海德格尔. 存在与时间. 上海：三联书店，2006.
[2] 海德格尔. 林中路. 上海：上海译文出版社，2004.
[3] 萨特. 存在主义是一种人道主义. 上海：上海译文出版社，1988.
[4] 萨特. 存在与虚无. 上海：三联书店，1987.
[5] 萨特. 辨证理性批判. 北京：商务印书馆，1963.
[6] 夏基松，褚平. 现代西方哲学纲要. 南京：江苏人民出版社，1986.
[7] 江怡. 走向新世纪的西方哲学. 北京：中国社会科学出版社，1998.
[8] 何林. 萨特：存在给自由带上镣铐. 沈阳：辽海出版社，1999.
[9] 刘放桐，等. 新编现代西方哲学. 北京：人民出版社，2000.
[10] 赵敦华. 现代西方哲学新编. 北京：北京大学出版社，2001.
[11] 夏基松. 现代西方哲学. 上海：上海人民出版社，2006.

第三章

现代西方科学哲学思潮

一、现代西方科学哲学的流变及特征

1. 什么是科学哲学

如何界定科学哲学是自其产生之日起就不断在争论的问题，或者说在大量的相关论述及介绍性著作中均可见对其的不同表述，或将其派别界定为不同的哲学领域。

关于科学哲学产生的时间，大致可归纳为以下几种观点：（1）认为科学哲学产生于古希腊，特别是古希腊自然主义哲学就已经包含了科学哲学研究的主题；（2）认为科学哲学作为一种哲学流派是从实证主义开始的，即从19世纪上半叶开始的；（3）认为科学哲学是随着逻辑实证主义的产生开始的，即20世纪20年代产生的；（4）认为科学哲学是从反逻辑实证主义的哲学派别产生之时开始的，也就是说从波普（Popper）的哲学开始的。①

① 舒炜光. 科学哲学简论. 太原：山西人民出版社，1987：28.

从上述以时间划分中可看出，后三种划分均在19世纪上半叶之后。那么人们不禁要问：在时间上先后继起的三个派别之间存在什么逻辑关系？古希腊哲学发展到19世纪是否发生了哲学研究的转向？实际上按照哲学发展的内在规律，哲学在其历史发展的长河中经历了多次重大的革命，特别是在19世纪这个巨大的社会转型时期，作为表现时代精神精华的哲学必然发生转向。因此本人认为作为现代西方科学哲学思潮，从时间上说应产生于19世纪上半叶。

从哲学发展史的角度看，19世纪欧洲各国在社会、政治、经济、科学及思想文化等各个领域都发生了深刻的变化，对当时的哲学产生了深刻的影响，导致或推动了对西方近代哲学的否定，抛弃二元对立和理性独断为特征的近代哲学思维方式，以新的思维方式取而代之。而孔德的实证主义正是在19世纪自然科学取得辉煌成就的感召下，提出用自然科学的方法改造近代哲学构想，摒弃思辨哲学所研究的绝对的、终极的而无法证明的抽象本质，以实证的知识替代抽象的哲学概念。实证主义是现代反传统哲学的一种革命，同时引发了后来哲学的重大变化。现代西方科学哲学始于19世纪30年代的实证主义，经过马赫主义到逻辑实证主义及后续的发展，它的发展已成为今天科学哲学各个派别所支持或反对的对象，而波普的批判理性主义则是对逻辑实证主义的批判开始的。由此可见现代西方科学哲学应始于实证主义。

从现代西方科学哲学研究的对象看，主要以科学为研究对象，对科学进行哲学分析和研究。重点研究科学的认识论和方法论，探索科学的本质、结构和发展规律。现代西方科学哲学的不同流派坚持的基本原则是：哲学必须以科学方法为楷模，以描述经验事实为范围，以追求实证知识的可靠性和确切性为目的。如果从研究的内容和取向上看，古代和近代均不存在科学哲学，因此科学哲学的出现也应该从实证主义开始。①

综上所述，科学的哲学产生于19世纪30年代，是将科学作为哲学的研究对象，以探讨科学的方法论、科学进步的逻辑、科学的标准等一

① 舒炜光. 科学哲学简论. 太原：山西人民出版社，1987：4－5.

系列关于科学发展的重大课题为研究对象的哲学。从科学哲学家之间的思想关系看，其呈现一条逻辑相连的演变线索：实证主义——马赫主义——逻辑原子主义——逻辑实证主义的实证主义的完整的发展阶段；代之而起的是反实证主义的科学哲学派别。首先是波普尔的证伪哲学（批判理性主义）；后有库恩的范式哲学或科学革命理论；随后有拉卡托斯的科学研究纲领方法论、费耶阿本德的无政府主义认识论、麦克斯韦的形而上学蓝图、劳丹的研究传统哲学，以及标志着当下科学哲学发展方向的“科学实在论”，如普特南的趋同实在论、夏皮尔的信息域理论和本格的精确哲学等。另外，如美国的逻辑实用主义者蒯因的整体论科学观，图尔敏的“自然秩序理想”和“适者生存”的概念革命理论等，也都为科学哲学的发展作出重大贡献。

科学哲学作为近代德国古典哲学的终结者之一，掀起了一场哲学思维转型的运动。科学哲学也是一个争议较大的哲学思潮。任何一个新的理论的提出，或一个新的解决困境的方案提出，都必然存在着不成熟、不完善的地方，特别是哲学，由于它在知识体系中的特殊地位和形而上的性质决定了它发展的线索，在概念之间的、理论内部的、派别之间的争论和批判是发展的动力。也正是这样的相互借鉴和相互批判向后人展现出科学哲学发展的整体面貌，拓宽着人们认识世界的视野。科学哲学还是一个国际性思潮。它拥有自己的国际性组织、学术刊物以及国际性的学术论坛。

2. 科学哲学各流派的共同特点

尽管科学哲学的派别众多，理论演变起伏很大，但是作为西方近代哲学的批判者和传统思维的改造力量，可以归纳出以下共同特点①：

（1）否定本体论研究。大多数流派试图超越形而上学本体论以及主客、心物、思维与存在的二元对立，超越唯物主义与唯心主义、经验论与唯理论的对立。认为哲学不再研究世界的本体问题，也不追求绝对的世界体系，而应该研究实证范围内的知识，任何没有经过经验证实或

① 夏基松，褚平．现代西方哲学纲要．南京：江苏人民出版社，1986：3－4．

证伪的理论都是没有意义的，应予以摒弃。

（2）重视认识论、方法论的研究。主要表现为抛弃传统的思辨哲学，研究重点放在科学认识论和方法论上，研究科学和非科学的分界标准、科学理论的发现与证明、科学理论的发展规律、归纳的有效性等问题。

（3）与现代自然科学密切结合。一方面科学哲学家们具有深厚的自然科学造诣。另一方面由于他们反对把哲学看成是由一个个范畴构成的思想体系，而认为应以科学的方法研究哲学以及研究科学本身的性质和规律。从积极的意义来说，它使有些哲学问题的讨论更加深入、具体，更加精确化。有批判认为，科学哲学过于专注于某些技术性很强的哲学问题，使哲学支离破碎，失去作为整体的世界观功能。但是这正是科学哲学所要否定的哲学作为世界观的意义。

现代西方科学哲学自 19 世纪 30 年代产生至今已有 170 多年的历史，期间演绎出众多的思想学派，研究主题几经演变，对自然科学和社会科学的发展起着重大而深刻的影响，成为当代思想文化中的重要组成部分。但是由于篇幅的限制，仅从对科学哲学整体发展起主要影响的视域内，按照 20 世纪其主要学派活动时空的次序出发，从逻辑实证主义、批判理性主义、历史主义之间发展的思想逻辑探究科学哲学的基本理论观点。

二、逻辑实证主义

逻辑实证主义产生于 20 世纪维也纳，兴起于 20 世纪 20 至 50 年代，它是实证主义发展的第三代，但在发展过程中吸收了弗雷格、罗素等逻辑分析的哲学思想。逻辑实证主义的核心代表是“维也纳学派”。

德国哲学家石里克（Moritz Schlick，1882 - 1936），被公认为逻辑实证主义的创始人。他 18 岁进入柏林大学，师从物理学家普朗克研究物理学。1904 年获博士学位，以解释爱因斯坦相对论的方法论及其意义而著称，后对哲学认识论产生兴趣。1922 年石里克受维也纳大学之聘，主持由马赫等人创立的“归纳科学”哲学讲座。定期组织一些哲学家、数学家、逻辑学家以及物理学家举行讨论会，讨论哲学、语言、逻辑以及自然科学的各种问题。以石里克为中心，形成了由哲学家和科学家共同组成的维也纳学派。学派的重要成员包括德国哲学家卡尔纳普（Rudolf Carnap，1891－1970）、赖辛巴哈（Hans Reichenbach，1891－1953）、纽拉特（Otto Neurath，1882－1945）、英国哲学家艾耶尔（A·J·Ayer，1910－1989）等，我国的哲学家洪谦在1934年加入维也纳小组。石里克的主要著作有：《现代物理学的时空》（1919年）、《普通认识论》（1918年）、《伦理学问题》（1930年）、《自然哲学纲要》（1948年）。

维也纳学派认为，他们的观点是以相对论和量子论为代表的现代自然科学发展的必然产物。1929年他们在布拉格举行会议并发表了题为《科学世界观：维也纳学派》的宣言，向全世界宣布了维也纳学派的正式成立。1930年卡尔纳普与赖欣巴哈共同主编《认识》杂志，提出开展科学统一运动的口号，1938年由纽拉特主管并将杂志改名为《统一科学》杂志，石里克与弗兰克、纽拉特组织出版了“科学统一丛书”，推动了逻辑实证主义国际化的传播与发展。1936年石里克不幸被一精神病学生枪杀。1938年德国纳粹占领维也纳，将维也纳学派的哲学视为“反动哲学”加以禁止，其大部分成员先后流亡英美，维也纳学派在组织上不复存在，但是卡尔纳普、赖欣巴哈等成员流亡美国，使逻辑实证主义在美成为最有影响的哲学流派。到20世纪50年代，蒯因、古德曼等人将逻辑实证主义与美国本土产生的实用主义相结合，对两类命题的区分和经验证实理论这两个逻辑实证主义的传统观点提出挑战，引发了持续十年的论战，将逻辑实证主义推向衰落的理论困境。逻辑实证主义的衰落，除了学派内部的争论外，其在科学哲学方面的诸多基本观点也受到批判理性主义和历史学派的批驳，无力解决其在理论上出现的困难，加之其重要的代表人物相继辞世，逻辑实证主义在60年代之后，尽管还有一些后起的代表人物仍活跃在哲学舞台上，但是作为整体的哲学流派不存在了。

必须指出由于在科学哲学中一些派别名称相近，关系比较复杂，容易混淆，需要加以说明，如维也纳学派、逻辑实证主义和逻辑经验主义就是既有联系又有区别的三个概念。维也纳学派是逻辑实证主义的主流和核心，但不等于逻辑实证主义的全部，因为逻辑实证主义还应包括同时期的柏林学派、里沃夫为代表的华沙学派以及布拉格学派等；逻辑实证主义也不等于逻辑经验主义，前者主要指20世纪二三十年代在欧洲流行的早期分析哲学的流派，后者的范围更广，逻辑经验主义贯穿分析哲学的全过程，除了逻辑实证主义以外，还包括它在美国的发展。①

1. 实证原则

逻辑实证主义的思想直接来源产生于19世纪30年代法国哲学家孔德所创立的实证主义哲学。实证主义的产生基于两个重大因素：一是实证科学有了重大发展，即经验科学取得了很大的成就；二是哲学发展到黑格尔阶段，已成为了一个登峰造极的哲学体系。然而这一体系并没有解决哲学的问题，却使哲学裹足不前。因此，孔德认为，几千年来的哲学没有拿出一个为所有哲学家公认的哲学成果。现实的哲学发展和实证科学有着很大的差别，特别是自然科学采取经验科学的形式以后，取得了很大的成就。这样的现实必然促使哲学家思考：为什么会出现哲学和自然科学的巨大差别？能不能用自然科学的方法来研究哲学，或者能不能把哲学改造成像科学那样的东西，而代替哲学或取消哲学。由此发起了批判传统形而上学，以科学改造哲学的科学主义运动。

孔德认为，哲学只有建立在一种确实、可靠、精确和有用的知识的基础之上，才能使传统的处于“抽象阶段”的哲学变成为一种真正科学的实证哲学。“从培根以来一切优秀的思想家都一再地指出，除了观察到的事实为依据的知识以外，没有任何真实的知识。”② 为了恰当地说明实证哲学的实质和特性，孔德对人类精神发展过程进行了一番历史考证，发现了人类精神发展先后经历了三个不同的理论阶段：神学阶段，又名虚构阶段；形而上学阶段，又名抽象阶段；科学阶段，又名实

---

① 赵敦华．现代西方哲学新编．北京：北京大学出版社，2001：84.

② 洪谦．西方现代资产阶级哲学论著选辑．北京：商务印书馆，1982：27.

证阶段。人类的精神受本性的支配，在它的每一项探讨中，都相继地使用了三种性质基本上不同，甚至根本相反的哲学方法：首先是神学方法，其次是形而上学方法，最后是实证方法。①

在神学阶段，人类精神探索的目标主要是万物的内在本性，是一切引人注意的现象的根本原因、最后原因，总之，绝对的知识、各种现象被看成一些为数或多或少的超自然主体直接地、连续地活动的结果，这些超自然主体的任意干涉，被用来说明宇宙间一切貌似反常的现象。

形而上学阶段只不过是前一阶段略为改头换面，在这个阶段，人们用抽象观念代替神的意志来解释一切，自然物内部的抽象力或属性被认为是运动和变化的原因所在。

在最后的实证阶段，人类承认不可能获得绝对的概念，于是不再探索宇宙的起源和目的，不再求知各种现象的内在原因，而只是把推理和观察密切结合起来，从而发现现象的实际规律，也就是它们的不变的先后关系和相似关系。因此对事实的解释被限制在现实的范围内，② 并认为这个阶段就是科学阶段，而实证哲学是人类智力所达到的真正的最后阶段。③

孔德认为，既然经验是知识的惟一的来源和基础，那么一切科学知识只能在经验的范围内，科学只能讨论经验范围以内的事情。如果超出了这个界限，认识就没有可能，知识就失去了根据，讨论就没有意义。因为“我们的认识能力根本无法把握万物的内在本性，一切现象的起源和目的之类的问题”。④ 实证主义就是要抛开那些显示“人的理性必然不能说明一切高不可攀的玄妙奇迹”的问题，将自然科学的实证方法引入哲学，确定实证主义认识对象。孔德认为哲学应该研究实证范围内即经验范围内的知识，是惟一“超越唯物主义和唯心主义的争论之外”的实证哲学。

---

① 洪谦．西方现代资产阶级哲学论著选辑．北京：商务印书馆，1982：25.

② 洪谦．西方现代资产阶级哲学论著选辑．北京：商务印书馆，1982：26.

③ 洪谦．西方现代资产阶级哲学论著选辑．北京：商务印书馆，1982：29.

④ 洪谦．西方现代资产阶级哲学论著选辑．北京：商务印书馆，1982：28.

孔德明确指出："实证哲学的基本性质，就是把一切现象看成服从一些不变的自然规律；精确地发现这些规律，并把它们压缩到最低限度，乃是我们一切努力的目标……"① 实证哲学的"一切本质属性都概括在实证这个词中，我把这个词列为一种新哲学之首"。②

"实证"一词源于拉丁文 positive，意思是肯定、明确、确切。孔德在创立实证哲学的过程中赋予了"实证"五个方面的新解释③：一是与虚幻对立的实在。实证哲学的特征就是"一贯注重研究我们的智慧真正能及的事物"，而不是像神学阶段和形而上学阶段那样对无知事物的关心。二是与无用相对的有用。所有思辨的使命在于通过思辨"不断改善我们个人和集体的现实情况"，而不是仅仅去满足我们的好奇心。孔德强调的是思辨的目的、结果应该与实践有着必要的关联。三是与犹豫对立的肯定。实证哲学有着一种特殊的能力，它"善于自发地在个体中建立合乎逻辑的和谐，在整个群体中促成精神的一致，而不像古老的精神状态，必然引起无穷的疑惑和无尽的争论。"也就是说，"肯定"是对事物性质的认识没有疑义，没有异议，表达协调一致。如果缺失了"肯定"，人类现在可能还徘徊在迷茫而蒙昧的道路上。四是与模糊相对的精确。"精确的含义使人想起真正哲学的恒久倾向，即处处赢得与现象的性质相协调并符合我们真正需要所要求的精确度"，而旧的推论方式只能凭借超自然权威，诸如上帝等进行强制。或者更确切地说，"科学之所以为科学，在于它具有充足的精确度，能测证出事物现象的性质。"五是将"实证"理解为相对。实证哲学"正是凭借其相对性能够始终重视与其严重对抗的理论的自身价值，然而却绝不做任何足以破坏其明晰观点或坚定判断的无谓让步"。孔德认为形而上学哲学是一种否定的哲学，"其目的在于破坏旧秩序，而并不能告诉人们在破坏旧秩序后应如何建立新的社会秩序。"④ 而实证哲学的使命是组织，而不是破坏，

---

① 洪谦. 西方现代资产阶级哲学论著选辑. 北京：商务印书馆，1982：30.
② 刘放桐，等. 新编现代西方哲学. 北京：人民出版社，2000：5.
③ 孔德. 论实证精神. 黄建华，译. 北京：商务印书馆，1996：25 – 36.
④ 欧力同. 孔德及其实证主义. 上海：上海社会科学院出版社，1987：34.

也就是说实证哲学顺应了时代的需要，肩负起“重新组织由于革命动乱和战争而分裂的社会，给其奠定精神的基础。”[①] 因此，实证哲学就是一种向人们提供“实在、有用、确定、精确、相对”的，作为人类智慧“最高属性”的知识的，与实证的自然科学有机统一的哲学。

由此，孔德确立了其全部实证主义知识体系的基础——“实证原则”。归纳起来，所谓“实证原则”就是在经验的范围内，通过观察、实验、对比的方法，探讨和建构科学知识的体系。以此来摒弃传统哲学和神学所研究的绝对的、终极的、无法证实的抽象本质，以实证知识替代哲学的思辨概念。

2. 经验证实原则和意义理论

逻辑实证主义在继承了实证主义的经验主义的立场上，将弗雷格、罗素、维特根斯坦等人创立的现代逻辑引入哲学研究中，力图以经验证实原则和意义理论重建实证主义哲学。

逻辑实证主义从三个方面继承了休谟、孔德、马赫等前辈的基本思想：一是继承了人的一切认识都局限于感觉经验，超出经验范围之外，认识是不可能的，知识就缺乏依据，问题的讨论也就没有意义的观点。提出逻辑实证主义的核心理论：经验证实原则和意义理论。二是继承了企图超越唯物主义与唯心主义斗争的中立路线和反“形而上学”的立场。休谟、孔德、马赫都认为，哲学应该研究“事实”，是“实证的知识”，是“事实”或“实证知识”之间的关系。而逻辑实证主义发展了上述观点，吸收了现代逻辑中语言分析和逻辑分析的观点，认为哲学不再是以探索宇宙的本原和本质，研究存在与思维的关系，获得新知识，提出新命题，建立完备的理论体系为己任。“哲学本来的工作就是寻找论断和问题的意义，并且把这些意义搞清楚。”[②] 哲学是对各门科学已有的概念和命题进行逻辑分析，将其意义明确，把含糊不清的加以澄清，而对没有意义的概念和命题进行排除。

---

① 欧力同. 孔德及其实证主义. 上海：上海社会科学院出版社，1987：34.

② 洪谦. 西方现代资产阶级哲学论著选辑. 北京：商务印书馆，1982：267.

作为逻辑实证主义创始人的石里克指出，传统的哲学存在两个主要问题：第一，以往的哲学史按照一个绝对真理体系推翻前一个绝对真理体系，然后又被另一个绝对真理体系所取代这样一种矛盾的逻辑演进的。哲学很难说有什么真正的进步，而且由于滥用或误用语言，导致哲学存在着诸多的混乱。许多哲学争论实质上都是语言争论。第二，过去时代最严重的错误之一，是认为哲学命题的真正意义和最终内容可以再用陈述来表达，即可以用知识来阐述，这就是形而上学的错误。形而上学者的努力一向集中在这一荒谬的目标上，要用知识来表达纯粹性质的内容（事物的“本质”），也就是要说那些不可说的东西。本质是不能说的，只能显示在体验中，而认识与体验毫无关系，① 因此，石里克认为应该结束传统哲学体系之间毫无意义的争论，给哲学新的转机。他进一步指出，哲学的转变绝不是一个方向问题，而是要看清逻辑的本质。哲学的任务就是用逻辑方法分析语言的形式或建构，即分析语言的逻辑形式。新哲学与传统的哲学的本质区别是“哲学不是一个命题体系，它不是一门科学。……我们现在认识到哲学不是一种知识体系，而是一种活动体系。这一点积极地表现了当代的伟大转变的特征；哲学就是那种确定或发现命题意义的活动。哲学使命题得到澄清，科学使命题得到证实。科学研究的是命题的真理性，哲学研究的是命题的真正意义。科学的内容、灵魂和精神当然离不开它的命题的真正意义。因此哲学的授义活动是一切科学知识的开端和归宿。”②

既然哲学研究的是命题的真正意义，是澄清命题意义的活动。而科学理论是由有意义的命题组成，那么命题的意义问题以及意义的标准就成为逻辑实证主义划分科学与形而上学（非科学）的界限的关键问题。什么是有意义的命题？判定命题是否有意义？是否是科学的？标准又是什么？

逻辑实证主义认为，有意义的命题分为两类：一是分析命题，一是

① 洪谦. 逻辑经验主义. 北京：商务印书馆，1982：9－10.
② 洪谦. 逻辑经验主义. 北京：商务印书馆，1982：9.

综合命题。分析命题也是逻辑命题，包括重言式和矛盾命题，它的真假取决于它们的形式本身，只要借助于形式逻辑就能判断其正确与否，不需要求助经验的证明。逻辑和数学的命题属于分析命题。如“今天或者下雨或者不下雨”，“此时打雷又不打雷。”这类命题叫分析命题或逻辑命题，只要通过逻辑分析便可以分辨真假值，前者是永真命题，后者是永假命题。综合命题是经验命题，它是在经验科学的范围内对事实的陈述，其真实与否必须借助经验加以证实。经验科学的命题属于此类。

逻辑实证主义在分析这两类命题的基础上，提出不同的判断分析命题和综合命题是否有意义的标准。判断一个分析命题是否有意义依据的是逻辑的原则，“凡是逻辑上不可能证实的，则是自相矛盾的”，是没有意义的。而判断一个综合命题是否有意义就在于其能否被经验证实。“命题的意义完全在于它能对一定的事实有所表述。”“从它的意义上说，只能是能够证实。”① 在此，逻辑实证主义为了拒斥形而上学，提出了判定命题意义的标准——“经验证实原则”。这个原则是：只有那些能够用逻辑分析和经验证实的方法确立其真假的命题才是有意义的命题，否则就是毫无意义的命题。简言之，关于综合命题，其意义就在于它在经验上的证实性。石里克特别强调说：“一个命题只有在下列条件下才能说明其意义：就是通过一种试验可以区别的，可以判定它是真的或假的。”②“传统的形而上学命题，都是在真的或假的之外的无意义的命题。命题的意义——无论它是真的或假的——都是证实方法的活动；一个在证实方法以外的命题，则是所谓无意义的‘似是而非’的命题。”③

3. 关于经验证实的标准的争论

经验实证原则是逻辑实证主义（主要是维也纳学派）的基本理论硬核，是被当作批判或拒斥形而上学的锐利武器，成为在科学与形而上学之间划界的标准，同时也是建立科学知识体系的可靠基石。但是由于

---

① 洪谦. 西方现代资产阶级哲学论著选辑. 北京：商务印书馆，1982：269、267、272.

② 洪谦. 西方现代资产阶级哲学论著选辑. 北京：商务印书馆，1982：268.

③ 洪谦. 维也纳学派哲学. 北京：商务印书馆，1989：11－12.

人类认识能力的有限性，实验水平、条件及其手段的历史局限，如果仅遵照“经验证实原则”判定何者有意义或无意义，那么许多陈述一般规律的命题，特别是由于当下的实践条件和水平的局限是无法证实的，有待将来被证实，或很难被证实的假说，都将在这个标准的验证中被排除在科学之外，成为无意义的命题。所以在逻辑实证主义内部对经验实证的标准产生了较大的分歧和争论，并对标准进行了修正和补充。

为了解决经验证实的程度问题，或寻找一个比较恰当的意义标准，逻辑实证主义在长达20多年的争论中提出了多个缓和的方案。争论导致了实证原则的重大调整，促使最终不得不放弃该原则。

首先是石里克对证实问题做了进一步的区分，将命题的证实分为完成证实和可能证实。前者无论是在逻辑上还是在经验上都被证实，并可作出正确无误、确凿无疑的说明。而后者所说的证实只是一种“可证实性”，或者说是一种“原则性的证实”。他进一步解释道：“可证实性”并不意味着当下能够被证实。“一个命题的意义并不依存于当时用以说明它的意义的情况，并依存于这种情况给证实的可能性或不可能性，例如，‘在月亮的那边有三千米高的山’这个命题是毫无问题地有意义的。虽然我们有技术的障碍，无法把它加以证实。虽然我们根据科学事实来说，还没有人到达过月球的那一边，然而这个命题并不因而失去它的意义。”① 在此石里克无奈地对经验证实的范围做了“宽泛”的解释，用“可证实性”替代了“证实性”。而且当下不能证实的，只要从逻辑上说是可以检验的，就是有意义的。所以说石里克提出的可证实性是指证实的逻辑上的可能性。所谓逻辑的可证实性是指一个事物或过程如果能够描述出来，（确切地说，能够描述出来是指可以理解）这就表明描述它的句子是服从我们为自己的语言所制定的语法规则。在此，石里克也做了声明，可证实性只是针对命题的意义而言，只是一种逻辑的可能性。逻辑上可能证实和逻辑上不可能证实之间的分界线是绝对清楚明确

① 洪谦. 西方现代资产阶级哲学论著选辑. 北京：商务印书馆，1982：268－269.

的；意义与无意义之间没有什么逐步的过渡，第三种情况是没有的。[①]

由此，可以体会到尽管石里克对实证原则做了“宽泛”的解释，仍然不能解决可证实性原则所面临的困境。

其次是维也纳学派重要成员之一，后来成为维也纳学派领袖的德国哲学家卡尔纳普。他开始也接受石里克的经验证实原则，认为科学命题的真假判定问题至关重要，但是面对困境，为了解决那些不能被经验直接证实的命题的意义问题，卡尔纳普作了修补，将证实分为“直接证实”与“间接证实”。他指出，“直接证实”就是当前感觉经验所能证实的，如“这个器皿中的物质是酒精。”只要凭借感觉经验——嗅一下即可验证。但是科学认识所要揭示的事物内在的本质和规律是无法通过经验直接证实，因此，他认为，“一个不能直接证实的命题，就只能通过间接的证实，即对从这个命题与其他已证实的命题一起推演出来的新命题加以证实。”[②]

比如要证实命题“这把钥匙是铁制的”，就可以把这把钥匙置于磁石附近，通过观察如果这把钥匙被磁石吸住，那么，上述命题就得到证实。间接的推证过程，其推论步骤如下：

P1“这把钥匙是铁制的”，是有待证实的命题。

P2“如果铁制的东西置于磁石附近，它就被吸住”，这是一条已经被证实了的物理学定律。

P3“这是一个磁石”，是已经为经验证实了的命题。

P4“这把钥匙置于这磁石的附近”，这是可以由我们的观察直接证实了的。

从上述四个前提出发，可以推出以下结论：

P5“现在这把钥匙会被这根磁棒吸住”。这是一种预言，是可以通过直接观察加以检验的。

假如这个预言被当下的直接经验所证实，那么命题 P1 就得到了间

---

① 洪谦．逻辑经验主义．北京：商务印书馆，1982：51．

② 夏基松．现代西方哲学．上海：上海人民出版社，2006：139．

接证实，否则就被间接地证伪了。[①]

在上述间接证实的整个推演过程中，可以明显地发现两个被质疑的问题：

一是“间接的证实”的“可靠性”问题。如果说间接证实是可靠的，那它所依赖的命题必须是可靠的。如果它所依赖的命题自身是否可靠尚存质疑，又怎么能说间接证实是可靠的呢。如“铁制的东西置于磁石附近，它就会被吸住”这个命题本身是从过去的经验归纳所得的，也只具有或然性，而不具有必然性。再就是能被磁石吸住的物品就一定是“铁制”的吗？因为能被磁石吸住只是铁的一个属性，而铁是诸多属性的集合，此外还有含有磁力的金属也可以被磁石吸引，因而间接证实的方法无法得到是否铁制的确定的证实。显然卡尔纳普也意识到：“绝对的确定性我们是得不到的。因为可以从命题 P1 中演绎出来的命题是无限的。我们将来总有找到相反例子的可能性，不管它的或然率有多小，因此，命题 P1 是不可能完全被证实的，我们可能说它是一个假说。”[②]

二是“直接证实”的经验的可靠性问题。这个问题在逻辑实证主义内部也是争论逐步增多，在争论中卡尔纳普也发现，仅凭直接的经验观察并不能证实事物的真伪。如“这桌子上有一张白纸”，为了查明是不是纸，可做观察或反复观察，如果有质疑，还可以做物理和化学的实验，还可以再做另一些验证。在理论上永远存在着把检验性观察的序列继续下去的可能性，所以在这里任何完全的证实也是不可靠的，却只是一个逐渐增强确证的过程。[③] 认为应该用“确证”替代“证实”，同时，也认为感觉并非绝对可靠，感觉中也包含着错觉和幻觉。作为维也纳学派重要成员之一的哲学家赖欣巴哈也无奈地承认：仅凭直接经验，我们甚至无法区别现实与梦境。另外，石里克也认为，感觉具有主观性和私人性。每个人只能感受自己的感觉，不能感受别人的感觉。正如上述哲学家所认识到的问题，感觉具有主观性，必然导致人与人之间的感觉存

① 夏基松．现代西方哲学．上海：上海人民出版社，2006：139．

② 夏基松．现代西方哲学．上海：上海人民出版社，2006：139．

③ 洪谦．逻辑经验主义．北京：商务印书馆，1982：75．

在着较大的差异。那么以谁的观察为验证的标准呢？甚至根本无法判定人们对于同一事物的感觉内容是否一致。如果说人的感觉经验是多维的，以此为判定的标准也是多维的，而对事物的真理性认识是一元的，多元的验证无法证实真假，何谈意义问题。

这一问题直接导致逻辑实证主义的意义理论和证实原则受到巨大的撼动。卡尔纳普只好改用语言表述或语言约定的证实，以代替经验内容的证实来解决问题。他认为，人们的语言是共同的，可以相互交流的。不像个人的感觉那样，其内容具有不可交流的私人性。这就是我们感觉的“红”，其经验内容不一定相同，但是人们对它所使用的语言符号“红”却是共同的，它们是可以彼此交流，共同鉴定的。[1] 此后，卡尔纳普等人放弃以直接经验的内容作为判定命题意义的观点，改为以共同语言作为证实命题意义的标准。也就是以共同的观察记录的陈述作为判定命题意义真或假的根据，导致“物理主义”或“约定主义”。

证实原则作为逻辑实证主义的理论基石，自诞生之日起就问题不断、矛盾重重。卡尔纳普只好不断降低限制，并承认：“从我们现在的观点看来，这种表述作为一种原则的近似值来说虽然可以接受，但它不是十分准确的。由于它过分简单化，以至对科学语言作了过分狭窄的限制，不仅把形而上学的语句排除出去，而且也把某些具有事实意义的科学语句排除出去。因此，可以把我们目前的任务表述为对可证实性的要求作些修改。”[2] 修正的方法就是将“可证实性原则”改为“可验证性原则”或“可检验性原则”。卡尔纳普希望以此弱化证实原则来解决所面临的困境。在他看来，只要能够对某个语句提出任何可以设想的观察结果来作出肯定或者否定的证明，那么这个语句就是具有认识意义的。换言之，只要从一个命题能够引申出一些可以诉诸经验观察的真实命题，那么这个命题就是有意义的。并强调“可验证性”并不是一种完全的证实，而只是一个逐渐增强确证的过程。他进一步指出：“如果证

---

① 洪谦．逻辑经验主义．北京：商务印书馆，1982：140.

② 洪谦．逻辑经验主义．北京：商务印书馆，1982：71.

实指的是对真理作出一种决定性的和最终的确定，那么，我们就会看出，任何（综合的）语句都是不能证实的。我们只能对语句作出愈来愈多的验证，因此，我们以后谈论验证的问题，而不谈论证实的问题。”① “在许多情况下，有了数量不多的肯定的例子，我们就达到了实际上足够的确实性，于是我们便停止实验。但理论上永远存在着把检验观察的序列继续下去的可能性，所以在这里任何完全的证实都是不可能的，却只是一个逐渐增强确证的过程。”②

艾耶尔在《语言、真理与逻辑》中，针对“可证实性”的争论，提出自己的解释，他认为，首先应该在“实践的可证实性”与“原则的可证实性”之间作出区分。实践的可证实性是指可以通过直接的经验就能够证实命题的意义。原则的可证实性则是有证实的可能性。“只是因为我们缺少一些实际的方法使我们有可能完成那些有关的观察。”③艾耶尔并以“在月亮的另一面有一些山脉”的命题为例来说明原则的可证实性。这个命题在还没有发明一种火箭使我能达到和看见月亮另一面时，是不能用实际的观察去判定的。但是，正如在理论上是可以想象的，如果我一旦在那个可以作出这种观察的地位上，我就知道用什么样的观察会使我判定它。由此，这个命题如果不能在实践上得以证实，那么，它在原则上是可以证实的。因此，这个命题就是有意义的。④ 其次，艾耶尔认为“可证实的”这个词还可以进一步区分为：强的和弱的可证实性：强的可证实性指检验普遍命题的一切事例，在实际中很难实现的证实；弱的可证实性是对普遍命题某些事例的检验。在科学领域中，只要对多的事例进行检验，便可以得出普遍的结论。证实原则所坚持的只是弱的可证实性。

美国逻辑实用主义学哲学家奎因在1951年发表《经验论的两个教条》，指出逻辑经验主义所坚持的经验论受两个教条的制约。一个教条

---

① 卡尔纳普. 可检验性和意义. 科学哲学，1936：420.

② 洪谦. 逻辑经验主义. 北京：商务印书馆，1982：75.

③ 艾耶尔. 语言、真理与逻辑. 上海：上海译文出版社，1981：34.

④ 艾耶尔. 语言、真理与逻辑. 上海：上海译文出版社，1981：34－35.

是相信在分析的、或以意义为根据而不依赖于事实的真理（分析命题）和综合的、或以事实为根据的真理（综合）之间有根本的区别。另一个教条是还原论：相信每一个有意义的陈述都等值于某种以指称直接经验的名词为坚持的逻辑构造。这两个教条都是没有根据的。[①] 奎因认为，逻辑真理严格说来并非分析命题，因为逻辑真理并不具有为任何经验所不能推翻的分析的正确性；对于以描述词的同义性为基础的命题，他认为不可能给"同义性"这个概念下准确的定义，以同义性为基础的分析性概念也是不清楚的。因此，他认为分析命题和综合命题的区分是没有根据的。对于还原论，即关于事实命题的意义可以还原为记录直接经验的语句。他指出，关于事实命题只是涉及周围世界认识的一部分，全部知识是作为一个整体，而不是分解为一个个单独的命题去接受经验的检验的，即使像逻辑规律如排中律这样似乎与经验相距遥远的命题，作为知识整体的组成部分，归根结底也要与整体一起接受经验的检验，而有可能被修正或否弃。

逻辑实证主义在外部批评与内部争论中，不断修正证实标准，使用宽松、缓和得多的"可验证原则"，更多的是对语句进行概率的度量，以判定命题的可靠程度，认为概率越高，可验证性越高。这一修改显然偏离了证实原则，不再是检验命题内容的真实性，而只是检验形式表达的准确度，仍然无法摆脱理论的困境，最终放弃证实原则作为意义的惟一标准。

4. 逻辑实证主义的困境

逻辑实证主义的意义理论和实证原则是其理论的出发点和核心，也是该学派拒斥形而上学的重要武器，强调一切有实际内容的科学知识都是经验知识，都需要通过经验加以证实或验证，决不能在经验之外去寻找科学的根据。并将证实或可证实性作为划分科学与形而上学的惟一标准。认为形而上学命题是伪命题，所使用的哲学术语，不能经受经验的检验，所以是没有意义的，应该加以排除。逻辑实证主义的批判在一定

① 洪谦. 逻辑经验主义. 北京：商务印书馆，1984：673.

程度上指出了传统哲学对绝对的世界体系的描述的弊端，倡导用逻辑分析来清除传统哲学中无意义的命题。反对抽象空洞的思辨，希望哲学像科学一样具有精确性，这些都是值得肯定的历史贡献。

但是逻辑实证主义者从狭隘的经验主义和证实主义的理论出发，将科学与形而上学本体论对立，把传统哲学简单地归结为形而上学加以拒斥。重新将哲学定义为确定或发现命题意义的活动，“哲学的任务在于澄清科学知识的意义。”用可证实原则作为判断哲学命题真伪的标准，认为形而上学、价值哲学所阐述都是没有逻辑内容的假句子，仅仅能够引起听这些句子的人们在感情和意志方面的激动。[①] 粗暴地将哲学等同为逻辑分析和语词分析，把哲学所探究的世界的本质及其发展规律、人类自身存在和发展的状态、人与人之间伦理关系、人的发展与价值问题等等丰富的内容和方法论功能一笔勾销。对哲学简单地否定也导致逻辑实证主义发展的困境。艾耶尔在1959年也不无检讨地说：“我十分清楚，他们所做的实际上采用证实原则作为一种常规，充其量只能证明，形而上学命题不属于逻辑法则、科学假说、历史叙事、知觉判断或关于自然界的常识描述的范畴，但不能由此推出它们既不真也不假，更不能说它们无意义。除非有人硬要如此推理，否则不能得出这种结论。问题在于，形而上学与常识和科学命题的差别是否尖锐到如此地步，非得强调这一差别才有用处。这样做的缺陷使人看不到形而上学问题的益处。”[②] 此时艾耶尔也承认形而上学是一个概念体系，它的发展符合科学发展方向，它虽然不是知识，但却具有认识价值。

其次，逻辑实证主义的意义标准只能适用于经验科学，然而在人类的知识体系中，除了有经验科学外，还有非经验的问题，将经验证实或经验验证原则作为理论或命题是否有意义的惟一标准或尺度，以此来衡量人类的一切认识活动，这本身就是经验主义的一个教条。对于检验标准，逻辑实证主义有时强调是事实，有时认为是个体的感觉，有时把观

① 赵敦华. 现代西方哲学新编. 北京：北京大学出版社，2001：87.

② 赵敦华. 现代西方哲学新编. 北京：北京大学出版社，2001：90.

察、实验看作经验的主要内容，那么，经验与客观实在之间是什么关系，他们没有给予肯定的回答。将“经验”作为检验命题是否具有意义的标准，那么其所具有的真理性势必打了折扣。不得已一再修正和放宽尺度，使自己走进死胡同。还应该看到，一个命题、一个理论在多大的范围内被证实，经过多少次证实，谁来证实才可确定其是真理或有意义，本身就说明经验证实的不确定性。如果一味地强调就是将真理标准绝对化，陷入形而上学的窠臼。值得强调的是人类的认识有一个不断深化的过程，随着人类的实践水平的不断发展，对理论真理性的检验也是不断深化的，不是只靠简单的观察可以完成的。一个命题、一个理论是否科学，是否是真理，也不是仅凭是否符合语言句法逻辑来检验的，任何理论和命题的真假归根到底要在实践中得到检验，否则命题仅是脱离现实的不犯形式逻辑错误的句子而已，缺乏真实的意义。

三、批判理性主义

批判理性主义是伴随着逻辑实证主义内部不断争论发展起来的哲学学派，二者之间长期互动，有着某些共同特征。该学派仅由一位代表人物哲学家波普在 20 世纪 20 年代的奥地利创建。针对逻辑实证主义在科学与非科学的划界、科学语言的统一性、科学理论的逻辑结构和说明模式、归纳法的有效性等科学哲学的重大问题上存在的困境，波普在批判的基础上提出新解：证伪主义。被称为科学哲学界第一个站出来对逻辑实证主义批判取得成功的人。波普坚持认为，科学哲学关心的问题不是语言的意义，而是认识的真假；逻辑实证主义的实证原则区别的是意义与无意义的界限，而不是科学与非科学的界限，后者才是科学哲学的根本问题，科学哲学与传统的知识论有着共同的问题，它不能被归结为语言分析。[①]

卡尔·波普（Karl Popper，1902－1994）出生于维也纳的一个犹太人家庭。1918 年进入维也纳大学学习物理学、数学、哲学、心理学，

① 赵敦华. 现代西方哲学新编. 北京：北京大学出版社，2001：197.

1926年在维也纳大学获得哲学博士学位。大学期间与维也纳学派成员有密切交往，但这个学派的成员，在哲学思想上有共同的特征，同时又存在较大分歧。他的第一本著作《研究的逻辑》列在石里克主编的逻辑实证主义丛书之中出版。"二战"期间，为逃避纳粹迫害，波普移居新西兰，在坎特伯雷大学讲授哲学。战后到伦敦经济学院任逻辑学与科学哲学首席教授，并任哲学、逻辑与科学方法系主任。1965年获得英国女王授予的爵士头衔，是英国科学院院士和美国艺术与科学院院士，于1969年退休，很少参加公开的学术活动。

他的哲学关注点比较广，主要著作有：《研究的逻辑》（1933年）、英文修订本《科学发展的逻辑》（1959年）、《历史决定论的贫困》（1944~1945）、《开放社会及敌人》（1945年）《猜想与反驳》（1963年）、《客观知识》（1972年）、《自我及其大脑》（与艾克尔合作，1977年）、《开发的宇宙》（1982年）、《趋向性的世界》（1990年）。

波普早年十分钦佩爱因斯坦的科学态度，看到爱因斯坦在相对论誉满全球时，并没有为之陶醉，却坦诚地说：科学理论是在否定中前进的，任何理论包括他的理论都应该受实验的严格检验，否则这个理论就是站不住脚的。还在爱丁堡经验开始之前说如果光谱线红移现象不出现的话，将放弃自己的广义相对论。波谱认为：以往的理论都是在寻找"证实"，这都是教条的偏见。爱因斯坦在一片赞扬中不是千方百计地"证实"自己的理论的真理性，而是随时准备批判和否定自己的理论。这无疑对波普的批判理性主义理论的结构产生很大的影响。

波谱的哲学生涯分三个时期，每个时期研究重点不同。20世纪二三十年代，研究重点在于建立批判理性主义的认识论或方法论，在批判逻辑实证主义的过程中，提出自己的证伪主义，强调科学就是在不断批判中前进。自称"批判理性主义"。40年代以后，建立自己的社会政治哲学。50年代以后，研究本体论，捍卫客观性，反对主观主义，建立和宣传突现进化论的三个世界理论。

1. 经验证伪原则

波普的批判理性主义的理论是从对归纳与划界这两个科学认识论的

基本问题入手，击中逻辑实证主义的要害，进一步阐述自己的证伪主义的科学认识论，提出他的科学划界标准。

（1）对归纳法的反驳

波普认为，逻辑实证主义以可证实原则作为划分科学与形而上学的标准，来判定形而上学是无意义的，并没有拒斥它，反而陷入难以克服的绝境。“因为形而上学的观念往往是科学观念的先声”,[①] 是科学方法论，对人类的知识的增长是具有指导作用的，而逻辑实证主义在区分有意义与无意义时，采取了可证实标准，这不过是对历史悠久的归纳主义者提出的标准的另一表述，在归纳观念和证实观念之间并无真正区别。按照波普的理论，科学不是归纳的，归纳是一个早已被休谟戳穿的神话。[②]

在传统的认识论中，科学的方法被归结为以经验为基础，对实验观察的结果进行归纳的方法。作为近代哲学和实验科学始祖的培根对归纳法进行了总结，认为感觉经验是可靠的，经验是一切知识的源泉，科学的方法就是对经验进行分析和加工，在重复的材料中找出一般概念和原则，这就是归纳的过程。归纳法在一段时间内成为实验科学必须遵循的方法。到 18 世纪，英国哲学家休谟第一个对归纳推理的合理性和可靠性或有效性提出质疑，认为仅凭一次验证，无论如何精确而确定，也不能根据它来判断事物之间的必然联系。[③]

波谱赞成休谟对归纳法的经验角度的批判，但是不同意休谟从心理学角度对归纳法的解释。休谟认为，为什么有必然联系的观念，不过是在相似的例证屡见不鲜以后，人心就受了习惯的影响，也就是说规律是习惯多次反复的结果。而波普认为，对重复性的信赖是一个迷信，科学的关键从来不是建立在对重复出现的事物及现象的观察之上的，而且应该把逻辑问题与心理问题区分开来，因为对于归纳逻辑的信奉在很大程

① 波普. 波普思想自述. 上海：上海译文出版社，1988：107.
② 波普. 波普思想自述. 上海：上海译文出版社，1988：107.
③ 休谟. 人类理解研究. 北京：商务印书馆，1982：68－69.

度上就是把心理问题混同于认识论问题的结果。[①] 休谟在心理分析上的错误在于颠倒了时间顺序，不是经验的重复产生心理信念，而是先要有一种见解、企图、期望、假定或兴趣，然后在观察中才会出现重复感。重复的事实和重复的行为一样，是在信念和习惯之后，而不是在此之前。

波普指出，既然休谟对归纳法的可靠性提出了质疑，为什么人们还相信它，使用它呢？波普在对科学发展的逻辑进行分析后指出，是因为人们普遍相信，知识需要有一个坚实的基础，经验科学的基础是感觉经验。归纳法就是建立在这一认识论的经验基础论上的。经验基础论的错误在于把科学发现活动分成两个部分：前一部分是感觉和经验观察，这是科学理论的基础；后一部分是建立在这一基础之上的理论。波普认为，观察和理论是独立的两种活动。任何观察都受一定的理论或理论上的倾向影响，观察不可能发生在理论之前。“观察总是有选择性的，它需要选择一个对象，一个明确的任务，一种兴趣，一种观点和一个问题。并且，对观察的描述是以一种描述性的语言及表达属性的词语为前提的，这又是以相似与类别为前提的。观察，或者更确切地说，观察陈述和对经验结果的陈述，总是对事实观察的解释，这是根据理论作出的解释。”[②] 就是说，科学的观察所具有的目的性、选择性直接由科学家的理论、观点、兴趣和期望等因素支配，而且观察和实验的结果如何记录、如何解释是在一定的理论指导下进行的，是需要理论概括的，“中性的观察”是不存在的，科学的发现和进步也不会只停留在经验的层面。波普在批判归纳法时已经看到逻辑实证主义将感觉经验的作用极端化，把知识与确信等同起来，把获得知识的过程等同于证实。他认为这不过是经验主义者和逻辑实证主义者对知识基础的探讨而出自于寻求安全感的一种人性倾向罢了。通过一劳永逸地证实知识真理性的企图是知识论中的独裁主义，它用“证实”排除了对已证实的知识的批判和

---

① 刘放桐，等. 新编现代西方哲学. 北京：人民出版社，2000：516.

② 赵敦华. 现代西方哲学新编. 北京：北京大学出版社，2001：199.、.

否定。

逻辑实证主义为了挽救“归纳法”，提出归纳虽然不能得出必然的结论，但却可以得出概率为真的结论，而且概率越高，真实性越高。为此波普给予尖锐地批评。他指出，不能把确证度等同于概率，因为科学的目的并不在于使理论达到较高的概率，而在于理论具有丰富的内容，在于能够解释更多的经验事实。① 将确证等同于概率的归纳逻辑体系在逻辑上是不协调的。因为人们通常认为科学理论具有无限全称陈述的逻辑形式，而无限全称陈述的概率却为零。这就是说，如果概率等同于确证度，则意味着一切理论都不值得接受。因此，卡尔纳普把确证度等同于概率的假设是不能成立的，是荒谬的。② “如果你得到高概率的评价，你必须说得很少和最好什么也不说，重言式总会保持最高的概率。”③ 在波普看来，传统知识中的归纳法、基础论和证实主义之间存在互为决定的关系，根本无法实现自身所提出的任务。他的任务是要提出与归纳法不同的科学方法，建立起能够合理地阐述科学的性质、任务和发展趋势的科学哲学。

(2) 对划界标准的反驳

波普对逻辑实证主义的认识论之基础归纳法进行反驳后，又进一步反驳逻辑实证主义的划界标准：可证实性，以确立自己的证伪标准，解决科学与伪科学的划界问题。

关于科学，人们的传统观念总是认为科学就意味着真理，科学工作就是发现和证实各种科学定律和理论，科学的发展过程就是理论的不断积累。而波普却指出，科学不等于真理，“科学也是可错的”，对科学理论应该具有批判思维和批判精神。如果一个理论总是得到证实——构成了支持它的有力的论据，事实上，既是理论的长处，也是它的短

① 波普. 猜想与反驳. 上海：上海译文出版社，1986：408.

② 戴维·米勒. 开放的思想和社会：波普思想精粹. 南京：江苏人民出版社，2000：3-4.

③ 波普. 科学发现的逻辑. 北京：科学出版社，1986：235.

处。① 所以波普指出：

首先，任何科学的理论都具有普遍有效性，科学理论一般表达为全称判断。而经验观察的对象是个别事物，经验证实的只是个别判断，个别判断不能归纳出全称判断。例如，“所有的天鹅都是白的”是一个全称判断，如何要证实它，必须穷尽天下所有的天鹅作为佐证，这是很难做到的。由此，通过证实个别命题而证实科学的普遍性理论是不可能的，但却能通过证伪个别命题来检验科学理论的普遍性。也就是说，只要我们观察到一只黑天鹅，就可以证伪“所有的天鹅都是白的”这一判断。所以，只有坚持证伪原则，我们才能把经验观察作为检验理论的标准。科学与非科学的划界标准不是经验证实原则，而是经验证伪原则，即一切知识命题，只有被经验证伪的才是科学的，否则就是非科学的。

其次，波普把可证伪性（fasiablity）、可反驳性（refutablity）、可验证性（testability）当作同义词使用，并作为判定理论是否科学的依据。他认为，必须像爱因斯坦回答的那样“在什么条件下我的理论是站不住脚的？哪些可设想的事实是对我的理论的反驳和证伪？不能为任何可设想的事实证伪的理论是不科学的。”可证伪性有两个显著的特点：一是可验证的程度不同。波普认为，“有些理论比别的理论容易检验，容易反驳”。但是“任何‘好的’科学理论都是一道禁令：它不容许某种事情的发生。一个理论不容许的事情越多，就越好。”② 因为告诉我们的信息内容越多，同时它自身的概率越小，承担的风险越大，可反驳性和可验证性程度就越高。二是检验的严格性。检验的严格性取决于证据和背景知识之间的关系。如对一理论的检验，所得到的证据相对于本领域科学家普遍接受的背景知识来说，是不可信的，而背景知识对理论提供了必要的经验支持，那么，所得到的证据对于理论的检验是严格的。简言之，验证出现的结果与学科领域中流行的观念相冲突、相矛

---

① 波普. 猜想与反驳. 上海：上海译文出版社，1986：50.

② 波普. 猜想与反驳. 上海：上海译文出版社，1986：52、51.

盾，就说明理论需要修订。理论也就在这样的检验中具有发现未知事实的力量。

在此，波普将“理论的可证伪性”作为划界的标准。并强调说，衡量一种理论的科学地位的标准是它的可证伪性或可反驳性或可检验性。[①] 这既包括历史上已被经验证伪的理论，如地心说、燃素说；也包括今天尚未被经验证伪，但从逻辑上说将来有可能被证伪的理论，如相对论、量子力学等。凡是在逻辑上不可能被经验证伪的理论或命题，都是非科学的，而且具有普遍性的理论不能由一些单独的观察或单个事实来证实，与此相反，可证伪性要容易得多，单个的观察事实足以否定全称命题的普遍性。

2. 试错方法

在波普看来，科学不再是已经被完成证明了的知识体系，而是一种人类对自然界的探索活动，一种人类从经验和已有的理论中不断发现和提出问题，并寻求猜测性、探索性假说以解决问题的活动。

波普认为，理论真正的提出必须来自于科学家的灵感。这些灵感作为智慧的激发可能是突如其来的、不可预测的；有时是非理性的，无法用逻辑分析或理性加以解释。在“求理解的永恒的”灵感的感召下，科学的生产方式是猜想，是提出解决问题的方案，是试探性的，是可错的。但是实际问题引发的猜想是大量的，不严谨的，甚至是非理性的，这就需要用批判的态度去检验它们，反驳它们，证伪它们。[②]

如何对大胆的理论猜想进行证伪，波普提出试错法。试错法的一般步骤是：首先大胆地提出猜测和假说，然后努力寻找和这一假说不相符合的事例，并根据事例对假设进行修正，乃至完全否定。在第一次尝试失败之后，再提出更好的假说，运用同样步骤对其进行证伪。试错法没有终点。试错法的目的不是最终找到一个不能再被证伪、不再适用于试错法的假说。试错法对理论的修改、完善或者否定是永无休止的。我们

① 波普. 猜想与反驳. 上海：上海译文出版社，1986：51.

② 波普. 猜想与反驳. 上海：上海译文出版社，1986：71.

只能说，试错法“试”出了一个较好的假说，但却不能说，我们找到了最好的假说。最好的假说是终极真理的代名词，是和科学精神格格不入的。试错的过程也是批判性选择过程，不断排除错误，调整自身的过程，只有这种批判性检验，才能构成新旧理论之间的判决，促使新理论替代旧理论。批判是理论发展的主要动力，批判展现的是科学发展的辩证法。

3. 知识增长的模式

猜想与反驳构成了波普科学逻辑进化的进步环节，知识增长的模式是其科学方法论的核心。波普强调试错法基本上是有生命的机体在适应过程中所应用的方法。人类思想发展中，特别是哲学发展中所运用的方法是试错法的一个特殊变种。如果试错法为人们越来越自觉地加以发展，那么它就开始表现出“科学方法”的特性，这就是试错法的普遍性。试错法、哲学方法、科学方法三者的一致性也就表现在这里。①

波普将其科学方法论归结为四段图式——知识增长的模式。简化的形式为：

$$P_1 \longrightarrow TT \longrightarrow EE \longrightarrow P_2$$

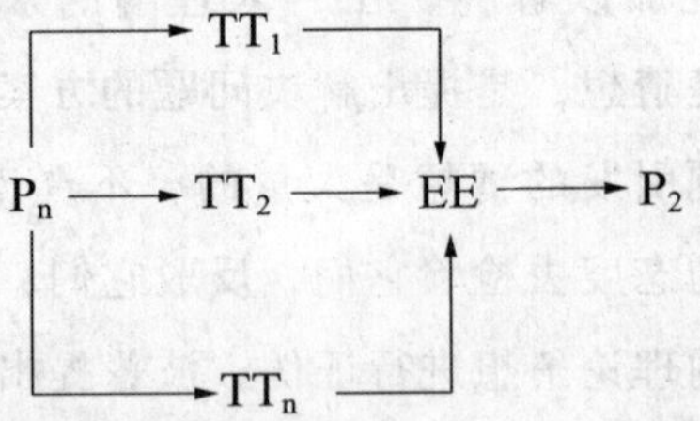

（P_1 表示面临的问题；TT 表示试探理论、试探性期望，也可换为 TS：尝试性解决；EE 表示通过批判、证伪清除错误；P_2 表示新的问题）

这四段图式表明，从问题出发，为了解决问题而提出一些试探性的理论来解决，通过对理论的验证而排除错误，提出新的问题，如此往返，以至无穷。波普认为这是科学发展的模式。

---

① 舒伟光．科学哲学简论．太原：山西人民出版社，1987：168．

第一段：问题是起点。“科学开始于问题，而不是开始于观察；尽管观察可以引出问题来，不期而然的观察，也即同我们的预期或理论发生冲突的观察尤其是这样。”“科学和知识的增长永远始于问题，终于问题——愈来愈深化的问题，愈来愈能启发新问题的问题。”① 关于问题的出现，波普认为：问题会突然发生，出现在我们的预期落空或我们的理论陷入困难、矛盾之中的时候。这些问题可能发生在一切理论的内部不协调，或两个理论之间矛盾，或理论与观察实验的结果之间有冲突时。正是这些问题才激发科学家去学习，去发展科学知识，去实验，去观察。② 而“理论的特征正在于它作为科学问题的解决方案而出现。”③

第二段：试探性理论。科学家针对问题提出大胆尝试性猜想，为了解决问题提出假说或推测。波普强调，猜想过程并没有固定的逻辑途径，它是一种创造性直觉、突发性灵感、智慧的激发、自由的想象。波普进一步指出，问题的解决不是一蹴而就的，是个复杂的过程。为了解决问题，人们设想的解决方法、推测性理论、假设可以不止一个，往往要有多个，而且不同假设或理论存在着彼此竞争，并且通过试错法，从中筛选和择优。总之，波普一再强调：“科学的方法就是大胆地推测并巧妙而严峻地尝试反驳这些推测的方法。”④

第三段：排除错误。实际问题所激发的猜想、推测、假设是大量的，不严谨必须经受严格检验。波普的检验，就是“科学家有意识地、审慎地试图发现错误，以搜寻论据驳倒其理论，包括诉诸以自己的理论和才智设计的最严格的实验检验。”⑤ 在检验中清除错误和筛选出逼真度较高的新理论。除了经验的检验外，波普认为，检验的方法也包括逻辑上的批判性讨论。逻辑上的批判性讨论包括三方面的内容：（1）通过逻辑演绎提出的一些结论之间的逻辑关系是怎样的？它们与其他命题之

① 波普．猜想与反驳．上海：上海译文出版社，1986：318．
② 波普．猜想与反驳．上海：上海译文出版社，1986：318．
③ 波普．客观知识——一个进化论的研究．上海：上海译文出版社，1987：300．
④ 波普．客观知识——一个进化论的研究．上海：上海译文出版社，1987：86．
⑤ 波普．猜想与反驳．上海：上海译文出版社，1986：74．

间的逻辑关系是怎样的？这个理论系统是否具有内部的一致性？(2) 这个理论的逻辑形式是怎样的？它是属于经验的还是科学的理论？是否是重言式？(3) 一个理论如果经受了检验，它与其他理论比较是怎样的？有没有进展？在这三方面中第一方面是首要的，因为那是要判定受检验的命题、理论在逻辑上是否成立。

在波普看来，检验的方式可多样，但是，检验的目的就在于排除错误。检验就是驳倒，就是证伪。如果一个新理论通过所有的检验，我们就有充分的理由推测，我们知道它是比其现行者有更多的真理性内容的理论，可能没有更多的虚假性内容，说明新的解释性理论能够解释先前理论遇到的问题，它就会在许多理论、假设的竞争中幸存下来，暂时确立。如果被驳倒，理论就被淘汰掉，暂时确立的理论随着认识的发展也还会被反驳、证伪。

第四段：新问题。既然科学始于问题，那么由于科学技术进一步的发展，新的理论将被证伪，引出新的问题。另外，无论逻辑上的验证还是实践中的检验，只要检验的结果是负的，也会引出新的问题，新问题又需要通过试错去解决。

波普认为，四段图式就是科学发展的图式，是科学知识增长的开放性模式。因为科学的发展是“始于问题终于问题的无穷循环”，问题推动科学的发展。科学的根本性质是猜想与反驳，科学的基本方法是试错法。他甚至说，四段图式可以简化为“大胆尝试，严格检验。”在四段图式中或在科学知识增长的图式中，关键是不断地否定、不断地批判。而且倡导三种科学精神[①]：(1) 从错误中学习和敢于犯错误的精神。“科学是试验性的事业，错误是在所难免的。”“全部问题在于尽可能快地犯错误”，使自己在连续的失败中“成为一个特定问题的专家”。(2) 敢于批判的精神。“科学的方法是批判的方法”，“批判……是任何理智发展的主要动力。”科学家要敢于批判别人，敢于批判权威。“在知识领域中不存在任何不向批判开放的东西。”因此科学家也要敢于批

① 夏基松. 现代西方哲学. 上海：上海人民出版社，2006：156.

判自己。不过，这往往是难做到的，但是批判的态度是科学的态度。[①]（3）敢于“否定”或“革命”的精神。波普尔认为否定旧理论是产生和发展新理论的前提。在开始建立新理论之初，就应当着手千方百计地去否定它，证伪它。因此，他称自己的理论为“批判理性主义”。

应该看到，波普的科学发展模式虽然存在诸多问题，引起各方批判，但是为历史主义的产生作了理论上的准备，他推动了对科学进行动态研究的方向。在这个意义上说，波普是逻辑实证主义和历史主义之间的过渡阶段。

4. 证伪主义的困境

综上对波普证伪主义的理论阐述，应该看到波普的证伪原则对科学哲学的发展具有重要贡献：

首先，对归纳法的批判切中要害。针对归纳法把观察材料归纳为普遍性阐述，波普指出，观察不能成为理论的“素材”，相反，观察需要理论的指导。特别是观察如何进行，如何选择观察对象，对观察和实验的结论如何解释，这些都需要理论的帮助。针对命题的普遍性问题，指出人类认识的局限，不可能穷尽世间所有事例，所有全称命题不是由特殊命题拼凑出来的，普遍性假设不能由归纳法建立，提出寻找反例来证伪理论的普遍性的方法。

其次，证伪原则是一个全新的认识角度。从历史发展来看，对理论的证伪的确是推动科学发展的动力。在认识论上，人类知识的成长不是一个简单的学习和积累过程，而是一个不断抛弃错误以求比较正确的知识发展过程，是一个不断试错的过程。从人的认识能力的角度看，承认人们认识的相对性，因此理论是在不断证伪、不断清除错误中发展前进的，明确指出了传统的科学观的局限性。

当然，波普的证伪主义理论同样存在着难以克服困境。首先，从科学发展的过程看，一个理论并不是通过一次经验的反驳就被证伪了的。并且波普证伪的假设前提是观察命题必须是可靠的，也就是说用来反驳

① 波普. 猜想与反驳. 上海：上海译文出版社，1986：71.

的反例依赖于观察，而理论是可错的。当观察（经验）与理论发生矛盾时，他总是认为理论错了。那么当二者出现矛盾时，是否是观察出现问题呢？在这个问题上，波普的证伪和逻辑实证主义的证实遇到的问题是相同的，无论是“证实”还是“证伪”都依赖于观察经验。而经验观察本身具有不确定性，而以经验检验的次数、规模以及检验者的主观状态都会影响到检验的准确度。其次，一个基本理论或命题总是和一定的背景知识相联系的，当经验事实与基本理论相矛盾时，人们是可以调整背景知识或提出假设，清除矛盾，以确保基本理论，而不是一味的否定，以新理论否定旧理论。如果一味地强调“否定”，显然片面地夸大了否定的意义和作用。科学史本身就是一个积累与否定并存的过程，科学的发展是辩证否定过程，是一个不断扬弃的过程，是包含着肯定的否定，否则就谈不上科学的进步与发展。最后，波普和逻辑实证主义是相同的，都希望寻找一个一劳永逸的标准，用以衡量和检验古今一切科学与非科学，犯了简单化、绝对化的错误，也使自己陷入困境，也使科学史置于一个尴尬的境地。

尽管证伪理论存在着诸多问题，但是其研究方法和批判性思维对当今各个领域的科学研究产生了重大影响。波普的哲学在西方哲学史上占有承上启下的地位，是科学哲学从逻辑实证主义向历史主义发展的重要的中间环节。

四、历史主义学派

历史主义学派产生于20世纪五六十年代的美国。由于波普的批判理性主义哲学逐步暴露出一些难以克服的矛盾，20世纪60年代以来西方科学哲学界对其哲学进行批判，以库恩等为代表的历史主义学派代之而起，在西方迅速流行开来。

尽管历史主义学派认为，波普在一系列观点上与逻辑实证主义有很大的不同，但是就以科学本身分析科学这一点来看，二者是一致的。虽然波普开始转向动态地研究科学发展模式，但也只是从纯逻辑的方面去进行探讨，没有对科学与社会的关系、科学发展的过程进行探讨以总结科学发展的模式。因此，历史主义学派否认有适用于一切科学理论的统一的方法论或发现的逻辑，认为科学研究的方法是具体的、历史的；否认有独立于科学理论的经验检验，认为不同的理论体系有不同的理论前提，其检验的途径和标准也不同。反对对科学理论的发展模式做统一的解释，认为科学理论的结构是在一定历史条件下变化的产物。① 认为，波普的证伪主义是科学史中的“不断革命论”，否认或弱化了理论的巩固、发展的过程，是不符合科学发展史的实际的。历史主义学派还重视对科学家的心理、科学家集团的要求和心理状态等非理性因素的研究，认为心理因素对科学家和科学的发展起着重要的影响。在历史主义学派中，主要代表人物有库恩、拉卡托斯、费耶阿本德等科学哲学家，他们之间在理论和观点上也差别较大，彼此争论激烈，但在将科学哲学与科学史相结合，重视科学发展的动态模式的研究上有共同点，而库恩哲学思想的确立标志着西方科学哲学中“历史主义学派”的兴起。

托马斯·库恩（Thomas Kuhn，1922－1996）是当代美国著名科学哲学家和科学史家，是历史主义学派的主要代表人物，1922 年出生在美国辛辛那提。1947 年毕业于哈佛大学，后在研究生班主修物理学史、哲学、社会学和心理学，1949 年获得物理学哲学博士学位。从 1952 年起，先后在普林斯顿大学、加利福尼亚大学等任教，教授科学史。担任过美国科学史学会主席和美国科学院士。1996 年 6 月 17 日逝世。主要著作有《哥白尼革命：西方思想发展中的行星天文学》（1951 年）、《科学革命的结构》（1962 年）、《必要的张力》（1977 年）、《黑体理论和量子不连续性》（1978 年）等。20 世纪 80 年代以来发表许多文章，包括：“科学革命是什么?”（1981 年）、“可通约性、可比较性、可交流性”（1986 年）、“科学史中的可能世界”（1986 年）等，主要展现了库恩以研究科学革命的本质和特征为主要特征的研究转向。《科学革命的结构》作为其代表作，对当代科学哲学和社会科学的发展有深刻的影响。

---

① 赵敦华. 现代西方哲学新编. 北京：北京大学出版社，2001：206.

在库恩的研究中发现当时自然科学以综合性、集约性等特征显示出自然科学的越来越社会化的趋势，自然科学与社会科学彼此在理论研究中相互渗透和相互结合，促成了边缘性和综合性的新兴学科的产生和发展的特征，认为科学不是一种简单的知识体系，是一种知识产生的活动，将科学的发生、发展纳入到社会历史过程中研究，反对逻辑实证主义的科学发展的“逐渐积累”的模式，也不赞同波普关于科学发展的“不断否定的、革命的”的模式，认为这两种模式均不符合科学发展的史实，科学发展的实际过程是一个进化和革命、积累与飞跃、连续性与非连续性相互交替的过程。库恩强调应该“充分倾听历史的呼声”，用历史的方法认识科学发展的逻辑。要理解库恩哲学可从他的科学革命的结构理论入手，“范式”理论与“科学发展的模式”是两个关键。

1. “范式”概念

库恩在大量研究科学史中范例的基础上，提出“范式”概念作为自己哲学的核心，从本质上区别于逻辑实证主义和批判理性主义。

“范式”（paradigm）来源于希腊文，有“共同显示”的含义，后引申出模式、模型、范例等意思。对“范式”，库恩没有明确的定义，但是在阐述其理论时以特有的方式表述出来。库恩对“范式”的表述很多，大体可归纳为三个方面：

（1）“范式”是指重大的科学成就，一种范例。库恩说：“我所谓的‘范式’，指的是公认的科学成就，某一段时期内，它们为科学家共同体提供典型的问题和解答。”[①] 他列举说：“亚里士多德的《物理学》、托勒密的《天文学大全》、牛顿的《原理》和《光学》、拉瓦锡的《化学》以及莱尔的《地质学》……都在一段时期内为几代实践者暗暗规定了一个研究领域的合理问题和方法，这些著作之所以能起到这样的作用，就在于它们具有两个共同基本特征。它们的成就空前地吸引了一批坚定的拥护者，使他们脱离科学活动的其他竞争模式。同时，这些成就又足以无限制地重新组成一批实践者留下有待解决的问题。凡是共有两

① 江怡. 走向新世纪的西方哲学. 北京：中国社会科学出版社，1998：379.

个特征的成就，我称之为‘范式’。”[①] “范式”就是某些实际科学实践的公认范例，包括定律、理论、应用以及仪器在一起——为特定的连贯的科学研究的传统提供的模型。[②] 因此，同单纯的理论和理论体系不同，“范式”包含了科学实践中的一切影响科学发展的认识和技术因素。库恩认为，“取得一个范式，取得了范式所容许的那类更深奥的研究，是任何一个科学领域在发展中达到成熟的标志。”[③]

(2)“范式”是“科学共同体”的成员共同拥有的东西。“代表这一共同体成员所共有的信念、价值、技术手段等的整体。”[④] 库恩说：“‘范式’一词无论实际上还是逻辑上，都很接近于‘科学共同体’这个词。一种范式是，也仅仅是一个科学共同体成员共有的东西。反过来说，也正由于他们掌握了共有的范式才组成了这个科学共同体，尽管这些成员在其他方面并无任何共同之处。……要把‘范式’这个词完全弄清楚，首先必须认识科学共同体的独立存在。”[⑤]

库恩所谓的“科学共同体”是指科学发展在一定历史时期，在某一学科领域中持有共同理论、基本观点和基本方法论，有着共同的研究和探索目标的科学家集团。不同的共同体注意不同问题，超出集团范围进行专业交流很困难，常常引起误会。

库恩通过解释“范式”与“科学共同体”的内在关系给“范式”定义。“范式”就是为某一学科领域科学家集团进行科学研究提供的共同的理论模型和解决问题的理论框架；为探索活动提供的行动纲领和解决问题的基本方法，规定着该学科发展的方向。从功能上说，范式不仅是开展科学研究的基础，而且是从事科学事业的“研究纲领”、“一张地图”，在科学研究中起着定向的作用。[⑥] 范式“不仅是一个科学共同体团结一致、协同探索的纽带，而且是其进一步研究和开拓的基础。”

---

① 库恩. 科学革命的结构. 金吾伦，胡新知，译. 北京：北京大学出版社，2005：9.

② 库恩. 科学革命的结构. 金吾伦，胡新知，译. 北京：北京大学出版社，2005：9.

③ 库恩. 科学革命的结构. 金吾伦，胡新知，译. 北京：北京大学出版社，2005：10.

④ 库恩. 科学革命的结构. 金吾伦，胡新知，译. 北京：北京大学出版社，2005：157.

⑤ 库恩. 必要的张力. 福州：福建人民出版社，1981：291.

⑥ 库恩. 科学革命的结构. 北京：北京大学出版社，2005：99－100.

科学共同体作为范式的载体，“范式”则是特定科学家集团所具有的共同信念。共同信念规定他们拥有共同的基本理论、观点和方法，从而形成一种共同的科学传统，规定共同的发展方向，限制共同的研究范围。并且是特定科学共同体成员在专业标准和价值判断上达到高度的一致。库恩认为，在一定历史时期，科学集团的成员们由于接受共同的教育和训练，运用共同的基本理论、基本观点和基本方法取得了相当高的成就，从心理上产生了一种共同的信念，认为这种基本理论、观点和方法是该学科解决一切疑难的钥匙（模式和框架），从而形成该学科的范式。所以“范式”不是别的，它是一种信念，改换所效忠的范式是一种不能被迫的改宗经历。终生抗拒——尤其是来自其研究生涯使得他们承诺一个较老的常规科学传统的科学家。这种抗拒，源于确信旧范式终将解决它的所有问题，自然界终可塞进那范式所提供的盒子之中。[①] 甚至强调说，在科学革命的过程中，新范式代替了旧范式，科学家要重新确立信念，而新的共同信念的建立如同宗教皈依，在此基础上形成新的科学共同体。

（3）“范式”是划分科学与非科学的标准。库恩认为，“范式”是使一门学科成为科学的“必要条件”或“成熟的标志”。他认为，任何一门学科在形成之前，大家各持己见，相互争论、竞争、莫衷一是，形成不同的学派。以后产生了一些著名的科学成就，学派数目大量减少，通常少到一个，这样，形成了统一的理论、观点和方法，即“范式”。[②] 某领域的科学家共同体都统一在这个范式下进行研究，这也标志着这门学科进入了科学时期。任何一门学科只有具有共同的范式才配称为科学。到此，库恩仍然与逻辑实证主义、批判理性主义一样为解决科学划界的问题，提出了一条标准，只不过吸取了两个学派的合理之处，并考虑到心理的因素，从科学发展的动态过程寻找标准。由此可见，哲学能否科学化是萦绕在科学哲学家头上的紧箍咒。

---

① 库恩．科学革命的结构．金吾伦，胡新知，译．北京：北京大学出版社，2005：137.

② 夏基松．现代西方哲学．上海：上海人民出版社，2006：215.

库恩的范式理论，阐述多样，引出歧义，后库恩提出用“学科基质”（disciplinary matrix）来代替“范式”概念。所谓“学科”是指一门特定学科的实际工作者所共同掌握的财产；[①]“基质”是由各种各样条理化的元素所组成的，而每一种元素又都需要作进一步的界定。这些组成因素形成一个具有功能性的整体。库恩指出“学科基质”包括四个关键要素[②]：

（1）符号概括：是科学共同体成员所采用的表示方式，它代表由该学科所建立的共同特有的理论或经验关系，从这个意义上看它们是自然定律；另一方面它们又是式子中的某些符号的定义。没有这些表达式所代表的概括，解疑活动就失去了施展数学与逻辑运算的有力技巧的立足点。

（2）模型或共同信念：是为科学共同体提供精选的类比，能加以深刻分析，可提供一种本体论。模型是形而上学假定，是科学共同体成员所恪守的承诺。

（3）共有价值：它更多地提供自然科学家作为整个共同体的意义，是共同体和科学家个人评断理论和选择理论的依据，也是共同体用以分散风险并保证其事业长期成功的途径。

（4）范例：是指学生在初受科学教育时碰到的具体的问题解答，及科学家从科学文献中所得技术性的问题解答，以供作为具体研究的实例。

尽管“学科基质”比“范式”更明确些，但正如库恩所说，虽然可以省掉“范式”这个词，但省不掉引进这个词所根据的想法。[③]

库恩试图将“范式”与科学共同体结合起来，把科学史、科学社会学、科学心理学结合起来，把科学的内史和外史结合起来，对科学发展规律作综合考察，这无疑是有意义的探索。20世纪50年代以来，由于边缘学科、横断学科和综合性学科的大量出现和发展，科学中出现一体化和整体化趋势。在科学研究中，整体性的观点被加强，“结构的方

① 库恩. 科学革命的结构. 北京：北京大学出版社，2005：163－168.
② 江怡. 走向新世纪的西方哲学. 北京：中国社会科学出版社，1998：380.
③ 库恩. 必要的张力. 福州：福建人民出版社，1981：293.

法”、“系统的方法”、“模型的方法” 等整体性方法被广泛采用。所以库恩的“范式”理论归根结底是现代科学中的整体性观点和方法在哲学上的反映。

特别值得注意的是库恩从心理学和社会学的视角分析科学共同体成员创立新范式的作用，这在科学哲学的发展中是开先河的。从整个科学发展史以及人类发展史来看，作为实践主体的信念，在认识和创新过程中起着不可或缺的作用。不过库恩更多地强调信念可以促进团队的形成，可界定研究的决心，科学家对所使用的研究理论、工具深信不疑，推动着研究的深入，甚至认为在科学研究中具有决定作用。同时库恩也看到这种信念也能成为藩篱，束缚科学家的认识，阻碍新的视角的拓展，所以库恩认为旧范式被新范式所代替，大多数科学家总会被新范式打动而像改宗一样接受新范式，但是对于一些年长的死硬派，只有等到他们去世以后，新成长起来的科学家团体才会在新的范式指导下工作。在此，库恩将理性主义与非理性主义结合起来，使得对科学发展模式的研究更加丰富，突出了人的观念、情感在科学研究中作用。

2. 科学发展的动态模式

库恩科学哲学研究的基本意向是研究科学发展的历程和动力，把科学哲学的研究建立在理论变化和科学发展的逻辑之上，所以他特别关注科学发展的动态模式。他赞同波普对科学发展模式问题进行的探索，认为科学发展并非是科学知识的单纯累加，而应该从动态的历史研究中认识科学的本质。库恩说：“我们都强调只有科学实际发展的事实和精神才是合法材料，因而我们都常常到历史中去找材料。从这个共有的材料库中，我们得出许多共同的结论，我们都反对科学通过累加而进步的观点，都强调新理论抛弃并取代了与之不相容的旧理论的革命过程，都特注意这个过程中旧理论由于对付不了逻辑、实验、观察的挑战所起的作用。”① 同时他也认为波普的猜想与反驳的模式过于简单化。他说，科学的发展不是一个简单的、不断否定的过程，而是一个否定与肯定、进化与革命交替的过程。库恩以他的范式理论解释科学发展史，提出自己

---

① 江怡. 走向新世纪的西方哲学. 北京：中国社会科学出版社，1998：372.

颇有特色的科学发展的动态模式。

库恩认为科学发展是共同体活动的结果，是“范式”的不断完善和更迭过程。科学作为一个在时间和空间上扩展着的复杂过程，其发展规律同这个过程的主体不可分割地结合在一起。在研究科学发展的内部因素时，也要注意外部因素的影响。他说，只要看看哥白尼和历史的关系就可以知道，外部条件也可以使单独一种反常现象成为一场严重危机的根源。人们如果想找到某种革命的办法以结束危机，可供他们选择的范围就要受到科学以外的条件影响。社会压力、哲学思想的影响以及其他一些重大的历史因素等都可能对科学危机的产生和消除起着关键性作用。所以科学正是在内部因素和外部因素的共同作用下发展演变的。库恩的科学发展的动态模式：①

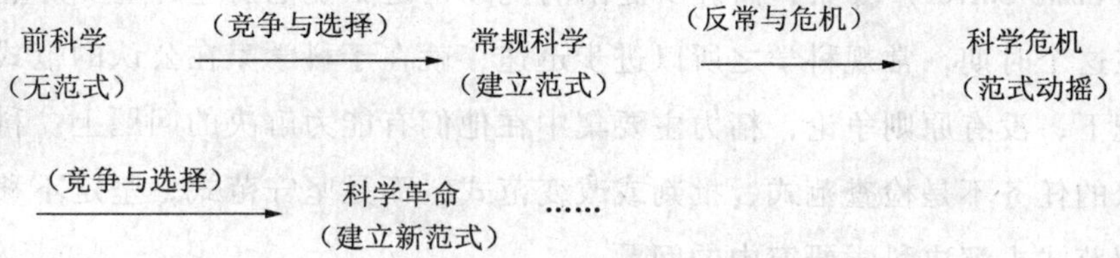

库恩的科学发展模式借助科学发展的历史分析描述了常规科学的渐变到革命的剧变，从而揭示出科学发展是一个非连续的质的飞跃发展模式。具体从四个方面加以分析：

前科学阶段：科学发展的早期没有一个统一的科学共同体和一个公认的范式，存在许多竞争的学派。科学家们都在研究同一事物或现象，缺乏范式的导向，解释和分析完全不同，专业水平不高，没有专业的划分。如数学和天文学的研究报告没有公认的范式，所以受过一般教育的人很难理解。前科学阶段是一个过渡时期。

常规科学时期：学科有了公认的范式，科学共同体就可通力配合，在范式的支配下进行研究，进入渐进性发展的常规科学时期。“常规科学”就是“常态研究”或者说按范式进行研究的科学。这一时期“大

---

① 江怡．走向新世纪的西方哲学．北京：中国社会科学出版社，1998：372．

部分科学家几乎都把全部时间花在常规科学上”，[①] 他们在研究过程中对共同的范式坚信不疑，“常规科学不能改变范式”，常规研究乃在于澄清范式所已经提供的那些现象和理论。由于常规科学所研究的范围是很小的，其视野也受到严格的限制，迫使科学家运用范式对自然界的某些部分做深入和细致的研究。从收集事实开始，通过实验和观察，提高研究成果的精确性、可靠性。“如果没有范式理论规定问题并担保有一个稳定解的存在，就不可能构思出这些精心的实验工作，也不可能做任何实验”，而且范式是发现科学定律的前提条件。[②] 当用范式解决问题失败后，为什么还要致力于这些问题的研究呢？库恩认为，解答常规研究问题，即以一种新方式实现预期，这就需要解决所有各种复杂仪器方面、概念方面以及数学方面的疑难。成功的人，证明自己是一个解谜（Puzzle-Solver）专家，而谜所提出的挑战正是驱使他前进的重要力量。[③] 在这个时期，常规科学之所以进步迅速，就在于科学家在公认的范式支配下，没有原则争论，精力主要集中在他们有能力解决的问题上。科学家的任务不是检查范式、批判或改变范式，而是坚守范式，坚定不移地用范式去解决科学研究中的问题。

常规科学时期，由于“范式”的积极作用保证了常规科学具有自我延伸能力，因此当它遇到反常，发现不符合预期的现象时，它就会调整理论，吸收反常，直到使反常成为预期的结果为止。在解难题过程中，在同化和吸收反常的过程中，规范的结构不断完善、发展，理论不断丰富。在高度积累的过程中，实现科学知识稳定地扩展和精确化。

这一时期的科学研究活动，在范式所定的框架下研究，取得巨大的科学成就，但是正是范式规定了研究的问题、方法和标准，使科学家的视野受到极大的限制，严重地削弱了科学家的创造性和发现能力。

科学危机时期：库恩认为，常规科学时期会出现反常现象，所谓反

---

① 库恩．科学革命的结构．上海：上海科技出版社，1980：4．

② 库恩．科学革命的结构．金吾伦，胡新知，译．北京：北京大学出版社，2005：22、25．

③ 库恩．科学革命的结构．金吾伦，胡新知，译．北京：北京大学出版社，2005：33．

常就是观念与范式的预期不符，无法用范式对现象进行解释。在一般的情况下，范式能够同化和吸收许多反常，但并不能吸收所有的反常。当反常愈积愈多并深入到范式的核心时，理论的调整和修补无济于事，使常规科学陷入显著的专业不安感时期。人们不难料想，这种不安感是在常规科学解不开它本应解开的谜的这种持续的失败中产生的。现有的规则失效，正是寻找新规则的前奏，[①] 从而引发常态科学的危机。危机既是新理论出现的必要前提，也是新理论涌现的前奏。它“打破了旧框框，并为规范的根本转移提供了必须的日渐增长的资料”。危机使范式变得愈来愈模糊，常规研究的规则变得愈来愈松弛，引起类似前范式时期各竞争学派之间的争论，最终容许一个新范式突现。“危机的意义就在于，它可以指出更换工具的时机已经到来。”[②] 这时人们对范式开始怀疑，对它的信念逐渐动摇。由于对范式的怀疑，导致科学共同体成员们因失去共同信念而分裂。有主张固守旧范式而拒绝新范式的；有主张用新范式代替旧范式的。在库恩看来，危机给科学家带来分歧和混乱，使他们失去稳定的方向。但是，危机也给科学家们带来了批判精神和创造精神。

库思认为，“一切危机都随着新范式的出现及其被接受而宣告结束。”[③] 他列举科学史上三次大危机都是以新范式的确立而告终的史实。如文艺复兴时期天文学中托勒密体系的大危机，以哥白尼日心说的新范式确立而宣告结束；18 世纪下半叶化学中燃素说的大危机，以拉瓦锡的氧化学说的新范式确立而告结束；19 世纪末和 20 世纪初的牛顿力学的危机，以爱因斯坦的相对论和量子力学的新范式确立而宣告终结。

科学革命时期：反常和危机都是通向非常规科学之路的路标。随着危机时期之后出现一个有生命力的竞争范式的革命阶段。科学革命就是科学发展中的非积累性事件，其中旧范式全部或部分地为一个与其完全

---

① 库恩. 科学革命的结构. 金吾伦，胡新知，译. 北京：北京大学出版社，2005：62.
② 库恩. 科学革命的结构. 金吾伦，胡新知，译. 北京：北京大学出版社，2005：70.
③ 库恩. 科学革命的结构. 上海：上海科技出版社，1980：64.

不能并立的崭新范式所取代。[①] "在这时——即科学共同体再不能漠视或回避这些颠覆现有科学传统之反常现象时——一系列非常规科学研究活动就开始了，终于把该科学导向一套新的承诺，一个科学活动的基础。"[②] 富有想象力的科学家们会在这一时期形成一组定律、理论和概念的新组合，"抛弃旧范式与接受新范式总是同时发生的过程"。"如果只抛弃旧范式，不建立新范式就等于抛弃科学。" 科学革命是"破坏与建设的统一"，因而科学革命也是"破坏——建设性的范式变化的时期"。[③]

库恩强调，科学革命的关节点是：科学家们面对竞争的理论、竞争的范式如何作出选择。对此库恩提出，应该把精确性、一致性、广泛性、简单性和有效性五个基本特征作为选择一种理论或范式的价值标准。不仅如此，科学家在相互竞争的理论或范式之间进行选择时，还要"依靠由个人经历和个性所决定的特应性因素"。[④] 因此，库恩认为在科学革命时期，科学家们进行的选择是客观标准和主观因素相互作用的结果。但是在谈到如果理论选择的标准在应用上会遇到难以克服的困难时，库恩认为"最后的标准——有效性应受到比以往更大的重视"。[⑤] 科学家偏爱有效的理论，因为它带来的具体成功会使科学家因而授奖。他还说："在范式的选择中就像在政治革命中一样，没有比有关团体的赞成更高的标准了。"[⑥] 在这里，库恩将理论选择的标准重点放在科学家的偏爱和竞争中取胜方面。

由于库恩认为范式是科学共同体的共同信念，因而从旧范式到新范式的替换不是科学共同体的认识的深化，而是信念的转变。他认为新范式的创立者和拥护者往往是科学家集团中的年轻一代；他们受旧范式的熏陶不深，对旧范式的信仰不坚定，容易对它产生怀疑，他们是科学革命中的进步力量。而老一辈科学家由于长期受旧范式熏陶，思想保守，

---

① 库恩. 科学革命的结构. 金吾伦，胡新知，译. 北京：北京大学出版社，2005：85.

② 库恩. 科学革命的结构. 上海：上海科技出版社，1980：63.

③ 刘放桐，等. 新编现代西方哲学. 北京：人民出版社，2000：533.

④ 库恩. 必要的张力. 福州：福建人民出版社，1981：323.

⑤ 库恩. 必要的张力. 福州：福建人民出版社，1981：316.

⑥ 库恩. 科学革命的结构. 上海：上海科技出版社，1980：78.

难以放弃旧范式接受新范式，因而他们常常是科学革命中的保守力量。那些至死不从的人已经不再是科学家了，新的科学共同体将他们抛弃后，科学又向前发展。库恩引用物理学家普朗克的话来说明新范式被接受的艰难："一种新的科学真理并不是靠使他的反对者信服，并且使他们同情而胜利的，不如说是因为他的反对者死光了，而且新成长的一代人一开始就熟悉这个新的真理。"①

库恩通过对每个科学发展的不同时期进行分析，将科学发展的动态过程归纳为：当新范式最终战胜并取代旧范式时，科学革命时期就已结束，新的常规科学时期开始。这时在新的范式的基础上形成有关科学共同体的信念，科学研究在新范式的指引下继续累积式前进。然后又出现大量新的反常，陷入新的科学危机，引起新的科学革命，从而实现更新范式的转变，进入更新的常现科学时期。科学的发展就是通过以上各个环节的周期性往复而不断前进的。换句话说，整个科学史就是遵循着从前科学时期——常规科学时期——反常和危机时期——科学革命时期——新的常现科学时期的周期运动规律，而向前推进和发展的。在整个发展过程中，有两个重要的转折点：一是由前科学时期的非科学或潜科学转变为常规时期的科学或成熟科学；二是由一种常规科学传统过渡到另一种新的常现科学传统。② 这就是库恩描绘的科学发展的动态模式。

3. 科学发展的内在张力何在

库恩将"范式"作为科学发展论的中心范畴，把科学发展的模式描述为：一种规定的常现科学——反常与危机——旧范式转换成新范式的科学革命，形成新常现科学。他认为科学和非科学的分界不在于意义的证实或证伪，人们是在解决疑难的活动中才产生科学，形成了科学的范式标志。范式不是逻辑经验主义构造的静态逻辑图式，而是各种社会文化因素制约、背景知识、基本科学法则、多重知识内容综合成的有机

---

① 库恩. 科学革命的结构. 上海：上海科技出版社，1980：151.

② 刘放桐. 新编现代西方哲学. 北京：人民出版社，2000：534.

整体；它同其他学科关联，对人类知识总体的变化有重要作用。强调了范式有世界观背景和方法论意义，以及对科学发展所起的重大作用，符合科学史实际。

库恩通过对“范式”的论述将科学研究的整体性的观点、结构的方法、系统的理论、模型法明确化，引起各学科领域的重视，对各学科之间的研究交叉，边缘学科生长是有重要推动作用的。但是库恩科学发展模式的探索也存在难克服的局限性。

首先，作为库恩理论的核心的范式理论存在遗憾。这是由于世界上的事物、现象有其自身发展的规律，本身就是矛盾的统一体，仅以统一的理论研究，解释多样性的世界必然存在局限。库恩虽然看到范式在一定历史时期内是统摄科学研究的理论法规，是必须遵守的传统，会成为阻碍科学进步和创新的障碍。但是，他将新旧范式绝对对立起来，没有认识到事物之间和自身发展的间断性和连续性的统一，在理论上新范式对于旧范式是继承与革命的统一。

同样，库恩将范式作为划分科学和非科学的标准，也犯了他所反对的简单化的倾向。而且他认为理论选择的标准是多数人的赞成，如果在选择上遇到难以克服的困难，“最后一条准则——有效性应受到比以往更大的重视。”[①] 实际上科学是研究活动，科学性判别的标准，首先是真理标准，其次才是价值标准。而库恩首先将选择的标准重点放在科学家的偏爱上和能否在理论的竞争中取胜的有效性上，忽视理论的客观依据。特别是他认为某个范式在一段时期内有普遍决定性作用，可以忽略特殊条件和偶然因素的影响，将必然性绝对化，导致理论的抽象化，也就降低了理论的有效性。

其次，库恩从动态的视角阐释科学发展的逻辑和结构，主张科学发展是常现科学知识积累的量变和科学创新的质变交互更迭的过程，指出范式变革作为重大的科学创新，有其产生的历史文化条件，有推动一个时代科技发展的巨大进步作用，并将科学史、社会学、心理学等学科的

① 库恩. 必要的张力. 福州：福建人民出版社，1981：316.

方法相结合，这在科学史的研究中是重大推进。他强调范式转换中不仅科学的范畴、理论体系与方法根本变化，而且哲学背景的变化是其先导并贯穿其中，科学革命也是“世界观的改变”、思维方式的改变。[①] 他肯定哲学在科学革命中的重要作用，有其合理性。值得注意的是库恩指出科学革命是新旧思想的交锋，科学革命对科学发展和理论形成具有重要的影响力，特别是他对科学家的心理状态的分析，在一定程度上反映了科学发展和人类认识发展的复杂性和艰难性。但是，他更多地强调科学革命不是一个认识不断深化的过程，而是一个信仰的问题。认为范式之间的不可通约性，把新旧范式的支持者之间的对立绝对化，变成了性命之搏，如同宗教信仰的皈依，夸大了科学家心理因素在科学研究中的作用，否认了科学家的科学探索精神和不懈努力，简单地将理论发展的辩证法的革命性与保守性的统一，将老一代科学家与新一代科学家关系理解为保守主义与创新之举的绝对对立。这不符合科学发展的辩证法，也不符合科学理论自身发展的内在逻辑，所以受到多方批评。

面对库恩的困境，历史主义学派内部对库恩的思想各有批评与修正，努力寻找理论的出路。如英国的拉卡托斯力图融合精致的证伪主义和范式论，提出科学研究纲领学说，认为常现科学时期就有不同范式的竞争，并肯定科学发展中在先后范式之间有继承性。美国的费耶阿本德是这个学派中一位激进的代表，他提出“无碍于科学进步的惟一原则：怎么都行”的多元主义观点。被称为是主张为所欲为的认识论上的无政府主义。对此他怕引起误解，反复声明道：他的无政府主义只是方法论和认识论意义上的，理论上的无政府主义比那些认为应该按法则和秩序行事的观点更符合人性，更容易鼓励进步。而政治上的无政府主义只关心利益集团的利益，很少关心人类的利益和幸福。科学的发展就是要自觉地冲破旧有的规则，主张把一切“普遍性规则”和“僵化的传统”统统抛弃。特别是关于科学的划界问题。他认为：“科学与非科学的分

---

① 库恩．科学革命的结构．北京：北京大学出版社，2005：5．

离不仅是人为的，而且对知识的进步是有害的。”① 科学只是发明出来以便应付它的环境的工具之一；可同其他思想形式，如神话、宗教等等意识形态并无根本区别，应该取消分界问题。他强调应当倡导多样理论与方法的创新、竞争，才有利于科学创造性地发展。他还批判科学沙文主义与西方文化中心论，认为科学不是西方的专利，主张不同形式的文化传统都拥有平等发展科学的权利。

20 世纪 70 年代初，科学哲学的发展由于与非理性主义思想结合而出现“危机”，为了应对“危机”，出现一批哲学家一方面继承了历史主义学派把科学哲学与科学史相结合的思想，另一方面批评历史主义学派的相对主义和非理性主义的观点，形成新历史主义学派。该学派主要吸收了历史主义学派和批判理性主义的理论合理因素，又与实用主义相结合，是科学哲学发展的新起点。

总之，科学哲学发展自逻辑实证主义起发展至今，可以看到一个基本发展脉络：在西方科学哲学领域，早期力图消除形而上学，到 20 世纪 50 年代不排斥形而上学，再到 70 年代新历史主义与科学实在主义，展现了历史主义与逻辑相统一、自然科学与社会科学相结合的趋势。

参考文献

[1] 石里克. 自然哲学. 北京：商务印书馆，1986.
[2] 卡尔纳普. 科学哲学导论. 北京：中国人民大学出版社，2007.
[3] 卡尔纳普. 世界逻辑构造. 上海：上海译文出版社，1998.
[4] 赖辛巴哈. 科学哲学的兴起. 北京：商务印书馆，1983.
[5] 艾耶尔. 语言、真理与逻辑. 上海：上海译文出版社，1981.
[6] 奎因. 从逻辑的观点看. 上海：上海译文出版社，1987.
[7] 波普. 猜想与反驳. 上海：上海译文出版社，1986.
[8] 波普. 科学发现的逻辑. 北京：科学出版社，1986.
[9] 波普. 开放的社会及其敌人. 北京：中国社会科学出版社，1999.
[10] 库恩. 科学革命的结构. 上海：上海科技出版社，1980. 北京：北京大学出版

① 费耶阿本德. 反对方法. 上海：上海译文出版社，1992：255.

社，2005.
[11] 库恩. 必要的张力. 福州：福建人民出版社，1981.
[12] 费耶阿本德. 反对方法. 上海：上海译文出版社，1992.
[13] 洪谦. 逻辑经验主义：上. 北京：商务印书馆，1982.
[14] 洪谦. 逻辑经验主义：下. 北京：商务印书馆，1984.
[15] 舒炜光. 科学哲学简论. 太原：山西人民出版社，1987.
[16] 江怡. 走向新世纪的西方哲学. 北京：中国社会科学出版社，1998.
[17] 戴维·米勒. 开放思想和社会：波普尔思想精粹. 南京：江苏人民出版社，2000.
[18] 刘放桐，等. 新编现代西方哲学. 北京：人民出版社，2000.
[19] 赵敦华. 现代西方哲学新编. 北京：北京大学出版社，2001.
[20] 夏基松. 现代西方哲学. 上海：上海人民出版社，2006.

第四章

西方马克思主义思潮

“西方马克思主义”是20世纪初产生的社会思潮，至今已走过近百年的历程，在西方发达资本主义社会影响广泛。从该思潮的历史发展的脉络看，作为20世纪马克思主义分化的产物，由于西欧复杂的文化背景，使其在研究的主题和表现形式上不同于传统的马克思主义，是马克思主义与现实资本主义社会其他意识形态和理论学说相结合的产物；它不是作为具有指导无产阶级革命运动的实践理论发挥作用，而更像是一种单纯的文化批判思潮。在某种意义上可用美国当代马克思主义学者弗里德里克·詹姆逊的话说：西方马克思主义“创立了一种马克思主义的文化，把马克思主义变为一种不可避免的存在，变为社会、文化和学术生活中的一个独具一格、富于创新、清楚明白的声音。”

西方马克思主义不是一个统一的理论派别，而是一种文化哲学运动，涌现出众多的理论派别，形成了多样化的研究视域，通过对现实社会的批判，对当代世界存在的一系列重大问题的探讨，在理论上丰富和发展了马克思主义，成为马克思主义发展史的重要组成部分。

一、西方马克思主义的产生与发展的历史背景

1. 西方马克思主义概念的由来

“西方马克思主义”这一概念，最早出现在西方马克思主义思潮早期代表人物柯尔施于1930年写的《“马克思主义和哲学”问题的现状——一个反批评》一文中（后收入重版1923年的《马克思主义与哲学》一书中）。柯尔施写道：“一场有关现代马克思主义的一般状况的基本争论现在已经开始，而且有许多迹象表明，在一切主要的决定性的问题上真正分界线是存在于下列双方之间，即：以考茨基的旧马克思主义正统派和新的俄国‘列宁主义’正统派之间的联盟为一方（尽管它们之间有次要的、暂时的和琐碎的冲突）；以当代无产阶级运动中所有批判的进步的理论趋势为另一方。”① 他根据当时马克思主义发展出现的分化状况，明确地划分出两种不同的马克思主义：一种是以考茨基和列宁为代表的“正统马克思主义”，另一种是与“正统马克思主义”不同理论倾向的“西方马克思主义”。柯尔施的概念的范围比较窄，主要是指卢卡奇及他自己所代表的对资本主义社会和无产阶级运动持批判态度的新的马克思主义理论。

1955年，梅劳－庞蒂在《辩证法的历险》的第二章（标题为“‘西方的’马克思主义”）中，比较全面地分析了卢卡奇在《历史与阶级意识》一书中提出的基本观点，强调卢卡奇对马克思主义的解释代表了与列宁主义不同的新的方向。按梅劳－庞蒂理解，“西方马克思主义”有三个特征：（1）坚持马克思主义的批判性，反对马克思主义作科学主义的理解，主张彻底抛弃资产阶级科学的方法，认为只有彻底的批判行动才能实现彻底的变革。也就是说，西方马克思主义是指“批判

---

① 卡尔·柯尔施．马克思主义与哲学．重庆：重庆出版社，1989：57.

的马克思主义”。(2) 反对共产国际的唯意志论的先锋主义，认为真正的实践是与整个人类有关的自我解放的集体表现，重要的问题在于唤醒无产阶级，增强无产阶级的自我意识。(3) 强调马克思对于黑格尔的继承性，证明马克思是彻底的黑格尔主义者，坚持研究黑格尔和马克思都非常重视的异化问题的重要性。除了卢卡奇之外，没有明确指出究竟还有哪些人是属于西方马克思主义这一思潮的，但从他的论述中可以看出，他把那些受《历史与阶级意识》影响、倾向于从人本主义和社会理论的角度来理解马克思主义的西方国家的马克思主义者（包括他自己）都归属到这一思潮之下。[①]

英国的马克思主义者佩里·安德森于1976年发表的《西方马克思主义》一书中，对“西方马克思主义”作了更宽泛的定义。他把卢卡奇、葛兰西、柯尔施、班杰明、霍克海默，阿多诺、马尔库塞、德拉—沃尔佩、科莱蒂、列斐伏尔、萨特、哥德曼、阿尔都塞等人都列入了西方马克思主义者的行列之中。这就是说，西方马克思主义的思潮不仅包括了在卢卡奇和柯尔施的影响下形成起来的人本主义马克思主义的倾向，还包括了在第二次世界大战后出现的，以德拉—沃尔佩和阿尔都塞为代表的科学主义的马克思主义的倾向。1977年，由佩里·安德森主编的英国《新左派评论》杂志又编辑出版了题为《西方马克思主义：一个批判的阅读》的论文集，比较全面地评述了卢卡奇、葛兰西、法兰克福学派、萨特、德拉—沃尔佩和科莱蒂、阿尔都塞等人或学派的思想。

佩里·安德森在总结马克思主义发展不同历史阶段的特点后，认为马克思主义的发展经历了前后几代人更替，其中，马克思、恩格斯、拉布里奥拉、梅林、考斯基、普列汉诺夫、卢森堡、列宁、布哈林、托洛茨基等人是马克思主义经典传统的主要代表人物。他指出，马恩非常重视“理论与实践的统一”，但是由于那个时代无产阶级存在的历史状况，马克思的理论和无产阶级实践之间的关系始终是不平衡的和间接

① 俞吾金，陈学明. 国外马克思主义哲学流派新编. 上海：复旦大学出版社，2002：2.

的，马克思只留下了关于资本主义生产方式发展规律的严谨而成熟的经济理论，缺乏关于资产阶级国家和无产阶级革命斗争的战略、战术的成熟的政治理论，对这些问题只留下了简单的原则和预测（它在总体上指导欧洲和北美的无产阶级革命运动，对克服当时工人运动的狭隘性和不成熟性，最终达到国际主义起了很大的作用）。同时马克思也没有对历史唯物主义本身作出广泛和概括的论述，这个任务是由恩格斯在《反杜林论》、《论路德维希·费尔巴哈古典哲学的终结》以及其他著作中完成。①

佩里·安德森指出，在马恩逝世后，出现了四个有代表性的理论家，他们是拉布里奥拉、梅林、考斯基、普列汉诺夫。从他们著作的主要方向看，事实上可视为恩格斯晚年思想的继续。“他们关心的是以不同的方式将历史唯物主义作为有关人与自然的全面理论加以系统化，使之能够替代对立的资产阶级学科，并为工人运动提供其战斗者易于掌握的广泛而一贯的世界观。这个任务使他们像恩格斯一样，承担双重使命：一方面，把马克思主义总的哲学内容作为一种历史观念提出来；同时，把它扩展到马克思所未曾直接触及的领域。”② 总之这四位后继者的著作在整体上体现为对马克思遗产的总结，有新颖之处，但不是发展。

在19世纪最后几年里，主要的资本主义国家都出现了明显的经济高涨，由于国内形成了垄断，在国外加速帝国主义扩张，一个科技革命发展期已经形成，资本积累不断增长，大国之间军事冲突逐步升级。在此条件下，出现了新一代马克思主义理论家：列宁、卢森堡、布哈林、托洛茨基等。又由于20世纪初整个历史进程加快，他们关心的问题主要有两个新方向：一是对垄断和帝国主义的产生作出了持续的经济分析，如考茨基的《土地问题》、列宁的《俄国资本主义的发展》和《帝国主义是资本主义的最高阶段》、卢森堡的《资本积累》等著作，这些

① 【英】佩里·安德森. 西方马克思主义探讨. 北京：人民出版社，1981：9－10.
② 【英】佩里·安德森. 西方马克思主义探讨. 北京：人民出版社，1981：13.

经济研究均是站在马克思《资本论》宏观的基础之上赋予新的内容；二是马克思和恩格斯都没有留下系统的关于无产阶级革命的战略和策略思想的遗产，而这时中欧工人阶级政党的迅速壮大和反对旧制度的东欧革命风起云涌，革命需要新型的理论的指导，无产阶级政党理论和战略性的政治分析自然成为他们关注的另一个主题。列宁在这方面作出了卓越的贡献，他的一系列的著作开创了马克思主义政治学，与此同时，马克思主义理论家之间又经常发生国际性的争论和论战，第一次世界大战前后出现了真正的分裂。只有列宁根据新的形势创立了“具体情况具体分析”的历史唯物主义的新原则，并最终导致俄国革命的胜利。而俄国以外的地方，由于资本主义的力量过于强大，社会主义革命相继失败。托洛茨基和卢森堡也在这些方面做了不少理论研究，但是均不如列宁那样极大地丰富了马克思主义的理论。1924 年初列宁逝世，斯大林主义在苏共党内的胜利，决定了其后几十年内社会主义和马克思主义在苏联的命运。斯大林的实践使马克思主义经典传统，特别是理论与实践相统一的传统在东欧和俄国消失，一切严肃的理论探讨都已经不可能了。而在西欧则出现了另一种学术结构和地域结构都完全不同于经典传统的马克思主义理论思潮，即西方马克思主义理论。①

佩里·安德森通过分析，将西方马克思主义内部分为两代人：一是第一次世界大战中形成的无产阶级政党内部的知识分子，如卢卡奇、柯尔施、葛兰西等人；二是在“一战”后，逐渐成熟起来的学者，如法兰克福学派、阿尔都塞、列斐伏尔、萨特等人。并明确地指出，西方马克思主义是以“世代性”和“地域性”为构成特征的。

到目前为止对西方马克思主义的理解可以归纳为四个方面：

（1）纯粹地域性概念：西方马克思主义是指西方主要发达资本主义的马克思主义，既包括西方国家独立的马克思主义理论，又包括西方国家共产党的理论。

（2）在地域性概念前提下，强调特定思想内涵，突出它与列宁主

---

① 【英】佩里·安德森. 西方马克思主义探讨. 北京：人民出版社，1981：16－20.

义的对立。西方马克思主义是向列宁主义政治体系挑战的哲学理论体系。

(3) 在地域性概念前提下，强调主题转换：西方马克思主义从政治经济问题转向文化与意识形态问题，认为它既包括人本主义马克思主义，又包括科学主义马克思主义。

(4) 非地域性的意识形态概念：凡是超越第二国际科学社会主义、第三国际列宁主义、第四国际托洛茨基主义的新马克思主义理论，不论它在东方还是在西方，都可以称之为西方马克思主义。

基于上述可以看出，在20世纪的历史条件下，出现了各种源于马恩学说的马克思主义理论并存的多元状态。马克思、恩格斯的学说同当代西方哲学、社会学、文化学等领域中的理论成果交汇形成了多种马克思主义流派，成为影响较为广泛的，理论上非统一的西方马克思主义思潮。

2. 西方马克思主义发展的社会历史背景

20世纪初西方主要资本主义国家进入垄断帝国主义阶段以来，社会发展经历了战争、经济危机、科技革命、新左派运动、全球化一系列社会重大变迁，社会从动荡到暂时的稳定，从暂时的稳定到社会动荡的几起几伏，社会问题层出不穷，社会矛盾不断激化。处在大的时代变迁的洪流中，发达资本主义社会的几次经济危机并没有爆发预想的无产阶级革命，而是知识界的学潮和新左派运动，资本主义社会仍然带着其固有的矛盾在磕磕绊绊中发展；科学技术革命成为推动社会发展的动力，为社会生活带来了极大的便捷与繁荣，但是人们没有感到幸福，反而感到压抑、焦虑、孤独，社会存在着强大的异化力量，更何谈人的自由和解放。这些时代的新特点、新问题摆在西方马克思主义理论家面前，引发他们以新的视角对马克思主义经典理论的重新思考，对资本主义社会和社会主义模式进行多角度的研究，对社会暴露出来的新问题作出解答。

可以说西方马克思主义的产生是20世纪初以来所发生的重大世界社会历史事件对传统理论的挑战所作的思考并提出的多视角研究答卷。

由于理论家们面对当代资本主义社会不同的发展阶段，针对出现的不同问题进行分析，所依据的理论背景和研究的侧重点各不相同，在其内部形成不同视角的众多理论流派，逐步形成一个庞大的、多样化的理论思潮。西方马克思主义主要包括：早期马克思主义、法兰克福学派、存在主义的马克思主义、结构主义的马克思主义、新实证主义的马克思主义、生态学的马克思主义、弗洛伊德主义的马克思主义等。

西方马克思主义思潮的出现绝非偶然，在其长达80多年的发展过程中大致经历了三个发展时期。从对其发展的历史阶段的分析中，可以进一步理解西方马克思主义兴起的社会历史背景。

（1）20世纪20～30年代，是西方马克思主义形成时期。1917年列宁领导的十月革命取得了无产阶级革命的胜利，在其鼓舞下，西欧、中欧多国也爆发了无产阶级革命，但都以失败而告终。对此，卢卡奇、柯尔施、葛兰西等人从不同的角度总结资本主义国家无产阶级革命的经验教训，寻找革命失败原因，在探索革命道路的过程中，形成了不同于列宁主义的黑格尔主义马克思主义。如卢卡奇在1919～1922年撰写了8篇论文，从物化意识、总体性原则、主客体统一的辩证法和阶级意识等方面探索无产阶级革命和实践道路。他认为，发生在西方资本主义国家的革命之所以失败，根本原因在于这些国度的无产阶级尚未超越物化意识的束缚，其阶级意识尚未达到自觉，因此卢卡奇认为应该把无产阶级的阶级意识的革命放在无产阶级革命的核心地位，以无产阶级的内在转变、自我教育为内涵的意识革命是无产阶级革命的关键环节。① 柯尔施的《马克思主义和哲学》在很大程度上是为总结革命失败的经验教训而写的。他认为，20年代初，德国无产阶级的革命斗争遭到了巨大的挫折，未能像俄国无产阶级一样掌握国家政权。他将研究的重心放在革命转变与国家问题上。在柯尔施看来，不确立正确的国家理论，就不能领导无产阶级夺取革命斗争的胜利，而要正确地把握国家理论，又需要

① 卢卡奇. 历史与阶级意识. 北京：商务印书馆，1996：131－133.

廓清理论上的迷雾，真正回到马克思主义的哲学见解上去。[①] 葛兰西在《狱中札记》中则从分析东西方社会结构的不同点入手来修正传统无产阶级革命观。他认为，东西方社会结构的主要差异体现于市民社会地位的不同。在东方社会，没有形成独立的市民社会，整个上层建筑主要是由政治领域构成，本质是暴力加强权。在西方社会，上层建筑由国家政治社会和意识形态——文化活动领域的市民社会两部分构成。在西方社会，资产阶级不但拥有政治上的领导权，而且取得了文化霸权或意识形态领导权，因此，它的国家也具有二重本质，即强权加同意。葛兰西认为，东西方社会结构的不同决定了无产阶级暴力革命所经历的命运的不同。在俄国所代表的东方社会中，国家就是一切，所以，当出现经济和政治危机时，只要用暴力打碎旧的国家机器，革命就将获得成功。而在西方社会，当出现政治经济危机时，无产阶级仅仅用暴力夺取政权并不能保证革命的成功，因为市民社会还强有力地支撑着社会和国家。为了避免革命再次失败，葛兰西的结论是，在西方社会，革命的首要任务不是政治革命，而是同资产阶级争夺意识形态领导权或文化霸权的文化革命。[②]

早期西方马克思主义者的理论有比较明显的特点，是将理性的目光从政治革命转向意识革命和文化革命。这一转变并不仅仅限于革命观的转变，而是引起整个哲学结构和理论学说的改变。对意识革命和文化革命的重视导致这些理论家对人的存在境遇和人的活动方式的重视，由此发挥了马克思早期的异化理论和实践哲学构想，也可以说在某种程度上接受人本主义思潮的影响，形成了一种具有人本主义倾向的马克思主义思潮。总体上说，这个阶段的西方马克思主义，主要表现为共产国际内部的一种非正统马克思主义观点，还没成为独立的社会思潮。

（2）20世纪30年代～60年代末，是西方马克思主义发展鼎盛时期。出现了法兰克福学派、存在主义马克思主义、弗洛伊德主义马克思

① 柯尔施．马克思主义和哲学．重庆：重庆出版社，1989：33－34．

② 俞吾金，陈学明．国外马克思主义哲学流派新编：上．上海：复旦大学出版社，2002：123－124．

主义、结构主义马克思主义、新实证主义马克思主义等流派。

这一时期几次重大的历史事件成为西方马克思主义发展新的推动力。一是马克思的《1844年经济学—哲学手稿》于1932年首次以德文全文发表，在西方思想界引起巨大的震动，并得到高度的评价。西方国家的马克思主义者认为是马克思第二次降临，马克思是一位人道主义者，是"哲学家的马克思"。他们从中看到马克思从人道主义出发对资本主义社会的异化现象的深入批判以及对未来社会的预测，充分肯定意识主体性的作用，发现马克思辩证法与黑格尔思想的深刻渊源。对《1844年经济学—哲学手稿》的研究极大地推动了西方马克思主义理论的形成和发展。[①] 二是1929年至20世纪30年代在资本主义世界爆发了空前猛烈的经济危机，似乎资本主义走到了尽头，社会主义革命即将到来，但是在西方工业国家的无产阶级革命不但没有取得显著的进展，反倒是法西斯上台并大行其道，最终导致第二次世界大战的爆发。如何解释这种历史反常现象呢？出版的赖希的《法西斯主义的大众心理学》、布洛赫的《这个时代的遗产》、霍克海默的《独裁国家》、弗罗姆的《逃避自由》等著作，致力于对法西斯主义现象进行分析，试图阐释法西斯主义兴起的心理根源。认为，这一现象用生产力和阶级斗争的理论难以解释，应该将研究视域转向从弗洛伊德对人格结构的深层分析上寻找答案，所以，他们力图把马克思主义和弗洛伊德的精神分析方法结合起来，从而使西方马克思主义的理论研究出现了新的方向。三是二战之后的两大冲击波，推动西方马克思主义在困惑中的探索。首先，在苏共二十大上赫鲁晓夫所作的反斯大林的秘密报告引发的"大地震"，使西方马克思主义理论家们不得不重新审视苏联的社会主义和所奉行的称为"正统的"马克思主义。纷纷对苏联社会主义模式和斯大林主义进行了多视角的分析。其次，二战后西方发达资本主义国家科学技术飞速发展，资本主义社会出现相对稳定的状态，生产力快速提升，资产阶级民主法治的逐步完善，工人阶级生存状态有了极大的改善，阶级矛盾得到

---

① 俞吾金，陈学明. 国外马克思主义哲学流派新编. 上海：复旦大学出版社，2002：3.

缓和，但是整个社会像一台按照物质需求组织起的大机器，加深了人的异化，限制人的发展，拜金主义横行，这些都促使西方马克思主义理论家开始反思启蒙精神、工具理性、科学技术、大众文化在社会发展中的负面作用，并在此基础上对发达工业文明进行社会批判，并用各种西方社会思潮解释、补充、重建马克思主义。特别是法兰克福学派对当代资本主义社会的批判。如马尔库塞的《单面人》，哈贝马斯的《作为“意识形态”的技术与科学》和《晚期资本主义的合法化问题》。

20 世纪 60 年代后期，西方马克思主义又面临着新的挑战。1968 年的“布拉格之春”和苏军入侵捷克引起西方社会巨大的震动。而 1968 年巴黎爆发的“五月风暴”则引起激进的西方马克思主义者们思考，认为学生和知识分子发起的“新左派运动”是资本主义的实践批判力量，是社会革命的希望。但是，“新左派运动”很快成为过眼云烟，使得一些理论家对这一新“左派”运动进行研究思考，如主张“历史是无主体的过程”的结构主义的马克思主义者阿尔都塞陷入了苦苦的思索。他认为马克思主义阵营中长期存在的以政治实用主义为指导思想来代替马克思主义，是贬损马克思主义科学性的做法，而那种把马克思主义人道主义化的做法是对马克思主义的危害，① 要求正确地理解马克思主义“科学性和意识形态职能”的关系，保卫马克思主义理论的严密性和独立性。

(3) 20 世纪 70 年代～90 年代，西方马克思主义进入转向时期。西方马克思主义呈现多样化的趋势，法兰克福学派、存在主义马克思主义、弗洛伊德主义马克思主义、结构主义马克思主义发展示弱，分析马克思主义、生态学马克思主义、后现代马克思主义开始兴起。重点探讨科学技术的社会效应、生态危机、生活方式和文化生态等问题。如北美地区出现了生态学的马克思主义，旨在寻找一条消除生态危机又能实现社会主义的新道路。关注社会主义经济体制问题也是当代西方马克思主义者的研究方向，相继展开了关于社会主义经济模式的讨论，出版了关

① 阿尔都塞. 保卫马克思. 北京：商务印书馆，2006：250－251.

于市场社会主义的著作，如英国经济学家戴维·米勒的《市场、国家与共同体：市场社会主义的理论基础》，塞缪尔·鲍尔斯编的《民主与市场：参与、责任和效率》，普拉纳伯·巴尔旦和约翰·罗默合编的《市场社会主义：目前的争论》等。市场社会主义理论的基本特征为：一是依赖于竞争的市场机制来交流商品，协调复杂的数百万甚至上千万个个体活动并为其提供信息；二是坚持社会主义的伦理原则，使社会成员平等的支配权和收入权制度化。

20 世纪 90 年代初苏联东欧社会主义阵营瓦解，是 20 世纪当代世界历史发展的大事件。苏东剧变后，国际上掀起了一股反对马克思主义的浪潮。马克思主义的敌人高呼：马克思主义终结了，社会主义终结了，历史终结了，一个新的时代、资本主义的黄金时代开始了。原苏东国家混迹于马克思主义执政党内的一批投机分子公然站到马克思主义对立面与之呼应。历史发展的事实证明，他们结论下得太轻率了，资本主义不仅没有拯救原苏联和东欧国家，反而使它们陷入更加深重的社会危机。同时在发达资本主义国家，被掩盖的矛盾开始浮出水面，并日益显出无法治愈的症状。于是，对马克思主义的攻击越来越显得底气不足。马克思主义的势力又重新活跃起来。人们逐渐意识到，不能没有马克思主义。没有马克思主义对资本主义的批判，资本主义决不会收起它狰狞的面目；没有马克思主义作指导，原苏联、东欧国家也不可能取得辉煌的成就；今天的世界和未来社会的发展仍然不能没有马克思主义。①

从 20 世纪 90 年代中期开始，西方马克思主义研究者们又开始重新集结，对马克思主义进行研究和宣传。与此相应的是，一些发达资本主义国家的左翼政党纷纷上台执政，并声称马克思主义是他们的理论来源之一。

西方马克思主义研究主题又从哲学、文化问题转向政治、经济等现实问题；研究重心从对资本主义批判转向研究市场社会主义；前苏联东欧正统马克思主义、新马克思主义与西方马克思主义合流。

---

① 陈学明，马拥军. 走近马克思. 上海：东方出版社，2002：前言.

从上述西方马克思主义的发展历程看，西方马克思主义是对时代提出的问题所作的多角度的理论阐释的产物。每一时代的理论思维“都是一种历史的产物，它在不同的时代具有完全不同的形式，同时具有完全不同的内容”。[①] 从马克思、恩格斯逝世以来，西方社会发生了巨大的变化，马克思主义必然要面对变化提出的新问题和新的挑战作出回答。西方马克思主义是在研究马克思主义理论的基础上与本国的社会发展的现实结合的产物，开创了马克思主义理论发展的多样化、多学科交叉研究的新视角和新理论，并以不同的形式发展、补充、创新马克思主义的理论。从一定意义上看，西方马克思主义更多地表现为哲学理论，而不是革命的理论。

二、西方马克思主义的基本特点

西方马克思主义从上述的介绍看，其历史沿革时间比较长，有地域与非地域之间的特点，流派庞杂，如果将其特点进行概括是比较困难的事情，但是以历史和研究主题作为参考维度，还是可以进行概括的。在这方面，佩里·安德森做了大量的研究工作。文明可以沿着其研究的途径分析概括。西方马克思主义与马克思主义经典传统比有不同的特点：

（1）理论与政治实践相脱离。这是首要的、最根本的特点，也是被普遍认可的方面。一次大战以前的第一代经典马克思主义者实现了理论与实践的有机统一，他们在各自所属的东欧和中欧的党内，在政治和思想上起着不可分割的作用。但从1910年到1968年理论与实践在西欧却越来越脱离，而二者的分裂是在巨大的历史压力下缓慢而逐步发生的。[②] 西方马克思主义虽然没有停止对无产阶级革命和社会历史发展的的研究，但是沿着一条离开一切革命政治实践的永无止境的曲折道路前进。从历史发展的维度看，导致此状态的原因是在1920年以后没有发生任何大革命的高潮，而且各国共产党内思想斗争和理论分化致使在革

---

① 马克思恩格斯选集：第4卷. 北京：人民出版社，1995（2）：284.
② 【英】佩里·安德森. 西方马克思主义探讨. 北京：人民出版社，1981：41.

命激荡时期不能提供指导政治实践的真正理论，反而起反作用。同时，第三国际在欧洲各共产党内造成斯大林化，导致西方马克思主义中的理论家都不可能将马克思主义的理论与工人阶级的斗争结合起来。特别是法西斯主义和二次大战双重体验下形成的一代理论家，在这种绝境下既对整个工人阶级的不抵抗失去信心，又故意不谈历史唯物主义经典传统最核心的问题：如何研究资本主义生产方式的经济运动规律，分析资产阶级国家的政治机器以及推翻这种国家机器所必需的阶级斗争战略。①

（2）和马克思不断从哲学转向政治学和经济学发展轨迹相反，西方马克思主义不断从经济学转回到哲学。转向的原因之一是代表人物几乎是专业哲学家，更重要的原因是20世纪50～60年代出现了在经济上长期繁荣的世界性动力，在发达工业国家的资本势力空前巩固。大规模的经济增长为资本主义的生产方式开创了一个新的阶段，明显地打破了经典著作中有关衰亡或危机来临的预言，在凯恩斯主义的帮助下美国经济走出了1929年至1932年的大危机，迅速发展成为世界强国。欧洲发达国家与美国的资本主义生产力的发展所表现出来的规模和力量，对经典的历史唯物主义的发展构成了理论挑战。西方马克思主义越来越不把经济或政治结构作为其理论关注的中心问题，而是将研究的重心从根本上转向哲学。1932年马克思的《1844年经济学—哲学手稿》在莫斯科第一次发表，在一定程度上成为这一转向的推手。法兰克福学派的重要代表人物马尔库塞于1932年出版的《社会》杂志上撰文强调，《手稿》表明历史唯物主义的哲学基础在马克思各个阶段的著作中都具有关键的作用。② 以此开始了重新反思马克思哲学发展的历程，关注马克思哲学和黑格尔哲学的关系，强调历史唯物主义的最终目的是认识论，并且在西方马克思主义的理论著作中占中心位置。

（3）西方马克思主义的理论形态不断与非马克思主义思想流派结合。转向的历史原因主要表现在：首先，资本主义的发达和一定范围内

① 【英】佩里·安德森. 西方马克思主义探讨. 北京：人民出版社，1981：57－61.
② 【英】佩里·安德森. 西方马克思主义探讨. 北京：人民出版社，1981：67.

呈现出的活力，推动了西方发达资本主义社会文化的变革和发展，使其主要部分获得了创新力，导致知识分子更多地研究社会文化问题，理论越来越与非马克思主义理论及思想流派结合。其次，受共产主义运动中斯大林化的压制和国际革命的限制，使得马克思主义在许多学科里不如非马克思主义文化发展迅速，对历史唯物主义在西方范围内的发展产生了转向的中心压力。西方马克思主义的传统理论与当代非马克思主义各种思想体系不断汇合，而二者融合的复杂性表现出，既有相互吸引又有相互排斥；既有借用又有批评。形成了西方马克思主义自身特殊的新颖之处，构成了其学术联系的水平轴，更多的研究是建立在上溯到马克思以前的哲学渊源上①。特别值得说明的是，西方马克思主义在研究马克思的哲学时均表现出一种趋势，就是对恩格斯的贡献被不公正地忽略。马克思本人没有留下经典意义上的系统的哲学著作，早期的哲学论著多是没有出版的手稿，到了他的成熟期，基本上不涉猎纯哲学的领域，马克思主义哲学大部分是由恩格斯补充论述的。西方马克思主义以恩格斯在自然科学方面的研究偏离中心主题为由，对恩格斯的哲学遗产进行双重标准的批判。事实表明，一旦忽略恩格斯的贡献，马克思本身的遗产的局限性就突显出来。在一个意义上西方马克思主义的哲学权威可以视为在理论上退回到马克思以前。

（4）把研究主题转向文化领域。从20世纪20年代以来，西方马克思主义的研究主题逐步远离经济与政治的重大问题，将研究的焦点转向文化领域。西方马克思主义耗费主要智力和才华在艺术上。他们中的许多理论家花大量时间研究文学、现代戏剧、电影、诗歌、绘画，讨论艺术的性质、美学意义，关注文学与意识形态问题。因为西方马克思主义理论家始终认为：“自从启蒙时代以来，美学便是哲学通往具体世界的最便捷的桥梁。”② 在这些方面所写的著作，其内容广泛、种类繁多，比其对历史唯物主义遗产的论述要丰富得多、深刻得多。其次，西方马

---

① 【英】佩里·安德森. 西方马克思主义探讨. 北京：人民出版社，1981：73－77.

② 【英】佩里·安德森. 西方马克思主义探讨. 北京：人民出版社，1981：100.

克思主义关注在资本主义文化视域内的人性与自然的问题。西方马克思主义的主要理论家认为，作为文明前提的理性结构，是依靠抑制人性而建立起来的，造成了自我与本能冲动之间的心理分裂，并有可能控制人自发的冲动。理性的手段日臻精密，发展为逻辑和科学，这就使人类周围的自然世界不断沦落为仅用数量表示的被操纵对象，使事物和认识概念之间的区别变得模糊不清，具有可被操纵的特性。同时，通过对人性压抑的分析，提出人性的解放不再是摧毁资本主义制度，而是对导致人性压抑的资本主义文化的批判，并以此解释在发达资本主义国家无产阶级丧失革命性，以及二战时期法西斯主义盛行的原因。西方马克思主义对资本主义社会文化的批判在一定程度上指出了资本主义发展中的矛盾和困境，但是在对资本主义社会的批判中表现出一种悲观主义情绪。

总之，西方马克思主义传统内的每一个体系，都具有来自当时和过去不同范围和水准的社会及思想结构中多种决定因素的印记，在决定西方马克思主义传统本身的基本历史关头的背景中，产生了理论的广泛多样性。①

三、西方马克思主义初创时期的理论

西方马克思主义初创时期的主要代表人物有卢卡奇、柯尔施、葛兰西，他们的理论成为整个西方马克思主义思潮的奠基石。其中卢卡奇对马克思主义哲学理解的深度，远远超出同时代人，被称为“在世最伟大的马克思主义者”，他在总结欧洲国家无产阶级革命失败原因的基础上所著的《历史与阶级意识》，被称为西方马克思主义的“圣经”。在此重点阐述卢卡奇和柯尔施对马克思主义理论研究的主要成果。

1. 卢卡奇的主要理论

乔治·卢卡奇（1885－1971），出生在匈牙利布达佩斯的一个犹太家庭，父亲是银行家。1909 年于布达佩斯大学获哲学博士学位，后成为当时匈牙利主要进步刊物《20 世纪》和《西方》的专栏撰稿人。

① 【英】佩里·安德森. 西方马克思主义探讨. 北京：人民出版社，1981：95.

1915 年出版的《小说理论》在欧洲文坛影响很大。年轻时曾崇拜康德，师从德国著名哲学家齐美尔，受德国社会学家马克斯韦伯思想影响较大。在一战爆发前，卢卡奇认为资本主义社会是毁坏文化的异化社会，但又看不到现实的出路，致使他将探索的目光转向黑格尔和马克思。战争爆发后他从德国回到匈牙利，开始参加反战运动。俄国十月革命胜利后，卢卡奇受到鼓舞，认为十月革命是把资本主义世界扫荡干净的强大净化力量。1918 年 11 月匈牙利共产党创立时，卢卡奇加入共产党，并成为中央委员，在 1919 年成立的匈牙利苏维埃共和国中担任教育人民委员，革命失败后，流亡维也纳。

从 1919 年秋到 1930 年的流亡期间，坚持参加国际工人运动的活动，结合革命实践深入钻研马克思和列宁的著作，特别是研读列宁的《共产主义运动中的"左派"幼稚病》一书（1920 年），后思想变化较大，于 1923 年出版了《历史与阶级意识》，该书由 8 篇论文构成，其中对 1919 年匈牙利革命和西欧革命失败的历史教训进行反思，指出第二国际在政治策略上失败的哲学根源，批判第二国际的领导者对马克思主义的曲解，反对将马克思主义教条化。同时卢卡奇认为资本主义是物化的世界，在这样的世界中，无产阶级也具有了物化倾向，要求恢复真正的无产阶级意识，号召无产阶级摆脱物化，成为历史的"统一的主客体"。①

1928 年受党的委托，卢卡奇起草了匈牙利共产党第二次代表大会的报告《匈牙利政治与经济形势以及关于匈牙利共产党的任务的纲领》，但遭到批判，只好放弃政治活动，到柏林教学。1930 ~ 1945 年到苏联静心研究马克思、恩格斯、列宁的著作，撰写了《青年黑格尔与资本主义社会问题》、《存在主义还是马克思主义》等重要著作。特别是研读了《1844 年经济学--哲学手稿》，思想产生了较大的转变，从黑格尔哲学入手重新研究马克思主义哲学，纠正和发展了《历史与阶级意识》中的思想。1934 并成为苏联科学院院士。

---

① 卢卡奇. 卢卡奇自传. 北京：社会科学文献出版社，1986：35.

二战结束后，卢卡奇回到匈牙利。任布达佩斯大学美学和文化哲学教授，当选为匈牙利科学院院士，同时积极参与政治、文化方面的活动。1956 年，匈牙利事变中任纳吉政府的文化部长。1957 ~ 1958 年匈牙利重新展开对卢卡奇“修正主义”的批判，直到 1967 年才被重新批准入党。卢卡奇人生虽几起几落，但他并未对自己的选择后悔，他说：“成长为共产党人的确是一生中重大的转折，最大的发展成就。”① 卢卡奇于晚年潜心从事美学和哲学研究，以批判的视角重新审视自己的这个理论研究，完成了《审美特征》和《社会存在本体论》两部巨著。1971 年因患癌症去世。后世对他在马克思主义理论研究方面所作出的卓越贡献大加赞扬，认为他是 20 世纪最有影响的马克思主义理论家之一。卢卡奇的主要思想：

（1）对马克思主义的理解

关于什么是马克思辩证法的实质内容，什么是马克思社会历史理论的哲学基础，马克思主义的“正统性”意味着什么，马克思主义和哲学的本质联系是怎样的……，诸如此类的问题可以归结为：马克思理论的真正哲学本质是什么？回答这一根本性问题自恩格斯逝世以来，变得越来越迫切。正如列宁所说，马克思本人并没留下一部“大写的逻辑学”，马克思早期重要的哲学著作那时也未出版。所以在 20 世纪 20 年代以前，在马克思主义理论界内外对此问题引发了很大的争论及混乱。到 20 世纪 60 年代，卢卡奇认为这个问题仍未很好地解决。他在《历史与阶级意识》“新版序言”（1967 年）中写道：“今天对应该如何理解马克思主义的本质的和持久的内容和永久性的方法还极不确定。”② 因此卢卡奇把研究的中心放在揭示马克思主义哲学基础上，目的就是要回到马克思本人那里，努力揭示马克思本人著作中包含的哲学基础，因为马克思哲学已被后来的马克思主义者歪曲和遗忘了。

卢卡奇在《历史与阶级意识》一书的第一篇文章《什么是正统的

---

① 卢卡奇. 卢卡奇自传. 北京：社会科学文献出版社，1986：35.

② 卢卡奇. 历史与阶级意识. 北京：商务印书馆，1996：1.

马克思主义》中，针对当时“无产阶级圈子”里和“社会主义营垒”内部将马克思主义歪曲为经济决定论以及取消辩证法的错误观点，强调马克思主义的正统是唯物辩证法。他指出：“正统的马克思主义并不意味着无批判地接受马克思的所有研究成果，它不是对这个或那个论点的‘信仰’，也不是对某本‘圣书’的解释。恰恰相反，马克思主义问题中正统仅仅是指方法。它是这样一种科学的信念，即辩证的马克思主义是正确的研究方法，这种方法只能按其创始人奠定的方向发展、扩大和深化。”[①] 由此他认为只要坚持了马克思的辩证法，就是维护了马克思主义的正统。

卢卡奇在如何理解正统的马克思主义的问题上，强调应从不同的角度理解马克思主义：第一，从分析马克思主义哲学与黑格尔哲学的区别，理解马克思主义的正统性。他认为马克思历史唯物主义和黑格尔哲学都是把理论视为现实的自我认识，然而，它们之间的重要区别也是现实问题、历史过程的统一的问题。马克思责备“黑格尔未能真正克服思维和存在、理论和实践、主体和客体的两重性”，在马克思看来，黑格尔的历史辩证法仅仅是一种假象，他的认识不过是对一种与自己根本不同的材料的认识，而不是对人类社会的自我认识。[②] 因此马克思采纳了黑格尔方法的进步方面，即“作为认识现实的方法的辩证法，清除黑格尔哲学体系中绝对精神的神话。”[③] 卢卡奇指出，马克思是在现实本身上与黑格尔分道扬镳。马克思主义哲学的出发点是：“不是人们的意识决定他们的存在，而是相反，他们的存在决定他们的意识。”[④] 并明确指出这是马克思主义哲学与黑格尔哲学的根本区别。第二，马克思主义哲学不仅是辩证唯物主义，而且是历史唯物主义。卢卡奇认为历史唯物主义“是资本主义社会的自我知识”，它最重要的功能是揭示资本主义社会的运动规律，以便指导无产阶级在革命斗争中对资本主义现实社会

---

① 卢卡奇. 历史与阶级意识. 北京：商务印书馆，1996：47－48.
② 卢卡奇. 历史与阶级意识. 北京：商务印书馆，1996：65－66.
③ 卢卡奇. 历史与阶级意识. 北京：商务印书馆，1996：66－67.
④ 卢卡奇. 历史与阶级意识. 北京：商务印书馆，1996：69.

进行改造。历史唯物主义在资本主义时代里，不仅仅是一种认识工具，而且是一种武器，是可以转化为消除资本主义所产生的毁灭性后果的行动。第三，马克思主义的本质是辩证法，即关于主—客统一的辩证法。在卢卡奇看来，唯物主义辩证法是一种革命辩证法、历史辩证法。他说："认识到辩证法被限定在社会历史范围内，这是特别重要的。但是，恩格斯对辩证法的表述之所以造成误解，主要是因为他错误地跟着黑格尔把这种方法也扩大到对自然界的认识上。然而辩证法的决定性因素，即主体与客体的相互作用、理论与实践的统一，在作为范畴坚持的现实中的历史变化是思想变化的根本原因，并不存在于我们对自然界的认识中。"① 他认为，恩格斯应该对马克思主义的自然化、实证化倾向负责，因为马克思主义首先是一种历史批判理论，是一种人的解放学说。如果以实证主义态度去阐释它，那么它和人的解放有什么关系呢？因此，如果否定历史辩证法，历史就变得无法了解。

卢卡奇强调历史就是客体与主体、客观性与辩证性的统一。并认为"马克思主义和资产阶级思想的根本分歧并不在于从历史来解释经济动机的首要作用，而在于总体性观点，总体性范畴，总体之于部分的完全至高无上的地位，这是马克思从黑格尔那里汲取的方法论精华，并把它出色地改造成一门崭新科学基础。……无产阶级科学是革命的并不仅仅是因为它有与资产阶级社会相对立的革命观点，而首先是因为它有自己的方法。总体性范畴的首要性在于它在科学中是革命原则的支撑者。"②

在这里，卢卡奇认为总体性范畴在马克思思想中具有核心位置。而且总体性观点是马克思主义方法论的精华，是马克思主义成为新科学的根本。那么什么是卢卡奇所强调的总体性？

首先，总体性表现为社会生活的各个部分之间的有机联系，表现为总体对于局部的遍及一切的优越性。总体性反对单纯考察社会的某一方

---

① 卢卡奇. 历史与阶级意识. 北京：商务印书馆，1996：51.

② 卢卡奇. 历史与阶级意识. 北京：商务印书馆，1996：15、76.

面，主张把握社会生活的方面在总体相互作用中的联系。他引用马克思的名言“每一社会中的生产关系都形成一个统一的整体”说明总体性是历史地了解社会关系的方法论的出发点和钥匙。①

其次，总体性是再现社会历史的现实与具体的统一。卢卡奇指出：“只有在这种把社会生活中的孤立事实作为历史发展的环节并把它们归结为一个总体的情况下，对事实的认识才能成为现实的认识。这种认识从上述简单的、纯粹的（在资本主义世界中）、直接的、自发的规定出发，从它们前进到对具体总体的认识，也就是前进到在观念中再现现实。这种具体的总体绝不是思维的直接素材。马克思说：‘具体之所以具体，因为它是许多规定的综合，因而是多样性的统一’。”② 卢卡奇在阐述马克思主义的总体性的同时，也一再强调：“总体的范畴绝不是把它的各个环节归结为无差别的统一性、同一性。只有在这些环节彼此间处于一种动态的辩证的关系，并且能被认为是一个同样动态的和辩证的整体的环节层面意义上……马克思说‘我们得到的结论并不是说生产、分配、交换、消费是同一的东西，而是说，它们构成一个总体的各个环节、一个统一体内部的差别……因此，一定的生产决定一定的消费、分配和这些不同要素相互间的一定关系。……不同要素之间存在着相互作用。每一个有机整体都是这样’。”③

第三，总体性是分析社会历史结构的辩证法。卢卡奇认为，认识社会历史应该以总体性方法去把握和分析，从历史中的主体与客体，人与自然，人的活动与存在，理论与实践的相互关系、相互作用和辩证发展来把握。总体性就其方法论意义而言，就是历史的辩证法。他说：“如果摒弃或抹杀辩证方法，历史就变得无法了解”；“没有辩证法的帮助”，就“不可能把历史理解为一个统一的过程。”在此，总体性构成了卢卡奇辩证法的核心内容。离开总体，离开主客体的辩证运动的历史过程，离开了社会存在，辩证法就失去了存在的根基。而“对辩证方法

① 卢卡奇．历史与阶级意识．北京：商务印书馆，1996：57．
② 卢卡奇．历史与阶级意识．北京：商务印书馆，1996：56．
③ 卢卡奇．历史与阶级意识．北京：商务印书馆，1996：61．

说来，中心问题乃是改变现实”①。只有改变现实的人的活动，才能展现主客体的矛盾、运动和统一的辩证法；只有通过总体性的方法，才能对社会生活的全部过程和现象及其相互关系进行系统的、整体的研究，克服蒲鲁东的假辩证法对工人运动的影响。

简言之，卢卡奇的总体性就是历史的总体，是客体与主体的统一；具体的总体，是直接性与中介性的统一；辩证的总体，是理论与实践的统一；革命的总体，是过程与目标的统一。他之所以将总体性作为理解马克思主义哲学的正统性的主要内容，同时也构成了他自己哲学的总体观，这是有明确目的的：第一，辩证的总体观揭穿资本主义制度的本质，以及资本主义生产方式所产生的拜物教假象掩盖的真实的主客体关系。第二，批判第二国际理论家的教条主义和庸俗经济决定论，反对以单纯的自然因素解释历史，要求重新恢复马克思主义哲学的革命的、批判的本质。第三，从理论和方法统一的视角展现马克思主义哲学在实践中被忽略的理论遗产，要求重新思考马克思主义哲学的基础。②

应该看到，卢卡奇针对当时国际共产主义运动出现的诸多对马克思主义的错误或歪曲的理解，以及由此导致的指导工人运动的战略的失败，在对共产国际内部的错误理论进行批判的同时重申马克思主义的基本观点，澄清马克思主义哲学与黑格尔哲学的关系，强调历史辩证法的重要性，特别是借此对总体观进行阐发等，都是对马克思主义理论的发展的一个推进。但是，在对马克思主义的理解上，过分重视马克思主义哲学理论，而忽视了作为马克思主义理论的重要组成部分其他方面，而且将马克思主义哲学简单地归为历史哲学，特别是把马克思主义的辩证法仅限定在社会历史领域，否定自然界的辩证法的存在，将马克思与恩格斯的观点对立，这本身不是对马克思主义的完整理解。

（2）物化是资本主义社会普遍存在的现象

卢卡奇使用物化概念是为了解释“笼罩在资本主义社会的一切现象

---

① 卢卡奇．历史与阶级意识．北京：商务印书馆，1996：50．

② 周穗明．20世纪新马克思主义发展史：上．北京：学习出版社，2004：34．

上的拜物教假象成功地掩盖了的现实。”并试图通过对物化现象的分析解释资本主义生产方式的本质特征，对资本主义异化的社会关系和本质进行深刻的批判。卢卡奇提出物化概念时，马克思的《1844年经济学—哲学手稿》并没有发表，他主要是在对《资本论》研读过程中，对马克思关于商品拜物教论述进行了进一步的阐发而提出的。物化是贯穿《历史与阶级意识》的一个中心概念，对日后的西方马克思主义者对资本主义社会的批判具有很大的影响。

卢卡奇认为：物化是资本主义商品生产的必然产物，物化现象是资本主义社会普遍存在的现象。卢卡奇指出，资本主义社会到处充斥着商品生产和商品交换，商品结构的本质基础是，人与人之间的关系获得了物的性质，并从而获得了一种“幽灵般的对象性”①。如马克思所分析的：“商品形式的奥秘不过在于：商品形式在人们面前把人们本身劳动的社会性质反映成劳动产品本身的物的性质，反映成这些物的天然的社会属性，从而把生产者同总劳动的社会关系反映成存在于生产者之外的物与物之间的社会关系。”② 这种人与人之间的社会关系所采取的物与物的关系的虚幻形式，马克思将其理解为商品拜物教。卢卡奇在论述这个问题时，强调说：“商品的拜物教问题是我们这个时代、即现代资本主义的一种特有的问题。”③ 由此他在马克思分析的基础上提出“物化”概念对这一资本主义社会特有的现象加以界定。

卢卡奇认为，物化是“人自己的活动，人自己的劳动，作为某种客观的东西，某种不依赖于人的东西，某种通过异于人的自律性来控制人的东西，同人相对立。更确切地说，这种情况既发生在客观方面，也可以发生在主观方面。在客观方面是产生出一个由现成的物以及物与物之间关系构成的世界（即商品及其在市场上的运动的世界），它的规律虽然逐渐被人们所认识，但是即使在这种情况下还是作为无法制服的、由自身发生作用的力量同人们相对立。”“在主观方面——在商品经济充

---

① 卢卡奇. 历史与阶级意识. 北京：商务印书馆，1996：143－144.

② 卢卡奇. 历史与阶级意识. 北京：商务印书馆，1996：147.

③ 卢卡奇. 历史与阶级意识. 北京：商务印书馆，1996：144.

分发展的地方——人的活动同人本身相对立地被客观化，变成一种商品，这种商品服从社会的自然规律的异于人的客观性，它正如变成商品的任何消费品一样，必然不依赖于人而进行自己运动。”① 在这段话表述中，卢卡奇从主客观两个方面分析人的物化：一方面，人在劳动中被客观化为商品；另一方面，在商品经济的世界，无论是商品生产的自然规律，还是商品运动的社会规律，都以自律性与人对立，并控制着人。这种物化的后果使人的劳动与作为主体的人疏远化、商品化、非人化，即自我异化。

物化是如何产生的，具体表现如何？

卢卡奇在对马克思《资本论》进行深入研读和对资本主义社会分析后，将人的物化概括为三个方面：首先，由于资本主义的劳动方式所产生的片面的专业化发展越来越畸形，从而破坏人的人类本性。个人被分割开来，成了某一劳动的自动机器。“随着劳动过程越来越合理化和机械化，工人的活动越来越多地失去自己的主动性，变成一种直观态度，从而越来越失去意志。”② 其次，在资本主义生产方式下，人们屈从于狭隘的社会分工，而“分工破坏了任何一个有机统一的劳动过程和生活过程”。人们职业愈专业化，人们的生活愈局限，其结果是使人们的目光关注在周围发生的局部事情上，失去了对整个社会的理解力和批判力；第三，人们在现实生活中对物（商品）的追求，导致过去支配现在，死物统治活物，人们在眼前物的关系中，忽视了对前途和未来的思考。③

由此卢卡奇认为物化是资本主义普遍存在的社会现象。在对资本主义进行分析中，指出资本主义从私人占有制、土地、资本、技艺精巧的专家，到整个官僚机器，从文化、新闻、婚姻均使人物化，“正像资本主义制度不断地在更高阶段上从经济方面生产和再生产自身一样，在资本主义发展过程中，物化的结构越来越深入地、注定地、决定性地沉浸

① 卢卡奇．历史与阶级意识．北京：商务印书馆，1996：147.

② 卢卡奇．历史与阶级意识．北京：商务印书馆，1996：151.

③ 俞吾金，陈学明．国外马克思主义哲学流派新编．上海：复旦大学出版社，2002：18.

入人的意识中。”[①]

卢卡奇从劳动的主客观方面对人的物化的分析，与马克思《手稿》中对劳动异化的论述有相近之处。但是，卢卡奇是将物化作为异化（alienation）的同义词使用的。他在《历史与阶级意识》1967年新版的序言中也承认：虽然二者密切相关，但无论从社会内涵或概念上来分析，都是不一致的。他说，在黑格尔那里，异化问题第一次被看作生存于世界并面对着世界的人的地位的根本问题。异化仅仅作为自我意识的外化物而存在，而他自己受黑格尔影响，也将异化等同对象化，这是错误的。因为“对象化就是一种中性现象：真和假、自由与奴役都同样是一种对象化。只有当社会中的对象化形式使人的本质与其存在相冲突的时候，只有当人的本性由于社会存在受到压抑、扭曲和残害的时候，我们才能谈到一种异化的客观社会关系，并且作为其必然的结果，谈到内在异化的所有主观表现。”[②] 造成这一错误的原因是在基本哲学史观点上出现了很大的偏差。

（3）无产阶级的阶级意识

卢卡奇特别强调阶级意识在无产阶级的革命实践中具有重要作用。他认为，阶级意识与特定阶级的利益和生活状况相联系，是那个时代社会经济结构的思想反映。阶级意识既不是组成阶级的单个人所思想、所感觉的东西的总和，也不是它们的平均值。作为总体的阶级在历史上的重要行为，归根结底就是由这一意识把握的，而不是个别人的思想所决定的。[③]

卢卡奇指出：“一个阶级能胜任统治意味着，他的阶级利益，它的阶级意识使它有可能根据这些利益来组织整个社会。最终决定每一场阶级斗争的问题，是什么阶级在既定的时刻拥有这种能力，拥有这种阶级意识。”[④]

---

① 卢卡奇．历史与阶级意识．北京：商务印书馆，1996：156.

② 卢卡奇．历史与阶级意识．北京：商务印书馆，1996：20.

③ 卢卡奇．历史与阶级意识．北京：商务印书馆，1996：105.

④ 卢卡奇．历史与阶级意识．北京：商务印书馆，1996：107.

他同时强调，并不是所有有能力统治的阶级的阶级意识的内在结构都是一样的，关键在于它们对于自己为了实现和组织统治而必须采取的和实际的行动能意识到的程度。[①] 如果一个特定历史地位的阶级没能觉察现实社会总体，如果连对自身的利益所作的归因于这些利益的深刻思考也没有涉及这个社会的总体的话，那么这个阶级就只能起被统治的作用，就决不能影响历史的进程。无论是维持这一进程，还是推动这一进程，这样的阶级一般讲都注定是被动的阶级，注定是在统治阶级和肩负革命的阶级之间无所作为地左右摇摆，他们也奋起，但他们的奋起必然具有空洞初步的和无目标的特点，即使偶尔取得胜利，最后也注定失败。[②]

所以对于无产阶级革命来说，革命的命运（以及与此相关联的是人类的命运）要取决于无产阶级在意识形态上的成熟程度，即取决于它的阶级意识。所谓的无产阶级的阶级意识，一方面必须要和揭示社会本质联系起来，另一方面必须实现理论和实践内在地统一。无产阶级只有对自己的阶级利益、历史地位和历史使命有自觉认识，从而达到对社会历史的总体的科学认识，才能实现对资本主义的物化社会的改造。

卢卡奇进一步指出，“无产阶级的阶级斗争也就意味着它的阶级意识的觉醒。对无产阶级来说，这种意识的觉醒处处都表现为对现存状况的认识结果，这正好是使无产阶级的阶级斗争在所有阶级斗争中具有特殊的地位。只有从真正的科学的对现实的认识中，无产阶级才获得了自己最锐利的武器。在过去的阶级斗争中，各种不同的意识形态，宗教的、伦理的和其他的‘虚假意识’都是决定性的，而无产阶级的阶级斗争，最后一个受压迫的阶级争取自由的战争却在对无掩饰的真理的阐明中找到了自己的斗争口号，同时也找到了最强大的武器。所以，由于无产阶级的阶级地位，历史唯物主义通过揭示了历史事件动力而成为了

① 卢卡奇. 历史与阶级意识. 北京：商务印书馆，1996：107.

② 卢卡奇. 历史与阶级意识. 北京：商务印书馆，1996：106－107.

一种武器。”①

他认为，历史唯物主义作为批判资本主义社会的武器和无产阶级进行阶级斗争的有力武器，其首要的功能不是单纯的科学认识，而是行动。它不是目的本身，历史唯物主义的存在是为了使无产阶级自己看清形势，为了使它在这种明确认识到的形势中能够根据自己阶级地位去正确地行动。② 因此卢卡奇认为，无产阶级要想真正地摆脱资本主义的现存的社会地位，实现向自由王国的过渡，必须运用历史唯物主义这一科学的思想转化为自觉的阶级意识。特别是在当前资本主义经济危机的时刻，革命的命运（还有人类的命运）将取决于无产阶级在意识形态上的成熟性，取决于它的无产阶级意识。③

但是，在分析了西欧无产阶级革命失败的原因后，卢卡奇认为，无产阶级革命中由于第二国际的有些理论家将马克思主义的理论庸俗化，危害了无产阶级的阶级意识。他指出，第二国际的理论家的庸俗经济决定论，是一种“物化意识”，而且渗透到无产阶级的日常心理中，使他们“用目光短浅的‘现实政治’”来代替为利用现存的趋势和社会发展的必然规律推动社会革命的决定性的斗争，使他们在经济社会前提已具备的情况下，革命仍然诉诸自发的斗争。无产阶级的阶级意识被物化意识侵蚀，没有达到历史唯物主义的水平。这是无产阶级革命失败的真正根源。

在卢卡奇看来，无产阶级不是天生具有它的阶级意识的。无产阶级如何才能获得阶级意识？他认为，无产阶级要通过自我教育才能获得阶级意识。但是，“无产阶级的自我教育是无产阶级使自己成熟起来的漫长而艰苦的过程，一个国家的资本主义和资产阶级文化越发达，这个过程就越艰难，因此无产阶级受到资本主义生活方式的意识形态污染就越严重。”④

---

① 卢卡奇. 历史与阶级意识. 北京：商务印书馆，1996：306－307.

② 卢卡奇. 历史与阶级意识. 北京：商务印书馆，1996：307.

③ 卢卡奇. 历史与阶级意识. 北京：商务印书馆，1996：353.

④ 卢卡奇. 历史与阶级意识. 北京：商务印书馆，1996：347.

那么，无产阶级如何完成“自我教育”？卢卡奇认为，无产阶级应该在革命斗争的实践中进行自我教育。“这种意识的改革就是革命过程本身。因为无产阶级只有逐渐地，经过漫长的、艰难的危机之后才可能获得这种意识。”① 在这里卢卡奇强调无产阶级的阶级意识的成熟在于理论与实践的结合，在“反对资本”中成为“自为的”阶级，在革命斗争中真正将历史唯物主义作为指导实践的科学方法，提高为有积极作用的阶级意识，才能真正明确自己的阶级地位和革命目标，真正认清资本主义社会的本质特征和其发展的必然趋势，无产阶级才能在资本主义社会所提供的可能的和必然的条件下，完成社会改造，现实从“必然王国向自由王国”的飞跃。

从总体上看，卢卡奇认为无产阶级和它的阶级意识都是资本主义社会发展的产物，历史唯物主义作为无产阶级自觉的阶级意识在无产阶级认识资本主义社会和无产阶级革命中起着巨大的作用。他试图通过对“阶级意识”的阐述来恢复马克思主义历史唯物主义传统，以此批判各种影响无产阶级革命的意识形态和将马克思主义理论庸俗化的倾向。由于当时他关注的问题的特性，导致在深入分析革命失败的原因时，过分强调阶级意识和主观因素，过多地强调无产阶级是资本主义生产方式的必然产物，而没有看到无产阶级的超越性。这也遭到日后西方马克思主义者的批判。

卢卡奇作为西方马克思主义创始阶段的重要思想家，在推动马克思主义理论的发展和创新中作出了卓越的贡献：他重申马克思主义哲学的本质特征。通过恢复黑格尔哲学本体论、辩证法和逻辑学三者统一的传统，使马克思主义重新回到本体论的基础和研究方向上。在马克思主义发展史上，第一个起来捍卫马克思主义哲学的本体论性质，从而捍卫了马克思主义理论中历史唯物主义的基石地位。他强调马克思主义哲学是历史决定论。批判当时国际共产主义运动中流行的“自然决定论”和“机械决定论”的错误观点，力图对社会存在进行历史的、辩证的理

① 卢卡奇．历史与阶级意识．北京：商务印书馆，1996：347．

解，以社会存在的本体与自然本体的区别来阐述历史决定论的本质。他强调历史辩证法和无产阶级的历史主体地位，批判资产阶级物化意识，关注物化意识对无产阶级的侵蚀，企图通过“自我教育”提升无产阶级的经济意识。对历史辩证法的重视和对教条主义的批判，贯穿了他理论研究和社会活动的主线。但是卢卡奇对十月革命后西欧无产阶级革命失败的原因的分析和探索进行革命的新途径的理论阐述，没有得到足够的重视，而物化现象的论述却引起学者的高度重视，开启了以人本主义精神对现代资本主义社会全面异化的批判，成为西方马克思主义突出的理论特色，特别是对法兰克福学派的社会批判理论影响很大。

也应该看到，由于时代的影响，卢卡奇的理论也存在着历史的局限性，在许多理论的阐述上，仍然带有黑格尔哲学的印记，而且在对恩格斯和列宁的理论理解上存在偏颇，有与马克思理论简单对立的倾向，也使得自身的理论存在缺陷。卢卡奇在日后也承认自己存在的局限，但是不可否认，他仍然是20世纪马克思主义发展史上的最重要的思想家之一，对当代西方思想史产生了不同方向上的重大影响。

2. 柯尔施对马克思主义的理解

柯尔施（1886－1961）是仅次于卢卡奇的西方马克思主义主要创始人之一，被称为“亚圣”。他1886年5月15日生于德国汉堡附近的托茨泰德市，父亲是个银行职员。先后在慕尼黑、柏林、日内瓦和耶拿等地接受高等教育，主要学习哲学、经济和法律。1910年获得耶拿大学的法律博士学位。1911年去英国研修法律，一战爆发后回国参军，战争结束后，积极参加政治运动，1917年加入德国独立社会党。1918～1920年间参加该党领导的革命活动，并于1919年成为耶拿大学的讲师，出版了《什么是社会化?》一书，提出实践社会主义理论，主张用社会主义公社代替资本主义私人经济，其思想已经接近马克思主义的观点。

1920年德国独立社会党分裂，柯尔施加入德国共产党，1920～1926年期间主要在党内和国际共产主义运动中从事政治活动和理论研究。在这期间，柯尔施开始从理论上总结一战后国际无产阶级革命运动的经验教训，分析第二国际马克思主义理论历史性衰落的原因，研究马克思主义现实状况，撰写了代表其思想的《马克思主义和哲学》(1923)。书中批判了第二国际“正统”理论家的马克思主义观，重新阐述了马克思主义与哲学的关系，提出了与列宁不同的新马克思主义观。1924～1925 年担任德国共产党机关刊物《国际》的主编，并成为党内理论方面的负责人。

由于反对苏共对各国共产党推行“布尔什维克化”，在 1925 年共产国际第五次代表大会上遭到批判，被斥为“理论上的修正主义”。1926 年被开除出党。1926～1961 年，作为“独立马克思主义者”，开展政治活动，专注马克思主义的理论研究和纯学术的教学活动。1929 年发表长篇论文《唯物主义历史观》，系统地批判考茨基的唯物主义的历史观。1930 年在《马克思主义与哲学》的重版中增加了《〈马克思主义与哲学〉问题的现状——一个反批评》一文，对列宁的一些理论观点提出批评。

1933 年希特勒上台后，柯尔施流亡英国和丹麦，1936 年移居美国，1938 年前后发表了《关于马克思主义的三篇论文》和《卡尔．马克思》，1943～1945 年在图拉纳大学教授社会学，1945～1950 年在纽约国际社会研究所工作。50 年代后在悲观和孤独中放弃对马克思主义的研究，但是至死都认为自己是一个真正的马克思主义者，一个自由的社会品质的理论家。1961 年病逝于马萨诸塞州。

(1) 马克思主义哲学观：“非常重要的理论和实践的问题”

为了克服第二国际对马克思思想的错误理解，恢复马克思主义的革命内容与方法，柯尔施于 1923 年发表了《马克思主义与哲学》，后于 1930 年增补《〈马克思主义与哲学〉问题的现状——一个反批评》，书中比较集中地体现了多年来对马克思主义的研究以及哲学思考的成果，重点阐述了他的马克思主义观。

柯尔施在其研究活动中发现，在当时的历史条件下对马克思主义的理解存在着突出的问题，就是“直到最近，无论是资产阶级的还是马克思主义的思想家们，对于马克思主义与哲学之间的关系可能会提出一个非常重要的理论的和实践的问题这一事实，都没有较多的了解。”[①] 为什么会出现这样的状况，他认为，首先是资产阶级教授们的理论局限和偏见所致。他们将马克思主义理解为 19 世纪哲学史发展中相当不重要的分支，仅仅当作“黑格尔主义的余波”而不予考虑。而且“资产阶级的哲学教授们一再相互担保，马克思主义没有任何它自己的哲学内容，并认为他们说的是很重要的不利于马克思主义的东西。”[②] 这些均表明资产阶级的学者们忽视马克思主义的哲学内容，极力否认马克思主义在哲学史上的变革意义。柯尔施认为，造成这种状况的原因是自从 19 世纪中叶以来，资产阶级哲学家们出于“纯粹哲学的局限性”，没有认识到哲学的观念不仅能存在于思想领域中，也可以存活在实证科学和社会实践之中；出于“地域性”的偏见，尤其是德国的哲学家无视德国之外还有其他哲学家的存在，更不能意识到黑格尔体系和方法仍然继续在其他国家兴盛。又出于其阶级利益的考虑，资产阶级的历史眼界受制于其阶级立场，导致“资产阶级的哲学家和历史学家们已经日益抛弃辩证法的哲学观”，使得“资产阶级学者显然不可能承认马克思主义具有哲学内涵”，更“不能恰当地分析和表述马克思主义哲学的独立本质及其在 19 世纪哲学的总的发展中的意义”。[③] 而在马克思和恩格斯的理论中，哲学不是一种独立的理论形态，而是表现为一种变革现实的理论精神。其次是第二国际的所谓正统的理论家受现代实证主义思潮的影响所致。这些理论家认为关心与马克思主义理论的一般认识论和方法论基础有关的问题，不过是浪费时间和精力。即使允许在马克思主义阵营中讨论这样的哲学问题，但对他们而言这些哲学问题对于无产阶级的阶级斗争实践是全然无用的。[④] 为此第二国际理论家还为自己的结论找到逻辑前提：“马克思主义作为理论和实践在本质上是全然不可变化、并且

① 柯尔施．马克思主义与哲学．重庆：重庆出版社，1989：1.

② 柯尔施．马克思主义与哲学．重庆：重庆出版社，1989：4.

③ 柯尔施．马克思主义与哲学．重庆：重庆出版社，1989：6.

④ 柯尔施．马克思主义与哲学．重庆：重庆出版社，1989：3.

不包含任何哲学问题上的特定立场的。"[①]

柯尔施认为，这种在马克思主义与哲学之间的关系上纯粹否定的观点，资产阶级学者与正统马克思主义者们的看法是一致的，都出于对历史和逻辑的发展非常肤浅和不完整的分析。[②] 没有真正理解马克思和恩格斯在其著作中对旧哲学的批判以及在马克思主义的发展中实现的"哲学转折"。并认为，从上述狭隘视角出发，显然不看到马克思主义具有的哲学内涵，因为，在马克思、恩格斯那里，哲学不是独立的理论形态，而首先是一个变革现实的理论精神。

如何理解马克思主义的发展中自觉地实现"哲学转折"，恢复马克思主义学说的哲学内涵，确立理论变革现实的辩证法，为此柯尔施首先从马克思主义理论与德国古典哲学的关系入手，分析马克思主义的哲学变革。

柯尔施认为，历史的发展过程的不同阶段是相互联系的。具体体现为"四个不同的趋势"，即资产阶级革命运动、德国古典哲学、无产阶级革命运动、马克思主义的唯物主义哲学。马克思主义体系是无产阶级革命运动的理论体现，德国唯心主义哲学是资产阶级革命运动的理论体现，它们在精神上和历史上（即意识形态上）彼此处于联系之中，"就像在社会政治实践领域里作为一个阶级的无产阶级的革命运动和资产阶级革命运动处于联系中一样。在历史发展中，有一个统一的历史过程，在其中'自发的'无产阶级运动是从第三等级的革命运动中循环出来的，新马克思主义的唯物主义理论也'自发地'与资产阶级的唯心主义哲学相对峙，所有这些过程都交互地彼此影响着。马克思主义理论的出现，用黑格尔主义——马克思主义的术语来说，仅仅是现实无产阶级运动出现的'另一个方面'，正是这两个方面一起构成了这一历史过程的具体整体。"[③] 而且马克思主义哲学产生后，"德国古典哲学，这一资产阶级革命运动的意识形态表现，并未退场，而是转变成了一种新的科

① 柯尔施．马克思主义与哲学．重庆：重庆出版社，1989：4．

② 柯尔施．马克思主义与哲学．重庆：重庆出版社，1989：5．

③ 柯尔施．马克思主义与哲学．重庆：重庆出版社，1989：13．

学，这种科学以后作为无产阶级革命运动的一般表现出现在观念的历史上。”马克思主义的学说批判地继承了黑格尔哲学中所包含的辩证的和革命性的原则，只要把握了辩证的方法，“就一下子不仅看到德国的唯心主义哲学与马克思主义哲学之间的联系，而且也看到它们的内在的必然性。”①

在柯尔施看来，马克思主义哲学从黑格尔哲学那里所吸收的主要是历史感和现实感、哲学与现实之间的辩证关系，确立了一条理论与实践相统一的总体性原则，并以此作为出发点，一方面超越一切以观念形态存在的旧哲学，即“消灭”了哲学；另一方面则使变革现存世界的革命在和批判的哲学原则或理性精神内在于具体的科学理论和现实的社会实践之中，这就是一场深刻的哲学变革。

柯尔施承认，第二国际正统马克思主义理论家否认马克思主义的哲学内容有一定的依据。的确在马克思、恩格斯的著作中多次提到要“消灭”和“终结”哲学，但是这并不足以来否认马克思主义与哲学的关系。他认为“至少从1845年以来，马克思、恩格斯不再把他们的新唯物主义的和科学的见解表述为哲学的见解”来理解“消灭哲学”和“终结哲学”的真实含义。

柯尔施指出，“我们应当记得，对他们来说，全部哲学等同于资产阶级哲学。”② 马恩实际上要“消灭”和“终结”的是资产阶级哲学，并强调，在马克思、恩格斯那里“哲学的消灭”不是简单地抛弃哲学，也就是说不是用科学来代替哲学，也不是要把哲学变成纯粹的科学，而是改变资本主义的现实。

柯尔施指出，马克思在《〈黑格尔法哲学批判〉导言》就谈到所谓“消灭哲学”的实质性意义。“理由有三个，首先，马克思在这里的理论观点，不是部分地反对全部现存的德国哲学的结论，而是完全反对，即德国资本主义的现实；其次，马克思所反对的恰恰不是仅仅作为现存

① 柯尔施. 马克思主义与哲学. 重庆：重庆出版社，1989：13.

② 柯尔施. 马克思主义与哲学. 重庆：重庆出版社，1989：15.

世界的头脑或者观念上的补充的哲学，而是整个现存世界。再次，最重要的是，整个反对不仅是理论上的，而且也是实践上和行动上的。”[①]马克思在《关于费尔巴哈的提纲》的最后一条也是这样宣布的：“哲学家们只是用不同的方式解释世界，而问题在于改变世界。”“这是对纯粹哲学观点的一般超越，自然混合着哲学的特征。”[②] 在这里柯尔施强调，作为辩证法家的马克思和恩格斯，是要通过“实现哲学”来达到“消灭哲学”的。“马克思、恩格斯的唯物主义不只是具有理论的，而且也是实践的和革命的目的，就说它不再是哲学，这是不正确的。相反地，马克思和恩格斯的辩证唯物主义按其基本性质来说，是彻头彻尾的哲学。……它是一种革命的哲学，它的任务是从一个特殊领域——哲学——里的战斗来参加在社会的一切领域里进行的反对整个现存秩序的革命的斗争。”最后，马克思的目的在于“把消灭哲学作为消灭整个资产阶级社会现实的一部分，哲学是这个现实的观念上的构成部分。”[③]

既然马克思主义哲学具有实践性和革命性，那么马克思主义哲学究竟是什么？柯尔施认为，马克思和恩格斯的哲学是超越旧哲学的深刻变革，不再将哲学当作独立于社会历史进程之外的纯观念形态，而是将哲学作为社会革命实践的内在组成部分，强调理论与实践的辩证和革命的统一。“马克思主义的唯物主义首先是历史的和辩证的唯物主义。换句话说，它是这样一种唯物主义，它的理论认识了社会和历史的整体，而它的实践则颠覆了这个整体。”[④] 因此，柯尔施认为，总体性是马克思主义哲学的内涵和标志。

(2) 马克思主义哲学集中表现为总体性

柯尔施所理解的总体性包括两层基本意思：一是把社会和历史作为活的整体来理解和把握。柯尔施认为，马克思主义哲学的基本要求是把

---

① 柯尔施. 马克思主义与哲学. 重庆：重庆出版社，1989：36.
② 柯尔施. 马克思主义与哲学. 重庆：重庆出版社，1989：36.
③ 柯尔施. 马克思主义与哲学. 重庆：重庆出版社，1989：38.
④ 柯尔施. 马克思主义与哲学. 重庆：重庆出版社，1989：37－38.

社会的各个环节看成一个有机整体。在历史的纵向上，把过去、现在与未来联成一体，把历史的瞬间都放在历史的长河中去考察。总体性也就是历史性原则，强调人的一切活动都在历史中发生的，要真正理解当下的活动，只有把其置入历史的总体之中。在社会的横断面上，则把社会的各个方面联成一体，把每个实际接触到的点都放在社会的整个面上去分析。① 具体地说，把社会革命作为活的整体来把握，不仅经济、政治和意识形态，而且历史过程和有意识的社会行动都构成了“革命的实践”的活的统一体。②

二是强调把理论与实践当作是一个完整的现实总体，把人的理论活动与实际行动统一起来。在柯尔施看来，马克思主义哲学集中表现为总体性，归根到底是强调理论与实践的统一，是思想与现实的统一。他指出：“我们将证明，事实上，马克思和恩格斯绝没有任何这样的关于意识与现实的关系的二元论的形而上学观——无论在他们的第一（哲学的）时期，还是在第二（实证的科学的）时期，他们从来没有想到过他们会被这样危险地误解……因为意识和现实的一致是每一种辩证法，包括马克思的辩证唯物主义的特征。……没有这种意识与现实的一致，政治经济的批判根本不可能成为社会革命理论的主要组成部分。”③ 柯尔施进一步指出，“理论与实践不可割断的相互联系，作为马克思的唯物主义的第一个共产主义类型的最独特的标志，在他的体系的较后期形成中，无论如何也没有被废除。正是马克思主义理论具有不只是理论的，而且也是实践的和革命的目的，从而构成了马克思主义哲学的主要特征和基本内容。”

柯尔施在强调把理论与实践当作是一个完整的现实的总体时，进一步指出，把理论与实践当作一个活的整体加以把握，这种把握并非是一种非批判的描述。理论与实践的总体性统一并非表现为理论对现实的外

① 陈学明. 马克思主义在本质上是哲学. 上海：复旦大学学报：社会科学版，2006(6).

② 柯尔施. 马克思主义与哲学. 重庆：重庆出版社，1989：23.

③ 柯尔施. 马克思主义与哲学. 重庆：重庆出版社，1989：47-48.

在静观或客观描述，在马克思那里，理论对现实的把握应当是一种批判的、革命的解释，一种立足实践改造的现实运动。而且他还认为，马克思主义哲学与无产阶级革命有着内在的联系。“哲学对于社会革命和社会革命对于哲学的关系问题，在无产阶级夺取政权的过程中是不可回避的问题。回避会导致机会主义，并引发马克思主义内部的危机。”

柯尔施一再指出，否认马克思主义哲学的批判性和革命性，就是抹煞了马克思主义哲学的基本内容。马克思主义哲学的直接功能就是哲学批判，在批判旧世界和建设新世界中焕发着强大的力量。

总之，柯尔施在《马克思主义与哲学》中，在批判第二国际正统理论家的错误观点过程中，重点阐述马克思主义在本质上是一种哲学，马克思主义哲学的特性决定了它是一种革命的学说，马克思主义的哲学特性与理论的革命性是相联系的，反对和轻视马克思主义的哲学内容的倾向，必然导致无产阶级革命的失败，必须与把马克思主义哲学歪曲为二元论的形而上学观的倾向作斗争，明确马克思主义哲学是以坚持总体性原则和理论与实践的统一为内涵和主要特征的。他也与卢卡奇一样致力于弘扬人类实践所内在固有的革命性和批判精神，使人类摆脱和扬弃异化力量的统治，真正实现人的自由和人的解放。

参考文献

[1] 卢卡奇. 历史与阶级意识. 北京：商务印书馆，1996.

[2] 卢卡奇. 卢卡奇自传. 北京：社会科学文献出版社，1986.

[3] 柯尔施. 马克思主义与哲学. 重庆：重庆出版社，1989.

[4] 佩里·安德森. 西方马克思主义探讨. 北京：人民出版社，1981.

[5] 俞吾金，陈学明. 国外马克思主义哲学流派新编. 上海：复旦大学，2002.

[6] 陈学明，马拥军. 走近马克思. 上海：东方出版社，2001.

[7] 燕宏远，宋惠芳. 西方马克思主义物论. 济南：山东人民出版社，2003.

[8] 衣俊卿，丁立群，李小娟，王晓东. 20 世纪的新马克思主义. 北京：中央编译出版社，2001.

第五章

法兰克福学派

一、法兰克福学派的概况

1. *法兰克福学派的兴起与发展*

法兰克福学派在西方马克思主义中是最有影响的流派。它的历史是与1923年成立的法兰克福社会研究所的兴衰分不开的。"一战"之后，出现了列宁缔造的苏联社会主义国家，马克思主义的科学社会主义从理论变为了现实，使欧洲各国的工人运动受到很大的鼓舞，以致纷纷效仿苏联革命，却失败了。处于欧洲马克思主义中心的德国左翼知识分子面对工人运动中的理论纷争和接受莫斯科的领导的一系列问题，展开了对马克思主义具有其独立性的研究活动。德国左翼活动家弗利克斯·韦尔[1]在1922年开始设想从事理论创新和无限制的社会研

---

① 1898年出生于德国大谷物商家庭，1918～1919在哥廷根大学第一次参加左翼运动，后获得法兰克福大学政治学博士学位，论文探索实现社会主义的一些实际问题，由柯尔施编辑在一套丛书中出版，柯尔施引导他对马克思主义的兴趣。他继承了来自父母的可观的遗产。

究机构的框架。于是出面组织和赞助了一系列关于马克思主义的研讨会，如“第一个马克思主义工作周”，其目的是聚集讨论各种不同倾向的马克思主义，以期待达到“真实”和“纯粹”的马克思主义。[①] 与会的成员有著名的社会主义领导人、左翼刊物的编辑，以及西方马克思主义初创期的主要代表人物：卢卡奇、柯尔施，也包括法兰克福学派的创始人之一的波洛克。后由于一些原因“第二个马克思主义工作周”没能成形，但在法兰克福大学的朋友帮助下，韦尔的父亲独立捐资成立法兰克福社会研究所作为研究马克思主义的中心，而且每年赞助维持研究所的运转。1923 年 2 月 3 日，德国教育部批准成立了这个附属于法兰克福大学的社会研究所。一批具有强烈批判意识的知识分子以社会研究所为依托，组成了对资本主义现实社会批判的力量，力图通过理论上的批判来拯救人类，使人类摆脱当下受剥削、奴役的“异化”状态。20 世纪 50 年代后，法兰克福学派与社会研究所、社会批判理论成为同义词。该学派人数多、影响大，是前后持续时间长达 70 多年的西方现代社会思潮，也属于西方马克思主义思潮中的人本主义思潮。

法兰克福学派的形成与发展大致经历了四个时期：[②] （1）1923 至 1931 年的初创时期。1923 年法兰克福社会研究所成立，卡尔·格隆伯格（Carl Grunberg）担任所长，他是在德国大学任教职的第一个自认的马克思主义者。作为一位经济学家和社会历史学家，他强调马克思主义是一门社会科学，而不是哲学系统，其目标不是抽象的原则，而是变化、发展中的具体世界。在他的指导下，研究所的方向具有经验主义的色彩，主要从事实证的经济研究，研究项目包括：亚细亚生产方式研究、资本主义经济发展方向、苏联由市场经济向计划经济的转型等。后卡尔·格隆伯格由于身体问题离职。1931 年 1 月，当时只有 36 岁的霍克海默（Max-Horkheimer）任所长。在他的就职仪式上做了题为《社会哲学的目前形势与社会研究所的任务》的演说，他的主张与前任有明显

---

① 马丁·杰伊. 法兰克福学派史（1923—1950）. 广州：广东人民出版社，1996：9.

② 俞吾金，陈学明. 国外马克思主义哲学流派新编. 上海：复旦大学出版社，2002：127 - 127.

的不同，研究重心转向社会哲学。他认为，社会哲学不仅仅是一门寻找无可移易的真理的科学，还应理解为一种由经验工作补充和丰富的唯物主义理论；同样自然哲学也与个别科学领域辩证相关，因此研究所继续在不同领域努力，不放弃其跨学科的、综合性的目标。[①] 霍克海默在确立社会研究所理论研究方向的同时，网罗一大批有才华的年轻知识分子来所里工作，形成了以他为核心的研究队伍。（2）1933至1950年为流亡期。纳粹政权上台之后，由于研究所的大多数成员是犹太籍，又是公开的马克思主义组织，纳粹认为研究所"对国家有敌意"而被强行关闭，所里的图书被政府查封。在朋友的帮助下，社会研究所的部分成员流亡美国，隶属哥伦比亚大学，后迁至加州大学伯克利分校。该学派一些重要的理论著作完成于流亡期间。研究的主要问题是：对法西斯产生的社会和心理分析；对资本主义文明分析、对资本主义社会进行社会批判。这是社会批判理论确立和发展时期。（3）1950至1968年为重返德国时期。"二战"后，应西德政府的邀请，法兰克福研究所返回德国。阿多诺主持国内工作，与留在美国的成员呼应。学派的理论旗帜是"社会批判理论"，在西方思想界产生重大影响，尤其在1968年的学潮中达到鼎盛。在这时期，学派的代表人物除霍克海默之外，还有马尔库塞、阿多诺等人。在社会批判理论方面，已从对当代资本主义社会的批判进入到对社会中各种政治力量的分析，提出"革命新理论"。由于"革命新理论"的提出，法兰克福学派在一定程度上改变了作为纯学术派别的特征，它的理论走出了学院、书斋，开始对社会产生实际的影响，特别是1968年前后的学生运动成为左翼学生革命的指导。同时，也针对苏联模式的社会主义进行了批判。这一时期也是理论走向国际舞台的时期，是第一批思想家探索和社会批判的最后20年，批判理论的内容与马克思主义的距离越来越远。（4）20世纪70年代至今。随着学生运动的迅速消失，理论在实践中碰壁，内部发生冲突与分裂，加之老一代理论家的谢世，70年代之后，法兰克福研究所进入衰败期，作为一个学

---

① 马丁·杰伊. 法兰克福学派史（1923—1950）. 广州：广东人民出版社，1996：33.

派开始解体。相对统一的思想路线发生很大分歧，但是对资本主义社会的批判没有放弃。批判理论还保留在第二代的思想家哈贝马斯和施密特等人的著作中，但是，与老一代的社会批判理论相比发生了较大的转变。20 世纪 90 年代苏东剧变后，经过一段时间的沉默后，法兰克福学派的一些成员又开始新的理论探索，提出一系列令人瞩目的新观念。

2. 思想的渊源和理论特征

（1）理论主要来源于马克思的早期著作。

法兰克福学派的大部分时间是在马克思主义的旗帜下进行理论活动的，理论建构是以马克思的《1844 年经济学—哲学手稿》、《神圣家族》、《德意志意识形态》等早期著作为基础，在卢卡奇、柯尔施思想的启示与引导下进行，提出批判理论，批判的对象主要是意识形态。在对现存资本主义社会进行分析与批判中，他们看到意识形态不只是外在的理论形态，而且在 20 世纪人类历史中已成为现实的社会力量或文化力量，对人的生存和社会发展产生直接的影响。他们认为，意识形态不仅具有阶级性，而且具有整体性，其特征是对社会全体成员进行有效的控制和不知不觉的压制，即使对它持不同意见的人也不能例外。意识形态是启蒙运动的理性主义发展的结果，霍克海默和阿多诺合著的《启蒙运动的辩证法》试图说明启蒙理性是一个自我毁灭的过程。他们指出，启蒙理性的精神是“工具理性”，与自然科学的实证主义相一致，它用分析方法找出因果联系，以便实现对自然、社会和个人的控制。控制成为理性的最终目的，其后果是“群众文化”、“文化工业”，结论是“启蒙运动是群众性的欺骗”，也称“批判的马克思主义”。对意识形态的批判也成为西方马克思主义对发达资本主义社会文化批判的重要主题之一，法兰克福学派最系统地论述了现代意识形态批判理论的基本内涵。

（2）理论与黑格尔哲学的关系紧密。

他们拒绝黑格尔的绝对精神本体论，却继承了黑格尔的否定辩证法，只不过把绝对否定当作辩证法的核心。还吸收了黑格尔的理性原则，把理性当作哲学思维的基本范畴，因而自称“理性的马克思主义。”这里的黑格尔哲学是指青年黑格尔派的思想。青年黑格尔派认为，无产阶级、劳动群众是“非批判的”、“精神空虚的”，他们只顾自己的物质利益，历史发展的惟一动力是那些“代表积极精神的少数杰出人物”的个人批判活动，历史是“批判的批判者”创造的。依据这样的思想逻辑，法兰克福学派的思想家认为，工人阶级只追求小汽车、高级住房，已经丧失了革命阶级的阶级意识，不再是革命的承担者和领导者，而成为顺应统治制度的消极工具，革命只能依靠有批判精神的少数人去拯救，去唤醒人们的革命意识。

（3）理论与现代人本主义思潮相结合。

法兰克福学派的思想家吸收了柏格森、叔本华、尼采的相关思想。关注个人的命运和处境，追求个人的自主性、自发性、创造性、自由解放，与存在主义最接近。在其社会批判理论中的一部分深深地打上了弗洛伊德的精神分析学说的烙印。

主张把心理现象作为社会研究的重要内容之一，把社会批判理论建成一门社会心理学，也称弗洛伊德主义的马克思主义。该理论研究的主要问题是：为什么在革命条件成熟的时候，工人阶级都屈服于资产阶级的蛊惑与欺骗？为什么少数法西斯分子欺骗了大多数有高度文化修养的德国人？为什么资本主义的工人会心甘情愿地受剥削和压迫？

（4）法兰克福学派在理论上开创了新的研究方向。

首先，把哲学与社会学、心理学等各门学科结合起来，对社会作综合性研究。马尔库塞认为，“法兰克福学派最重要的理论贡献”是“用交叉学科的方法探讨了当时重大的社会问题和政治问题，打破了学术分工，将社会学、心理学、哲学运用于认识和提出当时的各种问题，并试图回答这些问题。”① A·施密特也指出：“社会批判理论”这个名称“用来代表一种跨学科的研究倾向”。法兰克福学派这种对现代资本主义社会进行跨学科的综合研究的方式，早在该学派刚开始形成时就已确立了。1931 年，霍克海默在发表题为《社会哲学的现状和社会研究所

---

①　俞吾金，陈学明．国外马克思主义哲学流派新编—西方马克思主义卷．上海：复旦大学出版社，2002：129．

的任务》的就职演说时重点强调，对当时的资产阶级人文科学被分裂为一些彼此分离的学科，从而不能提供关于资本主义社会的完整图景深表不满，提出要与这种“片面专业化”的研究方式相抗衡，创立一种“集各门学科之精华”，“从整体上反映资本主义社会”的“社会批判理论”。法兰克福学派从产生到现在虽然其代表人物几经更迭，但进行跨学科的综合研究这一方式却始终没有变更过。①

其次，强调对资本主义社会的理论批判，“批判”是“理论的主要功能”。霍克海默最早指出对资本主义社会的研究应是批判性研究，认为“社会批判理论”是一种与“传统理论”根本不同的，以“破坏一切既定的东西”为宗旨的理论。马尔库塞认为，之所以称为“社会批判理论”，主要原因在于对资本主义社会的研究乃是“批判性的研究”，对资本主义社会采取了一种势不两立的批判态度。在法兰克福学派的理论家看来，马克思主义的本质特征也是“批判”，因此可以用“社会批判理论”作为马克思主义的代名词。②

再次，将“否定的辩证法”作为“社会批判理论”的方法论。在法兰克福学派的理论家看来，凡是资本主义社会的东西，都属扫荡之列。马尔库塞把这种“否定一切”、“打倒一切”的政治主张称之为“大拒绝”。他们提出了一种“否定的辩证法”理论，为这种“否定一切”、“打倒一切”的政治主张提供理论根据。

最后，对科学技术的社会功能的批判。法兰克福学派的理论家们从人本主义视域出发研究资本主义的发展，认为科学技术的发展对资本主义社会的生活和人的存在产生了巨大的影响，科学技术使人们享受便利与舒服的生活，但是它又诱使人们沉迷于科学的进步而忘却了科学进步背后人类生活的本质和人之为人的真实需求。科学技术已成为确证资本主义合法性的工具。这样的观点也导致了他们对实证主义的讨伐，认为实证主义是资本主义制度的主要辩护士。因为“实证主义对事实的崇

① 马丁·杰伊．法兰克福学派史（1923—1950）．广州：广东人民出版社，1996：33.

② 俞吾金，陈学明．国外马克思主义哲学流派新编—西方马克思主义卷．上海：复旦大学出版社，2002：129.

拜”和顺从，没有对现实的批判否定维度，不能辨别历史的“否定性”，就必然导致顺和保守主义，成为资本主义制度辩护的理论。法国学者M·洛威在论述法兰克福学派的“社会批判理论”的主要特征时指出，“坚决地否定现存制度并强烈地反对实证主义”，“这两个方面”在法兰克福学派那里是“相辅相成的”，“并表现出否定的辩证法的统一性”。①

二、霍克海默的社会批判理论

霍克海默（Max · Horkheimer，1895 – 1971）是法兰克福学派的创始人和社会批判理论的奠基者。他生于德国斯图加特一个富有的犹太工厂主家庭，1931 年出任社会研究所所长。希特勒上台后他率领法兰克福学派成员辗转于西欧各地，后又移居美国，在纽约重建社会研究所。1950 年重返法兰克福，次年当选为法兰克福大学校长，1953 年卸任时，法兰克福市授予他歌德勋章。1954 年后又数次来到美国，曾任芝加哥大学客座教授，1958 年退休，1960 年获法兰克福市荣誉市民称号，后在瑞士安度晚年。1973 年 7 月 7 日在纽伦堡去世。

霍克海默在理论上的重大贡献是创建了“社会批判理论”，尽管法兰克福学派在 20 世纪 20 年代初就成立了，但只有他担任所长后，才逐步产生影响，令世人瞩目。许多法兰克福学派的成员也认为，没有霍克海默，就没有社会批判理论。他为此做了大量的工作，招收研究人员、制定研究方向，重要的是他奠定了“社会批判理论”的思想框架。他在创刊号的前言中写道：把社会研究的任务加以具体化，提出在综合地研究历史与现实过程中，通过把哲学理论和经济理论结合起来的办法去研究社会与人的问题。

霍克海默一生的理论活动，以 20 世纪 50 年代初在法兰克福大学重建社会研究所为分界线分为前期和后期。他前期的理论活动与整个社会

① 俞吾金，陈学明. 国外马克思主义哲学流派新编—西方马克思主义卷. 上海：复旦大学出版社，2002：130.

研究所相一致，是一个比较激进的“社会批判理论”家。后期日益走向保守，他甚至宣布与马克思主义脱离关系。与法兰克福学派的其他成员比，他的理论的批判色彩尤为浓厚，西方的一些学者把他的理论直接称为“批判的马克思主义”。

主要著作有《传统理论与批判理论》(1937 年)、《极权国家》(1940 年，与人合著)、《启蒙的辩证法》(1947 年，与阿多诺合著)、《理性之蚀》(1947 年)、《工具理性批判》(1967 年) 等。

1. 社会批判理论的基本纲领

霍克海默将自己的理论体系称为“批判理论”。他首先表明是对马克思主义的继承，他认为马克思主义的本质特征就是批判，马克思把他的许多著作的标题或副标题定为“批判”，如《哥达纲领批判》、《黑格尔哲学批判》、《政治经济学批判》、《神圣家族——对批判的批判所做的批判》等，并认为这绝不是偶然的。他认为：虽然马克思主义从恩格斯起，经过第二、第三国际，经历了“从批判性到科学性的转移”，并不意味着它本来就不是一种批判的、革命的理论，他继承的“正是这种批判性”。马克思主义是一种“辩证的批判理论”，“我的也是。”其次，他认为自己的理论体系是对现存的资本主义社会的批判，努力使现实社会成为更加正义、人道的社会。他引用康德的话：“我们这个时代可以称为批判的时代，没有什么东西可以逃避这一批判。”“批判的时代”需要批判的哲学，而它的理论正是现时代的“批判的哲学”。他还强调，他的批判理论不仅仅是反对资本主义社会，也反对这一社会的种种理论体系，即“传统的理论”。

霍克海默在 1937 年发表《传统理论与批判理论》的论文，被认为是社会批判理论的宣言，制定了社会批判理论的纲领，论述了其对象、性质、特征、方法和批判主体，而这一切又是通过界定“批判理论”与“传统理论”的界限来完成的。霍克海默所说的“传统理论”指的主要是近代哲学，特别是近代哲学中具有实证主义倾向的那些哲学流派。“批判理论”与“传统理论”的对立在于：

首先，在与现实社会的关系中，“传统理论”产生于现存社会制度之中，把现存社会制度当作“自然的”、“永恒的”东西接受下来。与此形成鲜明的对照，“批判理论”产生于现存社会制度之外，把现存社会制度理解为系统的过程。他说：“在批判思维影响下出现的概念是对现存秩序的批判，马克思关于阶级、剥削、剩余价值、利润、贫困化、崩溃等范畴都属于在批判思维影响下出现的概念，而所有这些概念的意义并不是在对当代社会的维护中得到的，而是在将社会改造成一个合理社会的过程中得到的。结果，尽管在任何一个问题上，批判理论的发展并不是随心所欲的、赶时髦的，但从现存的思维模式来看，这一理论似乎亦是主观思辨的、片面的、毫无意义的。这是因为这一理论完全与目前流行的思维习惯（由于一贯维护业已过时的秩序从而造就了此种思维习惯）背道而驰，因此，批判理论常被人们视为偏见，是不合理的。”①

其次，目的不同。“传统理论”的目的是以纯粹的智力劳动来维护现存制度的再生产过程。而“批判理论”的目的是破坏一切既定的、事实性的东西，证实它们是不真实的，必须加以否定。他说：“批判的理论活动的目的并不是简单地消灭这一种或那一种社会弊病，因为在它看来，任何社会弊病与社会结构的组织方式都有着必然的联系。虽然人的这种活动渊源于社会结构，但是，无论就其有意识的目的，还是就其客观的意义而言，这种活动的目的并不是为了在这种结构中起更好的作用。恰恰相反，它要怀疑那些被人们视为现存秩序中有用的、合适的、创造性的、富有价值的范畴，它要把这些范畴作为对人们毫无用处的非科学的东西加以拒斥。……我们此刻正谈论的这种批判态度全然不信当今社会得以建立起来，并提供给每个社会成员的行为准则。”②

第三，“传统理论”的思维主体是抽象的、孤立的“世界的基础”，“脱离任何事件”的个人；“批判的思维既不是孤立的个人的功能，也

① 俞吾金，陈学明. 国外马克思主义哲学流派新编——西方马克思主义卷. 上海：复旦大学出版社，2002：134.

② 俞吾金，陈学明. 国外马克思主义哲学流派新编——西方马克思主义卷. 上海：复旦大学出版社，2002：135.

不是一个个孤立的人的集合体的功能。它的主体是一个确定的个人，这个个人与其他个人和团体发生关系并与一个特定的阶级发生冲突，他完全置身于与社会整体和自然界的关系网中。这个主体也不像资产阶级哲学中的自我一样是数学上的一个点，他的活动是为了确立社会现实。更进一步而言，这种思维的主体并不是认识与对象的相合点，也不是获得绝对知识的出发点。"①

第四，"传统理论"的认识过程纯粹是一个逻辑过程；"批判思维的解说不仅仅是一个逻辑过程，而且也是一个具体的历史过程。在这种过程中，作为一个整体的社会结构以及理论家与社会的关系会改变，主体和思维的作用也会改变"。②

第五，"对传统理论和批判理论的不同功能的思考也揭示了它们在逻辑结构上的差别。"③ "传统理论"的基本命题确定了普遍概念的定义，所有令人置疑的领域中的事实都被包括进这些概念之中。"批判理论"尽管也是从抽象的规定性开始的，尽管也必须运用很多的基本原理，但是，"这一切并不能像为了达到某种实用的目的而简化理论那样，通过简单消减的办法来完成，相反，每一步骤的实现都有赖于科学和历史经验中所积累起来的对人和自然的认识"。④

第六，"传统理论"是一种"科学知识"，是一种资产阶级意识形态，除了科学以外，对一切都漠不关心。"批判理论则首先是一种立场，一种政治实践，其次才是一种特定的理论"。他强调，两种理论的主要区别是"从主体的不同中，而不是从客体的不同中产生的"。"批判理论"除本来就对废弃社会不公正感兴趣外，没有什么特别的要求，批判理论家的"天职是他的思想所隶属的那个斗争，而不是同那个斗争分开

---

① 俞吾金，陈学明．国外马克思主义哲学流派新编——西方马克思主义卷．上海：复旦大学出版社，2002：135.

② 俞吾金，陈学明．国外马克思主义哲学流派新编——西方马克思主义卷．上海：复旦大学出版社，2002：135.

③ 法兰克福学派论著选辑：上．北京：商务印书馆，1998：72.

④ 俞吾金，陈学明．国外马克思主义哲学流派新编——西方马克思主义卷．上海：复旦大学出版社，2002：135.

的、作为某种独立东西的思想”。[1]

综上所述，他对“批判理论”所坚持的批判有一个具体的解释：“哲学的真正社会功能在于它对流行的东西是进行批判的。……这种批判的主要目的在于防止人类在现存社会组织中慢慢灌输给它的成员的观点、行为中迷失了方向，必须让人类看到他的活动和其结果间的联系，看到他的特殊的存在和一般社会生活间的联系，看到他的日常谋划和他所承认的伟大思想间的联系。”[2] 霍克海默一再强调说：“批判并不意味着简单地谴责某种东西或抱怨某种东西或某种方法不好。”“就批判而言，我指的是一种理智的、最终注重实效的努力，既不满足于接受流行观点、行为，也不满足于不加思考地只凭习惯而接受社会现状的那种努力，批判指的是那种目的在于协调社会生活中个体间的关系，协调它的普遍观念和时代的目的之间的那种努力，是区分现象与本质的努力，是考察事物的基础的努力。简言之，是真正认识上述各种事物的努力。”[3]“哲学批判是以人的发展和社会进步为宗旨的超越现实的、深刻的理论分析活动。”

2. 社会批判理论的基本原则

透过霍克海默所揭示的“传统理论”与“批判理论”之间的对立，可以清楚地看到他所要建立的“社会批判理论”的基本轮廓。社会批判理论的基本原则是：（1）将革命性、批判性与科学性对立起来，强调革命性、批判性。他在论述他所要建立的理论的主要特征是批判性时，把科学性作为对立面加以抨击，而他对“传统理论”的主要批评就是它“崇尚科学”。他认为：“在目前这样的历史时期中，真正的理论是批判性的，而不是实证性的，正像与理论相应的时候不能称之为‘生产型’的社会一样，人类的未来依赖于今日对生存所持的批判态度。当然，这一批判，总的来说也继承了传统理论和我们正在衰亡的文

---

① 俞吾金，陈学明. 国外马克思主义哲学流派新编——西方马克思主义卷. 上海：复旦大学出版社，2002：136.

② 霍克海默. 批判理论. 重庆：重庆出版社，1989：250.

③ 霍克海默. 批判理论. 重庆：重庆出版社，1989：255－256.

化的基本因素。人类已经被一种科学所抛弃了，这种科学以其幻想的自信思考着如何影响它为之服务、它所从属的实践，把实践看作外在于科学的某物，并对思考与行动的这种分离感满意。……思考者自身的本性要求他为改变历史、在人与人之间确立正义而奋斗。”[①]（2）从理论批判本身就是变革社会的力量。霍克海默说：“在大多数研究者看来，理论是某一学科全部命题的综合，而这些命题又是如此紧密地相互联系在一起，以至于其中的一小部分构成基本命题，其余的命题则是从这些基本命题中推导出来的，基本命题与那些被推导出来的命题相比，数字越小，理论也就越完善。”[②] 但不管是通过演绎得来的，还是通过归纳得来的，“在概念化形成的理性认识与被纳入概念的事实之间，是存在着差异的”，都是“二元论”。而“社会批判理论”就要消除这种“二元论”。如何消除呢？主要办法就是否认理论和实践之间存在着原则的界限，认为理论本身就是变革社会的力量，合理的理论就是批判的实践本身。（3）强调批判理论的人道主义立场。霍克海默认为，“社会批判理论”也是一种人道主义，因为它确认存在着普遍的人性，并且把追求人性的实现视为社会发展的动力。“批判理论通过历史分析所得出的关于人类活动目标的观点，特别是关于建立一个符合整个共同体需要的合理的社会组织的思想，内在于每个人的心灵活动之中，但不一定被个人或群体的精神所把握。”批判理论就是寻找对现实的变革，“将社会改造成一个合理社会。”而“理论家的任务是加快建立向没有非正义的社会发展的速度”。[③]（4）主张“批判理论”与无产阶级保持距离。霍克海默强调“批判理论”是无产阶级革命理论，但又否定无产阶级是“批判理论”的承担者。他说，马克思和恩格斯曾经把认识人类历史使命的希望寄托于无产阶级，但实际上，“无产阶级所处的地位不能保证获得正确的认识。无产阶级在自身的生活中确实会体验到持续而不断增强的罪恶和非正义的形式毫无意义的。然而，由于至今仍然强加给无产阶级

---

① 法兰克福学派论著选辑：上．北京：商务印书馆，1998：89.

② 法兰克福学派论著选辑：上．北京：商务印书馆，1998：39.

③ 法兰克福学派论著选辑：上．北京：商务印书馆，1998：66、69.

的社会结构的分化，由于只有在非常特殊的阶段才可能超越各自阶级利益之间的冲突，使这种意识不能发展成一种社会力量”。[①] 在这种情况下，建立和实现无产阶级革命理论的任务只能由极少数先进的知识分子来承担。少数的知识分子在完成这一任务时不能只是怀着尊敬和钦佩之情肯定无产阶级的创造性，依附于无产阶级，而应努力发挥自己的创造性，保持自己的独立性。“理论家的任务是加快建立正义社会的速度。他们会发现自己的想法与无产阶级的观点相对立。如果这样一种冲突不可能存在的话，那也就不需要任何理论了。”[②] 考虑到理论家所受的教育、视野与无产阶级和普罗大众所关注的问题存在较大差距，所以霍克海默认为“批判理论”注定不会被绝大多数人所接受。也正是他有这样的判断，所以对建立一个真正自由的、正义的社会缺乏信心。他解释道：“人们无法研究自由社会将做什么或者允许做什么，……如果未来社会确实通过自由协议，而不是通过直接或间接的权力行使职责，这种协议的结果在理论上也是无法预料的。”[③] 这明显地带有悲观主义的色彩。

霍克海默论述的这些基本原则，都由他本人及法兰克福学派其他成员在日后的理论研究中系统发挥。

3. 对启蒙精神的批判

霍克海默和阿多诺合著的《启蒙的辩证法》是法兰克福学派发展史上具有里程碑意义的著作。它表达了对人类文明史进行的辩证反思，整部著作是围绕着对启蒙精神的论述和批判展开的。

霍克海默和阿多诺在著作中肯定了启蒙的进步性，强调“启蒙理性”的具体含义[④]：第一，理性至上、万能，用知识替代神话，把人类从迷信和愚昧中解放出来，使世界变得清醒。第二，理性对世界的统治不仅改变了人的生活方式和社会组织方式及运行方式，而且深刻地改变

---

① 法兰克福学派论著选辑：上．北京：商务印书馆，1998：62.
② 法兰克福学派论著选辑：上．北京：商务印书馆，1998：69.
③ 夏基松．现代西方哲学．上海：上海人民出版社，2006：353.
④ 衣俊卿，等．20 世纪的新马克思主义．北京：中央编译局，2001：234－236.

了人与自然界的关系。以理性和技术为核心的启蒙运动的目标是确立对自然界的无限统治权。第三，人征服自然，以理性统治世界的目的是为了增强人的本质力量，增强人的自由，实现人的自我确定权。启蒙精神相信，理性与人的发展不矛盾，人是理性世界的核心，理性的发展将确证人的本质力量。

在肯定启蒙的进步意义之后，他尖锐地指出："启蒙的根本目标就是要人们摆脱恐怖、树立自主。但是，被彻底启蒙的世界却笼罩在一片因胜利而招致的灾难之中。"① 实际上"天堂和地狱是扭结在一起的"，"进步转化成了退步"。在理性精神和科学技术的推动下，启蒙精神走向了自己的反面。那么，启蒙是怎么变成"自我毁灭的启蒙"的呢？

霍克海默和阿多诺指出，"启蒙的纲领是要唤醒世界，祛除神话，并用知识代替幻想"。在"知识就是力量"的鼓舞下，人类在认识的道路上畅通无阻。人们从自然中想学到的就是如何利用自然，以便全面地统治自然和他者，知识就是人对自然权力的表现形式。这就是其惟一的目的。启蒙根本就不顾及自身，它抹除了其自我意识的一切痕迹。这种惟一能够打破神话的思想最后把自己也给摧毁了。② 特别是在资本主义社会中，"技术就是知识的本质，它的目的不再是概念和图景，也不再是偶然的认识，而是方法，对他人劳动的剥削以及资本。"③ 而且人们相信和崇尚知识的力量，这样启蒙退化成了神话。

他们在进行了比较分析后指出，神话的基本原则是拟人化，即主体向自然界的渗透，"启蒙"也采取这一原则。神话的主要特征是盲目，启蒙也越来越使人滋生盲目性。在启蒙的作用下，事实取得了胜利；认识被局限于对事实的复制；思想成了同义反复。思维的机器使生存越服从于自己，那么，在重新创造生存的过程中，这种服从也就越盲目，因

---

① 霍克海默，阿多诺. 启蒙辩证法——哲学断片. 上海：上海世纪出版集团，2006：1.

② 霍克海默，阿多诺. 启蒙辩证法——哲学断片. 上海：上海世纪出版集团，2006：2-3.

③ 霍克海默，阿多诺. 启蒙辩证法——哲学断片. 上海：上海世纪出版集团，2006：2.

此，启蒙又重新变为神话，并且永远不能真正地认识到如何避免这一点。启蒙也留着自己神圣不可侵犯的禁区。“拜物教”是启蒙陷入神话中最显著的表现，“万物有灵论使客观精神化”，工业主义使人的精神客观化。商品具有决定人的行为的价值，“拜物教”的影响已扩大到了社会生活的一切方面。

同时，他们也反复指出：“启蒙运动就是极权主义。”而“启蒙”极权可以从它对待自然的态度上，以及由此对待人的态度可以看出。首先，“启蒙”把自然变成纯粹的客观性，以不断膨胀人类的权力。人类权力的不断增长是以异化为代价的。“启蒙对待万物，就像独裁者对待人。独裁者了解这些人，因此才能操纵他们；而科学家熟悉万物，因此他才能制造万物。”① 这就导致对自然的奴役，而每次要解决对自然奴役的后果时，就会陷入更深的被奴役，由此产生了欧洲的文明。② 其次，随着对自然支配的不断增长，制度支配人的权力也在同步增长。因为个人在征服自然的过程中学会了命令和服从，在必然性的幻想里，被彻底启蒙了的人丧失了自我，本以为可以借助逻辑的必然将自己从自然中解放出来，却成为不可救药的自我异化的自然。③ “启蒙”用数学、机器和组织等物化形式对把启蒙精神忘到脑后的人实施报复，使其放弃自我实现的可能。启蒙在为实现社会服务的过程中，逐步转变成为对大众的彻头彻尾的欺骗。④

霍克海默和阿多诺对“启蒙”的批判，表面上抨击的是“启蒙”，可实际上在这里他们把锋芒直指整个人类文明史，直指千百年来所形成的人类文化，特别是人类的科学知识，以及它推动资本主义社会发展而引发的后果。他们的这种批判是 18 世纪浪漫主义哲学思潮在他们身上的回光返照。他们的这一批判的积极意义在于深刻地揭示了启蒙的辩证过程，披露了“启蒙”给当代工业社会所造成的双重后果，这在一定

---

① 霍克海默，阿多诺. 启蒙辩证法——哲学断片. 上海：上海世纪出版集团，2006：6.
② 霍克海默，阿多诺. 启蒙辩证法——哲学断片. 上海：上海世纪出版集团，2006：9.
③ 霍克海默，阿多诺. 启蒙辩证法——哲学断片. 上海：上海世纪出版集团，2006：31.
④ 霍克海默，阿多诺. 启蒙辩证法——哲学断片. 上海：上海世纪出版集团，2006：34.

意义上触及了当代工业社会的本质。但这一批判的局限性也是显而易见的，它包含着浓厚的浪漫主义幻想的成分。

4. 对文化工业的批判

霍克海默和阿多诺在对资本主义社会批判时，发现其文化已经丧失了原有的特征，掺杂利益、暴力、权力，表现出信息化、商业化、产业化等现代文化形态，认为“大众文化”已经转变为“文化工业”。不是人们认为的服务于大众的文化，而是对大众进行控制和欺骗的文化形态。他们撰文《文化工业：作为大众欺骗的启蒙》，对“文化工业”从不同的角度进行批判。

他们认为“商品化”是“文化工业”的首要特征。在资本主义社会，“文化是一种充满悖论的商品，它完全遵循交换规律。”[①] “文化工业”和广告在技术上和经济上融合起来，同一文化产品被机械大量地复制出来。而文化产品的制造者之所以把文化商品化，无非是瞄准了大众的钱袋，而文化商品化的后果中最主要的是造成消费人格的片面化，商品控制了消费者。

其次，“文化工业”具有“技术化”特征。“文化工业”的出现是现代科学技术迅猛发展的产物。科学技术是大众文化得以大规模传播的载体，没有现代科技手段，也就不可能大规模地复制、传播文化产品，不可能实现文化的产业化。他们都对文化的这种“技术化”持否定态度，认为科学技术的高度发展的一个直接后果是人的理性变成了纯工具化的思维。由于科学技术的介入，“文化工业”所生产的所有产品表现为标准化、模式化、齐一化，按照一个模子铸造出来的文化使人也变成了同一模式的人。单调乏味的文化使人也变得单调乏味，单调乏味的人倍感孤独和绝望，“这种孤独和绝望的生活找不到任何通往他人，甚至通向自我意识的桥梁。”[②] “在文化工业中，这种摹仿最终成为绝对”，“达到个性的努力最终被摹仿的努力所取代。”“个性

① 霍克海默，阿多诺. 启蒙辩证法——哲学断片. 上海：上海世纪出版集团，2006：146.

② 刘放桐，等. 新编现代西方哲学. 北京：人民出版社，2001：469.

就是一种幻象。”[①]

最后，“文化工业”具有“强迫化”特征。他们认为，由于“大众文化”的典型做法是不断复制、整齐划一。使“闲暇的人不得不接受文化制作人提供给他们的东西”，“一个人只要有休闲的时间，就不得不接受文化制造商提供给他们的产品。”[②] 这种强迫性剥夺了个人的自由选择。他们指出：“从根本上看，虽然消费者认为，‘文化工业’可以满足他的一切需求，但是从另一方面看，消费者认为，他被满足的这些需求，都是社会预先设定的，他永远只是被规定了需求的消费者。只是‘文化工业’的对象。”他们还提出，“文化工业”的强迫性是与娱乐活动进行公开的欺骗结合在一起的，“文化工业”不断在向消费者许诺，又不断在欺骗消费者。它许诺说，要用情节和表演使人们快乐，却从没有兑现，所有的承诺都不过是一种幻觉。[③] 而且“文化工业把娱乐变成了一种人人皆知的谎言，变成了宗教畅销书、心理电影以及妇女系列片都可以接受的胡言乱语，变成了得到人们一致赞同的、令人尴尬的装饰。”“整个世界都要通过文化工业的过滤。”[④]

“大众文化”的这种强迫性严重限制了人的思想和想象力。“今天，文化消费者的想象力和自发性之所以逐渐萎缩，决不能归罪于心理机制。文化产品本身，其中最具代表的有声电影，抑制了观众的主观创造能力。这些文艺作品，虽然能使观众迅速理解它们的真实内容，能吸引观众的注意力，但是，如果不能摆脱它们所表现出来的许多掠过的具体细节，那么，它们就制约了观众的能动的思维，从而也就抑制了观众的想象力。”[⑤] 整个文化工业把人类塑造成能够在每个产品中都可以不断再生产的类型。

霍克海默和阿多诺对“大众文化”的批判，是对当代资本主义社

---

① 霍克海默，阿多诺. 启蒙辩证法——哲学断片. 上海：上海世纪出版集团，2006：117、140.

② 启蒙辩证法——哲学断片. 上海：上海世纪出版集团，2006：111.

③ 启蒙辩证法——哲学断片. 上海：上海世纪出版集团，2006：126.

④ 启蒙辩证法——哲学断片. 上海：上海世纪出版集团，2006：130、111.

⑤ 刘放桐，等. 新编现代西方哲学. 北京：人民出版社，2001：469－470.

会中文化价值危机的深刻反思，是对文化发展的娱乐化、平庸化、媚俗化倾向的批判和鄙弃。

三、马尔库塞的社会批判理论

赫尔伯特·马尔库塞（Herbert Marcuse，1898－1979年）是法兰克福学派的重要成员，弗洛伊德主义的马克思主义的主要代表人物，西方马克思主义中最有影响的人物之一。生于德国柏林的犹太资产阶级家庭。十月革命后参加过在德国发生的革命，任士兵委员会委员。"一战"后到弗赖堡大学求学，1922年，在海德格尔的指导下，完成博士论文《黑格尔的本体论和历史的理论基础》，但他与海德格尔的关系并不融洽。经胡塞尔的推荐，于1931年到法兰克福社会研究所工作，对黑格尔的理性历史运动和马克思异化思想进行专门研究。1934年，马尔库塞流亡美国，先在哥伦比亚大学的社会研究所工作，"二战"期间，服务于美国战略情报局，战后在哥伦比亚大学、哈佛大学等处任教。在1968年的学潮中，马尔库塞被称为"青年造反者之父"、"新左派的精神领袖"、"发达工业社会最重要的马克思主义理论家"。他不但为学生提供精神武器，还亲自到示威的学生中间演讲，去医院看望遭暗杀受伤的学生领袖。他的书成为美国革命学生的工作手册。学潮失败之后，写了《反革命与造反》（1972年）等书。1979年7月在应德国马克斯——普朗克研究所之邀赴西德访问和讲学的途中逝世，享年81岁。

马尔库塞的思想经历了曲折的发展过程。就其与马克思主义的关系而言，经历了非马克思主义——马克思主义——非马克思主义三个阶段。他在正式加入法兰克福学派之前，在他师从海德格尔以及给海德格尔当助手时，他主要研究的是存在主义、黑格尔主义。那时他虽然也研究马克思主义，但不是作为一个马克思主义者加以研究的。他当时对马克思主义的研究，酷似今天西方的一些所谓"马克思学"家。马尔库塞是西方最早把存在主义与马克思主义结合在一起的哲学家，但他当时显然不像后来的萨特那样，具有通过这种结合"改铸"和"发展"马克思主义的明确目的。

从20世纪30年代初到50年代中期这二十多年时间里，马尔库塞和法兰克福学派的其他成员一起，为创建和发展“社会批判理论”而努力。“社会批判理论”在法兰克福学派那里是马克思主义的代名词，所以，在马尔库塞看来，为“社会批判理论”努力也就是为马克思主义而努力。在这一段时间，他对马克思主义也提出了很多批评，但主要是批评“马克思主义的继承人”对马克思主义的歪曲，他不但以“马克思主义的现代化者”自居，而且还自称为“马克思主义的忠实捍卫者”。他在20世纪40年代研究黑格尔，在他看来，就是为了揭示“马克思主义的秘密和发源地”。他在20世纪50年代初研究弗洛伊德，是在“使马克思主义进一步完善化”的名义下进行的。

20世纪50年代中期开始，马尔库塞对马克思主义的态度明显发生了变化。1958年出版的《苏联的马克思主义》是他把批判矛头转向马克思主义的第一个集中表现。他在这本书中，不仅揭示了苏联领导人执行的政策对“经典的马克思主义”的偏离，而且以历史条件的变化，论述了马克思本人理论的过时。他不再把自己的理论活动与“改造”和“发展”马克思主义联系在一起，而是努力创建自己新的理论体系。1964年《单面人》一书的出版，一方面标志着他的思想经过海德格尔、黑格尔、马克思以及弗洛伊德的环节最终形成了独立的体系，另一方面也意味着他的思想已与马克思主义无缘。

马尔库塞的主要著作《理性与革命》、《苏联的马克思主义》、《单向度的人》、《论历史唯物主义的基础》、《爱欲与文明》、《本能结构和社会》、《革命伦理学》、《论解放》、《反革命和造反》等。

1. 辩证法的实质是否定性

马尔库塞从研究黑格尔哲学产生的历史背景出发，发现了黑格尔的理性主义的革命性和辩证法中的异化思想。

马尔库塞将黑格尔哲学视为“法国革命的理论”，因为他认为，正如法国革命的挑战所反映那样，在理性的基础上重新考虑建立国家和社会，使社会制度和政治制度符合个人的自由和利益。[①] 黑格尔的“合乎理性的东西是现实的，现实的东西是合乎理性的”的著名命题，在他看来充分反映了理性概念蕴涵着的革命的意义。他说：从否定的方面看，它告诉我们，凡是现存的、丧失必然性的东西，都应该灭亡；从肯定方面看，它告诉我们，凡是合乎理性、概念、理念的东西注定会成为现实。这个命题字里行间都迸发出革命的火花。

马尔库塞推崇黑格尔的理性。他认为：“黑格尔的理性概念具有一种批判的、论战的特点。它反对现成地接受一切既定的事物，否认每一种普遍流行的存在形式的特权，证明对立会使一种存在形式转变为另一种存在形式。”[②] “矛盾的精神乃是黑格尔辩证法的动力。”理性的辩证法是对现实状况的批判，是社会解放的杠杆。辩证法在原则上不能被形式化，因为它是被现实本身决定的思想。它是对感知事物的偶然形式的直接经验的批判，并且深入到更深刻的实在之中。因此马尔库塞将黑格尔的理性辩证法作为自己社会批判理论的理论基础。

马尔库塞重点强调黑格尔与马克思的理论渊源关系，是为他的社会批判理论提供一个理论依据，作为自己哲学的出发点，推动对资本主义社会的批判与否定。

2. *弗洛伊德主义与马克思主义的结合*

马尔库塞认为马克思主义在其理论发展中忽略了人的心理研究，是一个理论“空白”，因此只是想对包含于弗洛伊德理论中的批判的政治理论和哲学理论作一些引申和阐发，并与马克思的学说相结合，提出一种批判的文明理论。[③]

马尔库塞通过分析弗洛伊德的心理结构，将弗洛伊德的“爱欲”本质论与马克思的人类解放理论结合，提出“爱欲解放论”。

他认为，“弗洛伊德理论中的人的概念是对西方文明的最无可辩驳

---

① 俞吾金，陈学明. 国外马克思主义哲学流派新编——西方马克思主义卷. 上海：复旦大学出版社，2002：296.

② 法兰克福学派论著选辑：上. 北京：商务印书馆，1998：351.

③ 马尔库塞. 爱欲与文明. 黄勇，薛民，译. 上海：上海译文出版社，1987：序言.

的控告，同时又是对它最坚定不移的捍卫。弗洛伊德认为，人的历史就是人被压抑的历史。文化不仅压制了人的社会生存，还压制了人的生物生存；不仅压制了人的一般方面，还压制了人的本能结构。”① 弗洛伊德的精神分析学最有价值之处是对人的心理结构进行分析，把隐藏在背后的关于人的本质的思想挖出来。

弗洛伊德把人的心理结构分为“意识”和“无意识”，马尔库塞认为，“意识”受现实原则支配，而受快乐原则支配的“无意识”是先天形成的，因而“无意识”更能体现人的本质。“无意识”中主要本能是由生的本能和死的本能组成的。在这两种冲动中，只有生的本能才真正体现人的本质。其原因在于人首先是一种存在物，生的本能与人的“存在原则”相一致。这种生的本能就是爱欲。

由于人的本质是爱欲，而现代文明社会压抑爱欲，给现代人造成创伤。为了恢复人的本质，从痛苦的深渊中解放出来，就必须解放爱欲，把人类本性不断招致歪曲的过程颠倒过来。只有使人类在解放爱欲的过程中真正恢复其本性，才能真正享受使本质得以实现的快乐。他说：“人正是在他的满足中，特别是在他的爱欲满足中，才成了一种高级存在物，才有了较高的存在价值。”②

马尔库塞赞同马克思关于人的解放就是人的本质的解放，人的幸福就是人的本质的实现的思想。他说，《1844 年经济学—哲学手稿》的全部内容就是论证人的本质的实现对人的意义，所以马尔库塞提出他的“三段论”：人的解放就是人的本质的解放，人的本质就是人的爱欲，解放人就是解放人的爱欲。③

他认为弗洛伊德把人类文明与爱欲解放对立起来的观点是错误的。按照弗洛伊德的观点，性欲在本质上是与文明相抵的破坏力量。实际上

① 马尔库塞. 爱欲与文明. 黄勇，薛民，译. 上海：上海译文出版社，1987：3.

② 俞吾金，陈学明. 国外马克思主义哲学流派新编—西方马克思主义卷. 上海：复旦大学出版社，2002：302.

③ 俞吾金，陈学明. 国外马克思主义哲学流派新编—西方马克思主义卷. 上海：复旦大学出版社，2002：302.

自由的爱欲并不排除文明的社会关系，它所拒绝的只是一个否定了快乐原则的超压抑的社会关系组织。爱欲有一种内在的约束力、凝聚力，并不必然与文明相冲突。他认为，弗洛伊德未能明确区分爱欲压抑的生物根源和社会根源，应该引入两个概念：必然压抑与额外压抑。“必然压抑”是指为了维持文明而不得不对本能进行的压抑。这在人类发展的早期，经济匮乏的条件下，维持和改善人们的生存条件和满足人的需要时，劳动和控制分配制度是必不可少的，具有合理性。额外压抑是为特定的统治利益而维持的特定社会条件的结果。[①] 它是强加于人的物质资料分配方式与劳动组织方式，统治阶级的利益需要对本能继续加以压抑的技术，是一种不能满足需要和发挥自己的作用的异化了的工作。但是这种压抑却被人们容忍，其原因在于代表特定文明阶段的统治利益的操作原则在人的内心左右了人的行为。“这种操作原则是一个不断发展的、进取的、对抗性的社会原则。……在长期的发展中，统治将变得越来越合理。”[②] 也正是由于操作原则在内心起作用，我们将奴役当成“自由”，把我们的悲惨生活当成“幸福”。因此，马尔库塞强调，“额外压抑”是由社会方面的原因造成的，它的主要特征是“多余”的，不具有必然性和合理性，应该将它消除掉。

在此，马尔库塞对弗洛伊德理论的一个重大修正是：消除“额外的压抑”，是“解放爱欲”的关键。他认为，“在一个异化的世界中，爱欲的解放必将成为破坏性的、致命的力量，必将全盘否定支配着压抑性现实的原则”，[③] 建立一个解放爱欲的文明社会是完全现实的。

那么如何解放爱欲呢？马尔库塞把理论的视觉对准现代工业社会，并对它和它的意识形态进行批判，在此基础上提出“救世的良方”——革命新理论。

3. 对“单面的社会”——现代资本主义社会批判

马尔库塞用“one-dimensionality”一词来概括现代资本主义社会的

---

① 马尔库塞. 爱欲与文明. 黄勇，薛民，译. 上海：上海译文出版社，1987：62.

② 马尔库塞. 爱欲与文明. 黄勇，薛民，译. 上海：上海译文出版社，1987：28.

③ 马尔库塞. 爱欲与文明. 黄勇，薛民，译. 上海：上海译文出版社，1987：67.

主要特征。该词有“一体化”、“单面性”的意思。

在马尔库塞看来，追求物质享受并不是人的本质特征，在人的各种原始的欲求中，追求物质享受并不是人的重要的欲求。因此物质需求的满足并不能给人带来幸福。在现代西方社会中，人们恰恰把物质需求作为自己的最真实的需求。马尔库塞认为，这种不属于人本质需要范围的“虚假的要求”是这个社会强加给人的。

现代西方社会推行高生产、高消费的政策。它为了使生产从而使整个社会制度连续下去，必须使产品得到消费。马尔库塞认为，为了不断刺激人们的消费，通过制造“虚假的需求”以实现“强迫性的消费”。所谓“虚假的需求”，“就是那些对压抑个人有特殊的社会利益所加给人的需求，即一些使劳累、攻击性、痛苦以及不宜永恒化的需要”。[①] 社会动用一切宣传机器，促使人们相信他们需要这些产品。在各种各样的需要面前，只有现在的需要和可能的需要、实现了的需要和未得到满足的需要的差别。需要的同化似乎使所谓的阶级差别平等化，“如果工人与老板欣赏同样的电视节目，并游览同样的休养胜地，如果打字员打扮得像她雇主的女儿一样迷人，如果黑人拥有一辆卡迪拉克，如果他们全都读同样的报纸，这种同化并不代表各阶级的消失，只是下层居民分享用来维护现存制度的各种需要和满足所达到的那种程度。”[②]“对于晚期资本主义来说，这变成了它的最必要的控制装置之一。一再唤起新的需要使人们去购买最新的商品，并使他们相信他们在实际上需要这些商品，相信这些商品将满足他们的需要，结果是把人们完全交给了商品世界的拜物教，并在这方面再生产着资本主义制度甚至它的需要。”[③]

他进一步指出，一旦把追求物质享受这种“虚假的需求”加之于人后，就出现了个人与整个社会制度的一体化的现象。现代资本主义“社会的存在是依靠于这些商品的不断生产和消费的”，通过国家的教

---

① 法兰克福学派论著选辑：上. 北京：商务印书馆，1998：494.

② 法兰克福学派论著选辑：上. 北京：商务印书馆，1998：496.

③ 俞吾金，陈学明. 国外马克思主义哲学流派新编—西方马克思主义卷. 上海：复旦大学出版社，2002：309.

育、报刊、杂志、电影、电视以及现代化的广告等手段，操纵大众爱好和需要，将“社会的需要变成了个人的本能的需要”，结果是必然把个人的利益和命运同整个社会的利益和命运联系在一起，个人失去了反抗这一制度的理由。马尔库塞指出，现代文明使人异化到何种程度：“人们似乎是为商品而生活，小汽车、高清晰度的传真装置、错层式家庭住宅以及厨房设备成了人们生活的灵魂。把个人束缚于社会的机制已经改变，而社会控制就是在它所产生的新的需要中得以稳定的。”① 马尔库塞把这种通力制造“一体化”来维持自己统治的形式，称为“资本主义控制的新形式”。

马尔库塞认为，在发达工业社会，科学技术是一种新的社会统治力量。从广义上说，现代科学技术的应用产生了一种新的异化和物化的生存方式。它是人自愿的、带有享乐性质的物化活动。社会依靠压倒一切的效率和提高生活水平来统治人，它用技术而不是用恐怖来征服一切社会的离心力量。② 人作为一种自由的创造性的实践存在所应有的否定性、超越性和批判性，被技术理性消解成为了“单向度的人”。在马尔库塞看来，“单向度的人”是失去了个性自主力，对社会控制和操纵没有反抗性和否定性的，舒舒服服地成为工业文明的奴隶，从属现存社会政治需要，又麻木地自感幸福的人。

同时，马尔库塞痛心地指出，资本主义通过技术理性的统治而建立的新社会也是一个消除工人反抗性的“一体化”的社会。其主要发展趋势和特征为：在作为促进、支持，甚至有时是控制性力量的政府干预下，国民经济按照大公司的需要进行集中；经济与军事联盟、货币整顿、技术援助和发展规划的世界性系统相协调，蓝领工人和白领工人、企业中的领导与劳动工人、不同社会阶层的闲暇活动以及愿望逐渐同化；学业成绩与国家培养目标之间预定和谐得到促进；公众舆论的共同性侵入私人事务；私人卧室成为大众传播媒介的渲染对象。③ 在这一过

---

① 马尔库塞. 单向度的人. 上海：上海世纪出版集团，2010：9.

② 夏基松. 现代西方哲学. 上海：上海人民出版社，2006：360.

③ 马尔库塞. 单向度的人. 上海：上海世纪出版集团，2010：17.

程中，工人在现存技术世界中被“整合”，失去了阶级意识，没有了革命的欲望。主要表现为：[1]

首先，以现代科学技术发展为背景的机械化和自动化，正日益减少着花费在劳动中的体力的数量和强度，这一点对于传统的工人概念产生巨大的影响，因为工人对劳动和生存境遇的态度及其工人的地位发生了重大的、根本性的变化。

其次，在劳动者的职业阶层划分中，也出现了同化或一体化的趋势。工业机构中，白领劳动者增多，蓝领减少，引起价值机构的改变。机器在整个生产体系中地位开始突变，表现出最大的支配作用。劳动者的职业自主性变为“职业奴隶”。

再次，劳动特点和生产工具的变化改变了劳动者的态度和意识。由于技术性失业的加快，管理地位提高，工人无能为力和听天由命思想不断增长。另一方面，工人开始渴望参与生产问题的决定，发挥他们的才智，愿意将自已与企业联结，自愿一体化。

最后，新的技术工作世界因而强行削弱了工人阶级的否定地位：工人阶级似乎不再与已确立的社会相矛盾。由于个人无力控制有关生与死、个人安全和国家安全的各种决策的作出，只能服从，以便在多种舒服的生活中得到保障，所以工人阶级只是一种工具，一种物的存在，是在技术面纱掩盖下的不平等和奴役再生产中的奴隶。“发达工业社会的奴隶是受到抬举的奴隶。”[2]

4. “革命的新理论”

马尔库塞分析了资本主义通过技术理性的统治而消除工人反抗性、革命性。作为推翻资本主义制度的传统革命主体成为了社会的肯定力量，那么谁来解放爱欲，促进人类文明的发展呢？显然需要重新寻找革命的主体。马尔库塞把研究的视角转向西方社会涌现出来的新左派运动，在总结了 20 世纪 60 年代末学生造反运动的经验和教训

---

① 马尔库塞. 单向度的人. 上海：上海世纪出版集团，2010：21－29.

② 马尔库塞. 单向度的人. 上海：上海世纪出版集团，2010：28.

后，系统阐述了“革命的理论”，并称之为“革命的新理论”，与马克思的“革命理论”区别，认为他的理论更适合当代发达资本主义社会。

从革命动因来看，马尔库塞认为革命的根本目的就是人的实现和人的解放。在他看来，人的本质是劳动，人的解放就是劳动的解放，而劳动又是爱欲的最根本的表现，所以劳动的解放也就是爱欲的解放。他认为，无论是传统的马克思主义，还是“流行的”对马克思主义的理解，都完全把革命的根本目的弄错了。过去的革命目的是改变自己的贫困，过上富裕的生活。而今天的西方社会根本不需要这样的革命，因为马克思为社会主义建设所描绘的生产力水平在技术最先进的资本主义国家已经达到了。在现代资本主义社会里，工人阶级正过着同资本家一样的富裕生活，“工人阶级的绝大部分被资本主义社会所同化”。[①] 革命的动因不再是摆脱贫困，而是人们要求自我实现，克服各种形式的异化。现代社会表现为全面的异化，“在技术的面纱背后、民主政治的面纱背后，显现的是：全面的奴役，人的尊严在作预先规定的自由选择时的沦丧”，[②] 进行革命的迫切性超过任何时候，所以，现代资本主义社会，“革命的时机已经完全成熟”，只要人们动员起来，“这个制度马上就会走向末日”。

从革命主体看，马尔库塞承认，“一个社会制度的根本改变仍然取决于构成生产过程的人力基础的那个阶级。在发达的资本主义社会中，就是产业工人阶级”，[③] 但认为这只是从客观性而言，在主观上，工人阶级已经失去了其革命作用，工人阶级已经从资本主义社会的“否定的力量”变成了“肯定的力量。”因此，马尔库塞认为应从发达资本主义之外寻找革命的力量，但是对这个问题他自己也比较纠结。他在1964年出版《单向度的人》时说，革命的主体是被剥夺正当权利的下层人

---

① 法兰克福学派论著选辑：上. 北京：商务印书馆，1998：606.

② 法兰克福学派论著选辑：上. 北京：商务印书馆，1998：613.

③ 俞吾金，陈学明. 国外马克思主义哲学流派新编. 上海：复旦大学出版社，2002：316.

民，即“贱民”，如失业者、其他种族和其他肤色的被剥削者和被压迫者。后来将革命的力量又归于落后国家的被压迫者和民族解放运动。1969年学生运动时期，他认为惟一的对抗力量是西方工业社会的“新左派”和青年学生。[①]

马尔库塞认为，“新左派”的生活最直接地和最真实地需要结束不能容忍的各种生活条件和制度。他们生存在民主的过程之外，即使意识不是革命的，反抗也是革命的，他们在威胁中争取最基本的公民权利。一方面，由于他们与资本主义制度有较少的联系，出于本能，无私无畏地同这一制度作斗争；另一方面，在现代化生产中占有重要地位，具有高度的科学文化知识，从而看破技术统治的面纱，自觉地意识到自己人性遭到摧残的处境。他说：“新左派运动本质上是知识分子运动。”[②]

那么革命的方式是什么？马尔库塞不主张暴力革命，也不主张改良主义。他强调“非暴力的反抗”，就是进行“大拒绝”：拒绝从事一切劳动和充当帮凶，拒绝对暴君式统治者的服从，拒绝与政府合作，与现存的一切进行彻底的决裂。“大拒绝”就是“总体革命”，不仅要搞政治革命、经济革命，还要搞文化上的革命、人的本能结构上的革命。他认为，只有排除了人的心理上的压抑，实现本能结构的决定性改变，使人们重新获得进行合理的批判能力，才能解决其他社会问题。同时他还指出，人们要从被奴役的地位中解放出来，不能是自发的，因为这样的一种自发性只能以已有制度的价值和标准为内容。自我解放就是自我教育，但它是以受别人教育为前提的。[③] 谁是教育者？他认为是少数左派精英和青年知识分子，而拯救和教育的必然是被动的多数人。

这种革命方式是一个长期的、长久的行为，需要从心理结构的内部开始。如何进行革命，如何让心理结构进行改造，实现人的爱欲的解放？在马尔库塞理论中很难看到。他所谓的革命的理论充满着矛盾，一

---

① 法兰克福学派论著选辑：上．北京：商务印书馆，1998：624.

② 俞吾金，陈学明．国外马克思主义哲学流派新编—西方马克思主义卷．上海：复旦大学出版社，2002：317.

③ 法兰克福学派论著选辑：上．北京：商务印书馆，1998：639－640.

方面主张“大拒绝”，全面地反对现行的社会制度，另一方面又竭力反对改变现存社会制度的基础——资本主义所有制；一方面强调为了解放人的爱欲，必须改变导致爱欲遭受压抑的社会制度，另一方面却又提出改变社会制度的任务，必须由爱欲得到解放的“新人”来完成。[①] 这个“新人”能否能承担起革命的使命，其实连马尔库塞自己都没有足够的信心。虽然他对发达资本主义社会的工人阶级现状感到失望，强调知识分子的重要作用，特别是他们能够完成革命的准备工作，但是也承认这绝不意味着知识分子将代替工人阶级的主体地位以及能肩负起完成社会主义革命的历史使命。

四、哈贝马斯的社会批判理论

哈贝马斯（Jürgen Habermas，1929—）是法兰克福学派第二代的主要代表人物。哈贝马斯于1929年4月18日生于德国杜塞尔多夫的一个中产阶级的家庭。1949年，他进入哥廷根大学学习哲学、心理学、历史、德国文学和经济学。1953年，他转入波恩大学学习。在那里，他第一次读到了卢卡奇的《历史与阶级意识》，卢卡奇在书中所阐述的物化理论以及其他观点，都使他激动不已。1955年，他进入霍克海默和阿多诺领导的社会研究所，成为法兰克福学派的正式成员，并被破格任命协助阿多诺主持研究所工作。20世纪60年代中期，哈贝马斯在许多文章中所阐述的政治、哲学、伦理观点在青年学生中产生了巨大影响，加上他经常为学生作演讲，同他们一起讨论问题，因而深受学生们的爱戴。在学生造反运动开始阶段，他站在学生一边，支持学生，是因为资本主义有组织、有手段地控制与操纵人们的思想与行动，以统一的文化、舆论模式扼杀人的自主性，通过团体、政党消灭人们的政治权力。但他持的非暴力立场与学生运动的激进行为发生分歧，哈贝马斯离开法兰克福，到慕尼黑担任了马克斯-普朗克学会科学和技术世界生活条件

---

① 俞吾金，陈学明. 国外马克思主义哲学流派新编—西方马克思主义卷. 上海：复旦大学出版社，2002：319.

研究所所长和学会的学部委员。虽然离开法兰克福，他仍是法兰克福学派的精神领袖。由于他脱离了政治斗争，有了更多的时间从事研究工作，他在哲学、社会学、政治学、语言哲学、解释学、历史科学、心理学有深厚的造诣，影响与日俱增。后与研究所的同事的矛盾加剧，1981年4月辞去所长职务。1983年回到法兰克福大学，任哲学和社会学教授。

哈贝马斯的著作影响较大的有：《公众社会的结构变化》、《理论与实践》、《论社会科学的逻辑》、《认识与人的兴趣》、《作为意识形态的技术与科学》、《晚期资本主义合法性问题》、《合法性危机》、《重建历史唯物主义》、《交往行为理论》、《现代性的哲学商谈》、《后形而上学思想》、《追补的革命》、《商谈伦理学的诠解》、《事实与有效性》等。他的著作可分为两类：一类偏重于社会学；另一类偏重于哲学。哈贝马斯治学严谨，获得了来自官方的各种学术奖金。如“黑格尔奖金”、“弗洛伊德奖金”、“阿多诺奖金”。他创立“交往理论”对今天全世界人文社会科学领域仍产生广泛影响。他也被赞誉为20世纪最重要，也是最后的理性主义者。

作为法兰克福学派的第二代的主要代表人物，哈贝马斯并不是简单地复述前辈的“社会批判理论”，而是对之作了重大修正和改造，特别是在他于20世纪60年代末同学生运动决裂之后。这些修正和改造主要表现在：（1）用对科学技术的批判取代对资本主义社会的批判。（2）把“左倾”激进主义引向资产阶级改良主义。（3）试图沟通“社会批判理论”与实证主义、科学主义之间的关系。认为必须以实证主义的客观性、精确性补充“社会批判理论”的不足。[①]（4）哈贝马斯一向以西方马克思主义者自居，以自己的方式对马克思的学说进行修正和“重建”，而不像老一代法兰克福学派的理论家那样竭力恢复马克思主义中被人忘却、被人误解的东西。

---

① 俞吾金，陈学明. 国外马克思主义哲学流派新编—西方马克思主义卷. 上海：复旦大学出版社，2002：216.

1. 交往行为理论及其对历史唯物主义的改造

《交往行为理论》是哈贝马斯的一部重要代表著作。他撰写的初衷是解决社会危机。哈贝马斯看到资本主义社会推动的“抗议力量”是学生，他们抗议的动机不是出于经济利益、福利改善，而是对自由的合理交往的要求。他承认这种要求的合理性，他认为，在晚期资本主义社会，舆论成了消费性文化，成了国家控制的工具。个人之间的思想交流，对行政机构与国家政权的批判都成为不可能；福利补偿并不能消除人们心中的愤懑，因此产生了“合法性”与“信念”的危机。①

哈贝马斯创立的交往行为理论的核心概念是交往行为和生活世界。关于“世界”这个概念，哈贝马斯借鉴了波普三个世界的思想，不同的是，他认为交往性语言有三种功能：（1）表达有关外部世界的事实的功能；（2）有表达说话者的主观意图的功能；（3）建立合理的人际交往关系的功能。这三个功能与三个世界发生关系，即客观世界、主观世界和社会世界。② 从本体论意义上说，只有一个世界，就是客观世界。但是从交往的参与者角度看，三个世界完整地构成了一个在交往过程中共同从属的关系体系。③ 并认为一个行动者所从属的世界关系，又取决于行动者的行动可能具有的合理性。

因此，哈贝马斯从社会学的视角，将人类的行为分为四类：（1）目的行为。与客观世界相联系、以认识的“真实性”为标准的“目的活动”。“通过在一定情况下使用有效手段和恰当的方法，行为者实现了一定的目的，或进入了一个理想的状态。”“这种行为模式通常被解释为功利主义；……行为者选择和计算的手段和目的，其着眼点在于功效或对功效的期待的最大化。”目的行为的中心范畴是“行动计划”。（2）规范调节行为。与“社会世界”相联系，以共同价值的“正当性”为标准。即一个群体受共同价值规范约束的行为。“规范是一个社会群体中共识的表现。每个群体都具有一定有效的规范，群体的一切成员依

① 赵敦华．现代西方哲学新编．北京：北京大学出版社，2001：159－160．

② 夏基松．现代西方哲学．上海：上海人民出版社，2006：369．

③ 哈贝马斯．交往行为论．重庆：重庆出版社，1994：119．

序相互期待，他们在具体情况下是否履行各自的行为。服从规范的核心意义在于满足一种普遍的行为期待。”[①]（3）戏剧行为。它与个人的逐个世界相联系、以个人在公众面前的“真诚性”为标准。“人是互动的参与者，他们互相形成观众，并各自在对方面前表现自己。行为者自己给他的观众一个具体的形象和印象，为此，他把自己的主体性多少遮蔽起来一些，以达到一定的目的。无论如何，一个行为者都可以控制公众进入他个人的观点、思想、立场以及情感等领域。”[②] 这种行动重在自我表现。“自我表现的核心不是直觉的表达行为，而是面对观众对自身的经验表达加以修饰的行为。”[③]（4）交往行为。交往活动是最普遍的。它涉及的是至少两个及以上具有语言和行为能力的主体之间的互动。“这些主体使用（口头的或口头以外的）手段，建立起一种人际关系。行为者通过行为语境寻求沟通，以便在相互谅解的基础上把他们的行为计划和行为协调起来。解释的核心意义主要在于通过协商对共同的语境加以明确。在这种行为模式中，语言享有特殊的地位。”[④] 简言之，交往行为就是主体间通过符号协调的互动，以语言为中介，通过对话，达到人与人之间的相互理解和协调一致。交往行为的核心范畴是“相互理解。”

哈贝马斯强调，交往行为是最普遍和最重要的行为，因为它与人的生活世界相联系。“生活世界”是哈贝马斯交往行为理论的另一个核心概念。

哈贝马斯认为，“生活世界”是与三个世界相区别的独特世界，是行为者之间通过对三个世界的解释而达到的相互理解，取得一致的关系。他说：“我可以把生活世界的概念首先作为理解过程的关系而引入进来。进行交往行动的主体始终在生活世界范围内相互理解。”[⑤] 并从

---

① 哈贝马斯．交往行为论．上海：上海人民出版社，2004：84．
② 哈贝马斯．交往行为论．上海：上海人民出版社，2004：84．
③ 哈贝马斯．交往行为论．上海：上海人民出版社，2004：84．
④ 哈贝马斯．交往行为论．上海：上海人民出版社，2004：84 – 85．
⑤ 哈贝马斯．交往行为论．重庆：重庆出版社，1994：101．

四个方面理解“生活世界”：[①]（1）生活世界是有结构的。由文化、社会和个性相互联系的三个层次构成。文化是指交往者可以运用的知识储备；社会是指交往者调整交往所根据的合法的秩序；个性是指交往主体有交谈和做事的才能。（2）生活世界是交往行动的背景。使交往行为始终运行于其中的境域，也可以理解为相互交往的环境、场合。（3）生活世界是交往过程中相互理解的信念储存库。是交往行为者行为依据的规范源泉，是交往行为可能的解释体系。特别是文化传统能把交往者的客观的世界、主观的世界和社会的世界联系起来提供解释的依据和能力。（4）生活世界是客观世界、主观世界和社会世界成为可能的前提条件。哈贝马斯认为，“世界”（客观世界、社会世界和主观世界）乃是行为角色从事活动时，能够与他的行为目的和利益相关联，起着限定其行为论题的作用的外在环境因素的总和，可以成为有关各方说明认识的对象；而生活世界乃是行动角色的创造性活动提供相互理解的可能的建构性范围因素的总和，它作为交往行为过程本身的产生来源，一直居于背后，作为背景性的因素，并只是作为文化传统力量的解释过程中体现出来。

哈贝马斯通过对其交往行为理论的两个核心概念：交往行为和生活世界进行了阐述后，提出了将二者联结的重要概念：“交往合理性”。他强调说，对于行动者来说，从属的世界关系，取决于行动者的行动可能具有的合理性。所谓“交往合理性”是指能够将交往行为进行的持续性原则。从他的解释中可以理解为四个特点：（1）语言性。他认为语言内在的包含了交往主体间的一致性之所以可能的条件。“只有交往行为模式把语言看作是一种达成全面沟通的媒介。”[②] 而且“语言沟通只是协调行为的机制，它把参与者的行为计划以及参与目的融合成为一种互动。”[③]（2）互主体性。它所处理的是主体间达成一致的可能条件；与诸主体相关联。哈贝马斯认为，这种互主体性恰好使交往合理性与传

① 陈学明，马拥军．走近马克思．上海：东方出版社，2002：291－292.
② 哈贝马斯．交往行为论．上海：上海人民出版社，2004：83.
③ 哈贝马斯．交往行为论．上海：上海人民出版社，2004：96.

统的囿于主客关系的独白式的理性概念区分开来。（3）程序性。交往合理性不是实质性、实体性的，它从形式上被规定为一个纯程序性的操作原则，也是一个获得意见一致的商谈论证过程和程序。（4）开放的、暂时的、可误性。交往合理性是通过交谈、论证、说服等过程达到的一种共识，这种共识只是暂时的、脆弱的，它本身是“可误性的”和“不完全性的”，因为主体之间的交往与讨论归根结蒂都须诉诸理由，但这种理由究竟是什么并非绝对的、不变的，而且其本身也可以讨论和批判。①

总之，交往合理性是内在于交往行为之中的、语言性的、互主体性、程序性的合理性。这样理解的合理性观念，包含着对以往传统理性概念的批判和扬弃，尤其是克服了韦伯只把理性单纯化理解为认识上的、获得真理的功能和实现目的手段的狭窄观念，而把理性放到人际间广泛的、相互交往的、生动的关系网络中去考察。由此，哈贝马斯认为，交往合理性无疑是较目的合理性更广泛、更全面的合理性概念。这个交往合理性范畴正是哈贝马斯用以解剖现代西方社会的有力武器。

如何实现交往行为的合理性，哈贝马斯提出了基本原则，他认为“理想的交往行为”应该遵守的原则为：一是在没有任何强制条件下的平等、自由的对话。对话各方遵守的规则类似康德所说的“绝对命令”：只按照那些能够普遍为人所遵守的规则进行交往活动。按照理想的交往规则，任何有活动和语言能力的人都可以参加商谈，参与者可以提出任何意见，可以对任何意见提出修改、批评、保留和赞同的意见。二是交往规则不但具有普遍必然性，而且具有人类其他活动所要求的真实性、正当性和真诚性。违反交往的理想规范意味着对不平等、被控制地位的认可，这不仅关系到是否能达到交往的目的（取得认识一致性）的认识论问题，而且更重要的是关系到人们生活方式的伦理学问题。交往行为理论实际上是一种“商谈伦理学”。② 他解释道，作为生活成员

① 艾思林. 哈贝马斯交往理论评析. CSSCI 学术论文网.
② 赵敦华. 现代西方哲学新编. 北京：北京大学出版社，2001：161.

的人不能没有社会交往或相互商谈，以期求互相理解；而要互相交往和商谈，交往者之间（主体间）就必须有共同认可的原则，如双方均有提出和保留各自意见的原则，平等、公正对待各方意见的原则等等。这些原则是实现交往所不可缺少的伦理前提原则。

基于上述交往行为理论，哈贝马斯对马克思的历史唯物主义进行“改造”。首先，他认为，马克思的历史唯物主义强调作为目的行动的生产劳动，而忽视了交往行为的重要性。他说，马克思在关于类的人的定义中和作为社会形态发展的历史中，赋予劳动、物质生产以坚持前提的地位是错误的。“劳动”实际上是工具行为，这种工具行为反映了人基于“技术旨趣”而对自然具有的一种宰制的、工具的关系。虽然劳动和工具理性是人类生活的一个重要层面，但是单是社会组织中的劳动，并不足以区别人与其他动物，“交往”、“社会互动”与“劳动”同是人类社会生活的重要方面。事实上，语言与交往才使人与动物决定性的区别。语言、交往较之于生产功能、劳动功能具有公开优先的地位，高于劳动，但是被马克思忽视了。①

值得注意的是在马克思那里，历史唯物主义的基础是实践，劳动仅是实践的基本形式之一。马克思也有表达人与人之间交往的概念，如“交往关系”、“生产关系”、“社会关系”等，并强调人与自然同人与人之间的关系是有区别的，但是存在着相互影响和相互制约的。人们在社会的实际生活过程中结成了各种各样的交往关系，重要的是，马克思指出，在一切社会性交往中，最根本的“物质生产和物质交往”，即生产关系，是社会活动中的基础性的、现实性的关系，它制约着其他关系，但是马克思并不否认其他社会交往过程中形成的关系对生产关系也有影响作用。哈贝马斯的理解，显然有误解的地方。

其次，哈贝马斯批评马克思用生产力说明人类历史的发展进化，而没有说明社会的传承。他认为，任何一种社会形态，都是一种社会一体化的形式，不是单纯的生产方式形态。社会一体化是指社会生活世界对

---

① 江怡. 走向新世纪的西方哲学. 北京：中国社会科学出版社，1998：500.

价值观念和规范的统一加以维护。社会的传承并不是单纯生产力的传承，而是整个生活世界的传承。这个传承依靠的是学习。学习不单是指学习生产知识，而是指包括道德—实践知识在内的整个生活世界的知识。他特别看重文化、价值、道德观念的作用，强调对于社会的进化来说，道德—实践意识领域里的学习过程，发挥着起搏器的功能。①

的确，社会文化的传承对社会发展有着不可替代的作用，但是哈贝马斯没有真正理解马克思的历史唯物主义的根本立场和出发点。马克思在论述社会发展的动力时，强调人们在解决自身存在和发展时必然结成生产力和交往关系，后者的目的运动推动社会发展物质财富的积累，同时马克思也指出在它之上形成的政治、思想、道德、法律等意识形态对社会的发展以及生产方式的发展具有影响作用，而且它们自身有相对独立的作用，社会形态的发展是各种因素相互作用的发展过程。在与马克思的历史唯物主义的比较中可以看出，哈贝马斯的交往行为理论更多的是从社会学的视角阐述社会中人们的社会互动的目的、环境背景、互动模式，对社会学这一理论的发展做了深化，但是从社会发展的宏观动力学上看，似乎是微观了些，对马克思的历史唯物主义理论的“改造”也有些偏颇。

2. 作为“意识形态”的技术与科学

马尔库塞在《单向度的人》一书中分析了科学技术与意识形态的关系，他几乎将科学技术等同于意识形态。哈贝马斯对此有不同看法，他在《作为“意识形态”的技术与科学》一文中对马尔库塞的观点做了回应。他试图详细分析二者在此问题上一致与分歧的地方，认为二者一致的地方多于分歧的地方，分歧是次要的。同时也注意到了二者对于科学技术与意识形态的分析是始终与对理性的分析紧密联系在一起的。

马克斯·韦伯曾经从社会学的视角出发，用合理性概念说明资本主义的经济活动方式。在韦伯看来，随着科学技术和现代工业的发展，工

---

① 俞吾金，陈学明. 国外马克思主义哲学流派新编—西方马克思主义卷. 上海：复旦大学出版社，2002：242.

具的合理性将会渗透到现代社会生活的各个角落，从总体上推动现代社会的合理化。但工具的合理性的发展也会造成物对人的统治、官僚化等消极因素，从而给现代社会合理化的过程投下阴影。马尔库塞沿着韦伯的思路继续思考。在《单向度的人》中，他曾警告人们："技术的合理性"正在转化为"技术的拜物教"，并给当代资本主义社会的意识形态打上了深深的烙印。"技术理性的概念，也许本身就是意识形态。不仅技术理性的应用，而且技术本身就是对自然和人的统治，就是方法的、科学的、筹划好了的和正在筹划着的统治。统治的既定目的和利益，不是'后来追加的'和从技术之外强加上的。它们早就已包含在技术设备的结构中，技术始终是一种历史和社会的设计，一个社会和这个社会的占统治地位的兴趣企图借助人和物而要做的事情，都要用技术来加以设计。统治的这种目的是'物质的'，因此它属于技术理性的形式本身。"① 总之，马尔库塞认为，贯穿和体现在科学和技术活动中的这种技术合理性本身包含着一种支配的合理性，即统治的合理性。这也是科学技术能够充当意识形态的内在原因。

哈贝马斯通过考察科学史发现，科学与技术在历史上并非如现代社会那样紧密地联系在一起，实际上技术的科学化只不过是19世纪后期以来的事情。技术的科学化使得科学技术成了第一位的生产力。这也使得哈贝马斯断定马克思的剩余价值学说已经过时了。科学技术的发展好像已经使科学技术成了独立的变数，劳动和相互作用的二元论在人的意识中变得越来越不重要。"社会系统的发展似乎由科技进步的逻辑来决定。科技进步的内在规律性，似乎产生了事物发展的必然规律性，而服从于功能性需要的政治，则必须遵循事物发展的必然规律性。"② 科学技术作为目的理性活动系统中的一个子系统，其发展实际上推动了目的理性活动与社会的制度框架之间的合理性的转换，体现在制度框架中的合理性已经被体现在目的理性活动中的合理性吸收了。技术统治论作为

---

① 马尔库塞. 单向度的人. 重庆：重庆出版社，1988：200.

② 哈贝马斯. 作为"意识形态"的技术与科学. 上海：学林出版社，1999：47.

一种意识形态得以产生，技术统治论所具有的意识形态力量就在于它掩盖了技术与实践之间的区别，混淆了技术进步与社会进步之间的区别，使明显的政治统治让位于技术管理的压力。由此可见，哈贝马斯与马尔库塞之间的分歧与其说是明显的，不如说是微不足道的。马尔库塞的思路是技术理性具有先验的支配性，由此科学技术可以方便地成为意识形态。哈贝马斯的思路依赖于一种"渗透"或者说是"转换"，他的结论是"科学和技术的合理形式，即体现在目的理性活动系统中的合理性，正在扩大成为生活方式，成为生活世界的'历史的总体性'。"① 科学技术成为社会的组织原则，它按自己的面貌来塑造一个世界。

因此哈贝马斯强调："技术与科学今天具有双重职能：它不仅是生产力，而且也是意识形态"，因为"技术至上的意识"表征了科学技术何以会成为意识形态。关于这一点，哈贝马斯作了诸多论述，可归纳如下：其一，"技术至上"是"政治的科学化"的一种模式，它从正面表达了"统治本身的合法化的要求"，而这一要求由于科学技术成为第一生产力并使生产力制度化，从而制度结构的合理性由此而产生，也就是说"同科技进步联系在一起的生产力的提高"已成为"以维护制度为标准的统治合理性"的自身的"基础"，从这个意义上来说，科学技术进步起着使统治合理化的意识形态作用；其二，"技术至上"表明：科学技术的作用已渗透到社会生活各系统中去了，不仅生产关系而且行政机构都表现为合理化的、社会的技术上必要的组织形式，"是彻底地合理管理的机关"，从而技术至上论模式体现了技术国家中的政治决策权已转移给"科学的分析和技术的计划方面"，"技术的理性"转化为"统治的理性"，认为科学技术今天"也具有了统治的合法性功能"而成为意识形态；② 其三，虽然左右技术进步方向的仍然是"社会生活世界"中自然发生的"社会的利益"，但由于科学技术已成为"独立的剩余价值来源"，加之生产者的劳动力已越来越不重要了，因而使得所维

① 哈贝马斯．作为"意识形态"的技术与科学．上海：学林出版社，1999：76.

② 哈贝马斯．作为"意识形态"的技术与科学．上海：学林出版社，1999：41－42.

护的同生产方式相联系的利益“不再是阶级的利益”了，阶级意识也“涣散了”，使民众非政治化了。从而“技术至上论”体现了科学技术已起着意识形态的使“社会利益与维持制度的利益一致起来”的辩护作用；其四，“技术至上论”模式表明，科学技术的发展使得统治机构的日常活动日益专注于技术问题：组织和选择合理的手段，而排除了政治的实践问题，即只注重“从技术上满足现实需要的活动”，而排除“价值”问题，不研究关于“社会的必然与客观的意识状态、解放与倒退的方向”怎样前进的问题。这种“把政治统治还原为合理的管理”的尝试，是以牺牲民主主义为代价的，因为它使公众舆论只起着投票选择行政领导人，为统治决策“欢呼”的作用，排除了对方针大计进行“公开讨论”的环节。“行政的技术化使所有民主的意义成为无效的”，这表明科学技术已起着使行政活动和舆论非政治化的意识形态作用。

哈贝马斯关于科学技术在晚期资本主义社会成为意识形态、具有统治的功能的论断揭示了这一事实：科学技术在当代工业社会，不仅加强了人对自然的攫取，推动了社会物质生产的发展，而且成为统治者用以对人进行压抑与统治的有效手段，使统治与压抑具有合理性和合法性的外观。这一事实的揭露可以说是继承了西方学者的意识形态批判的立场，对资本主义社会科学技术异化现象的深入揭露，并将它看作是晚期资本主义新的表现形态，这是与老一代法兰克福理论家不同之处。

3. 对晚期资本主义社会的批判

二战之后资本主义进入发展的相对稳定时期，资本主义社会通过自身的结构性调整和机制的转换，发生了许多新的变化，这些变化又引起国家结构在特别职能、政策等一系列方向上产生新的变化。社会和国家虽然是两个不同的实体存在，但是任何国家作为社会矛盾、冲突的产物不能不依着社会状况的变化而作出适应性调整。哈贝马斯把当代垄断资本主义称为“晚期资本主义”或“有组织的资本主义”，主张把对资本主义社会的研究与对其国家的研究联系起来，认为“国家”与“社会”这两极不过是同一事物的两个方面而已。这个事物就是共同操纵媒介而分成交换价值与行政权力的行为制度。[①] 通过分析国家职能的新变化，以揭示它对晚期资本主义的维护作用，发现其稳定发展背后的危机，这些就构成他的社会批判理论的主要部分。

关于发展到垄断阶段的资本主义，早期社会批判理论家霍克海默认为，垄断资本主义由于取消市场经济，实行由国家所控制的计划经济，因而成了国家资本主义，强调“国家资本主义乃是当代独裁主义国家”。[②] 马尔库塞认为，当代资本主义国家具有实施一体化功能，否定其合理化，仍然采取拒斥的态度。而哈贝马斯在对晚期资本主义国家的新发展进行分析后，提出了与老一代批判理论有所不同观点。他认为，虽然晚期资本主义社会的经济和行政的命令已渗透进私人领域和公众领域，造成了“丧失思想、丧失自由”，在道德上失去其根据，人民的生活世界“病态化”，日常交往实践被严重地“扭曲”了，但是，“国家”可理解为拥有合法权利的一种制度，存在新的合理性，而且它的合法性是历史的。

哈贝马斯对资本主义的社会批判引进两个概念，即国家的“合法性”与“合法化”，他认为晚期资本主义的危机就是合法性危机。“合法性”（legitimacy）是指与政治秩序相联系的。“合法性意味着某种政治秩序具有被认可的价值”[③]（有效性），从而具有“稳定性”这一事实。而“合法化”（legitimation）是对一种政治秩序的合法性、正当性、有效性、稳定性的证明和说明。在这里将两个概念严格限定在政治秩序范围内使用。

哈贝马斯对国家合法性的解释有两点：一是合法性只是指国家或政治制度，而不是讲社会。认为社会的经济、文化系统不产生权力问题，不存在合法性问题。二是相比老一代理论家只强调对资本主义的否定有所不同，哈贝马斯试图从经济领域来探讨资本主义国家的合法性的基础，将晚期资本主义放在历史的整体中批判。

---

① 哈贝马斯. 我和法兰克福学派. 曹卫东，译. 南京：南京大学出版社，2005：496.

② 欧力同. 哈贝马斯的“批判理论”. 重庆：重庆出版社，1997：394.

③ 欧力同. 哈贝马斯的“批判理论”. 重庆：重庆出版社，1997：397.

首先，通过“国家干预”，晚期资本主义国家的存在获得新的合法性。通过对晚期资本主义社会的分析，哈贝马斯指出：晚期资本主义是通过它的职能的变化和权力运用机制的变化来为自己的存在谋取新的合法性的。具体表现出两种新的发展趋势：一是国家干预；二是科学技术成为第一生产力。“国家干预”破坏了资本主义原有的结构和布局，晚期资本主义不能再依靠公平交换原则、自由资本主义的市场原则来获得自己的合法性，甚至这种意识形态也开始崩溃了。同时，科学技术的进步被垄断并实现了“制度化”，科学技术至上主义盛行。“国家掌管着的科技进步本身——已经成了（统治的）合法性的拒斥。（而统治的）这种新的合法性形式，显然已经失去了意识形态的旧形态。”① 他认为马克思的历史唯物主义部分原理不再适用。晚期资本主义国家的活动不完全由经济规律的自发作用所决定，国家维护资本家集团的共同利益，不必遵循经济规律。

国家干预集中表现为两方面：一是对经济发展过程做持续性的调整，确保经济制度的稳定。国家行使组织和管理的功能：（1）国家对企业的集中过程和商品交换、资本的运用、劳动市场加以“组织化”；（2）国家对日益增长的市场在职能上所出现的“漏洞”加以干预。晚期资本主义的国家干预构成了对市场结构的补充与部分代替，导致自由资本主义的结束。因为私人资本运用由自由竞争机制向垄断机制转换，确实表明私人经营方式已不能消除自由竞争所造成的紊乱与危机，矛盾与冲突的增强破坏了社会稳定性，使统治陷入危机。当经济增长过程充满危机时，“经济不平衡的现象也可以因国家填补了市场的职能缺陷而得到拉平。”② 因而国家作为诸多资本家集团的总代表，实施一系列经济政策和社会政策，对社会经济过程施加计划性地调整与干预，以维护资本主义制度的总体的需要。③ 二是应急原则和福利政策。它是新的工资政策、按劳分配的原则与社会补偿政策的结合。它的实现可以使统治

---

① 哈贝马斯. 作为“意识形态”的技术和科学. 上海：学林出版社，2002：69.

② 欧力同. 哈贝马斯的“批判理论”. 重庆：重庆出版社，1997：404.

③ 欧力同. 哈贝马斯的“批判理论”. 重庆：重庆出版社，1997：402－403.

制度有义务保障社会安全和个人发展机会，是整个制度稳定的条件，防止社会发展而带来的风险。在经济领域中导致“阶级妥协”。这样国家职能发生了变化，国家具有对社会全面管理的职责，以保障制度的稳定发展的职责；对危机防御的职责；从整体上调整和控制经济发展的职责；“保护、补偿和平衡”经济上软弱的社会团体、劳动者、职员、租赁者、消费者等职责。[①] 国家活动的目的就是确保经济的增长和民众的忠诚。

其次，“国家干预”是晚期资本主义国家实现合法化的根本途径和手段。垄断资本形成的经营方式操纵了市场，抛弃了等价交换原则，摧毁了公平交换关系，社会分配陷入不公正不合理状况。国家通过对社会经济过程的直接干预，采取新的原则和政策来弥补自己因自由交换的功能失调所造成的社会恶果，重新建立并确保全体社会成员对社会和国家的“忠诚”，从而获得了资本主义国家的新的合法性。

哈贝马斯认为应急原则就是把“按劳分配原则”与“社会补偿原则”相结合，为的是缓和阶级矛盾和冲突，保证社会成员对制度的忠诚。具体功能为：（1）采用“新的工资政策”和补偿性再分配，减弱社会分配不公造成的恶果，缩小生活水平差距，赢得好感；（2）通过对公众福利的承诺，使公众对制度抱有信心，获得生活安全感；（3）由于社会补偿政策（金钱、休假、公平分配）是非政治形式，能引起公众对补偿分配部分的兴趣，这兴趣可凌驾于阶级界限之上，可以抵御由阶级差别产生的对统治的危害；（4）采取“应急原则”可避免制度的风险。社会出现的问题是一个技术问题，意识形态和社会舆论非政治化，抑制了每个人的政治兴趣，因而能借助“形式主义的民主形式（普选）赋予国家行政系统以合法性。”[②]

值得注意的是，国家参与对社会财富的再分配，通过补偿分配法在一定程度上缓解了社会分配不公状况，提高了民众的生活水平，缩小了

---

① 欧力同. 哈贝马斯的“批判理论”. 重庆：重庆出版社，1997：405.

② 欧力同. 哈贝马斯的“批判理论”. 重庆：重庆出版社，1997：4.

社会差距，也在不同程度上削弱了社会成员对制度和权力体制的否定意识和反抗心理，在政治上维护了统治秩序的稳定性。但是国家在本质上维护资产阶级的利益，不可能以满足全体成员的普遍利益为根本目标，它仅是为了资本的顺利运转。一旦经济处于衰退阶段，国家首先进行的就是削减公共福利开支。

最后，晚期资本主义的危机是“国家合法性”危机。在哈贝马斯看来，晚期资本主义通过国家干预获得了新的合法性，但是晚期资本主义社会是病态的，“把国家置于某种自相矛盾的窘境中”。也就是说晚期资本主义国家的合法性面临危机。哈贝马斯在分析危机时，指出在垄断资本出现以前，如果谈资本主义危机，“马克思讲过的话是不能不听的”，然而，谈到垄断资本主义社会与国家的危机，马克思的话似乎“不再适用了”①，应该代之以另一种危机理论。他提出晚期资本主义国家特有的合法性危机理论。

关于晚期资本主义国家特有的合法性的危机，哈贝马斯论述甚多，亦甚具体；然而具体说来，因其缺乏系统性的思考，显得庞杂无序。现综其所述归纳②：

第一，他认为依据晚期资本主义社会的结构特征，可以认为存在着“深深渗透进发达资本主义经济之中的结构性风险”，而这种结构性风险则蕴含着对晚期资本主义国家合法性的来自经济系统的威胁。具体说来，左右晚期资本主义经济的三大结构性因素是：① 以产业循环为条件的积累过程；② 私人生产为应付它自己所造成的问题而必须付出的外在代价；③ 决定财富与收入不平等的特权模式的存在。由此，国家的三大职责是：① 制定保证产业增长的产业政策；② 通过满足集体需求以影响生产结构；③ 纠正社会分配的不平等。然而，晚期资本主义国家虽然通过国家干预，一方面运用产业政策为私人经济系统的继续存在提供了担保，有计划地调控了资本的运转，抑制了经济过程中的破坏

① 欧力同. 哈贝马斯的“批判理论”. 重庆：重庆出版社，1997：420.

② 欧力同. 哈贝马斯的“批判理论”. 重庆：重庆出版社，1997：421－425.

作用，确保了投入与产出的持续进行；另一方面通过“应急原则”限制了特权，获得了民众的信任与忠诚。但是，当国家实行“非政治性工资政策”和补偿分配政策，建立社会保险系统和生活保障系统时，又造成新的矛盾：日益社会化的费用不断增长，预算不断膨胀，大大超过了社会可供使用的价值量所允许的合理限度。于是，晚期资本主义的经济系统的危机，主要表现为通货膨胀、连续性的社会财政危机，乃至投资中断。这种经济系统的结构性危机将导致国家干预走向其反面：国家丧失其合法性。

第二，哈贝马斯认为对晚期资本主义国家合法性的威胁也来自“行政系统”。从其所论来看，主要表现在三个方面：

（1）来自“潜在的阶级冲突”。他认为晚期资本主义国家尽管通过补偿分配，实现了阶级妥协，阶级冲突成为“潜在的冲突”，但是由于国家不可能从根本上消除财产分配和权力分配的不平等，从而使阶级之间不仅继续存在着生活水平和生活习惯上的差异，而且还存在着政治观点上的差异。所以，在哈贝马斯看来，潜在的阶级冲突仍然是晚期资本主义国家的合法性陷入危机的根源。他说：“即使国家机器卓有成效地发展了生产率，并对因生产率的提高而获得的收益进行分配，使得经济的增长在不产生危机（如果没有经济失调的话）的情况下得到保障，那么这种增长仍然是通过优先考虑最大限度地获得利润这一私人目标而取得的，而不是通过优先考虑民众的整体利益而取得的。加尔布埃特曾从‘个人富与社会贫’观点分析了这种源于潜在的阶级结构的优先模式。而归根到底，潜在的阶级结构是造成合法化‘亏空’的根源”。

（2）从国家活动机能来看，尽管晚期资本主义国家通过社会补偿和科学技术至上意识形态，成为“拥有合法权力的一种制度”，但是这个制度存在着“输出”和“输入”的危机，构成了对合法性的威胁。所谓“输出”是指国家行政当局所发出的指令、决策、措施；“输入”指的是国家获得的民众对国家的信任与忠诚。“输出的危机”在哈贝马斯看来是一种“合理性危机”，表现为“行政系统无法完成它从经济系统那里来的指导作用”，使所发出的指令、决策和措施显得不当、无效乃至错误，从而导致“社会生活领域发生混乱”；“输入的危机”是“合法化的危机”，表现为国家行政系统作为“合法的系统无法维持它要求群众表现出对它的忠诚”。由于晚期资本主义国家既要保障私人资本的正常运转，以获得最大利润，又要兼顾广大民众利益而赢得民众的忠诚，可谓鱼与熊掌不可兼得，因而国家往往在“输出”与“输入”问题上处于“两难境地”，而“输出和输入都可能造成破坏性的危机”。①

（3）从晚期资本主义国家的民主制度来看，虽然以普选为基础的形式主义的民主制度，使晚期资本主义国家通过“竞争性的民主程序很可能产生出具有理性合法性前提的制度和决策来”，从而使之作为一种“程序类型”具有“程序合法性”。然而，这种形式主义的民主往往“迫使各个党派以自己的纲领来竞相许愿，使民众的需求愈来愈高”，其结果使国家通过竞争性民主获得程序上的合法化，不得不付出难以负担的代价。一旦这种日益增长的需求超过了国家可供使用的价值量，而无法通过“与系统相一致的补偿得到满足”，形式主义的民主反而给国家的合法性“造成损失”。这是哈贝马斯对晚期资本主义国家合法性来自政治系统方面所面临的威胁的分析。但是，不论在经济系统和政治系统方面存在着什么威胁国家合法性的因素，在哈贝马斯看来也只是表明合法性遇到了“困难”，并未真正转成实在的危机，使这种“困难”转变成真正危机的关键还在于社会文化系统。

第三，哈贝马斯分析了晚期资本主义国家合法性来自社会文化系统的威胁。他认为“晚期资本主义社会中，社会文化系统所作出的最重要的动因贡献，就在于把民众的私人利益同家庭—职业的私人利益融合在一起”。作为这一贡献的结果，是使得“民众明哲保身主义”（只对行政管理系统的管理和供应工作感兴趣，而很少参与“合法化的程序活动”），同“家庭—职业明哲保身主义”（确保家庭生活的安逸与消费、热衷于职业地位的竞争）得以“综合”起来，产生一种“非政治化”

① 欧力同. 哈贝马斯的“批判理论”. 重庆：重庆出版社，1997：423.

的意识倾向：人们具有高度消费兴趣和强烈的名利倾向，不关心政治，明哲保身。社会文化系统所缔造的这种倾向，正同晚期资本主义国家为了合法化而需要的社会非政治化结构相一致，因而它为国家的合法化提供了重要的动因。由于晚期资本主义国家合法化要求的不断增长，向社会文化系统不断提出更多的动因需求，这就越来越加强了对社会文化系统的管理与操纵。然而，当国家计划领域的扩张把社会文化领域纳入自己的直接干预之下，简单地用垄断手段来掌管文化系统时，就使之成为一种“僵死的系统”，不能为整个资本主义体系提供新的动因。于是就产生了晚期资本主义国家合法化的“动因危机”，即面对国家和社会劳动系统的需要，“社会文化系统的‘产出’发生机能障碍”，它表明：“国家不能简单地用垄断手段来掌管文化系统。事实表明，正是由于国家计划职权的扩张，才使文化领域的现状问题百出，‘意义’（亦译成‘思想’）成了能源的匮乏，而且越来越匮乏”，终将使来自经济系统与政治系统的国家合法化的“困难”问题，酿成了合法性的“危机”。哈贝马斯总括性的论断是：“只有用一种僵死的社会文化系统（这种文化系统无法随意满足行政系统的需求）才能解释合法性的困难演变为合法性的危机，合法性危机的基础是动因危机，也就是说，作为合法性危机的基础的动因危机，是国家和企业系统所提出的动因需求，同社会文化系统所能提出的动因之间发生了矛盾。”

基于哈贝马斯关于晚期资本主义国家合法性的危机的种种论述，可以说他并不认为晚期资本主义的政治秩序是完满的、和谐的、无矛盾的、无危机的，而是存在着错综复杂的否定自身合法性的危机倾向。他对这些危机倾向进行了多方面分析，他反对西方学者仅仅注重分析来自经济领域的危机，忽视对社会其他系统的危机因素的分析。可以说他对危机的认识无论从深度还是广度上来讲，都超过了西方学者的一般水平，更具时代感。虽然法兰克福学派的一些老一辈理论家，如马尔库塞、弗洛姆等，对当代发达资本主义社会和国家的危机都作过不少分析，但是他们大多停留在人本主义水平上，也就是说着意于从人性的压抑与反压抑角度去论述，以至把人本学意义上的危机看成是最主要的。

哈贝马斯则把目光集中到对经济、政治与文化诸系统的内在的矛盾现状的分析上，并肯定了经济系统中的结构性危机与潜在的阶级冲突乃是晚期资本主义国家合法性危机的基础，是对老一辈批判理论的超越。

然而，哈贝马斯关于危机的理论有不可忽视的局限。① 第一，从他对诸多危机的分析中可以看出，他一直避而不谈晚期资本主义的生产力与生产关系的矛盾才是国家合法性危机的最终根源。这是由于他错误地认为，科学技术的发展已使生产力成为国家合法性的基础而“不再是对合法性进行批判的基础”，并且认为科学技术的发展同国家施行补偿政策一起，改变了生产关系，从而合法性的危机不可能从生产关系中产生。第二，哈贝马斯片面夸大社会文化系统的弊端对国家合法性的作用，认为社会文化系统的所谓“动因危机”是导致国家合法性危机的基础与关键。哈贝马斯离开资本主义的本质特征来分析资本主义所出现的种种矛盾和危机，是很难将资本主义社会的病态的原因分析清楚的，更无法找到解决问题的途径，更何谈交往行为的合理化的实现。

参考文献

[1] 马尔库塞. 爱欲与文明. 上海：上海译文出版社，1987.

[2] 马尔库塞. 单向度的人. 上海：上海世纪出版集团，2004.

[3] 哈贝马斯. 交往行为理论. 重庆：重庆出版社，1994.

[4] 马尔库塞. 工业社会和新左派. 北京：商务印书馆，1982.

[5] 哈贝马斯. 作为“意识形态”的技术与科学. 上海：学林出版社，1999.

[6] 哈贝马斯. 交往行为理论. 重庆：重庆出版社，1994.

[7] 哈贝马斯. 合法性危机. 北京：时报文化出版企业有限公司，1994.

[8] 霍克海默，阿多诺. 启蒙辩证法. 上海：上海世纪出版集团，2006.

[9] 霍克海默. 批判理论. 重庆：重庆出版社，1989.

[10] 马丁·杰伊. 法兰克福学派史. 广州：广东人民出版社，1996.

[11] 俞可平. 全球化时代的“社会主义”. 北京：中央编译出版社，1998.

[12] 本·阿格尔. 西方马克思主义概论. 北京：中国人民大学出版社，1991.

---

① 欧力同. 哈贝马斯的“批判理论”. 重庆：重庆出版社，1997：426.

[13] 陈学明. 苏联东欧剧变后国外马克思主义趋向. 北京：中国人民大学出版社，2000.

[14] 俞吾金，陈学明. 国外马克思主义哲学流派新编. 上海：复旦大学出版社，2002.

[15] 陈学明，马拥军. 走近马克思. 上海：东方出版社，2001.

[16] 俞可平. 全球化时代的“马克思主义”. 北京：中央编译出版社，1998.

[17] 欧力同. 哈贝马斯的“批判理论”. 重庆：重庆出版社，1997.

[18] 燕宏远，宋惠芳. 西方马克思主义新论. 济南：山东人民出版社，2003.

[19] 衣俊卿，等. 20 世纪的新马克思主义. 北京：中央编译出版社，2001.

第六章

现代西方政治思潮

现代的西方政治思潮，主要是指20世纪以来西方主要资本主义国家占主流地位的资产阶级政治思潮与学说。它是17~18世纪西方资产阶级革命时期产生的资产阶级政治思想在当代的新发展。近几十年来，西方资产阶级政治思潮可谓风云变幻、流派众多、内容庞杂，出现诸如新自由主义、新保守主义、民主社会主义、人权理论与思潮、法西斯主义、多元主义、精英主义、社团主义以及最近兴起的第三条道路思潮等等。

为了进一步理解现代西方政治思潮所阐述与争论的问题，有必要对政治的含义、政治价值体系和政治意识形态的分类进行简要的阐述，以便更好地理解当代西方政治思潮的产生和发展。

一、政治和政治生活中的价值体系

1. 政治的含义理解

“政治”在中国古代被理解为国家的治理。按照孔子的说法："政者，正也。子帅以正，孰敢不正?""修己治人，为政以德"；政治就是政治领袖"不以自己的私意治民，不以强制的手段治民，而要在自己的影响下，鼓励人民自为。"所以在中国儒家思想中，政治有教导、指正的含义。中国古代的这些"政治"的含义，与西方和古希腊的"政治"含义完全不同，很大程度上政治只是一种君主和大臣们维护统治、治理国家的活动。

在西方，"政治"一词在法语 politique、德语 Politik、英语 politics 的表示，都来自希腊语 πολιs，有"城邦"的意思。城邦是古希腊人们聚居生活的共同体，与自己的制度、共同土地、人民及其政治生活结合在一起，而被赋予"邦"或"国"的意义。后又衍生出政治、政治制度、政治家等词，"政治"一词一开始就是指城邦中的城邦公民参与统治、管理、参与、斗争等各种公共生活行为的总和。

在中文中，"政治"一词，来自于日本人翻译西方语言时用汉字创造的相同的"政治"一词。我们现在理解的政治是孙中山的定义。"政"就是众人的事，"治"就是管理，管理众人的事，便是"政治"。强调了政治的两个特性：一是公共性，二是管理性。他的这一说法在当时的中国非常具有影响力。①

西方的政治学家为"政治"下过许多定义，可归纳为：(1) 认为政治是国家的活动，是治理国家，是夺取或保存权力的行为。(2) 认为政治是权力斗争，是人际关系中的权力现象。(3) 认为政治是人们在安排公共事务中表达个人意志和利益的一种活动，政治的目标是制定政策，也就是处理公共事务。(4) 认为政治是制定和执行政策的过程。(5) 认为政治是一种社会的利益关系，是对社会价值的权威性分配。

政治作为权力主体维护自身利益的方式，主要表现为以国家权力为依托的各种支配行为和以对国家的制约性权力为依托的各种反支配行为，如统治行为、管理行为、参与行为、斗争行为、领导行为、反政府行为、权威性影响、权力竞争等。这些行为的共同特点是都以利益为中

① 燕继荣. 政治学. 北京：北京大学出版社，2004：2.

心，具有不同程度的强制性、支配性和相互斗争性。

政治作为权力主体之间的关系，主要表现为上述特定行为的相互作用。如统治与被统治的关系、管理与参与的关系、权威与服从的关系、相互斗争的关系等。这些关系又基本上取决于社会经济关系所具有的必然性。

在现实生活中，政治也被定义为：实现权力、实施权力、制定集体政策、分配稀缺资源、实施阴谋和操纵计划等。可分为：政府艺术的政治；公共事务的政治；权力和资源分配的政治；妥协和同意的政治。

政治涉及方面众多，也有学者从比较中性和宽泛的角度下定义：政治是人类集体生活的一种组织和安排，在这种组织和安排下，各种组织、团体和个人通过一定的程序，实施对集体决策的影响。政治的主体多种多样，如个人、家庭、国家、国际社会，政治决策可以通过各种方式来达成，可以是暴力方式，也可遵循传统习俗，还可讨论、谈判、讨价还价，也可投票表决。[①]

2. 政治生活的价值体系

价值体系是长期社会文化积淀的产物，是一个社会组织安排的深层结构。任何社会都有自己的价值体系，为人们的行为提供评价准绳。政治价值体系是社会的观念形态，为人们的社会生活提供政治行为的评价标准，规定着人类生活组织安排的原则。现代政治价值体系的基本要素包括：正义、权利、自由、民主、平等、福利、宽容等。不同的人为这些观念赋予不同的含义和解释，使政治价值体系呈现出复杂的特点。

这些基本要素有各自的应用范围，反映了不同生活层面和角度。各要素之间也存在着相互联系、相互制约，如，正义是对权利的合理（平等）分配，而权利合理的分配体现在个人与集体（社会）互动关系之中。在个人与公共权利（国家、政府）关系方面：追求“自由”；在社会组织与公共权力的关系方面：是追求“自治”；在个人——社会组织——公共权力三者之间是：追求“民主”和“平等”；在个人与个人

---

① 燕继荣．政治学．北京：北京大学出版社，2004：5．

之间是：追求“宽容”。[1]

对这些要素的理解以及从不同的视角进行的政治实践，形成了不同的理论派别，并作为政治思想体系指导和干预着西方社会的政治生活。不同的理论体系作为社会的意识形态，从不同的政治价值视域对社会现状进行评价，对存在的问题提出批评，并对社会改造提出方案，对社会未来的发展提供理想的模式。西方政治理论随社会的发展而发展，进入近代，正如马克思所说：“随着财富的发展，因而也是随着新的力量和不断扩大的个人交往的发展，那些成为共同体的基础的经济条件，那些与共同体相适应的共同体各不同组成部分的政治关系，以理想的方式来对共同体进行直观的宗教……个人的性格、观点等也都解体了。”[2] 代之而起的是与全新的商品经济相适应的新的观念体系，主要包括自由主义、保守主义、社会主义、共产主义、无政府主义等思潮。在资本主义长达三百年的发展进程中，作为社会的一种“观念的力量”直接影响着西方资本主义的存在与发展。现代西方政治思潮是西方资产阶级革命时期产生的对资产阶级政治思想进行的当代新发展，也可以视为现代西方思想家或政党“为政治寻找理性”[3] 的理论实践。

二、现代西方政治思潮的主要特征与根源分析

1. 现代西方政治思潮的主要特征

现代西方政治思潮，主要是指 20 世纪第二次世界大战以来西方主要资本主义国家占主流地位的资产阶级政治思潮与学说。它是 17 ~ 18 世纪西方资产阶级革命时期产生的资产阶级政治思想在当代的新发展。近几十年来，西方资产阶级政治思潮可谓风云变幻、流派众多，诸如新自由主义、新保守主义、民主社会主义、人权理论与思潮、法西斯主义、多元主义、精英主义、社团主义以及最近兴起的第三条道路思潮等等。现代西方政治思潮是一个十分复杂的社会意识形态现象。

---

① 燕继荣. 政治学. 北京：北京大学出版社，2004：69.

② 马克思恩格斯全集：第 46 卷. 北京：人民出版社，1979：34.

③ 威尔·金里卡. 当代政治哲学：上. 上海：三联书店，2004：前言.

现代西方政治思潮一般涉及五个方面的内容：[①]

第一，政治思潮的理论基础。它首先包括对人、社会、国家、历史等基本问题的一般看法，大体相当于我们常说的人生观、世界观、社会历史观和国家观等范畴；其次它还包括观察社会政治现象的一般方法，比如是从整体的角度看待个体（整体主义），还是从个体的角度看待整体（个人主义）等等。看问题的方法不同，人们对上述基本问题的看法也就不同。当然，尽管各种政治思潮背后都有一定的理论基础作支撑，或者对上述问题都会有不同的看法，但并非每种思潮都注重对这些基本问题的研究。有的思潮对这些抽象的基本问题有较多的阐述，有的则更多地注意现实的实际问题。

第二，基本价值观念。这是政治思潮的核心，也是各种政治思潮之间相互区别的根本标志。换句话说，政治思潮的不同，在很大程度上就是人们的价值取向不同。比如，有的强调自由，有的注重平等；有的重视自主，有的崇尚权威；有的强调社会利益，有的捍卫个人权利等等。总之，每一种政治思潮都有自己特定的价值观念，这种观念既包括它对各种价值的取舍，又包括它对各种价值的相互关系及其优先性顺序的看法。这种基本价值观是它评价现实社会的标准，也是它设计理想社会的根据。

第三，对现实社会政治问题的看法。这包括如何看待现实社会的性质、矛盾、弊病等问题，以及如何评价现实的社会关系和社会政治制度等。不同的政治思潮，由于它代表的社会集团在整个社会中的地位和利益关系不同，观察问题的角度和方法不同，以及价值观念不同，它们对现实社会政治问题的看法和态度也有很大的差异。各种政治思潮的政治主张，一般是由它的价值观念和对现实社会的认识与评价所共同决定的。

第四，有关理想的社会政治生活、制度、原则或政策的主张。一般来讲，凡是主张否定和改造现实社会的政治思潮都会在这方面有较多的

① 徐大同．西方政治思想史．天津：天津教育出版社，2000：导论．

论述。不过，由于基本价值观念不同，对现实社会的评价和看法不同，不同的政治思潮会有不同的社会政治理想。另外，即使从总体上认同和维护现存社会的政治思潮，在各种思潮相互冲突的压力下，一般也要为现存社会的制度或原则进行辩护，或对对立思潮的社会政治理想进行批判。

第五，实现理想社会的道路。一般来说，理想只是一个尚待实现的目标，而要达到这个目标，还需要运用一系列的方式、方法和手段。不同的政治思潮对现实社会的否定程度不同，理想的内容不一样，其实现理想的道路或方式手段也会有差异。一般来说，对现实社会否定程度越高、理想与现实差异越大的思潮，其改造社会、实现理想的手段就越激烈；反之，也就越缓和。总之，道路是由理想的性质所决定的。

基于上述政治思潮关注的问题都是一些非常重大而又非常复杂的问题，因而也是极易引起分歧或争论的问题。再加上，政治思潮对现实关切非常之深，都是现实问题的思想反映，而不同的国家有不同的问题，同一个国家的问题随着时间的进展又是不断变化的，所以，不同国家的思想家即使观点相近也会有较大差异，即使同一个思想家在他的人生的旅途中其思想也会变化，而同一种政治思潮的内容在不同国家和不同时期那就更会有许多的变化了。因此要想对现代西方政治思潮的特点进行概括比较困难，但是对不同思潮发展的历史进行回顾，还是可以从宏观上归纳出一些特征来的。主要特征表现为：①

（1）各种政治思潮繁杂多样，理论探索异彩纷呈。20 世纪是整个西方世界处于向现代社会转型时期，各种矛盾和冲突层出不穷。社会历史复杂性使得意识形态领域也呈现纷繁复杂的特征。旧的思潮继续存在，新的思潮又不断出现。每一种思潮都反映着某一特定群体或阶级的独特价值取向，以及由此决定的对现实社会问题的独特认识以及提出解决社会矛盾问题的独特方案，表现为“主义”众多。（2）资本主义与社会主义两大类意识形态的冲突，构成现代各种政治思潮冲突的焦点。

---

① 徐大同．现代西方政治思想．北京：人民出版社，2003：4－5．

在19世纪中叶以前，由于反封建的任务还没有完成，在西方政治思想领域里的斗争热点是自由主义和封建主义的斗争。马克思主义诞生以后，思想冲突的焦点发生了重大变化，资本主义和社会主义的思想冲突成为政治思想领域冲突的焦点。特别是随着俄国十月革命的胜利和二战后两大阵营的形成，这种冲突达到了有史以来的最高峰，并且极为深刻地塑造了20世纪西方社会乃至整个世界的社会政治生活面貌。(3) 各种政治思潮既相互冲突，又相互借鉴和相互渗透。由于政治价值理念的差异以及解决社会问题的出发点的不同，必然导致形形色色的政治思潮之间相互冲突、相互批评、相互借鉴和渗透，使得各种思潮不断地分化和重组，并从而推动着各种思潮的发展演变。(4) 跨学科研究方法融合。这是当代社会科学研究的主要特点之一，就是它可以使问题研究深化，拓宽研究的视域和范围。特别是随着新科技革命的出现和迅速发展，除了使用原有的哲学、法学、伦理学的方法外，思想家们大量运用了社会学、统计学、心理学、控制论、系统论等多学科方法来对社会政治现象进行规范的、定量的、精确的研究，以得到"客观的"、"价值中立"的可操作性的结论。而多种方法运用的结果，使得对社会政治问题的研究角度更为多样、内容更为丰富，产生了大量的政治学新学科。这些使政治理论的研究范围得到了极大拓展。

2. 现代西方政治思潮产生和发展的根源分析

现代西方社会的各种政治思潮，除了自由主义、社会民主主义、保守主义、无政府主义这几个思潮是在19世纪乃至更早以前就产生的以外，其他政治思潮一般都是兴起于20世纪的新思潮。但是，不管是前者还是后者，它们都反映了19世纪末以来西方资本主义社会的矛盾冲突和发展变化。当代西方政治思潮同当代资本主义社会的发展变化、同当代资本主义制度面临的重大经济政治问题有着密切联系，其流变同当代资本主义社会基本矛盾演化的轨迹是大体一致的。

19世纪末，是西方资本主义历史发展中的一个转折点。这时，自由资本主义发展到了私人垄断资本主义阶段，资本主义的矛盾和弊端进一步显现。一方面，资本的集中加强了垄断资产阶级对市场的控制，加剧了西方社会内部的矛盾。另一方面，资本主义的不断扩张和帝国主义列强对殖民地的瓜分，使资本主义国家之间的矛盾日益尖锐，最终导致了第一次世界大战的爆发。

在这样的历史背景下，资本主义的主流意识形态——自由主义思潮开始由近代向现代发展，现代自由主义逐渐代替古典自由主义。如果说古典自由主义以主张自由放任为特征，那么，现代自由主义则以强调国家干预为特点。强调国家干预，主要是希望通过国家的力量缓和社会矛盾，摆脱资本主义的危机，维护资本主义的秩序。这种干预主张也受到坚持古典自由主义传统的保守自由主义经济学家的批评，并因此导致了经济学领域中关于自由市场还是国家干预（国家计划）的激烈论战。20 世纪上半叶，西方国家政策实践的特点之一，就是在自由放任和国家干预之间的犹豫、徘徊和摸索。

西方资本主义的矛盾危机和第一次世界大战的战争创伤，也促使了社会主义运动的发展。由于西方国家的社会主义运动内部的分裂，1919 年第三国际（即共产国际）的建立，标志着社会主义运动内部革命派和改良派，即共产党人和社会民主党人正式分野的形成。而在西方国家的自由主义运动，也加剧了资产阶级的分裂，其中，现代自由主义汲取了社会主义的一些因素，试图通过社会改良缓和社会矛盾，防止社会主义替代资本主义；而保守自由主义者固守古典自由主义的传统，不仅激烈批判社会主义。苏联的社会主义在广大群众中的巨大影响和在实践中的某些成功，也启发了一些西方国家中那些急于摆脱国内外困境的极右势力，他们打着社会主义的幌子争取群众，最后却把民众引向了法西斯主义的对外扩张道路。

法西斯主义的兴起和第二次世界大战的爆发是人类历史上的一大悲剧。它是西方资本主义社会各种矛盾尖锐冲突的表现和结果，是由自由放任、生存竞争为特点的资本主义现代化进程激发出来的一种极端民族主义反应。反法西斯战争的胜利不仅铲除了法西斯势力的这个毒瘤，而且深刻影响了战后世界的历史进程，左翼力量在反法西斯斗争中得到磨练和壮大，从而在战后世界形成了一个强大的社会主义阵营。一些西欧国家的左翼政党执政，建设福利国家，推行民主社会主义的理念，以缓和社会矛盾。

在二战结束后的二、三十年间，整个世界格局由三大政治力量支配，即社会主义、资本主义和第三世界的民族主义。其中，社会主义和资本主义两大力量和两大阵营的对抗起着主导作用，亚非拉地区的民族独立和民族解放运动是反抗西方资本主义国家殖民统治的斗争，因此，它既受社会主义和资本主义两大运动力量的强烈影响，又反过来影响着两大阵营本身。这三种运动力量相互交织，共同塑造了这个时期的历史面貌。

社会主义和资本主义两大阵营的对立，虽然在西方世界激起了反社会主义的右翼力量的聚集，但也促使现代自由主义在福利国家的建设上与社会主义国家竞争。再加上社会民主主义（民主社会主义）力量的迅速壮大，政治、经济、社会等领域中民主的不断发展，就使得 20 世纪五六十年代的西方社会形成了一股强大的向“左”转的潮流。这一潮流的高潮就是新左翼激进主义（New Leftism）的崛起，以及由此造成的新左派运动在 20 世纪 60 年代末的爆发。新左派运动不同于传统左翼的思想理念和行为方式，以极端的抗议行为造资本主义的反，极大地震撼了资本主义世界，冲击了资本主义的统治秩序。

20 世纪 70 年代是战后西方社会发展的一个转折时期。新左派运动余波未平，资本主义经济又陷入战后最严重的危机。经济危机打断了战后西方社会经济繁荣的持续过程，也打破了福利国家的美妙神话，引起了人们对福利政策的反思，并推动西方社会进入一个新的发展时期。这一时期，在思想和政治上引发了以下反应：一是新保守主义的兴起，各种右翼政党开始执政；二是欧洲共产主义的形成，以及传统左翼对社会主义道路的反思；三是新社会运动的诞生，生态主义和女权主义成为思想与政治舞台上的新军；四是现代自由主义对自身理论进行反思，并促使其在后来重新执政时进行政策上的改革。

但是，20 世纪 60 年代末和 70 年代初的政治经济危机在南欧地区却引发了不同的反应，那就是这个地区的左翼政党迅速壮大，民主力量取得了胜利，葡萄牙、希腊和西班牙等国相继结束了长期的独裁统治，建立起民主政权，并在世界范围内掀起了新一轮的民主化浪潮。这次民主化浪潮影响了世界历史进程，改变了世界力量的格局。它于20世纪80年代末在苏联东欧地区引发了巨变，使苏联及以它为首的社会主义阵营解体；它在亚非拉地区催生了一批新兴的民主政体，使民主思想在发展中国家日益深入人心。

20世纪90年代初苏联及东欧社会主义阵营的解体，结束了两大阵营的对立和长达40年的冷战，世界社会主义运动进入低潮。与此同时，西方国家保守主义掀起的市场化和私有化浪潮，波及了世界其他地区，促使这些地区的各个国家对原来的政府干预政策和计划经济体制进行反思和改革。同时，西方一些国家的左翼力量——社会民主主义（民主社会主义）在“第三条道路”的旗帜下进行了社会革新，使社会民主党人在西欧的绝大部分国家重新崛起。

总之，随着西方资本主义社会的发展和内部矛盾不断涌现，作为社会改革方案的政治思潮仍将显现出多元化的局面。

三、自由主义思潮

自由主义，既是当代西方资产阶级经济思潮，也是当代西方资产阶级政治思潮中最为重要的流派之一，是产生于17～18世纪的资产阶级的重要理论。自由主义在当代有了发展和变化，在现代政治哲学的基本概念中，可以说没有什么比自由主义（liberalism）更具有争议。不同的时代、不同的理论派别对其的理解差异很大。自由主义不仅是一种社会思潮，也是西方社会政党的一面思想旗帜；不仅是作为一种思想理论存在，而且是西方社会的一种基本的政治信念（意识形态）；同时也是一种哲学和社会运动，一种社会体制构建和政策取向。它也是一种宽容异己、兼容并包的生活方式，它把自由当作政府的基本方法和政策、社会的组织原则以及个人与社区的生活方式。其内容是丰富多彩的，其价值诉求是多元主义的。我们在把握自由主义的时候，要重点了解自由主义的基本理念、原则和结论。

(一) 自由主义的社会背景与坚持的基本原则

"自由主义"一词源于19世纪西班牙的一个政党的名称。1810年西班牙议会中主张英国式宪政主义的政党被称作"自由主义的"。1816年，英国托利党人首次以贬抑的口吻使用"自由主义"(liberal)这一术语。1822年，英国文学家拜伦、雪莱等人创办了一份以《自由主义》命名的杂志，但影响甚微。只是到了19世纪三四十年代，"自由主义"才开始在英国被广泛使用，19世纪30年代，英国辉格党人再次执政，并为此获得"自由派"或"自由主义者"的称号。随后，以自由主义命名的政党——自由党宣告成立。该党在第一次世界大战之前一直是英国主要的执政党，在自由党执政期间，英国进行了政治、经济、法律等方面系统的，以自由主义原则为导向的改革。这个时期也是自由主义在欧洲大陆大行其道的时期，在整个19世纪，欧洲相当多具有重大影响的思想家具有自由主义特征，如法国的贡斯当、托克维尔、德国的洪堡以及英国的约翰·密尔等，在欧洲具有重大影响的思想家都是自由主义者。[①]

自由主义的起源可以追溯到17世纪，在这三百年的发展历史中，它逐步获得了四方面的涵义，可以从不同的层面上理解：

(1) 政治自由主义(political liberalism)。它是17~18世纪新兴的资产阶级反对封建专制斗争的产物。这一时期的自由主义的主要任务是反对绝对主义，争取个人的政治权利，争取宪政政府。从洛克、贡斯当到密尔，都是以天赋人权学说(或自然权利学说)为基础的、关于政府和国家的理论。其主要观点有：一是认为人的自由、生命和财产等是与生俱来的、不可转让、不可剥夺的权利，任何人不得侵犯。[②] 到19世纪中期，欧洲的主要国家和美国基本上完成了建立宪政政府的任务。对个人的权利有了法律的保障，逐步享有选举和参与的权利、选择政府形式的权利。二是代议制民主在西方主要国家建立和逐步巩固。正是为了

---

① 李强. 自由主义. 北京：中国社会科学出版社，1998：15-16.

② 李强. 自由主义. 北京：中国社会科学出版社，1998：58-59.

保护自己的天赋权利和私有财产，人们才通过订立社会契约的方式，建立政府或国家。三是政府的权力是有限的，人民手中的权利是最高的和最后的。四是为防止出现专制，必须实行法治，建立分权制衡的机制。五是一旦政府侵犯或危及人们的自由、生命和财产等权利，人们就有权推翻其统治，建立新的、能维护其权利的政府。

（2）经济自由主义（economic liberalism）。从18世纪起，自由主义者开始关注经济活动的方式，关注政府应以何种方式介入经济活动，形成了经济自由主义的理论。它的核心内涵为：对经济与财产权利的强调。这种理论强调经济个人主义与自由企业制度，它坚持个人应该有生产与消费的权利，有缔结契约关系的权利，有通过市场经济购买或销售的权利，有以自己的方式满足自己愿望的权利，有支配自己财产与劳动的权利。它的基石是私有财产、市场经济以及国家较少对经济干预和控制。①

（3）社会自由主义（social liberalism）。19世纪中后期，自由主义开始关注社会问题，关注弱势群体的基本生存条件，并成为自由主义应有之义。其核心理念是：信奉机会平等，主张公民享有一定程度的福利权利，对社会存在的不平等问题要求国家应采取措施加以干预。

（4）哲学自由主义（philosophical liberalism）。自由主义自产生之日起，它就将其视野超出了经济、政治、社会问题的范围，试图建立一套个人、国家、社会的基本理论。坚持个人主义立场和个人至上的观点。强调个人的价值与权利，强调个人由于天生禀赋或潜能而具有某种超越万物的价值，个人应该得到最高的尊重，应该享有某些基本权利。大多数思想家将社会看作是个人的联合体，而不是有机的共同体。

应该指出，自由主义自产生起，对它的研究就存在着分歧。对它的特征的阐述也有不同。影响较大的是：

一是当代著名的政治哲学家罗尔斯所总结出的自由主义的基本原则：（1）自决原则：个人的生活只有在他们是自我决定的，即自由选

① 李强．自由主义．北京：中国社会科学出版社，1998：17.

择的意义上才是有价值的；（2）最大限度的平等自由：国家应当保障每个人与他人的同等自由相容的最大的个人自由；（3）多元主义：由于个人选择自己的生活方式，他们有可能作出不同的选择，简言之，存在善的观念的多样性；（4）中立性：从前三项原则可以推出，国家应当在各种生活方式上与善的观念之间保持中立，反对至善主义；（5）善的原则：应当公平分配资源，以使所有人都有追求其自身善的观念的公平机会；（6）正当对善的优先性：正义（正当）原则约束个人对其自身善的观念的追求。[①]

二是自由主义者斯皮兹在临终前为自由派写的信条，自由主义者必须做到：（1）尊崇自由甚于其他价值，即使是平等及正义也不例外；（2）尊重"人"而不是尊重"财产"，但是不要忽视财产在促进人类福祉方面的积极作用；（3）勿信任权力，即使权力出自多数，亦然；（4）不要相信权威；（5）要宽容；（6）坚信民主政治；（7）尊重真理与理性；（8）承认社会必然发生变迁的事实；（9）勿耻于妥协；（10）最重要的是保持批判精神。简言之，自由主义把自由价值置于其他价值之上，强调尊重人，不可轻信权力和权威，坚持宽容和民主政治，接受真理、理性和社会变迁，但也要学会妥协和保持批判精神。这些可谓自由主义之精华所在。[②]

三是保守主义作为自由主义的对立面也作了一个界定，保守主义认为自由主义和现代性是孪生兄弟，自由主义诸多理论的本质内涵是现代性，即起源于启蒙运动的个人主义、理性主义、人道主义、唯物主义、怀疑主义、普遍主义。他们认为："尽管自由主义在不同的国家与不同文化中会有不同的特色，但是，自由主义是一个统一的传统，而不是两个或几个自由主义的传统。……有一个特定的、独具现代性的关于人与社会的概念。这个概念包含若干要素：第一，个人主义。主张个人相对于任何社会集体的道德至上性（moral primacy）；第二，平等主义。它

---

① 罗尔斯. 正义论. 北京：中国社会科学出版社，1988. 顾肃. 自由主义基本理念. 北京：中央编译出版社，2003：3.

② 顾肃. 自由主义基本理念. 北京：中央编译出版社，2003：4.

赋予所有人同等的道德地位，否认人们之间的道德差异对社会及政治秩序具有任何相关性；第三，普遍主义。肯定人类道德的统一性，特定的历史文化形式第二重要；第四，社会向善主义。认定所有社会制度与政治制度都是可改造的、可改善的。”① 对此保守主义进行了诟病，认为自由主义是从抽象的原则出发理解政治和权力的做法，无视时间和条件地把自由的价值推向整个世界，并将个人与政府权力处于极端对立的两端，而“个人自主没有什么限制。”甚至认为，自由主义代表的无非是一种“野蛮的、消极的个人主义”。②

四是马克思主义学者是从阶级或历史的分析方法评价自由主义，认为“自由主义与资本主义是一对孪生兄弟。自由主义是一种维护私有财产的意识形态。”“自由主义的核心，即它对私有财产的维护，包含了自由主义自身毁灭的条件。一场推翻私有财产制度的社会主义革命将必然同时宣布自由主义的终结。……如个人自由与民主制度将在新的社会主义制度中得以保留。”③

综上所述，可见自由主义作为西方政治生活中的主流意识形态，其部分不同观点和派别的分歧和争论伴随理论发展的始终。正如英国当代政治学家约翰·格雷所形容的那样，自由主义的思想包含两个互不相容的哲学形态，是两张面孔：一是普遍的理性的共识，达到最佳生活方式的理想；一是一种计划，企图实现不同制度和生活方式的和平共处，是一种多元主义价值观的妥协的“权宜之计”。④

自由主义在西方资产阶级反对封建统治以及建立资本主义制度的斗争中形成，在维护资产阶级政权和利益的过程中不断发展，大致经历了古典自由主义和现代自由主义两个历史发展时期。

（二）古典自由主义的思想

古典自由主义，产生于17世纪的英国，后流传到法国、美国，延

① 李强．自由主义．北京：中国社会科学出版社，1998：21．
② 唐士其．西方政治思想史．北京：北京大学出版社，2009：409．
③ 李强．自由主义．北京：中国社会科学出版社，1998：19－22．
④ 约翰·格雷．自由主义的两张面孔．南京：江苏人民出版社，2002：5．

续到19世纪末，有二百年的历史。主要代表人物有被认为是“自由主义始祖”的英国的约翰·洛克（1632－1704）、法国的孟德斯鸠（1689－1755）和卢梭（1712－1778）、美国的潘恩（1737－1809）和杰斐逊（1743－1826）。

自由主义是在英国资产阶级反对封建专制的革命斗争中形成的。革命中的英国资产阶级以自然法学说为基础，提出基本主张：（1）保障个人自由，反对国家和教会的奴役；生命、自由、财产是人们天赋的、不可剥夺的基本权利；在法律允许的范围内，人们尽可以自由行动；（2）国家的建立基于社会契约，即人民同意；国家的目的是保障人权，特别是私有财产权利；（3）国家权力必须受到限制，为此必须实行分权、代议制与法治；（4）一旦政府侵犯或危及人民的自由、生命、和财产等权利，人民有权推翻其统治，建立能维护人民权利的新的政府。

在资产阶级革命中，英国的《权利法案》（1689）、美国的《独立宣言》（1776）和《联邦宪法》（1787）、法国的《人权和公民权宣言》（1789），都以根本大法和政治纲领的方式肯定了自由主义的基本精神，成为西方主要资本主义国家的立国之本。

18世纪末19世纪初，西方资本主义进入了自由竞争时期，古典自由主义具有了新的特征，发展到了第二阶段，即自由放任主义阶段。这时期的主要代表是英国的边沁（Jeremy Bentham，1748－1832）、约翰·密尔（John Stuart Mill，1806－1873）、亚当·斯密（Adam Smith，1723－1790）和大卫·李嘉图（David Ricardo，1772－1823）。

他们的主要观点是：（1）把功利主义作为自由主义的理论基础。边沁认为，趋利避害，追求功利是人的本性。社会是虚构的，个人的利益才是真实的。社会利益不过是个人利益的总和，所以，最大限度地追求个人利益，个人利益增加了，必然带来全社会的繁荣。亚当·斯密认为，在完全竞争的市场经济条件下，每个人追逐的是自身利益。但这样做时，却常常被一只看不见的手引导着去增进社会的利益。（2）认为个人自由是社会进步的源泉，这种自由包括思想言论自由、信仰自由、志趣自由、贸易和经营自由、个性发展和追求幸福的自由等等。（3）在处理个人自由与国家的关系上，认为只要不妨碍他人，国家对个人的自由不可加以干涉；任何对自由的干涉都会造成社会停滞的后果。国家或政府对经济生活和社会生活应采取放任主义或“不干涉原则”。“安静些”，“管得最少的政府是最好的政府”，国家的目的是保证“最大多数的最大幸福”。[①] 这种自由主义理论适应了自由资本主义时期资产阶级要求经济自由、竞争自由和契约自由的需要。

到19世纪中叶，西方国家的阶级冲突随资本主义社会的发展越发激烈，为了缓解阶级矛盾、促进社会稳定、维护资产阶级的整体利益，英国自由主义思想家密尔（J. S. Mill）对古典自由主义的原则进行了重大的修改。提出了个人自由与社会之间的权力界限，在捍卫个人自由的同时强调道德的约束。并认为个人的自主权是有限制的，“每人应享有实际行动而承担其后果的法律上的和社会上的完全自由。”[②] 而个人的发展从长远看应该有利于社会的进步。他试图去除边沁的极端利己主义的个人主义特性。同时反对国家放任主义，主张国家必须发挥作用，实行一定程度的社会干预。政府的目的不仅仅是最大限度地满足人们现有的需要，而且必须着眼于社会的进步。他所做的理论调整导致古典自由主义的核心——自由原则开始松动。后人对此的评价是：密尔作为自由主义发展史上一个分水岭式的思想家，成为个人主义向集体主义转变的一个标志。“独自一人将新老自由主义之间的空隙联结了起来。”[③]

（三）现代自由主义

1. 形成与发展

现代自由主义产生于19世纪末20世纪初，在第二次世界大战以后达到高潮，它对西方资本主义世界特别是英国和美国的影响，一直持续到20世纪70年代末。

现代自由主义的出现与发展，有其深刻的社会经济政治根源。19世纪中后期，资本主义社会并没有出现自由主义者所期望的全面繁荣，

---

① 徐大同. 现代西方政治思想. 北京：人民出版社，2003：10.

② 约翰·密尔. 论自由. 北京：商务印书馆，1982：82.

③ 约翰·格雷. 自由主义. 长春：吉林人民出版社，2005：45－46.

而是出现了广大工人劳动条件恶劣，收入分配两极分化，社会道德沦丧，阶级矛盾和各种社会矛盾激化，特别是经济危机频繁爆发等问题。在资本主义工业化发达的英国，自由主义思想家出于道德良知，对工业资本主义进行了持续的批评，议会出台了工厂法，规定劳动时间和条件。在经济和社会生活中越来越多的方面开始受到法律的调节与制约，这就与传统的自由主义所坚持的放任经济、最小政府的理念形成反差。一批自由主义思想家接受密尔对自由主义原则的修正，开始思考立法与市场的关系。认为资本主义的产品分配方式给予劳动的比例几乎是颠倒的。要求在政府较少干预的基本前提下，也要考虑通过立法解决分配不公等经济与社会问题。特别是，20世纪20年代末到30年代初，世界性的经济危机给资本主义世界带来了巨大损失，资产阶级的思想家在总结教训的基础上认识到：要发展资产阶级的个人自由，也要调节社会经济生活和政治生活中出现的大量矛盾，从而避免大的社会动荡，维护资产阶级的根本利益和政治统治。在这种情况下，现代自由主义应运而生，并得以发展。

现代自由主义接受了实证主义的理论，承认社会是一个整体，是一个有机存在，不是个人的某种简单的联合体。从整体大于部分之和的观点出发，强调除了社会和个人利益，社会还有某种共同的利益，社会从来没有抽象的个人、绝对的个人，个人的性质是由他所在的社会的性质决定的。“社会并不是个人的简单组合，将个人联系在一起的是成员对群体及其宗旨的依附与忠诚。个人作为社会成员而扮演某种社会职能，履行这些职能是个人获得内心最高满足的条件。”①（格林语）“个人组成集体，但集体大于个人之和。一种更高的东西将个人凝聚在一起，整体的利益高于部分的利益，为了保证有机的存在，其组成部分可以作出某种牺牲。”（鲍桑葵语）② 这个时期的自由主义思想有了新的变化。首先，强调个人自由与社会公共利益及社会进步的统一；其次，主张国家

① 李强. 自由主义. 北京：中国社会科学出版社，1998：107.
② 李强. 自由主义. 北京：中国社会科学出版社，1998：107.

的积极作用，扩大国家对经济和社会生活的干预，推进福利国家的建设；第三，扩大公民的权利范围，在权利保障法则的保障下，促进个人的自由发展；最后，加强多边的社会合作，奉行改良主义。①

现代自由主义的发展分为三个阶段：第一阶段是从19世纪末到20世纪初。主要代表是英国的托马斯·希尔·格林（T. Green，1836－1882）、霍布豪斯（L. Hobhouse，1864－1929）和美国的沃尔特·韦尔（W. Weyl，1873－1919）、杜威（J. Dewey，1859－1952）。这一时期的自由主义主要是重新解释自由的概念和自由主义的理论基础，提出并且论证了国家对社会经济活动和社会生活进行全面干预的主张。这些主张对20世纪初的英国和美国的政府政策产生了一定影响。

第二阶段是20世纪30年代到60年代。主要代表是美国的罗斯福（Franklin Delano Roosevelt，1882－1945）和英国的凯恩斯（J. M. Keynes，1883－1946）。凯恩斯的主要贡献是全面论证了国家干预的理论和政策。而罗斯福将其付诸实施，使推行的"新政"得以成功，现代自由主义成为席卷整个西方的政治思潮。20世纪50年代到60年代，现代自由主义达到鼎盛时期，并成为西方主要资本主义国家实现战后复兴，建立"福利国家"的重要理论基础，对战后整个资本主义世界的恢复与发展起到了重要作用。

第三阶段是20世纪70年代到90年代。主要代表是美国的罗尔斯（John Rawls，1921－2007）。20世纪60年代末以来，西方资本主义的各种矛盾愈演愈烈，终于在70年代爆发了经济危机，出现了严重的"滞胀"，民权运动、学生造反、反战运动、女权运动等此起彼伏，引起了人们对现代自由主义理论及其政策的怀疑。在这种情况下，罗尔斯对现代自由主义进行了全面、系统的梳理与论证，力图挽回它的声誉。

2. 格林的现代自由主义思想

托马斯·希尔·格林（T. Green，1836－1882）是牛津唯心主义学派的代表人物，新黑格尔主义者。政治上，格林属于约翰·布赖特派的

---

① 徐大同. 现代西方政治思想. 北京：人民出版社，2003：14－16.

自由党。格林在英国现代自由主义运动中的先驱地位来自他对早期自由主义的全面批评和对现代自由主义的基本建构，他首次明确地提出自由的限度问题。他认为，时至资本主义向垄断发展时期，大量的现实社会问题说明，如果不对个人自由有所限制，必须会妨碍他人的自由，从而造成对社会自由的限制。自格林以后的英国现代自由主义者，包括霍布豪斯、霍布森、贝弗里奇等人，无不从对个人自由的限制出发，建构自己的政治学说。

格林看到，严酷的社会现实使英国自由主义者们对传统的自由主义产生了怀疑。社会并没有像他们所预期的那样，在每个人追求个人幸福的同时，自然而然地实现最大多数人的共同幸福，自由放任的结果是少数人恣意行事的“自由”破坏了他人的自由权利，只顾眼前的快乐和经验，忽视普遍的原则和崇高的理想，使社会失去了他们共同遵守的行为准则。

格林认为个人的自由并非与他人毫不相关，对个人的自由应有所限制。国家对个人的幸福负有直接责任，应该为个人的幸福有所积极的直接的贡献。格林从哲学上论证了一种普遍、绝对的伦理原则——共同之善。针对早期自由主义有关自由和国家的观点，他提出了自己的自由主义主张——积极的自由观和积极的国家观。格林论证了社会公共利益的存在，并力图把个人利益与社会利益统一起来。

“积极的自由观”。格林与古典自由主义者一样，都主张维护个人自由，发展个人自由，但不同的是，古典自由主义者讲的“自由”是一种消极意义上的自由，而格林主张的自由则是一种积极意义或肯定上的自由。消极自由是一种以不让别人妨碍自己的选择为要旨的自由，它的含义是：当个人处于非强制或不受限制的状态时，个人就是自由的；过多的国家干预通常被看作是削弱了个人的积极性并侵犯了基本自由。换句话说，按照这种自由观，自由就是尽可能地免于外在的不正当限制，或者按照哈耶克的说法，自由就是“一个人不受制于另一个人或另一些人因专断意志而产生的强制的状态”。

格林不赞成这种自由观，并针对这种观念提出了积极自由的思想。

他认为，“当我们提及自由时，我们应该谨慎地考虑它的含义。我们所谓的自由并不仅仅是不受强制的自由。自由不意味着我们可以做我们所喜欢的事，而不管我们喜欢的是什么。自由并不意味着一个人或一些人可以享受以其他人的损失为代价的自由。”我们言及自由指的是一种积极的（positive）权力或能力，从而可以做或享受某种值得做或享受的事，而这些事物也是我们与他人共做或共享的事物。① 也就是说，它不是恣意妄为的自由，而是受社会安排所限制的自由，它不是个人或集团所独享而剥夺别人同等机会的自由，而是能够为所有成员共享的自由。

格林进一步论述道，人的自由是与他自身具有的道德能力、他的不懈的创造精神、他的信仰的坚定程度，以及他对道德理想矢志不渝的追求成正比的。人愈积极主动地增强自身的创造力量，发挥自身的道德能力，坚定信仰，忠诚于理想，人就愈能完善地实现自由。② 依照格林的道德观，真正的自由乃在于个人道德的自我完善，在于每个人充分发挥个人能力去实现共同善。这是一种积极的自由、主动的自由、真正的自由，是最理想的自由。“自由是最大的赐福，我们全体人民努力奋斗就是为了赢得自由，然而，按正确理解，这不是仅仅摆脱了限制或强制的自由，也不是恣意妄为不顾后果的自由，更不是为某一个人或集团所独享而剥夺别人同样权利的自由，我们所珍视的自由是全体共有的，做有价值之事的一种积极的权力或能力，一种通过相互帮助和保证人人得以行使的能力。”③

与古典自由主义过分强调个人自由，忽视社会利益的存在相反，格林认为任何社会都存在社会公共利益，主张把个人利益与社会利益统一起来。他说，人是道德的存在物，人所追求的道德上的善，本质上是社会成员共同享有的善——共同的善。④ 任何个人的道德发展都必须与其

---

① 李强. 自由主义. 北京：中国社会科学出版社，1998：107－108.

② 徐大同. 现代西方政治思想. 北京：人民出版社，2003：19.

③ 格林全集：第三卷. 370.

④ 徐大同. 现代西方政治思想. 北京：人民出版社，2003：17.

他社会成员的道德发展相一致。个人与他人是相互依存的，离开他人和社会，个人不可能有幸福。在追求共同的善的过程中，每个人之间都应该相互帮助。

“积极国家观”。格林认为，积极自由必须通过国家来实现。限制“为所欲为的自由”需要一种公共权力机构，而积极的自由的实现还要靠国家提供保障。国家不应该是“消极的”、放任的国家，而应该是“积极的国家”，应该干预经济生活和社会生活，从而为个人的发展提供好的环境和条件，使所有人都能分享文明的成果。他主张应该加强国家对社会经济生活的干预。具体来说，就是主张国家不仅要为个人的自由提供安全的保障，而且要主动地为个人自由的发展创造条件，要主动地排除妨害自由发展的贫困、饥饿、疾病、伤残、愚昧等等障碍，要积极地推进公共福利和社会的发展。简言之就是要用具有道德性的国家代替过去的警察国家，用政府的积极干预代替过去的自由放任。①

格林还将国家行为责任提升到道德层面加以强调。他认为国家就是公共意志的实现，就是道德意志的实现。国家是一种道德力量，是人民实现道德的必要保障。国家虽不能强迫个人接受道德，但可以为个人提供一个发展道德的环境。国家扫除不利的障碍，提供有利的环境，就为个人的道德生活作出贡献。②

关于国家职能，格林指出其职能绝不仅消极地保障人身安全和契约的履行，而是有责任在个人去做值得去做的事情时，拆除设在个人面前的障碍，并为自由的实现创造条件。首先，国家作为一种强制机关，必须限制个人的某些活动，以保证每一个人在行使自己的自由权利，追求个人幸福的时候，都不会侵犯他人同样的权利和对幸福的追求。而个人财产权作为自由主义的根基，神圣不可侵犯。格林则指出，私有财产权的运用要以公共福利为标准。私有财产权的运用，必须成为实现共同之善的手段。在这一最高标准下，如果私有财产的运用有损于公共福利，

---

① 徐大同. 现代西方政治思想. 北京：人民出版社，2003：18.

② 徐大同. 现代西方政治思想. 北京：人民出版社，2003：18.

造成对他人自由的伤害，比如对他人健康的危害，造成大量失业人口，致使广大劳动阶层陷入贫困等，私有财产权就不再是不可侵犯的了，而必须由国家加以限制。其次，国家的积极职能还表现在国家有责任为个人追求幸福提供条件。格林认为贫困、愚昧、酗酒等都是个人实现“积极自由”的障碍，国家有责任消除愚昧，推行义务教育。比如父亲没有权力让儿子处于愚昧状态，儿子有做“值得去做的事”的权利和能力，国家通过教育，使儿子去掉发挥其能力、实现其权力的阻碍。①

格林在主张国家责任的同时，也指出，公民有服从国家的义务。他认为个人有服从国家的义务。任何个人若指望他人承认自己的权利，首先必须遵守普遍的道德法则，服从共同之善的良习指导，承担个人的对他人和社会的责任和义务。这些方面的惟一代言人是国家，个人服从国家，就是个人的一种自我完善，是通向共同之善的途径。国家是公共意志的体现。根据共同之善的至上性，个人必须无条件服从国家，“每一个人首要的是按其地位尽责任”，② 无论何时何地，只要法律出自国家，人们就无权违背法律，“国家是我们权利的源泉和赋予者，权利在存在于国家之中以前，可能在家庭中存在过，一旦国家诞生了，并使这种权利有了保证。权利寓于国家之中，并出自国家，可以想象出并不寓于国家之中的种种理想的权利，但只有这些权利寓于国家之中，才成为实实在在的权利。”③

这样，格林就在共同的善的基础上，论证了国家干预的合理性，调和了追逐个人利益与自由同维护他人的利益与自由的矛盾，劝告不要只为了个人利益而不顾社会的稳定与发展。

格林从积极自由的角度对国家的作用作出了新的定义，为国家发挥积极的职能提供了新的依据，为西方社会的福利国家的建设提供了理论根据。

---

① 欧·巴克. 英国政治思想. 黄维新，等，译. 北京：商务印书馆，1987：34－35.

② 格林. 伦理学导论. 杨龙. 托马斯·格林的政治哲学. 政治文化研究网，2001.

③ 欧·巴克. 英国政治思想. 黄维新，等，译. 北京：商务印书馆，1987：39.

3. 霍布豪斯的现代自由主义思想

霍布豪斯（L. Hobhouse，1864－1929）是英国著名的现代自由主义政治思想家、哲学家、社会学家。1887～1897年任教于牛津大学，1897～1902年任《曼彻斯特卫报》编辑、主要撰稿人。曾任自由工会的书记。担任过《论坛报》政治编辑。1907～1929年任伦敦大学教授。

霍布豪斯的理想是建立一种自由主义式的民主社会主义。他既反对帝国主义和垄断，也反对马克思的共产主义和费边社会主义。他是20世纪最具影响力的现代自由主义的左翼思想家，英国现代自由主义的主要代表。著有《论劳工运动》、《民主与反动》、《自由主义》、《社会演进与政治理论》、《冲突的世界》、《形而上学的国家理论》、《社会正义之要素》。

霍布豪斯认为，自由主义的基本要素是：公民自由、财政自由、个人自由、社会自由、经济自由、家庭自由、民族自由、国际自由、政治自由和人民主权。[①] 他强调，自由不是绝对的，法制是自由实现的第一步。赞同对消极自由和积极自由的划分，主张变消极自由为积极自由，认为自由与平等并行不悖。自由以平等为基础，建立在不平等之上的自由只会导致特权。不仅法律面前应当人人平等，机会面前也应人人平等。

霍布豪斯批判古典自由主义把个人自由与社会割裂开来的观点，指出追求个人利益必然带来全社会的繁荣的假定是“过分乐观了”。19世纪的自由放任主义把失业、低工资、疾病带给社会，摧残幼者、威胁老人，加剧了社会的不平等，这是对自由的扼杀。霍布豪斯进而认为，“自由与其说是个人的权利，不如说是社会的必需。它不是奠基于甲要求乙不打扰他，而是奠基于乙把甲当做一个理性动物对待的义务。”[②] 自由“主要是个社会利益的问题”。他通过论证个人与社会之间是有机相联的概念，进一步阐发了格林的积极自由和积极国家的思想。他说：

---

① 霍布豪斯. 自由主义. 北京：商务印书馆，2002：8.

② 霍布豪斯. 自由主义. 北京：商务印书馆，2002：62.

“每一个人的权利所服从的共同利益乃是一种每一个人都能分享的利益。这种分享在于充分发挥他感知和热爱的能力，充分发挥他的精神力量和肉体力量，而在充分发挥这些能力和力量的过程中，他就在社会生活中尽了他的本分，或者用格林的话说，在公共利益中找到了他自己的利益。”① 而“‘积极’国家概念不仅不与真正的个人自由原则相矛盾，而且对于有效实现这个原则还是必不可少的”。过去是国家强迫个人做什么，现在应该转为国家为个人做什么。如果说国家为个人做它应该做的事情，“这其实不是一个关于自由的问题，而是一个关于责任的问题。”②

据此，霍布豪斯认为，20 世纪的国家应该是积极的国家，应积极干预经济、政治、教育等活动，提供广泛的成人选举权，扩大公共教育，在经济上制定充分的就业计划，规定一切公民的最低收入标准，推行失业、疾病等各类保险等等，并认为这是国家的职责。国家的职责就是为公民创造条件，使他们能够依靠本身的努力获得充分的公民效率所需要的一切。在矫正社会病态、推进正义方面，霍布豪斯倾向于谋求政府干预，提出“要维护个人自由和平等，就必须扩大社会控制的范围”，主张政府在促进财富公正分配上发挥积极作用。

但是在社会现实中，政府能在多大程度上推进社会和经济正义？它真的代表社会的责任吗？如何控制政府在扩大社会控制的过程中有可能发生的权力扩张和蜕变危险？霍布豪斯没有给予阐述，导致其支持的政府干预理论遭到多方质疑。正像与他同时代的保守主义者塞西尔在批评自由主义时所说的，急于改革现状的热忱使自由主义受到诱惑去侵犯自由的原则。但值得肯定的是霍布豪斯始终关注着弱势群体生存境况，表现出伟大的人道主义精神和对社会公正的执着探求。尽管在他身后极权主义曾猖獗一时，损害了社会公共利益，自由主义运动向坚决限制政府权力的古典自由主义回归，但霍布豪斯在质疑利润制度和阐释社会、经

---

① 霍布豪斯. 自由主义. 北京：商务印书馆，2002：64.

② 霍布豪斯. 自由主义. 北京：商务印书馆，2002：78.

济正义原则时提出的问题仍然不可回避。

4. 罗尔斯的现代自由主义思想

罗尔斯于1921年生于美国马里兰州的巴尔的摩，1943年毕业于普林斯顿大学，1950年获该校博士学位。先后在普林斯顿大学、康奈尔大学、麻省理工学院和哈佛大学任教。尽管著作不多，但其在西方学术界影响甚大。1951年发表《用于伦理学的一种决定程序的纲要》，此后他专注于社会正义问题，并潜心构筑一种理性性质的正义理论，陆续发表了《作为公正的正义》（1958）、《宪法的自由和正义的观念》（1963）、《正义感》（1963）、《非暴力反抗的辩护》（1966）、《分配的正义》（1967）、《分配的正义：一些补充》（1968）等文。在此期间，罗尔斯着手撰写《正义论》一书，前后三易其稿，最终成为20世纪下半叶伦理学、政治哲学领域最重要的理论著作，于1971年正式出版发行，随即在学术界产生巨大反响。由于第一版的《正义论》封面为绿色，当时一些哈佛的学子以“绿魔”来形容这本书的影响力。除此以外，罗尔斯的著作还包括《政治自由主义》（1993）、《万民法》（1998）、《道德哲学讲演录》（2000）、《作为公平的正义——正义新论》（2001）等。

20世纪60年代末现代自由主义开始出现衰落的情况，罗尔斯通过其著名的《正义论》、《政治自由主义》对现代自由主义进行全面系统的论证。《正义论》探讨了改善西方社会制度、社会结构和道德秩序的一系列重要问题，主张用公平的正义原则取代在西方占主导地位的功利主义，绘制了一幅普遍适用的社会正义蓝图。

正义与公平分配问题是与福利国家政策相关联的一个理论问题，因而也是现代自由主义关注的一个理论重点。罗尔斯《正义论》的开篇中提出正义的社会作用。他认为，正义是社会制度的基础，是“社会制度的首要美德”[①]。正义既是人们社会理想的组成部分，又是调节社会上的利益冲突的重要手段，既是目的，又是手段。在这个意义上，罗尔

① 顾肃. 罗尔斯正义与自由的求索. 沈阳：辽海出版社，1999：1.

斯认为，“正义的主要问题是社会的基本结构，或更确切地说，是社会主要制度在分配基本权利和义务时，通过社会合作产生利益时所遵循的方式。”① 在他看来，社会的制度或社会的基本结构应该是合乎正义的。

那么，什么样的社会制度才是正义的呢？或者说，社会制度的正义原则是什么呢？罗尔斯认为，“所有的社会基本善——自由和机会、收入和财富及自尊的基础——都应被平等地分配，除非对一些或所有社会基本善的一种不平等分配有助于最不利者。”② 这体现为两条正义原则：

第一原则是，每个人都拥有与他人相同的最广泛的基本自由。他称之为自由原则。第二原则又分为两条，即社会经济中的不平等应这样来安排：（1）对每个人都有利，并使以往收益最少者享有最大利益，他称之为差别原则。（2）在社会的公平、平等条件下，地位和职位向所有人开放，即机会的公平、平等原则③。

罗尔斯认为第一原则，即平等自由原则，适用于社会基本结构的第一部分，即社会制度规定和保障公民的各种基本平等与自由，包括政治自由，言论、集会、信仰和思想自由；人身自由和财产权；法治概念中所规定的不受任意逮捕和搜查的自由。④ 这是自由主义最基本的信条。

第二个正义原则适用于生活基本结构的另一部分，即承认社会的和经济的不平等现象存在的现实性，并在此基础上提出，要注意调节利益分配上的差别，使受益最少者的状况得到一些改善。同时，也是差别原则与机会均等原则的结合。而这两个子原则的地位也不同，机会均等原则是前提，强调的是公平的普遍原则，是“前程为人才开放。”也就是说“在机会的公平平等前提下的职务和地位向所有人开放。”⑤ 但是由于人才自身存在差异，如能力、天赋、家庭环境、社会地位、运气等均不相同，导致结果资源的分配差别比较大。罗尔斯主张用差别原则纠正

---

① 唐士其．西方政治思想史．北京：北京大学出版社，2009：473.
② 顾肃．罗尔斯正义与自由的求索．沈阳：辽海出版社，1999：25.
③ 罗尔斯．正义论．北京：中国社会科学出版社，1988：292.
④ 罗尔斯．正义论．北京：中国社会科学出版社，1988：192.
⑤ 顾肃．罗尔斯正义与自由的求索．沈阳：辽海出版社，1999：34.

这种不公正，对处于不利状态的人进行补偿。罗尔斯说："不平等的能力和天赋不能成为不平等分配的理由。按照差别原则，任何人的自然才能都应看成一种共同的资产、一种共享的利益。因此，那些先天有利的人，不论他们是谁，只能在改善那些不利者的状况的条件下从他们的幸运中得利。"①

罗尔斯指出，上述两个正义原则和第二个原则中所列出的两个原则的地位和作用是不一样的。罗尔斯提出了两个优先的原则：第一正义原则优先于第二正义原则，即自由优先原则；在第二正义原则中的机会公平平等原则优先于差别原则。自由优先原则表明，自由是最重要的社会价值，是第一性的，社会的和经济制度方面的安排要服从于自由原则；机会平等原则表明，首先应保证机会均等，对不平等的状况的调节不能伤及机会均等原则。

那么如何实现分配方面的公平正义呢？罗尔斯认为，需要国家干预。为了保证机会的公平平等，政府可以补贴私立学校或建立一种公立学校体系来保证每个人都有平等地接受教育的机会；政府还应该加强对公司和私人社团的管理，避免某些人垄断某些好的社会地位和机会。为了保护收益最少者，政府应采取家庭津贴、生病和失业特别补助等福利政策。

罗尔斯认为，如果这样做了就达到了自由（自由优先原则）、平等（政治权利的平等和机会的平等）和博爱（照顾最少收益者的差别原则）的统一，就可以建立一个自由、平等、和谐的世界了。

对正义原则的提出与阐发，是罗尔斯现代自由主义思想的精髓。在这里，罗尔斯研究了政治自由与经济利益平等的关系，研究了机会平等与结果平等的公正关系。他既要坚持自由和机会平等的原则，又力图最大限度地消除经济方面不平等的现象，以保持公平，减少社会中的不平等现象。这使得现代自由主义基本原则，诸如国家干预和福利国家理论和政策得到了更为严密的论证。但罗尔斯的理论也表明，现代自由主义

① 罗尔斯．正义论．北京：中国社会科学出版社，1988：97．

对古典自由主义的修正，强调个人对国家和社会的依赖性，进而论证国家或政府干预的重要性和必要性，目的不是要取消个人自由，最终是为了保护个人自由。因为，完全放任的自由主义既会引起社会矛盾的激化，又会因垄断的出现，而且限制了自由的发展，这两者都会危及个人自由。在这个意义上说，现代自由主义是古典自由主义在当代发展的一种延伸和变种，它并没有失掉古典自由主义的传统。

5. 对现代自由主义的评价

首先，现代自由主义将“消极自由”转化为“积极的自由”，强调个人自由的本质是道德自由，是主动的自由。人的自由权是社会利益的一部分，是平等基础上的自由，将古典的自由观改造为个人与社会共同利益相统一的积极的自由观。同时强调，个人“积极的自由”的实现依赖于国家和社会，重视国家的积极能动作用。认为帮助个人实现自由是国家的职责，并论证了国家干预和调节社会经济及其他社会矛盾的必要性和重要性。在理论上形成了与古典自由主义的重要区别，也是对自由主义运动的历史性贡献。

其次，现代自由主义的“积极的国家”理论对当代资本主义的发展产生了重要影响。现代自由主义在20世纪30年代的欧美国家占据主导地位，成为主要发达资本主义国家的执政理念，并通过国家这一上层建筑最重要的工具，对社会经济等进行广泛的调节，推行福利国家政策，使社会经济和阶级矛盾及其他社会矛盾得到了很大缓解。同时，通过国家干预，为现代科学技术的发展创造了更为有利的条件。而科技的发展反过来又极大地促进了生产力的发展。在一定的意义上可以说，当代资本主义的发展，主要是在现代自由主义的理论与政策的指导下取得的。

第三，现代自由主义在理论上触及了较深层次的社会问题。自由主义所捍卫的自由却走向反面：自由竞争导致的资本集中和垄断危及了机会均等，限制了自由竞争，分配不公平导致了社会内部收入的分化，特别是阶级之间的两极分化，引发了大量的社会矛盾。为此，现代自由主义通过论证强调个人利益同国家或社会利益的相联系的，把个人自由同国家干预联系起来，把自由竞争同经济公平和社会利益联系起来，把机会均等同收入的保障（结果的平等）联系起来，试图寻找一条既能保证自由发展，又能兼顾平等、公正的方法。由于没有触及到资本主义社会的本质矛盾，因此不能真正解决上述矛盾，但在如何处理机会平等与防止两极分化、鼓励竞争与防止垄断、效率与公平等关系上，现代自由主义所作的探索是有一定价值的。

（四）保守自由主义

二战之后，主要发达资本主义国家都推行国家对经济和社会生活积极的干预，建立福利国家，大大缓解了社会矛盾，改善了人民的社会生活品质。随着国家干预的领域不断扩大，政府的权力也在膨胀，出现了调节失灵、政府超载、官僚主义、行政低效、限制自由竞争等现象，崇尚自由市场的保守自由主义知识分子吹响了对现代自由主义批判的集结号。

保守自由主义也被称为新经济自由主义，[①] 主要特点是对现代自由主义的积极自由观持否定的态度，坚守古典自由主义的消极自由观，反对国家干预，捍卫自由市场秩序。作为古典自由主义的复兴，与古典自由主义不同的是：保守自由主义为传统的自由观提供了新的论证，倡导市场机制的作用和有限政府体制。主要的代表人物是哈耶克和弗里德曼。

弗里德里西·哈耶克（Hayek，Friedrich August，1899－1992），奥地利裔英国经济学家，新自由主义的代表人物。生于奥地利维也纳。先后获维也纳大学法学和政治科学博士学位。20 世纪 20 年代留学美国。先后任维也纳大学讲师、奥地利经济周期研究所所长、英国伦敦经济学院教授、德国弗赖堡大学教授等。1938 年加入英国籍。早期以研究货币和经济周期理论成名，提出货币投资过度理论。他认为经济周期的根源在于信贷变动引起的投资变动。银行信贷的扩大刺激了投资，一旦银行停止信贷扩张，经济就会由于缺乏资本而爆发危机。他相信资本主义

---

① 在国内学术界，或在网络媒体上多以新自由主义表述。

经济本身有一种自行趋于稳定的机能，反对国家对于经济生活的干预。他把20世纪70年代资本主义滞胀的出现归罪于凯恩斯主义的理论和政策。

哈耶克一直反对社会主义，反对计划经济，认为社会目标是个人目标的总和，社会目标不能抑制个人目标。而社会主义贬低人的个人目标，而遵从于社会的目标，限制了利己的动力，计划经济中的集中决策没有市场经济中的分散决策灵活，所以社会主义不可能有高效率；而且社会主义违背人性，计划经济导致政府极权，是"通向奴役的道路"。因此，他反对西欧社会民主党和英国工党的社会改良措施。他对社会主义的研究主要是基于对苏联社会主义模式的分析，存在一定的偏颇。他的自由主义思想在西方国家学术界有重要影响。1974年他与瑞典经济学家缪达尔共同获得诺贝尔经济学奖。于1992年3月23日去世，享年92岁。著有《货币理论和经济周期理论》、《物价与生产》、《资本纯理论》、《通向奴役的道路》、《法律、立法与自由》、《货币的非国家化：共存货币理论与实践的分析》等。

米尔顿·弗里德曼（1912－2006），美国经济学家，以研究宏观经济学、微观经济学、经济史、统计学闻名。在二战后反对国家干预主义的阵营中，自由至上派的主力和先锋。1976年取得诺贝尔经济学奖，以表扬他在消费分析、货币供应理论及历史以及稳定政策复杂性等范畴的贡献。弗里德曼著的《资本主义与自由》（1962年）、《自由选择》（1979年）主要阐述了自由、平等、政府职责和公共政策、社会福利等问题，在思想界产生较大影响。他提倡将政府的角色最小化以让自由市场运作，以此维持政治和社会自由，反对政府的干预。他的理论成了自由意志主义的主要经济理论依据之一，并且对20世纪80年代开始的里根政府以及主要工业发达国家的经济政策都有极大影响。

1. 自发秩序与有限政府

哈耶克不是单纯为自由市场经济的合理性进行了论证。与其他自由市场的捍卫者不同，他是从更广阔的角度对自发秩序（spontaneous order，又译为自生自发秩序）进行研究，从而否定各种主张通过人的理性设计控制社会秩序与社会生活的政治理论。

“自发秩序”这个概念，是哈耶克政治哲学的一个核心概念，也是他学术生涯中的一个重大发现。在《法律、立法与自由》三大卷本巨著的末尾，他曾这样总结他四十年研究而达致的最终结论：“我们所习得的经验已经足以使我们认识到了这样一个道理，即对于任何想通过把个人互动的自生自发过程置于权力机构控制之下的方法去扼杀这种自生自发的过程并摧毁我们的文明的做法，我们都必须予以坚决的制止。但是需要强调指出的是，为了不使我们的文明蒙遭摧毁，我们就必须丢掉这样一种幻想，即我们能够经由刻意的设计而‘创造出人类的未来’……”① 在此，哈耶克明确表明自己所一直坚持的理念：要促进人类文明的发展，就应该尽量维护和利用自发的秩序，警惕刻意设计的人造秩序对文明的破坏。

哈耶克把“秩序”定义为“一种事务状态，在这种状态中，各种各样的要素相互间如此相关，以至于我们可以根据对整体中某个空间或时间部分的认识，去形成对其余部分的正确预期，或至少是有充分的机会被证明为正确的预期”。② 他将“秩序”区分为“自发秩序”和“人造秩序”（或译“人为秩序”）两种类型。其中人造秩序是由某个人把每个要素放在一个确定位置并指挥其活动形成的秩序。这种秩序他又叫做“组织”或“外部秩序”。自发秩序则不同，它既是人之行动而非人之设计的结果，又是这些秩序的要素在响应它们的实时环境时遵循某些规则的结果。两者关键的不同在于，人为秩序（或组织）是一种有助于实施某个先定的具体目标的集体工具，而自发秩序是每个人在追求各自目的的过程中自动形成的，所以它是不同的个人实现其各自目的的一般条件，而这个条件本身是没有特定目的的。能够推动自发秩序生成和运转的条件则是：自由、一般规则和竞争。③

---

① 哈耶克．法律、立法与自由：第二、三卷．北京：中国大百科全书出版社，2000：492．

② 徐大同．现代西方政治思想．北京：人民出版社，2003：172．

③ 徐大同．现代西方政治思想．北京：人民出版社，2003：172－173．

与两种秩序相对应，哈耶克还区分了形成和维系两种秩序的两种规则。与自发秩序相对应的是正当行为规则，与人造秩序相对应的是组织规则。这两种规则的区别主要是：第一，前者服务于无特定目的的自发秩序，后者服务于有特定目的的组织；第二，前者是“被发现的”，后者是组织者用随心所欲的方式创造出来的。计划经济与所有人为设计秩序的企图，都是过分相信和崇拜理性的结果。这种理性主义建构的秩序不仅必然是低效率的，而且是必然破坏个人的自由，毁灭人类的文明。哈耶克对自发秩序的论证，是为了捍卫个人的自由。在哈耶克看来，市场是人类社会内部的陀螺仪，不断地产生着自发的秩序，确保着个人自由的实现。因为：市场经济的前提是交换自由，交换自由可以导致自愿的合作，免除人与人之间的强制，从而有助于个人自由地行使自己的权利。市场允许广泛的多样性存在，从而能减少社会结构的紧张程度。

其次，他再三强调，在自由之中，经济自由是最重要的，是我们经济活动的自由，是其他自由的前提。①

哈耶克在强调市场秩序对个人自由的保障作用的同时，也承认有些事情完全不能通过市场来处理，也有些可通过市场来处理，但由于其代价太高，而不得不采取政治渠道的解决办法。但是，哈耶克指出：政府作为公共资源的管理者，应按照合法方法开展活动或扩展活动领域，即在法治的约束下行使权力。而政府权力的正当性在于为个人的自由活动提供一种制度上的保障。他认为必须对政府的职能加以限制，政府的职能不过是一种工具和手段。因此，他认为：政府的职能主要在两个方面：一是必须实施法律和抵御外敌；二是必须提供市场无法提供或无法充分提供的需要。② 由此可见，哈耶克的政府理论有别于古典自由主义的最小政府论，也不同于现代自由主义主导的国家干预理论，而是介于两者之间的“有限政府”论。

20 世纪 70 年代之后，一些政党在大选中大肆推行社会保障和福利

---

① 哈耶克. 通往奴役之路. 北京：中国社会科学出版社，1997：101.

② 哈耶克. 法律、立法和自由：第2、3卷. 北京：中国大百科全书出版社，2000：331.

政策，加之市场在运行过程中出现的失灵，政府出手干预也取得一定的成效等等。哈耶克也不得不承认，在自由市场秩序中，不同的个人所具有的初始机遇是极为不同的，政府为每个人提供最低收入保障的措施也是正当的，但是，过分追求机会平等，就会不必要地增加政府的权力。法律的目的应当是平等地改进所有人的机遇，一个好的社会是随机挑选出的任何人都可能获得尽可能多的机遇的社会，而不是所谓真正实现机会平等的社会。政府只有促进自发秩序的有限权力。

2. 对福利国家的弊端的批评

20 世纪 70 年代初，西方资本主义世界爆发了自二战之后最严重的经济危机。危机使通货膨胀加剧、经济衰退、社会问题频发、阶级矛盾激化，一切表明现代自由主义推行国家干预失灵。现代自由主义的治国理念，“福利国家”政策均遭到质疑和批评。

对福利国家政策的批评以美国经济学家米尔顿·弗里德曼为代表。早在 20 世纪 60 年代，他就对美国的福利政策提出了尖锐的批评。他指出，在集权主义的模式下，战后几十年美国政府实施的福利政策基本上都是失败的。尽管美国福利事业的目标都是崇高的，但结果却令人失望。具体表现如下：（1）为了保护消费者而对铁路设置规章制度，很快成为铁路部门保护自己免受新出现的竞争对手的竞争的工具，消费者反而因此成为受害者。（2）高额累进税制度的制定，意图减少不均等和促进财富的分散，但实行的结果却助长了公司收入的再投资，结果有利于大公司的增长，阻碍了资本市场发挥作用，使得新企业的建立受到阻碍。（3）意图促进经济活动和物价稳定的货币改革却在一战期间和其后加剧了通货膨胀，助长了比以往更高程度的不稳定。（4）意图帮助贫穷农民的农业方案已经成为对公款的一种浪费，对资源的一种不恰当的使用，贫穷的农民从中得到的帮助很少。一方面，农民从政府的价格支持方案中得到的好处比政府支出的费用要少得多；另一方面，消费者反而增加了开支：纳税和买食物不得不付出更高的价格。（5）意图减少贫困的最低工资法反而增加了贫困，使得雇主不敢雇工，结果使失业的人数增加。（6）意图改善穷人的住房条件、减少青少年犯罪和消除城市贫民窟的住房方案，却使穷人的房屋条件变坏，廉价的公房使得低收入者聚居，破裂的家庭高密度地集中在一起，他们的孩子容易成为“问题”儿童，其结果助长了青少年犯罪，加速了城市的破败。(7) 在教育方面，由于联邦政府干预的扩大，尽管用于教育的公共支出增加了，但家长们反而抱怨自己子女所受的教育质量下降了。[①]

因此，他认为，福利计划的主要祸害是对社会结构的影响，即它削弱家庭，降低人们对工作、储蓄和革新的兴趣，减少资本的积累，限制人们的自由。[②] 但是福利计划既然已经实施，就不是一夜间能够一扫而光的，需要通过一个纲领使所处的状态过渡到想要达到的状况。他认为：“这个纲领有两个基本内容：第一，改革现行的福利制度，用单一的内容广泛的现金收入补贴计划（这是一种与正所得税相联系的负所得税）取代目前的杂七杂八的单项计划；第二，在履行义务的同时，逐步取消社会保险，要求人们自己为退休后的生活做安排。”[③] 这可以增强个人的责任感，缩小政府开支和现在庞大的官僚机构，同时保障国内每个人的安全。由于社会生活的复杂性，社会存在不平等，以及各种既得利益集团的反对，弗里德曼自己也知道这个纲领只是乌托邦的幻想，但对 20 世纪 80 年代后西方国家福利政策的调整起到推动作用。

3. 对社会正义及分配正义的批判

现代自由主义福利国家政策的一个重要理论基础是分配正义（或公平分配）理论，保守自由主义为反对福利国家政策，对分配正义也进行了批判。这种批判以哈耶克最有代表性。

哈耶克坚持程序正义，反对社会正义，他把“分配正义”称为“社会正义”，并视为社会主义的核心价值。他认为，人们对“社会正义”的诉求，严重威胁了当代社会中的自由。社会主义者之所以主张实行计划经济，现代自由主义之所以主张加强国家干预，其主要目的就在于实现财富的公平分配。而“社会正义”是正义观念被滥用的结果，

① 米尔顿·弗里德曼，等. 自由选择. 北京：商务印书馆，1982.
② 米尔顿·弗里德曼，等. 自由选择. 北京：商务印书馆，1982：128.
③ 米尔顿·弗里德曼，等. 自由选择. 北京：商务印书馆，1982：122.

而且是与正义本身相对立的。

哈耶克认为，“所谓正义，始终意味着某个人或某些人应当或不应当采取某种行动；而这种所谓的‘应当’（ought），反过来又预设了对某些规则的承认：这些规则界定了一系列情势，而在这些情势中，某种特定的行为是被禁止的，或者是被要求采取的。”① 在哈耶克看来，正义是个能否遵守正当行为规则的问题而且根据同样的原则对待每个人。并极端地认为，正义是法律的正义而不是结果正义。社会正义的要求实际上就是物质平等或结果平等的要求，而这种平等与法治是不兼容的。因为，法治要求的是在一般性规则（法律）面前的平等，而结果平等主张既然要使不同的人产生同样的结果，那就必须给予人们不同的待遇，所以，这种“旨在实现公平分配的重大理想的政策，必定会导致法治的破坏”，而法律是个人自由的保障。② 另外，追求结果平等的社会正义要求也与市场秩序也是格格不入。市场秩序是靠一般性行为规则来维持的，如果人们要强行把某种结果平等或分配正义的要求加在市场秩序上，自发的市场秩序就会逐渐被政府控制一切的全权体制所代替。③“如果要使这些权利得到普遍化，那么就必须把整个社会转变成一个单一化的组织，也就是说，把整个社会变成一个十足的全权主义社会（totalitarian society）。”④

哈耶克对各种打着“社会正义”的旗号“纠正”市场秩序的努力基本都持否定态度，认为除非是为了实施普遍的抽象性规则，否则这些努力必定会导致市场秩序的毁灭。他因此批评《世界人权宣言》和其他各种《人权法案》中对人的“社会与经济”权利的规定，认为这些肯定性权利不仅和原来的否定性公民权利不兼容，而且无论现在还是将来都是不可能实现的。

① 哈耶克．法律、立法与自由：第二、三卷．北京：中国大百科全书出版社，2000：52.

② 哈耶克．通往奴隶之路．北京：中国社会科学出版社，1997：76.

③ 徐大同．现代西方政治思想．北京：人民出版社，2003：176.

④ 哈耶克．法律、立法与自由：第二、三卷．北京：中国大百科全书出版社，2000：184.

总之，哈耶克竭力反对“社会正义”及其由此派生的各种观念，他把“社会正义”称之为是一种“准宗教性质的迷信”、一种大社会中的“破坏性力量”。他认为，“那些在某些国家中最强烈要求‘社会正义’的群体（比如说工会），往往是那些最先拒绝人们为外国人的利益提出这类要求的群体。事实上，在一国的范围内，‘社会正义’已经变成了一种谎言——而那些有组织的利益群体的代理人则完全学会了如何运用这个谎言去蒙蔽善良的人们以谋取他们自己的利益。”[①]

的确，保守自由主义的政治思想是20世纪西方思想界对古典自由主义基本精神的全面诠释，也是对各个国家干预主义思潮进行的最深入的批判。但是他们的理论也存在致命的局限。正如这一理论的反对者所指出的：他们的自由主义的目的是使富人和穷人的社会地位永不改变。[②] 尽管他们强调个人的社会地位会有升有降，但是他们轻视机会平等的重要性，也就不可能有低层向上流动的机会，这也是对他们捍卫的自由的一个反讽。我们不禁要问：自由是谁的自由？明显是有产者的自由，是自由竞争制度作用下的自由。而这样的自由必然导致分化，资本的集中，社会的自由环境被严重破坏，他们所捍卫的自由也只是幻想的努力。可以用他们批判“社会正义”的话语对准他们的自由主义，所谓的“自由”是“准宗教性质的迷信”、一种“幻象”、一个“空洞且毫无意义”的概念，甚至是一种“欺骗”、一种大社会中的“破坏性力量”。应该承认他们对计划经济和国家干预的批判也包含了合理的成分，是值得进一步研究的。

四、民主社会主义思潮

社会民主主义（Social Democracy）是近代以来社会主义思潮和社会主义运动的一个重要组成部分，也是“西方社会主义的主要意识形态”。在西方，社会主义与自由主义是相伴而生而又相互冲突的两大政

---

① 哈耶克．法律、立法与自由：第二、三卷．北京：中国大百科全书出版社，2000：187.

② 霍伊．自由主义政治哲学．上海：三联书店，1992：101.

治思潮。它孕育于资本主义形成时期，到 19 世纪中叶，以民主社会主义的形式成为正式登上政治舞台的工人阶级的主要意识形态。随着社会历史的发展，民主社会主义经历了一系列的变化，但是它的基本特点仍然是：不断地揭露现实资本主义社会中的弊病，起初主张用革命的方法，后来则主张用改良的方法改造现存社会。在当代西方社会中，民主社会主义是各国政治生活中的左翼思潮和主流思潮之一，代表这一思潮或意识形态的主要是各国的社会民主党、社会党和工党。这些政党是当前欧洲各国的主要执政党之一。从 1956 年社会党国际成立大会第一次把“民主社会主义”宣布为他们的纲领性目标时起，这一思潮就逐步在西方意识形态领域占有了举足轻重的地位，在一些国家甚至成为占统治地位的政治意识形态，并且波及亚、非、拉广大地区，对当代世界历史进程产生了多方面的重要影响。

1. 民主社会主义思潮形成与发展

民主社会主义，亦称社会民主主义。这个概念最早出现于 1848 年的欧洲革命时期。19 世纪 30 年代，工人阶级作为独立的政治力量登上社会历史舞台后，曾经把“社会”一词加在当时流行的民主主义概念上，表明要把政治改革同有利于劳动群众的社会改革结合起来。这个概念曾经在工人运动中广为流传，用它来表达当时工人阶级的经济和政治的要求。

在 1848 年的欧洲革命中，这种把政治改革与社会经济改革结合起来的改良主张，在当时被人们冠以“社会民主主义”或“民主社会主义”的称号。马克思在《1848 年至 1850 年的法兰西阶级斗争》一文中，就把当时法国由小资产阶级民主派的山岳党与社会主义者结合而成的“红党”，既称为“民主社会主义党”，又称为“社会民主党”。[①]

在《共产党宣言》中，马克思、恩格斯曾主张，在法国，共产党人（Communists 或译：共产主义者）应同社会民主党人（Social Democrats 或译：社会民主主义者）联合起来，反对保守的和激进的资

① 马克思恩格斯选集：第 1 卷. 北京：人民出版社，1972：445、448.

产阶级。不过，1850 年 3 月，马克思、恩格斯在《共产主义者同盟中央委员会告同盟书》中，批评了自称为“社会主义者”或“社会民主党人”的“共和派小资产者”（或称“民主派小资产阶级”），揭露他们根本不愿为革命无产者的利益变革整个社会，而只是“想使现存社会尽可能让他们感到日子好过而舒服”；并且“他们希望用多少是经过掩饰的施舍来笼络工人，用暂时使工人生活大体过得去的方法来摧毁工人的革命力量。”马克思、恩格斯指出：“对无产阶级来说，问题不在于改变私有制，而只在于消灭私有制；不在于掩盖阶级对立，而在于消灭阶级；不在于改良现存社会，而在于建立新社会。”①

然而，19 世纪 60 年代以后，各国先后建立的无产阶级政党大都取名为“社会民主党”、“社会民主工党”或“社会党”等，其成员也自称为“社会民主主义者”。出于当时工人运动发展水平的考虑，马克思、恩格斯接受了这个名称，并力图赋予它革命的含义。恩格斯在世时，各国社会民主党主要以马克思的科学社会主义学说作为党的指导思想，因此，当时“社会民主主义”一般与“科学社会主义”同义。但是，严格地说，用“社会民主主义”来表述“科学社会主义”是不够确切的。恩格斯曾经指出：“对于经济纲领不单纯是一般社会主义的而直接是共产主义的党来说，对于政治上的最终目的是消除整个国家因而也消除民主的党来说，这个词还是不确切的。然而，对真正的政党来说，名称总是不完全符合的；党在发展，名称却不变。”②

不过，即使马克思、恩格斯在世时，社会民主主义的改良主义思想在工人阶级政党内仍有相当的市场。在 1895 年恩格斯逝世以后，各国社会民主党的国际联合组织——第二国际的领导权落入改良主义者手中，许多社会民主党逐渐从主张革命的政党转变为主张社会改良的政党，“社会民主主义”这个概念也成为改良主义的代名词。

与此同时，社会民主党也发生了分裂，其左翼在十月革命后相继抛

① 马克思恩格斯选集：第 1 卷. 北京：人民出版社，1995：306.
② 马克思恩格斯全集：第 22 卷. 北京：人民出版社，1965：489－490.

弃了社会民主党的名称，改称为共产党，以此来表示同第二国际的改良主义划清界限；其右翼则保留了社会民主党的名称，以此强调自己同第二国际政策的连续性。十月革命胜利后，国际无产阶级革命左派的力量得到加强，建立新的国际迫在眉睫。在列宁的鼓励和帮助下，许多国家的社会民主党纷纷脱离原来的组织，重新建立新党，并取名共产党。1919 年 3 月在莫斯科成立了共产党的国际组织——共产国际。第二年，共产国际第二次世界代表大会通过了列宁起草的加入共产国际的条件，规定凡欲加入共产国际的社会民主党必须改名为共产党，并修改旧的社会民主主义纲领，指出必须使每一个普通劳动者都清楚地了解共产党同那些背叛了工人阶级旗帜的社会民主党之间的区别。这样，共产主义和社会民主主义就成为国际工人运动中两大对立的意识形态和政治派别形成“社会民主主义”的改良路线与共产国际的“科学社会主义”（或共产主义）的革命路线相对立的局面。这种改变了含义的改良性质的“社会民主主义”正是当代西欧社会民主党的“社会民主主义”（或“民主社会主义”）的直接理论来源和组成部分。

社会民主党由革命走向改良，与德国社会民主党理论家伯恩施坦有着不可分割的联系。正是他在理论上提出了一系列社会民主主义（或民主社会主义）的基本原理，并因而被视为社会民主党的社会民主主义的奠基人。伯恩施坦的思想在当时被称为“修正主义”、“改良社会主义的基础”。而英国费边社的理论与实践，对当时的德国社会主义政党社会民主党人和伯恩施坦产生很大的影响。

费边社会主义是英国以萧伯纳和韦伯夫妇为代表的一批费边社知识分子的社会主义思想。“费边社”是兴起于 1884 年的一个英国社会主义团体，因其倡导用循序渐进的方法改造社会，费边社会主义者反对马克思主义的暴力革命和无产阶级专政学说，认为社会主义应该是自由资本主义和平的、自然的发展的产物，是政治与教育活动的结果。主张通过选民投票，民主选出地方自治的市政机关，逐步掌握自来水、电灯、电车等公用事业的所有权，同时通过一系列点滴的社会改良，来逐步实现社会主义的均富目的。在资本主义制度下政治民主已经获得了充分的发展，而社会主义乃是“民主理想的经济侧面。”[①] 费边社只是提出对社会主义的初步改良的构想，伯恩施坦的修正主义为社会民主主义向改良主义前进起了很大作用。伯恩施坦认为：“到19世纪末，西欧资本主义以马克思未曾预见的诸多社会变化出现了，股份制使资产阶级独占生产资料的情形已成为历史。中间阶级人数不断增多，由工资劳动者、技术人员和政府公务员构成的阶级不属于无产阶级，也不属于资产阶级。资本主义告别了赤裸裸的剥削和压迫，具有相当强的稳定性和适应性。资本主义的民主制度使马克思关于无产阶级专政的理论过时了，工人阶级可以通过选举赢得政治权力，为以体制内的、和平渐进的方式向社会主义过渡创造条件，以推动社会主义的实现。”[②]

考茨基是第二国际机会主义派的领袖，他对社会民主主义的发展影响很大，主要是关于无产阶级专政理论问题。他在《无产阶级专政》一书中，批评俄国在十月革命后建立的无产阶级专政违反了民主，认为布尔什维克在经济落后的俄国发动社会主义革命是相信意志和暴力万能，是人为的“早产儿”,[③] 宣称无产阶级专政不是一种政体，而是无产阶级政党依靠普选制获得的一种“统治状态”；强调只有民主（也即议会斗争）才能使无产阶级达到实现社会主义所需要的成熟程度，而民主愈是居于统治地位，政治革命成为和平革命的可能性就越大。

在社会民主主义思想家们的影响下，各国社会民主党不仅放弃了马克思主义的暴力革命主张，而且也形成了不同于共产党人的社会主义理想。他们的主要信念是，要用民主的方法而不是暴力革命的方法，建立一个民主的而不是无产阶级专政的社会主义。一些社会民主党领袖甚至开始用“民主社会主义”这个概念，来与他们所批评的俄国的“专制社会主义”相对立。

第二次世界大战后，社会民主主义有了重大变化。西欧各国的社会民主党都逐渐开始以“民主社会主义”指称自己的政治意识形态。

---

① 唐士其. 西方政治思想史. 北京：北京大学出版社，2009：531.
② 唐士其. 西方政治思想史. 北京：北京大学出版社，2009：534.
③ 卡尔·考茨基. 无产阶级专政. 上海：三联书店，1964：54.

1951年，成立了社会党国际，通过了《法兰克福宣言》，即《民主社会主义的目标和任务》，正式把民主社会主义作为自己的纲领。明确提出："社会主义是一个国际性运动，它不要对待事物的态度严格一律。不论社会党人把他们的信仰建立在马克思主义的或其他的分析社会的方法上，不论他们是受宗教原则还是受人道主义原则的启发，他们都是为共同的目标，即为一个社会公正、生活美好、自由与世界和平的制度而奋斗。"① 民主社会主义成为社会党国际各成员的旗帜。

《法兰克福宣言》讲的"民主社会主义"，虽然在本质上与改良主义化的"社会民主主义"没有什么大的区别，但是，和社会民主党以前的理论纲领相比，这一概念作为纲领目标的提出，实际上反映了两个方面的变化：

第一，它表明，社会民主党实行"社会主义"的任务已经明确。主要是争取工人阶级的政治权利，特别是普选权。随着普选权的实现，社会民主党在议会中拥有了自己的席位。但除了进行宣传以外，对政府政策的影响实际很小。第二次世界大战使积极参与反法西斯战争的左翼力量有了较大发展，各国社会民主党在政治上的影响也显著增长。英国工党在战后的第一次大选中就大获全胜，组成了工党政府，并在经济领域进行了较大的改革，主要是对一些重要的经济部门实行国有化，同时进行大规模的福利国家建设。后来，其他国家的社会民主党也先后上台执政，积极推行经济改革和福利国家建设。所以，《法兰克福宣言》明确宣告："社会主义在世界事务中已成为一个主要的力量。它已从宣传进入了一个实行的阶段。"②

第二，它表明，社会民主党人对于社会主义认识相对统一和明确。由于社会民主党内部认识上的分歧比较多，从一战到二战期间，在什么是社会主义的问题上，各国社会民主党基本上还处于摸索阶段。《法兰克福宣言》表述的"社会主义"观有两个特点：一是明确规定"社会

---

① 社会党国际文件集编辑组．社会党国际文件集〈1951—1978〉．哈尔滨：黑龙江人民出版社，1989：3.

② 徐大同．现代西方政治思想．北京：人民出版社，2003：245.

主义的目的是要把人们从对占有或控制生产资料的少数人的依附中解放出来，把经济的权力交给全体人民，进而创造一个社会，使自由人能以平等地位在社会中共同工作。”① 二是确立民主在社会主义中的核心地位。《法兰克福宣言》强调要用民主的方式建设社会主义，“社会主义是最高形式的民主主义。”②

在民主社会主义纲领的影响下，各国社会民主党已经成为国际舞台上颇具影响的重要政治力量。他们在部分国家执政或参政。如，瑞典的社会民主党先后执政五十多年；奥地利、法国、丹麦、挪威、德国、英国、瑞士、西班牙等国的社会民主党和工党也断断续续执政30年。

2. 民主社会主义的基本理论和政策主张

尽管民主社会主义的理论体系十分庞杂，各国社会党人对民主社会主义的解释也很不一致，但从各国社会党共同协商制定出社会党国际的宣言、决议和声明来看，它们具有许多共同的基本理论和政策主张。

第一，民主社会主义奉行多元世界观，反对把马克思主义作为统一的指导思想。1983年，社会党国际在《阿尔布费拉宣言》中指出，“我们实行我们所主张的多元主义”，社会党国际是“一个民主的、多元的、建立在各种共存的价值观念团结一致基础上，而不是建立在权力基础上的机构”，它把“能够促成各国人民进步和解决人类问题的各种文献纳入自己的文化宝库”。德国社会民主党在1989年的《柏林纲领》中提出：“欧洲的民主社会主义思想渊源来自于基督教、人道主义哲学、启蒙运动思想、马克思主义的历史和社会学说，以及工人运动的经验。”法国社会党则在1973年的党章中提出：“社会党聚集着拥护社会主义理想和社会主义原则的所有城乡脑力劳动者和体力劳动者，而不论其哲学信仰与宗教信仰如何。”英国工党认为，他们的指导思想中，包括工联主义、费边主义、自由主义、欧文主义、马克思主义，还有宗教教义。瑞典社会民主党的党纲强调：“马克思主义只是一种工作方法，即帮助

① 徐大同．现代西方政治思想．北京：人民出版社，2003：245.

② 徐大同．现代西方政治思想．北京：人民出版社，2003：245.

人们了解实际的工具，而不是永久的真理。”该党认为，民主社会主义来源于“基督教伦理、人道主义和古典哲学”。可见，民主社会主义在世界观上，是多种思想体系的综合。马克思主义已经被放在了非常次要的地位，最多承认马克思主义只是民主社会主义的一个思想来源。

第二，在政治上，赋予民主以“决定一切”的意义。1951年《法兰克福宣言》之所以要将社会民主主义更名为民主社会主义，就是要更加突出民主的地位，提出社会党人为通过民主手段建立一个新社会而奋斗。1983年社会党国际第十六次代表大会提出，“自由和民主是社会主义理想的实质”。1984年德国社会民主党在名为《基本价值》的文件中认为，“社会主义是设想到底的民主主义，社会主义是用于社会和经济的民主主义。”1989年社会党国际第十八次代表大会声称，“社会主义是民主的最深刻最全面和最具国际化的表现”，申明民主不仅是实现社会主义的政治手段，而且是社会主义的目的。民主社会主义强调，要为实现政治民主、经济民主、社会民主和国际民主而奋斗。他们号称：“摒弃一切阶级的专制，摒弃一切专政的阶级。”“反对任何专政，反对任何极权的和权威的统治。”接受现在的资本主义国家制度，通过普选制以实现工人阶级诉求，并借助国家权力争得和实现社会的公正，个人的自由。①

第三，主张混合经济、经济民主和福利国家的经济纲领和政策。民主社会主义主张，在生产资料所有制方面，建立混合经济。在西方经济学中是指，国有与私有并存、计划与市场并用的国家干预的现代市场经济。瑞典社会民主党认为，“马克思的‘剥夺剥夺者’的思想已经不再适用了”，声称“我们时代的特点之一是几种所有制可以并存”。荷兰工党的领导人明确表示他们的经济制度是劳、资、官三方面结合的制度。特别是在北欧国家推行混合经济有其特点：第一，以私有经济为主体的多种所有制结构；第二，政府以多种途径控制和干预经济。如通过国家经营的运输、电力、能源干预私人经济活动；通过在公共事业部门

---

① 徐大同. 现代西方政治思想. 北京：人民出版社，2003：249.

和国有企业实行统一工资，高额累进税制，对农、牧、鱼的补贴，银行信贷等方式实行控制。第三，实行指导性的经济计划。[①] 民主社会主义还主张生产资料的社会主义公有化即国有化。1974 年英国工党政府搞了国有化运动，主要是集中在汽车、造船、飞机、宇航、石油、制药等部门。20 世纪 80 年代以后，在私有化浪潮的推动下，社会民主党大多都放弃了国有化的主张，认为国有化和私有化都是一种手段而已。同时主张在生产中，建立和发展工人参与决策和管理的经济民主；在分配问题上，建立和发展社会福利制度。

民主社会主义认为，工人参与决策和管理是实现民主的重要手段。并建议在民主制内建立起一种机构，使工人能够在其中有效地影响工业的决策以及总的经济形势。在英国，出现了劳工与资本家双方共同协商的模式，20 世纪 70 年代通过立法的方式使工人参与监督制度化了。在德国，出现了由监督委员会、管理委员会、工厂委员会组成的共同决策模式。在瑞典，出现解决劳资关系中经济权力集中和分配不公的“麦德内尔方案”，即建立雇员基金，雇员占 20% 的企业所有权，工人代表以参加股大会等方式参与企业决策。这种经济民主、工业民主，对于改善工人处境，缓和劳资关系，维护工人利益，在一定程度上是有好处的；实现这样的民主对于企业的发展也起到了一定的作用。但是这并没有改变企业的根本性质和工人的根本地位。

关于社会福利，社会民主党人认为，“社会民主党人的社会主义就是福利政策”，“社会主义概念有着更加具体的福利概念的趋向”。1951 年社会党国际的《法兰克福宣言》指出，社会主义政策的当前经济目标就是充分就业，增加生产，提高生活水平，实现社会保障和推行收入与财产的合理分配；德国社会民主党 1975 ~ 1985 年经济政治大纲指出，要在收入和财产的分配方面实现公平；英国工党 1982 年纲领表示要“消灭贫困并实现收入和财富的公平分配”；瑞典社会民主党 1978 年的纲领指出：“缩小目前收入和财富上出现的差别是工人运动的一个重要

---

① 徐大同. 现代西方政治思想. 北京：人民出版社，2003：268.

目标。”并其社会福利纲领付诸实践。英国工党1945年执政的两年间，实行了以社会福利制度为主的社会改革，1948年宣布建成福利国家。他们把以往带有救济贫民性质的社会福利措施，发展为涉及生、老、病、死、伤、残、孤寡、失业、教育等方面的“从摇篮到坟墓”的社会福利制度。从20世纪50年代末到70年代初，社会福利制度在西方发达国家获得了广泛的发展。德国、法国、荷兰、丹麦、卢森堡、比利时等国纷纷宣布建成福利国家。这些国家的社会福利开支达到了政府总开支的近二分之一。

第四，关注国际社会面临的和平发展等重要问题。社会党国际认为，民主社会主义是国际的，没有一个国家能够孤立地解决所有的经济和社会问题。因此，应奉行国际缓和、共处、裁军、对话和合作的政策，维护世界和平，促进世界经济发展，保护生态环境，反对霸权主义，实行欧洲独立和一体化。

社会党国际认为，发展问题的实质在于要解决发达国家与发展中国家在经济上共同发展问题，建立国际经济新秩序。20世纪70年代末80年代初，社会党国际非常重视第三世界的问题，主张采取措施解决发展中国家的债务问题，改革不合理的国际贸易制度，主张全球合作，加强南北对话。由于他们的政策，社会党国际在第三世界的影响在扩大。20世纪80年代以来，社会党国际的非欧洲国家成员已经超过了欧洲国家。社会党国际非常重视人权问题，认为人权是民主社会主义的基本原则之一。1989年，社会党国际第十八次代表大会通过了《人道主义的行动：社会党国际人权行动纲领》，认为人权是识别社会党人的必不可少的特征。一切人的幸福是社会主义的最终目标；如果人权遭到破坏，这个目标是不能实现的。社会党国际把维护人权作为一项重要的国际责任。

20世纪80年代以来，社会党国际把保护生态环境作为其重要的国际政策。1986年，社会党国际利马代表大会把环境保护与自然资源问题写入《利马宣言》；1989年，把保护生态环境同和平发展一起，作为基本的价值原则。他们认为，环境危机严重威胁着世界的发展和安全，他们呼吁发达国家和不发达国家联合起来共同对付环境危机，而发达国家应发挥更大的作用。

3. 民主社会主义的社会历史作用

民主社会主义作为对科学社会主义理论进行修正的产物，从其理论和政策来看，民主社会主义，说到底，属于资产阶级思想体系的改良主义理论和政策。

民主社会主义的本质特征决定了其社会历史作用是多方面的：首先值得肯定的是它所采取的政策在一定程度上改善了工人阶级的地位和生活水平，在一定程度上维护了工人阶级及中下层群众的利益。其次是在第二次世界大战后到20世纪70年代的三十多年的时间内，民主社会主义的理论及社会民主党的政策对于缓和资本主义社会的矛盾，促进资本主义的发展起到了重要作用。特别是它的社会福利政策，同资产阶级的现代自由主义理论结合，成为在战后相当长时间内影响西方资本主义国家政策走向的重要力量。但是民主社会主义的思潮在20世纪80年代末到90年代初，对苏联东欧国家的剧变产生了极大的消极影响。苏联在改革的过程中，从指导思想上接受了所谓人道的、民主的社会主义，鼓吹新思维，最终放弃了马克思列宁主义的指导，这是苏联解体、东欧剧变的重要的思想原因，被认为是西方资本主义世界对社会主义国家进行渗透和演变的重要工具。

20世纪80年代末以来，由于社会福利政策难以为继以及其他问题，特别是苏联东欧剧变后许多人认为社会主义已经失败，从而使社会主义的威信大大降低，社会民主党的地位和影响曾遭受到很大冲击。但近年来，社会民主党开始恢复其地位和影响，在许多国家开始重新上台执政。近年来，随着综合国力竞争的日趋激烈，随着经济全球化和知识经济的到来，随着当今世界各种矛盾的演化和经济政治格局的调整，针对资本主义在发展中遇到的新问题和新情况，西方主要国家的社会民主党都在寻求新的理论和政策。在欧洲主要国家的社会民主党中兴起的走“第三条道路”的思潮，预示着社会民主党的理论和政策发生了重大变化。

五、“第三条道路”

20 世纪 90 年代开始，全球化的趋势迅猛，世界正在经历一个历史变迁的重要时期，而且，对社会生活产生影响的变迁并不局限于世界的某一个地区，而是几乎延伸到了世界的每一个角落。[①] 以英国的布莱尔、德国的施罗德、美国的克林顿等人上台执政为代表，在欧美兴起了走“第三条道路”的思潮。“第三条道路”是英国工党、德国社会民主党、美国民主党及其领导人，为解决在世纪之交经济全球化和知识经济到来这样一个大转折的历史时期，资本主义世界面临的一系列新问题而提出的一种新的政治理论，其根本点就是要走一条既超越国家干预的老左派理论，又超越自由放任主义的“新右派”理论（布莱尔语），寻找一种介于自由放任主义和福利国家之间的中间道路（克林顿语），就是说，要在现代自由主义或者说“老派社会民主主义”和新保守主义之间走出一条新的道路——“第三条道路”。

1. “第三条道路”思潮兴起的原因

“第三条道路”思潮兴起的原因主要是两个方面：第一，对新的世界经济政治发展趋势的一种政治战略上的反映。20 世纪 90 年代以来，随着高科技的发展特别是信息技术的发展，经济全球化的趋势加强，知识经济已见端倪。在这样一个大的背景下，各国的经济、政治及文化的发展都出现了大量的新问题，同时，一些全球性的问题更加突出。正如当时的英国首相布莱尔所说：“我们面临的挑战是严峻的——全球市场、持续的贫困和社会排斥、上升的犯罪率、家庭的崩溃、妇女角色的转变、劳动和技术革命、民众对政治的敌意和要求深刻的民主改革，以及许多需要采取国际行动的环境和安全问题。”正是全球面临的问题要求各国政治家寻找新的出路和战略。

被认为是“第三条道路”理论家的吉登斯在《第三条道路：社会民主主义的复兴》一书中认为，世界变化使传统分析已经过时，只有超

① 安东尼·吉登斯. 失控的世界. 南昌：江西人民出版社，2001：1－2.

越“左右对立”，兼顾“发展与正义”，均衡“权利与义务”的“第三条道路”，才能适应新的时代。他指出：“‘第三条道路’指的是一种思维框架或政策制定框架，它试图适应过去二三十年来这个天翻地覆的世界。这种‘第三条道路’的意义在于：它试图超越老派的社会民主主义和新自由主义。”①

吉登斯指出，全球市场与知识经济的到来伴随着冷战的结束，已经使国家管理经济生活和扩大社会福利的能力受到影响。我们需要引入一个完全不同的框架，它既不是老左派所赞成的官僚主义的自上而下的政府管制，也不是右派所渴望的干脆取消政府管制。因此，布莱尔在1995年准备竞选首相时，提出了一系列振兴英国、振兴民族的目标：“把国家装备起来迎接巨大的经济和技术变革；在这个新的世界里为所有人提供就业和保障；保证所有的人都可以享有强有力的公共服务，按照需要而不是按照那些使用这些服务的人的财富的多少来提供；通过改革福利社会和劳动市场来对待贫困；在无视法制和社会解体的混乱情况下，重新树立起人民的自豪感和责任感；以国际社会中的一个领导的身份来界定英国在世界上的位置，而不是孤立自己。”“‘第三条道路’是通向现代社会民主主义的复兴和成功之路。”②

第二，国内面临的经济和社会问题所引起的思考。20世纪70年代末80年代初，在欧美主要国家，新保守本义占据统治地位，曾经促进了经济增长。但后来也遇到了许多新问题：经济增长速度放慢，失业率上升，欧盟15国失业率达10%左右，约2 000万人，财富分配的差距越来越大。随之而来的是社会问题大量出现，不满情绪上升，劳资关系紧张，犯罪率上升。这种情况要求对以往的政策进行调整。而“第三条道路”则是既要克服新保守主义的弊端，又不能重走新自由主义的老路，要扬弃两者的缺点，汲取它们的长处，力图走出一条新的道路。

1997年，英国工党在竞选纲领中声称：“我们将是一个福利改革的

---

① 安东尼·吉登斯. 第三条道路：社会民主主义的复兴. 北京：北京大学出版社，2000：27.

② 徐大同. 现代西方政治思想. 北京：人民出版社，2003：257.

政党。实施教育优先，降低通胀，扩大就业，重新建立国民医疗体系，严惩犯罪，建立建全家庭及社会养老体制，保护环境等，使英国更美好。”[①] 布莱尔强调，新工党的本质是：“既为强者说话，也为弱者说话”。“我们必须为政府制定一套方案，它包括我们在强大社会和负责的公民中的信念和原则、机会均等和社会公正。”

1998年10月13日，香港《亚洲周刊》的一篇文章指出，“生产过程全球化、大量资金跨国界自由流动，各国经济命脉互动都产生一系列左、右路线都无法全盘解答的课题。比如，既要享受自由贸易的好处又要限制自由移民；既要鼓励生产线外移以减低成本，又要顾及失业率；既要提供社会福利维护社会稳定，又要寻求经济活力以求国际竞争性。这些都不是哪一种路线已有现成的答案。”这段话道出了现实问题的复杂，而选择解决方案的困难。

2. “第三条道路”思潮的主要观点

(1) 在经济方面，主张克服新保守主义和新自由主义的不足，建立政府和市场之间的“新的伙伴关系”或“新契约”。

吉登斯认为，他所主张的新型的混合经济是“试图在公共部门和私人部门之间建立一种协作机制”。“社会民主党人需要一个不同的思路，其中国家‘不应该划桨，而是掌舵；它迎接挑战，而不是太多的控制’……现代化的民主党人并不是自由放任主义的信仰者。必须重新定义积极国家的角色，毕竟还得靠国家来继续实现社会计划。”[②]

1994年，布莱尔指出：“我们要以一种政企、劳资之间的新的伙伴关系代替那种在原始自由市场和指令经济两者之间的选择——不是取消市场，而是使之富有朝气并为公共利益服务，为所有的人提供机会。”[③]

布莱尔提出，要发展经济，不能通过国家控制也不能通过市场教条

---

① 马丁·鲍威尔. 新工党，新福利国家？英国社会政策中的“第三条道路”. 重庆：重庆出版集团，2010：9.

② 安东尼·吉登斯. 第三条道路：社会民主主义的复兴. 北京：北京大学出版社，2000：104.

③ 陈林，林德山. 第三条道路——世纪之交的西方政治变革. 北京：当代世界出版社，2000：13－14.

来实现。它只能在政府和产业界、雇主和雇员以及公营和私营部门之间的伙伴关系基础上的充满活力的市场经济来实现。他认为，完全依赖私营部门就像过去依赖公共部门一样，都是错误的。放松管制本身并不能治愈我们经济的疾病，公共部门必须承担起与私营部门携手转变供应经济的责任，布莱尔认为："我们的立场既不是放任自流主义，也不是国家干预。政府的作用是促进宏观经济稳定；制定能够鼓励独立，而不是依赖别人的税收的福利政策；通过改善教育和基础设施使人们能够适应工作，促进企业发展。"①

（2）重建国家政府，重新定位国家。

关于市场与政府职能的争论由来已久。保守自由主义的"最小国家"理论由于过于极端，忽视国家应有作用的缺陷暴露无遗。因此，如何把市民社会与国家协调在一起，发挥二者的合力，成了西欧左翼政党在执政过程中必须应对的问题。吉登斯认为："第三条道路政治的总目标，应当是帮助公民在我们这个时代的重大变革中找到自己的方向，这些变革是：全球化、个人生活的转变，以及我们与自然的关系。"② 因此，社会正义问题仍然是"第三条道路"核心的关注点。为了实现社会正义，在其执政纲领中主张必须建立个人与社会之间的一种新型关系，要在实践上避免国家与市民社会的"两元对立"。提出："对国家和政府进行改革应当成为'第三条道路'政治的一项基本的指导性原则。"③ 具体体现在以下五个方面：④ 第一，重新定位国家职能，在新的混合经济中为国家找到合适的位置。吉登斯认为，新型混合经济和过去所说的混合经济的最大区别不是实现国有企业与私有企业之间的平衡，而是实现管制和解除管制、经济生活和非经济生活之间的平衡。第二，实行政府管理的"民主化"，建立政府与市民社会之间的合作互动关

---

① 杨雪冬，等．第三条道路与新的理论．北京：社会科学文献出版社，2000：26.

② 安东尼·吉登斯．第三条道路：社会民主主义的复兴．北京：北京大学出版社，2000：67.

③ 安东尼·吉登斯．第三条道路：社会民主主义的复兴．北京：北京大学出版社，2000：73.

④ 段忠桥．当代国外社会思潮．北京：中国人民大学出版社，2006：275－276.

系。培养公民精神，鼓励公民对政治生活的积极参与政府的相关决策。第三，改革中央与地方的关系。改革宪政体制，扩大地方自治，向地方放权，使之承担起更多与本地居民有关的各种职能，发挥地方的积极性、主动性和创造性。第四，协调政府各机构之间的关系，建立“整体型政府”。“整体型政府”的意思是政府内部的各个部门和机构要实现相互之间的合作而不是彼此对立绊脚。第五，实现国际和全球范围的治理。这是“第三条道路”的倡导者针对全球化带来的各种新问题的回应。实现国际和全球治理意味着国家要积极参与国际事务，制订国际甚至全球规则，协调国与国之间的行动，同国际政府组织和非政府组织达成合作互助关系，在打击跨国犯罪、恐怖主义和治理生态等方面进行合作。

（3）主张改革社会福利制度。

吉登斯认为，右派对福利分配制度的批评是有一定道理的。“现在这种依赖于自上而下的福利分配制度，从根本上说是很不民主的。它的主要动机是保护和照顾，但是它没有给个人自由留下足够的空间。某些类型的福利机构是官僚化的、脱离群众的、没有效率的，而且，福利救济有可能违反涉及福利制度之初衷的不合理结果。”[①] 他主张重建福利国家，倡导一种“积极的福利”，“公民个人和政府以外的其他机构也应当为这种福利作出贡献。”进而他认为，有关解决福利问题的原则应该是，在可能的情况下尽量在人力资本上投资，而最好不要直接提供经济资助。他提出一个“社会投资国家”的概念取代“福利国家”这个概念。“社会投资国家”的概念，意味着福利开支将不再是完全由政府来创造和分配，而是由政府与其他机构（包括企业）一起通过合作来提供。在这种积极的福利社会中，个人与政府之间的契约发生了转变，个人的自主和自我发展是最为重要的。

“第三条道路”在福利政策上的出发点和基本目标，就是力图将消极的社会福利制度转变为积极的社会福利制度。在其推行积极福利制度

① 安东尼·吉登斯. 失控的世界. 南昌：江西人民出版社，2001：113－114.

改革方面突出强调了以下“四个转变”：

① 实现投资主体的转变。在“第三条道路”的新视野里，“积极福利”的福利开支将不再是完全由政府来创造和分配的，而是由政府与其他机构（包括企业、社会组织）一起通过合作来提供，“第三条道路”变国家投资为社会投资，改变福利开支完全由政府包干的政策，强调由政府、企业、社会团体和个人一起通过合作来共同提供，以建立“社会投资国家”。[①] 按照吉登斯的说法，“改革了的福利国家将是一种社会投资国家，在风险和安全、个人责任和集体责任之间建立了新的关系”。[②]

② 实现平等观念的转变。在“第三条道路”的倡导者看来，传统社会民主主义的福利政策所体现的价值取向是一种平均主义的结果平等，强调通过社会财富的再分配，达到缩小贫富差距、促进社会公正的目的。“第三条道路”认为，这种平均主义的结果平等不利于调动人们的工作积极性，也不利于人们实现真正的自由。“第三条道路”改革传统社会民主主义福利政策的基本出发点和落脚点，就是要将过时的结果平等转变为符合时代要求的机会平等，从而在风险社会的时代为人们提供平等的机会。布莱尔强调了“第三条道路”在此方面的基本立场：“进步的左派必须坚定地去除妨碍真正的机会平等的障碍，但促进机会平等并不意味着要在提供福利和公共服务方面实行单调的一致。”[③]

③ 实现风险管理方式的转变。“第三条道路”认为，传统社会民主主义的福利制度是建立在对外部风险实行管理的基础上的，属于一种事后风险管理方式。但是，在当今全球化时代和风险社会，人为风险和自然风险已成为全球化时代人们所面对的主要风险形式。这样的变化要求社会福利制度也必须要作出相应的变革，由传统的事后关怀转变为现代的事前预防，以便未雨绸缪，早作安排，才能争取主动，把风险降低到

① 安东尼·吉登斯. 失控的世界. 南昌：江西人民出版社，2001：101.

② 段忠桥. 当代国外社会思潮. 北京：中国人民大学出版社，2006：274.

③ 陈林，林德山. 第三条道路——世纪之交的西方政治变革. 北京：当代世界出版社，2000：8.

最低限度。

④ 实现就业观念的转变。“第三条道路”突出强调就业的极端重要性。吉登斯指出：“消除贫困的最好方法是帮助人们找到工作——真正的工作”。“从福利走向工作”是“第三条道路”在失业、福利、就业三者之间关系上的基本立场。“第三条道路”强调，要将福利改革与就业、教育和培训结合起来，把让失业者重新就业作为解决失业问题的根本途径，在此基础上形成以工作为中心、将权利与责任结合起来的就业观。布莱尔认为：“在福利方面，工党的目标不是让人们一直依赖救济，而是给予人们就业及财政上的独立。”①

“第三条道路”的提倡者把高质量的学校教育和终身教育作为解决失业问题、提高国民素质和维护社会公正的根本手段。布莱尔认为：“教育应被置于特别优先的地位。较高的教育水平是今后进行国际竞争和进入一个广阔社会的关键。”布莱尔还说：“一个国家必须同时拥有一套良好的全民教育系统和一套培养智者的教育系统。这一点至关重要。若想使我们的国家在下一世纪兴旺昌盛，则此二者缺一不可。”“我们应使我们的民族成为充满新观点的优秀民族；一个创造财富的民族；一个富有创造力的就业队伍，为自己思考，为自己创新。”他一再强调：英国教育体制为全体人民服务，“为强者说话，也为弱者说话”，使每个人能发挥自己的潜力，享受高质量教育不再是少数人的特权。②

（4）建立合作包容型的新社会关系，实现权利和义务一致。

“第三条道路”针对当代西方社会的阶级、阶层结构的新变化，提出要反对以阶级为基础的社会分野，主张建立合作包容型的新社会关系，使每个人、每个团体都参与到社会之中，培养共同体精神。吉登斯认为：“‘包容性’意味着公民资格，意味着一个社会的所有成员不仅在形式上，而且在其生活的现实中所拥有的民事权利、政治权利以及相

① 【英】布莱尔．新英国——我对一个年轻国家的展望．北京：世界知识出版社，1998：27．

② 布莱尔教育改革的“蓝图”．北京：中国教育报，2001－10－29．

应的义务。它还意味着机会以及在公共空间中的参与。"[①] 新型的社会关系包括三个方面的内容：[②] ① 在尊重个人价值的基础上，倡导建立共同体意识。个人要积极参加身边社群的公共生活，为社群服务。② 协调资本与劳工的关系，提倡双方建立共担风险、共享利益的关系。③ 协调国内居民和外来移民之间的关系。政府要培养包容意识，反对排斥行动，塑造"一个国家"。

（5）外交上致力于与大国合作和地区合作，寻求解决全球化问题。

在国际问题上，传统左翼政党视民族国家为团结的威胁，右翼政党则过分强调民族主义，主张把过分自信的分离主义式的民族主义与他们的自由市场主张结合起来。而"第三条道路"认为，民族国家是一种稳定的力量，强调保持民族国家更具有世界主义的一面，这种世界主义是国家间大规模战争可能消除的原因和条件。在全球化的新形势下，重蹈保护主义和以邻为壑的民族主义老路是没有前途的。只有开展有效的国际合作，才能促进国家间的政策协调。才能有利于全球协调发展。因此。提出"世界民族"的概念，以模糊民族主义和"多元主权"，主张构建更大范围的民族认同，使个人、世界性民族和世界性有机地结合起来。

尽管"第三条道路"的倡导者都宣扬要重视维护世界和平，淡化意识形态的对抗，加强国际合作，但实际上，他们要把维护和推行西方国家的价值观作为维护世界和平的前提和标准。近年来，他们举起了"新干涉主义"的旗帜，认为自由、民主、人权、法治等都是人类共同的价值观，应该推广到全世界。谁要是违反了这些原则，就有权利、有义务对他们进行干涉。

综上所述，"第三条道路"思潮从根本上说，是在新的历史条件下，对资本主义所面临的新情况、新问题和新矛盾进行的探索，要在政府干预和自由市场之间、在公平与效率之间寻找新的平衡，寻找新的出

① 安东尼·吉登斯. 第三条道路：社会民主主义的复兴. 北京：北京大学出版社，2000：107.

② 徐大同. 现代西方政治思想. 北京：人民出版社，2003：258.

路，是一种新尝试。这种思潮对英美等国产生了重要影响，所以吉登斯说，“第三条道路”思潮是“一条宽广的大河”，“它由不同的政党和政府的思想汇集而成”。可以说，这种思潮是现代自由主义、新保守主义和民主社会主义这三股政治思潮在新的历史和时代条件下的一种综合。

“第三条道路”思潮还在发展和变化。吉登斯指出，这一思潮将会“风行20年”。必须看到，“第三条道路”的改革是不触及私有制度前提下的改革，旨在谋求资本主义的持续发展。它所倡导建立的全球治理机制实质上是为西方推行全球霸权主义所作的辩护。

六、保守主义思潮

保守主义（Conservatism）是西方社会的右翼政治思潮，也是西方社会的主流政治思潮之一。以英国思想家埃德蒙·伯克发表的《法国革命论》为诞生标志。作为一种政治意识形态，它的一般特点是，主张维持现状，反对激烈的社会变革。保守主义是以一种怀旧的心态对待社会的急剧变迁，极力反对自由主义、社会主义，信奉“为了保守而变迁”的原则。从历史发展的视角，早期保守主义“保守”的是旧制度的秩序和传统；二战以后的保守主义“保守”的是古典自由主义的传统。由于保守主义所保守的对象存在很大的差异，其内部流派众多，因而保守主义的边界具有一定的模糊性。

1. 保守主义的产生与发展

保守主义发端于18世纪的末期。它是作为反对法国大革命的一种政治态度和政治运动而出现的。当时英国政治思想家埃德蒙·伯克（Edmond Burke 1729－1797）系统地阐述了保守主义的基本思想，被当代思想界公认为保守主义的鼻祖。柏克认为，法国大革命最令人不能容忍的是蔑视教会和宗教，应该保护教会和人民信教的自由。他强调社会发展具有连续性和继承性，社会改革不能破坏传统。

19世纪资产阶级政治思潮的主流是自由主义，保守主义只表现为对平等、自由和民主观念的批评，以及对贵族政体、等级制度和旧的伦理道德的怀念。20世纪前半叶科学技术迅猛发展，大众文化兴起，建立在封建贵族政体和基督教基础之上的旧的思想传统和伦理观念正在崩溃。这时期的保守主义者力图恢复旧的伦理秩序，反对粗俗的平等观，主张社会高于个人。由于在二战期间，各国的保守派由于支持或参加过法西斯主义运动而声名狼藉。从20世纪30年代开始美国推行的罗斯福新政收到了一定的效果，西欧的自由派和左派纷纷效仿，所以，二战后至20世纪70年代初，西方的大部分国家是社会民主党或自由主义政党执政，倡导福利国家政策。而保守派势力则基本处于低潮，保守主义政党即使上台执政，也不得不适应福利国家运动的潮流。

尽管保守主义势力在政治上不占主导地位，但保守主义这一政治思潮并未偃旗息鼓。1944年哈耶克的《通向奴役之路》出版，引起了反对“新政”的保守派的一片喝彩。1949年近40名欧美保守主义者在瑞士成立了一个国际协会，保守主义作为一种知识运动兴起。1949年P. 维雷克出版《重温保守主义》；1951年W. 布克莱出版《耶鲁的上帝和人》；1953年R. 柯克出版《保守主义的意向》，R. 尼斯比特出版《寻求社群》。这些著作的出版说明，保守主义在战后初期已开始恢复元气，并逐渐形成气候。这种保守主义因带有浓厚的传统主义色彩，因此我们把它称为“传统保守主义（new conservatism）”或“传统主义的保守主义”，它的特点是强调宗教和道德的作用，主张维护传统的家庭关系和伦理观念；对前工业社会的自然与社群生活带有怀恋之情，对现代工业社会给自然和传统造成的破坏持批评态度；它也轻视人民大众，信仰不平等，崇尚秩序和权威。

20世纪60年代末的社会动荡和70年代初的经济危机，为保守主义的崛起提供了契机。到20世纪70年代中后期，整个社会的舆论开始发生巨大的转变，各种形式的保守主义，如新保守主义、传统保守主义、自由保守主义（主要是自由至上主义）开始实现大联合，保守主义政治思潮逐渐在社会中占据主导地位。1979年，英国保守党以压倒性优势在下院选举中获胜，撒切尔夫人打着“新保守主义”的旗号登上首相宝座。第二年，美国共和党总统候选人里根，在保守主义的支持下战胜了民主党总统卡特人主白宫。这两个选举结果的标志着新保守主义开始主导20世纪80年代西方社会的政治舞台。此后，由撒切尔夫人掀起的“私有化”和削减社会福利的浪潮席卷欧美，欧洲大陆的保守主义者纷纷响应，即使在左翼政党执政的国家，迫于形势的压力也不得不改变政策。有学者认为，从二战结束到20世纪70年代，西方国家实行的经济政策主要是凯恩斯主义的国家干预政策。但是到20世纪80年代，以弗里德曼、哈耶克等为代表的经济学中的新自由主义（Neo-liberalism）的自由放任政策则成为时尚，这时的保守的“对象”是古典自由主义的传统。也被称为保守自由主义，或自由保守主义。[①]

保守主义在20世纪后期的兴起是对西方社会经济、政治和文化危机的一种反映。自由派和中左派政府的国家干预主义政策与文化领域的自由化政策在20世纪70年代陷入困境。在福利政策的正向效应显示同时，负面问题也暴露出来，如政府福利支出的增长超过经济的增长，物价不断上涨，通货膨胀居高不下，只增不减的公共支出使政府背上了巨大的赤字包袱；高工资低工时政策使西方国家的产品成本提高，在国际竞争中失去优势；公共工程的扩大和国有企业低效率、亏损严重而难以维持。国家干预使政府机构日益膨胀，机构运转不灵和行政效率低下等官僚主义的弊端，文化上的自由化导致社会道德标准的崩溃，造成许多新的社会问题。社会中物欲横流，许多人丧失信仰、精神空虚，用酗酒、吸毒、纵欲等放纵行为寻求感官的刺激；传播媒介为了追求利润也拼命大肆渲染暴力和淫秽色情的东西，成为社会秩序不稳和犯罪率上升的重要原因。新保守主义（neo-conservatism）开始对社会现状进行批评，以及提出的与自由主义不同的主张，得到了公众的拥护，逐渐成为占主导地位的政治力量。

特别值得注意的是，早期的新保守主义者基本上是自由派知识分子，但从20世纪70年代开始批评过去的自由主义政策。他们中比较著名的代表人物有：D. 贝尔、G. 威尔逊、N. 格莱泽、S. 亨廷顿、L. 卡普兰、F. 福山等。新保守主义者对福利国家的日益扩展也感到不满，也都反对政府过度的管制和开支。但是，与保守自由主义和传统的保守主义不同的是，他们对福利国家和国家干预并非持完全的否定态度，而是希望改善现有的福利制度，反对过分的、膨胀的福利政策。新保守主义者比较重视政治特别是民主政治的作用。他们认为，政权性质比任何国际组织和国际安排都重要得多，对和平的最大威胁来自反对自由民主价值观的国家，因此，必须把自由民主的价值观推广到全世界，以此来保持西方国家在世界上的主导地位。为此，美国和西方国家有必要维持强大的军事力量，有理由干涉其他国家的内政，促使非西方国家的自由化和民主化。美国的新保守主义者克里斯托就认为，“靠国际的标准、法律和谈判构筑美妙的多边世界”是极端危险的，美国应当把自己的力量与其世界使命联系起来，“要么美国领导，要么陷入混乱，世界别无选择。”①

20 世纪末，新保守主义主导了后冷战时期美国的国际战略，美国的外交政策全面转向强硬。21 世纪初，恐怖主义在世界范围内泛滥，亨廷顿的文明冲突论成为最引人注目的观点。

2. 保守主义的基本理念

出于对抗社会主义和自由主义的需要，保守主义的基本理念包括：一是有机论（organism）。认为人类社会像生物一样，是一种有机体。社会的局部与整体之间，各局部之间相互依赖，局部离开整体无法单独生存。因此社会整体的利益应高于个人和集团的利益，社会整体中的等级秩序对于个人来说，是一种既成的自然秩序，反对改变。个人应服从秩序所定的命运，安于本分。二是精英论。保守主义对平等抱怀疑态度，认为人生来在能力、素质等方面是不平等的，因而对追求收入、地位等方面的平等要求持反对态度，断言在这些方面的不平等是合理的或合乎自然秩序的。由此，保守主义强调精英人物的作用，认为大众缺乏参与政治和管理的能力，少数人对多数人的统治是具有正当性的。因此反对大众对政治和管理事务的过分参与。三是怀疑论。保守主义认为人的理性是有局限的，人的认识能力是有缺陷的，人类无力设计全面改造社会的计划。社会弊病只可减轻，无法根除，反对任何打破社会连续性

① 马为民. 新保守主义的崛起及其政治哲学. 人民网，2003－12－3.

或彻底改造社会的企图。四是传统主义。保守主义把传统或市场等非人格的东西作为弥补人的理性不足的机制，认为这些非人格的机制是人的经验的积淀和智慧的来源，或者是人的知识发挥作用的基本条件，反对对这些机制的任意破坏和替代。保守主义反对变革，认为变革必然带来社会的动荡和破坏，强调政治的连续性和社会的稳定性，认为家庭、宗教、习俗、伦理、法律等作为传统的内容必须维护。五是人性论。保守主义认为人常被自私和贪婪的本性以及权力欲望所污染，一切罪行和混乱源于人性，需要强大之国通过法律严厉惩处。

保守主义的这些基本观点几乎全部为二战以后西方的保守主义所坚持，而且在这些基本观点以外，由于二战以后社会形势的发展变化，保守主义具有了一些新的特点：[①] 第一，二战以后西方社会的保守主义呈现出形式更为多样、流派更为众多的特点。由于二战以后西方社会的改革力度较大，社会变化较快，所以激起的各种各样的反对也就较多。在社会迅速变化的情况下，各种思潮不断分化和重组，一些新的成分不断融入保守主义之中。因此，人们对保守主义流派的划分也没有一个统一的标准。用不同的标准来划分，同样一个思想家往往属于不同的派别。按照保守的对象来划分可划分为：主张维护自由市场、反对国家干预的，称为“经济保守主义”；主张维护权威，反对大众参与的，称为“政治保守主义”；主张维护传统文化，特别是传统伦理观念，反对现代自由主义文化及其伦理观念的，称为“文化保守主义”；主张维护传统宗教，反对世俗化的，称为“宗教保守主义’；主张维护古典自由主义传统，反对现代新自由主义的，称为“自由保守主义”（也称“保守自由主义”）；主张维护传统本身，特别是前资本主义时代的各种传统，反对现代社会对传统破坏的，称为“传统保守主义”，等等。第二，二战后保守主义反对的主要是福利国家政策和文化中的自由化政策。二战后西方各国不断推进福利国家运动，以及文化领域的进一步自由化，社会出现了许多新的问题，内部矛盾逐渐突显。在自由派内部引起了分

---

① 徐大同．现代西方政治思想．北京：人民出版社，2003：213－214．

裂，导致一批人转向保守派阵营，成为反对派，即新保守主义者，使原有的保守主义势力大增。他们主要批评高税收和再分配政策侵犯了人们的自由和财产权利，斥责政府对经济的干预和管制造成了企业效率下降和官僚主义滋长，指责自由主义政党的政策已经或将滑向社会主义，断言社会福利的扩大增强了人们对政府的依赖，个人责任意识的减弱和道德共同体的衰落，忧虑社会的世俗化和现代主义文化的发展使人们的宗教信仰和道德观念日益淡漠。对人民大众持过分的敌视和贬低态度，认为民主的过分发展导致了权威的衰落和宪政民主的危机。第三，二战后保守主义保守的是市场、宪政和传统的宗教伦理。和一些传统保守主义者或老保守主义者的一贯主张一样：维护自由市场的自发秩序，反对政府干预。不过，他们在文化问题上持自由放任态度，而传统保守主义者或老保守主义者在文化上则强调维护传统伦理道德和宗教信仰的重要性。新保守主义虽主张恢复传统的市场经济，但放弃对市场经济至高无上地位的要求，强调伦理生活的重要性；不得不承认向福利国家过渡的必然性和不可逆转性，但主张把福利国家和膨胀的社会福利政策严格地区分开来；虽不反对平等观念，但反对追求物质平等，认为财产和收入的差别是个人能力所致；虽不否定民主的作用，但反对把民主作为生活方式推广到其他领域，强调民主只能是自由民主或宪政民主，认为民主主要是筛选杰出人物的机制。

3. 传统保守主义的基本理念

传统的保守主义作为自由主义的对抗力量，是对自由主义思想观念反思的产物。保守主义在法国大革命后以一种怀旧的情绪面对社会的变迁，极力地为传统的社会秩序辩护。从 18 世纪末 19 世纪初产生之日起，其内部的思想观念多次面临分化和重组，但是保守主义的基本思想要素没有大的变化。可以归纳为：

(1) 有机社会论

保守主义历史观的基础是社会有机论。社会是一个有机的整体，或者说，是一个富有生命的实体（entity）。社会是根据自然需要所形成的，它的各种制度和结构（如家庭、社会组织和民族）维护着社会的健康和稳定。社会不是各个结构之间的简单相加，总体大于部分之和。享有共同的价值和文化对于共同体和社会团结是至关重要的。① 因此，保守主义对自由主义的个人主义和自由原则进行批评，认为个人是存在弱点的，过分提高个人主义会削弱社会道德，危及共同体的稳定和安全。社会需要经常性地挫败人们的倾向，控制他们的意志，制约他们的激情。保守主义认为，社会不是每个个体实现自己的聚集体，自由主义在谈个人自由时是以不伤害他人为前提的，但是忽视了对社会的伤害。正如保守主义的代表人物，当时英国最高法院法官戴维林爵士所指出的，尽管饮酒不伤害他人，但是如果一个社会的多数人每天在醉生梦死的状态下生活，社会就要受到伤害。② 社会稳定的基础在于某种共同的信仰、共同的道德、共同的观念，如果将它们削弱了，社会的统一性的基础就要受到伤害。因此，戴维林指出，社会有权将自己通行的价值观、道德准则强加给它的成员。③ 伯克也指出，不要离开特定的社会环境抽象地谈论自由。“事实上正是环境（某些先生总是对它不屑一顾）为每一项政治原则提供了独特的色彩和特殊的作用，也正是环境决定了每一项社会或者政治设计到底对人类是有利还是有害。”④ 自由不仅是一般的政治原则，而且还必须最终体现具体的个人行为。所以，在谈论自由时，首先要理解那些获得自由的个人是否有滥用他们的自由，必须谈清楚什么人，在什么时间和什么地点的自由。而且强调说，人的理性并不可靠，理性的力量不足以自律，必须用传统、道德、习俗等约束人们的行为。并指出一种制度与习俗能够经过漫长的历史过程被保留下来，显然是因为它们具有某些特殊的优越性。自然状态根本不能满足人们的一些基本需要，这类需要首先是社会的、经济的、文化的和宗教的，只有这些需要得到满足，人们才能生有所获，死有所慰。⑤

---

① 燕继荣．政治学十五讲．北京：北京大学出版社，2004：103．

② 李强．自由主义．北京：中国社会科学出版社，1998：195．

③ 李强．自由主义．北京：中国社会科学出版社，1998：195．

④ 李强．自由主义．北京：中国社会科学出版社，1998：312．

⑤ 唐士其．西方政治思想史．北京：北京大学出版社，2009：308．

（2）传统历史观

尊重传统是保守主义的一个基本出发点，“历史”、“经验”、“传统”等在保守主义看来是同一序列的概念。美国保守主义者尼斯比特认为，保守主义政治学的一个基本倾向是重视历史，而“‘历史’实质上不过是经验而已”。保守主义不是一般地强调经验，而是把经验放在高于抽象思维的地位，“在人类关系问题上，经验比抽象思考和逻辑演绎更可信赖，保守主义对历史的信赖正是基于其对经验的信赖之上。”① 而传统是以往智慧的积累，代表着久经检验的制度和实践；传统也赋予个人与社会和历史的归属感，从而促进社会的稳定和安全，所以传统应该得到尊重。而社会改革不能破坏传统。② 当然保护保守主义所保护的“传统”，即尊重社群、等级、亲属、权威、宗教不过是中世纪的价值观。

保守主义反对启蒙运动以来的理性主义，珍视“偏见”。柏克认为，“偏见”是整个认识、理解和感觉方式的精华，是存在于传统中的权威和智慧在个人精神中的集中表现。偏见自身有其内在的智慧，一种先于理智的智慧。偏见还是在紧急情况下便于运用的东西；它预先使精神和心灵坚定地踏上智慧和德性之路，并且使人们在决策的时刻不至于犹豫不决，陷于怀疑、迷惑和缺乏决断。③ 这里所说的“偏见”是指一种“良好感觉”、“共同感觉”、“共同信念”，有前理性存在的，也有潜意识的含义。总之，理性不是个人作出决断的惟一依据，还有“偏见”在其中起作用，它们团结在共同信念之下而不会导致“民主”帝国主义。保守主义认为，理性主义对规律、原则和抽象观念的习惯性偏爱，使得他们总是喜好研究作为大众的“人”，而不是我们实际发现的具体的个人，如父母、教友、工人、消费者和选民。正像美国保守主义思想家尼斯比特所说，理性主义的错误在于忽视亲知，看重间接知识的抽象性和一般性，而个人的亲知与个人的经验、事件发生的过程以及当事者

---

① 徐大同．现代西方政治思潮．北京：高等教育出版社，2006：96.

② 燕继荣．政治学十五讲．北京：北京大学出版社，2004：102.

③ 徐大同．现代西方政治思想．北京：人民出版社，2003：219.

的个性相联系，实际上更为重要。

（3）权威与精英政治

保守主义批判启蒙思想家的另一个焦点是反对“人民主权”，崇尚权威和精英政治。保守主义认为，权威总是自上而下来实施的。它是对没有知识、缺乏经验和教育的人的领导、指导和支持，目的是帮助他们在涉及自身利益的问题上采取明智的行动。[①] 意大利保守主义政治家莫斯卡指出：“在所有社会中，总是存在着两类人——一类是统治者，一类是被统治者。第一类通常数量较少，但却行使了所有的政治功能，垄断了权力，享受着权力带来的利益；第二类常常数量较大，由第一类人以一种或多或少的法治态度，或多或少的专制和暴力来指导和控制。”[②] 而同是意大利的保守主义代表人物帕雷托则按个人能力的大小把人分为精英（统治阶级）和大众（被统治阶级），认为只有那些“在能力上拥有高分的人们”才能够取得统治地位。大众注定会成为随从，因为大众既不能表达自己，又冷漠无情，不适合统治。

法国保守主义的心理学家勒庞从心理学的角度对大众进行分析。他认为大众在一般情况下是无知、懦弱、易于冲动和盲从的。大众心理的主要特征是为无意识所主导，大众心理在形成过程中，作为分子的个人容易受到“暗示”；个人的态度还会相互“传染”，使得个人进入“无意识”状态。[③] 尽管个人都是理性的，但是一旦进入群体，个人则失去了批评能力，受“暗示”的影响，容易轻信他人。“有意识的人格的消失，无意识人格的得势，思想和感情因暗示和相互传染作用而转向一个共同的方向，以及立刻把暗示的观念转化为行动的倾向，是组成群体的个人所表现出来的主要特点。他不再是他自己，他变成了一个不再受自己意志支配的玩偶。”[④] 所以，精英的统治是天然合理的。权威的意义在于，它是社会凝聚力的源泉和基础，让人们清楚地意识到：谁是权

---

① 燕继荣．政治学十五讲．北京：北京大学出版社，2004：103.
② 徐大同．现代西方政治思潮．北京：高等教育出版社，2006：99.
③ 古斯塔夫·勒庞．乌合之众——大众心理学研究．北京：中央编译出版社，2004：17.
④ 古斯塔夫·勒庞．乌合之众——大众心理学研究．北京：中央编译出版社，2004：18.

威？对他可以抱有什么期待？

一些保守主义者把现代民主社会称为“大众社会”（mass society），在其中缺乏内在的社会结构，缺乏有整合力的传统和共享的道德价值。[①] 柏克认为，法国大革命把社群这一基本社会单位摧毁，个人被原子化，被看作是同质的大众，然后又被政府分散为相互间无聚合力的单个人。一些保守主义者进一步指出，民主制的危险在于造就了政权对大众的依赖性，从而使公民投票登上了独裁地位。其他反对大众社会的保守主义者也都对大众社会与极权国家之间的共生关系表示担忧，担心政府成了监护人和暴君的结合体。尽管全体公民已经被剥夺了组成社会组织的权利，民主制仍使得民众感觉国家权力是属于自己的。

（4）崇尚等级制

自由和平等之间绝对的不相容是保守主义的一个基本立场。他们认为，这种不相容来自二者相互对立的价值目标。自由的永恒意图是它对个人和家庭财产的保护，而且财产是广义上的，包括了非物质方面；而平等的目标则是某种再分配，或者把一个社群中不平等分享的物质以及非物质价值拉平到同一水准。试图通过法律和政府对差异进行补偿，只会削弱相关者的自由，特别是最强者和最卓越者的自由。[②] 他们认为，在一个有机社会里，社会地位的等级化是自然的和不可避免的。雇主和雇员、教师与学生、父母与儿童，只是角色和责任不同而已。社会各阶层之间存在着不平等也是不可避免的，但是等级制和不平等并不会导致冲突，因为社会将人们根据相互的义务和责任结合在一起。当一个人在生活地位是由运气和偶然的出生所决定的时候，由此获得的荣誉和特权反倒使他具有了特别的责任，更加关心和在意不幸运的状况。[③]

反对平等、崇尚等级制度是保守主义所表现的集体无意识特征，后期的自由的保守主义代表人物哈耶克也有这样的观念。他强调“自发秩序”和保障个人自由，认为追求结果平等的社会正义要求与市场秩序是

① 徐大同．现代西方政治思潮．北京：高等教育出版社，2006：101．
② 徐大同．现代西方政治思潮．北京：高等教育出版社，2006：102．
③ 燕继荣．政治学十五讲．北京：北京大学出版社，2004：103．

格格不入的。在自发秩序中，尽管具体的个人的社会地位有升降，但是可能永远存在富人和穷人的阶级划分，而且阶层之间的流动是比较困难的。所以过分地追求机会平等，只会扩大政府的权力。法律的目的是平等地改善所有人的机遇，但是社会可以随机挑选任何人，这不是所谓真正实现机会平等的社会。言外之意是说，平等是与自由相悖的，不平等是必然存在的，强调任何一种结果平等的实施来干预事实上的不平等，都会导致新的不平等。如果社会还有平等可言，哈耶克认为只有法律"乃是有助于自由的惟一一种平等，也就是我们能够不摧毁自由的同时所确保的惟一一种平等。自由不仅与任何其他种类的平等毫无关系，而且还必定会在许多方面产生不平等。"① 在这里可以看出传统保守主义反对平等是要维护等级制度的天然合理性，而自由的保守主义反对的结果平等和机会平等是要捍卫自由市场秩序，认为国家运用权力产生平等的努力必然导致个人自由的削弱。二者也有相同之处，都是站在财产所有权的立场上，只谈获得，不谈起点，是典型的资本的逻辑，根本不考虑社会整体的公平、正义和社会的进步。

（5）财产观念

保守主义强调财产私人所有的至关重要性。认为，财产私人所有给人们以安全地抵御政府控制的手段；同时，它鼓励人们尊重法律，尊重他人的财产，它还可以增进人们的权利和责任意识。财产也是人的个性的外化，是评价和定义人的标准。② 如果在现实中财产私人所有权与生命发生冲突时，财产权重于生命。保守主义将生命理解为一种原始的东西，仅仅是文明的生物基础，对人类最有价值的东西是与所有权，即财产相联系。③ 这样看重财产忽视生命，是与保守主义的等级概念相关，他们崇尚等级制度，因此在他们的观念中，拥有财产的人与无财产的生命之间存在有不可逾越的鸿沟，他们无视的是社会底层人的生命，或是被财产所有人雇佣的人的生命。

---

① 李强．自由主义．北京：中国社会科学出版社，1998：200.

② 燕继荣．政治学十五讲．北京：北京大学出版社，2004：103.

③ 燕继荣．政治学十五讲．北京：北京大学出版社，2004：104.

同时，保守主义也强调以团体或机构为财产的单位，推崇被废除的罗马财产继承权。认为家庭的根本性和实质性意义就是财产（不动产），最重要的是土地和家长权，即对继承权的控制。财产永远不会与家族世系相分离，只有对那种犯下不可饶恕的罪行予以惩罚才剥夺其继承权。现代社会提倡平等，如长子继承权和限定继承权被“财产的平等划分”所取代，只会产生一种后果：家庭感情和父系地产的维护之间的“密切关系”遭到破坏，财产不再代表家庭。而一旦家庭观念变得模糊、不明确和不确定，个人主义和利己主义便泛滥，人们只顾自己眼前的便利，只为自己的一代子女提供家业，而不考虑任何其他事情，没人再考虑家庭共同的责任和义务。

在财产形式上，保守主义强调土地财产的重要性，而对于备受自由主义推崇的那些流动的、流通的和货币形式的财产，保守主义则持否定态度，认为是导致社会不稳定的主要原因之一。只有土地财产或不动产才能使个人与社会建立“休戚与共”的联系，从而形成个人高度的社会和经济责任。

（6）社群与宗教观念

保守主义认为在国家和个人中有一个中间地带，即中间性群体。如家庭、教会、行会、邻里等。这些中间群体是人们安全、道德、卓越和身份的最自然、最有效的来源。如果中间性群体丧失了生机，对个人来说就意味着孤独、分离、疏远、绝望和无所归属，因此“社群感是非常持久的、紧迫的人类需要”。[①] 而法国大革命后建立起来的现代国家，通过各种各样的计谋削弱着社群的功能，中间性社群被消解，一旦社群失散，个人就被孤立，产生隔绝感。面对现代社会个人被原子化，一些保守主义者不无感慨地叹道：中世纪是人类曾经有过的最美好的时代。

对于现代自由主义提倡并推行的国家干预主义，保守主义坚决反对。认为国家以各种手段侵入社群的领地，其中主要是政治手段，战争

---

① 徐大同. 现代西方政治思潮. 北京：高等教育出版社，2006：216.

就是政治手段之一。国家权力扩张的一个表现，便是民族共同体取代了中间性社团。在20世纪里，战争能激发起伦理共同体意识，战争能够在共同努力中把大众拉在一起，把社会变成一个民族共同体（national community），而国家的合法性来自于与之相应的民族共同体。在美国保守主义思想家尼斯比特看来，一个无所不包的民族政治共同体，沉迷于那些人类亲密联合体实际的和象征性的标志，加上使人兴奋的战争精神与魅力型领袖令人振奋的花言巧语的结合，这就是20世纪全能政治国家的真正面孔。[①] 尼斯比特指出，现代社会政治权力的一个重要结果就是社群的丧失，它是当代社会个人异化的政治原因；为了克服异化，恢复个性，人们必然要寻求社群。对社群的渴求是人类最强烈而且是正当的冲动之一，它也是人类历史主要部分的推动力量，它导致了各种社会制度安排的实验。[②] 为此，他建议，对于社会小群体实行自由放任主义，让它们的发展压缩国家，以恢复社会的基本健康。

保守主义对于宗教、宗教道德和教会的作用非常重视。他们认为，宗教在一个社会生活中具有重要地位。首先，宗教的重要性还在于它是个人生活的精神支柱。正如柏克所说："宗教是人的堡垒，没有它，人就会陷入莫测的，因而是敌对的世界。"尼斯比特也认为，人类一旦摆脱主要宗教的约束，就会在某种程度上陷入混乱，失去平衡。他们甚至认为，自由主义所信奉的对公民资格的崇拜就可以被认为是一种"世俗宗教"。并强调宗教与自由具有必然的联系，如果一个人缺乏信仰，他未必是独立的；而如果他是自由的，他就必定拥有信仰。其次，宗教是国家和社会的可贵支柱。在尼斯比特看来，宗教的功能主要有：一是它赋予政府的某些重要职能以某种神圣性，赋予整个政治的或社会的联系以这种神圣性。二是一个强大的教会将对国家权力和它的任何"专断权力"行动起到一种遏制作用。如果没有对政府的约束，政府就可能压迫自由公民。[③]

---

① 徐大同. 现代西方政治思潮. 北京：高等教育出版社，2006：106.

② 徐大同. 现代西方政治思潮. 北京：高等教育出版社，2006：107.

③ 徐大同. 现代西方政治思潮. 北京：高等教育出版社，2006：108.

对于传统的保守主义，尽管他们对前工业社会有怀恋之情，强调传统、宗教、道德的作用，以维护传统社会的家庭关系和道德伦理概念；蔑视大众，反对平等、自由和民主政治；崇尚秩序、权威和等级制度，反对社会的变迁，也不能简单地将其归结为对已经逝去的传统社会制度的保卫理论。在分析其理论保守性的同时，还要看到其理论对西方社会发展的批判作用。正如新保守主义的代表思想家亨廷顿所说，保守主义实际上是这样一种的意识形态，它在社会生存基础受到威胁时，会提醒人们某些社会制度的必要性以及现存制度的可取性。保守主义对自由主义的批判，在一定程度上弥补自由主义理念的负面影响。保守主义者指出自由主义信奉的个人自由可以导致邪恶行为的泛滥。自由主义没有考虑人性的弱点，只是假设人性良善和人的自主性是可以同时出现的，没有考虑人在追求自由时也可以释放人性恶的一面。"事实是，邪恶在所有的人类社会都是盛行的，自私、贪婪、恶毒、嫉妒、攻击性、偏见、冷酷和猜疑就像美德一样激发着人们，美德和恶德都可以是自主的或不自主的。"[①] 因此，一味抽象地强调个人自由至上，只会使邪恶行为更加泛滥，破坏社会的秩序和稳定。社会必须通过道德、信仰、共同价值对个人进行约束，维系社会的稳定。保守主义指出直接选举的民主制度会导致政府权力的扩张。因为，一旦国家通过大众民主，成为社会惟一的权威，必然会扩大官僚制度。所以保守主义提醒人们注意国家可能成为监护人和暴君的结合体，国家对社会经济和生活领域的干预在导向上可能会出现主观随意性、强制性和专断性。特别是自由的保守主义集中对政府干预导致的政府权力的超载、官僚主义、行政效率低的问题的批判，都在一定程度上对西方社会中的政府行为起到制约作用。

4. 新保守主义的主要思想

20 世纪 70 年代后，由于现代自由主义和社会民主主义推行的国家干预和福利政策陷入困境。社会福利政策促使持续的通货膨胀，政府财政赤字居高不下，国有企业的效率不高，竞争失去优势，引发 1973 ~

① 约翰·凯科斯．反对自由主义．南昌：江苏人民出版社，2003：53．

1975年严重的经济危机。国家干预也使得政府机构膨胀，运转不灵，而文化上的自由化导致社会道德的败坏，善恶界限不清，引起社会精神危机。至此已有的传统的保守主义、保守自由主义、新保守主义联合起来，形成“保守主义的复兴”运动。

新保守主义与传统保守主义不同，关注和研究的重点是对工业社会中形成的一些价值进行批评，目的是防止西方文明的衰落，特别是美国在世界上的领先地位。重要的新保守主义思想的代表人物为塞缪尔·亨廷顿和丹尼尔·贝尔。

塞缪尔·亨廷顿（Samuel P. Huntington，1927－2008），美国当代著名的国际政治理论家。早年就读于耶鲁大学、芝加哥大学和哈佛大学，1951年在哈佛大学获博士学位后留校任教，并先后在美国政府许多部门担任过公职或受聘为顾问。曾任哈佛大学阿尔伯特·魏斯赫德三世学院教授，哈佛国际和地区问题研究所所长，约翰·奥林战略研究所主任。曾任卡特政府国家安全计划顾问，《外交政策》杂志主编之一，主要著作. 变革社会中的政治秩序》（1968）、《民主的危机》（1975）、《文明的冲突与世界秩序的重建》（1998）等。

丹尼尔·贝尔（Daniel Bell，1919－2011）是当代美国著名思想家。贝尔在20世纪四五十年代主要从事新闻工作，曾任《新领袖》杂志主编、《幸福》杂志编委和撰稿人。在20世纪六七十年代，他主要从事教学工作，曾在哥伦比亚大学和哈佛大学担任社会学教授，还从事一些与未来研究和预测有关的活动，担任过美国文理学院“2000年委员会”主席、美国总统“八十年代议程委员会”委员等职。贝尔在战后西方的社会学、未来学和发达资本主义研究诸领域均处于领先地位，1974年全美知识精英普测时，他曾位居10位影响最大的著名学者之列，在欧美思想界声望甚高。主要著作. 意识形态的终结》（1960）、《后工业社会的来临》（1973）、《资本主义的文化矛盾》（1976）等。

（1）民主的危机与重建

20世纪60年代和70年代，美国民众热衷于参政和街头政治，黑人民权运动和反越战运动的矛头均指向美国的政治制度和法律。美国现存制度的权威受到公众全面挑战，民众对政府的信心日趋衰落。究其原因，亨廷顿指出，“60年代美国民主制度的活力在政府活动和政府权威方面分别产生了实质性的增长和下降。”① 政府活动的增加表现为国家用于防务和福利的开支大幅增加，即“防务转变（Defense Shift）”和“福利转变（Welfare Shift）”的结果。他认为，防务转变是美国对来自苏联的威胁的反应，福利转变则是对20世纪60年代美国国内民主浪潮的反应，“前者主要是国家精英领导的产物，后者则主要是大众期望与群体需求的结果。”② 而政府活动的增加造成“政府超载”，导致政府负担过多的债务，并连年出现预算赤字，其连带结果是通货膨胀的持续。

亨廷顿认为，“美国民主政府的脆弱主要不是外部威胁所引起的，尽管外部威胁确实存在；也不是由于内部的左倾或右倾的斗争引起的，尽管这两种可能性也都存在；而是由于民主本身在教育水平高、积极性高和参与能力强的社会中的内在动态引起的。”③ 美国政府的公共支出快速增加，用于福利的份额越来越大，从1960年美国政府用于防务的开支是福利费用的10倍，到1972年下降为不到4倍。政府支出的转向是民意的反映，表明政府的政策越来越多地受到公共舆论的影响。这种政策转向是民主政治的副产品，福利转变的政治基础是60年代政治参与的扩大以及信奉民主和平等观念的增强。

亨廷顿认为，造成民主泛滥和危机的主要原因，是由于民主、平等、个人主义的概念的普遍传播，虽然削弱了政府、教会、军队等集团对民主的威胁，但是也直接导致民众对政府权威的蔑视。多年来，美国社会中形成的以等级制度、专门知识和财富为基础的权威，在20世纪60年代受到全面的挑战，时代对于权威的怀疑充斥整个社会。“在政治活动中，它表现为公众对政治领导人和组织的信赖和信任程度的衰落，政治体制中（如政党、总统直属的政府机构）权力和影响力的下降。”④

---

① 塞缪尔·亨廷顿，等. 民主的危机. 北京：求实出版社，1989：55.
② 塞缪尔·亨廷顿，等. 民主的危机. 北京：求实出版社，1989：58.
③ 塞缪尔·亨廷顿，等. 民主的危机. 北京：求实出版社，1989：101－102.
④ 塞缪尔·亨廷顿，等. 民主的危机. 北京：求实出版社，1989：68.

民众不再认为政府是大众利益的代表，而是有越来越多的人转而认为政府已经成为少数大利益集团的代表。民主本来是使不同政党所代表利益集团的利益通过协调达成一致的机制，但是它也可以使坚持自身利益的集团处于有利地位，从而导致利益的分散，难以将利益集中和一致，这样作为美国民主制度的核心的政党体制也在衰弱。

亨廷顿的结论是：由于美国当时存在的问题是民主过剩造成的，因此，民主需要节制，民主应从属于权威。对民主的节制主要在两个方面：一是限制民主的适用范围，把民主仅作为产生权威的方法，没有必要把民主作为一种普遍适用的办法。比如在军队中就不适合实行民主，“如果军官的命令很容易遭到下属的集体否决，这样的军队在战场上肯定会遭到失败。”① 二是“民主政治系统的有效运转通常需要就某些个体和群体而言的某种程度上的冷漠和回避。”② 在任何一个民主社会中，都有一些不积极参与政治的边缘人口。尽管对于这些人口而言，是不民主的，但他们的存在却是民主制度有效运转的前提。

（2）文明的冲突

冷战结束以后，新保守主义认为美国乃至西方社会面临的不再是共产主义的威胁，而是来自非西方文明的威胁。新保守主义据此预言，未来世界的冲突将是西方文明与非西方文明的冲突。

1989 年苏联解体后，美国学界有人认为：社会主义与资本主义的冲突已经结束，以美国著名历史学家弗兰西斯·福山提出的“历史终结论”颇具代表性。福山认为随着冷战的结束，西方的政治制度、经济制度和意识形态在世界上取得根本性胜利，与西方相对立的其他意识形态已经失败。国家之间在意识形态方面的冲突不复存在，大国之间发生战争的可能性也随之消失，长期以来的人类冲突从此宣告终结。③ 亨廷顿则认为这种把世界描绘成不再有冲突的和平景象是不符合现实的，实际上冷战后世界上仍旧冲突不断。现在谈终结是危险的、富有破坏性的，

---

① 塞缪尔·亨廷顿，等. 民主的危机. 北京：求实出版社，1989：101.
② 塞缪尔·亨廷顿，等. 民主的危机. 北京：求实出版社，1989：101.
③ 徐大同. 现代西方政治思潮. 北京：高等教育出版社，2006：118.

没有看到其他的冲突，比如文明之间的冲突。[①]

亨廷顿认为，文明大于国家，文明是一个广义的概念，文明与文化在含义上有交叉。他说，文明“是一个文化的实体，乡村、种族群体、民族、宗教群体都在文化差异的不同层面具有独特的文化。”“文明是放大了的文化”，是一个最广泛的文化实体而非政治实体。文明是人们的最高文化归类，人们所具有的最广泛层次的文明认同。文明由语言、历史、宗教、习俗和制度等客观因素和人们主观自我认同共同界定。[②]世界上现存的文明可划分为七种或八种：西方文明、儒教文明、日本文明、伊斯兰文明、印度文明、斯拉夫—东正教文明、拉丁美洲文明，以及可能的非洲文明。[③] 在后冷战时代，国际冲突并没有终结，而是以新的方式出现。冲突不再发生在国家之间，而是将发生在不同的文明之间。文明的冲突是指文化、宗教、民族和种族之间的冲突。

亨廷顿认为，文明之间的差异比意识形态上的差异更为根本，更难以消除。因为政治上的分歧是由于人们的政治立场不同，立场是可以选择和改变的，所以意识形态上的分歧可以通过争论来解决。但文化的冲突源自人们的种族或宗教的归属。文化上的差异“作为历史的积淀非短期所能消除，它们比政治意识形态和政治权力之间的差异更为根本。”[④]这种差异决定着人们在神人关系、个人与集体的关系、市民与国家的关系、双亲与子女的关系、夫妻关系等方面的分歧，决定着人们在权利与义务、自由与权威、平等和等级的问题上的不同看法。文明之间的差异植根于人的基本价值取向中，难以通过对话来协调，因此，文明之间的冲突是难以避免的，文明之间的断层线正在变成全球冲突的焦点。

亨廷顿认为，文明的冲突主要表现为西方文明与其他文明之间的冲突。亨廷顿认为，“其他文明”不是一个整体，存在着许多文明。在现代化过程中，非西方社会是在不放弃自己的文化和全盘采取西方价值、

---

① 亨廷顿. 文明冲突与世界秩序的重建. 北京：新华出版社，2002：22.

② 亨廷顿. 文明冲突与世界秩序的重建. 北京：新华出版社，2002：24、26.

③ 亨廷顿. 文明冲突与世界秩序的重建. 北京：新华出版社，2002：29－30.

④ 亨廷顿. 文明冲突?. 现代外国哲学社会科学文摘，1994（8）.

体制和实践的前提下实现现代化，更不会自发地融入西方文明。尽管在那些主要的非西方文明中均有一些精英分子竭力推动自己国家的西方化，但这种努力或是遇到来自本土文化传统的抵制，或是难以改变自己文化的本土化倾向。在现代化进程中，非西方文明不仅没有被西方文明同化，而且还在不断重新估价自己的价值观，本土化的趋势大大加强。

亨廷顿认为，在各种非西方文明中，对西方构成威胁的主要是"儒教文明与伊斯兰文明的联盟"。在亨廷顿看来，这种威胁有两方面的原因。一方面"西方国家的普世主义日益把它引向同其他文明的冲突，最严重的是同伊斯兰和中国的冲突。"[①] 另一个原因来自对方，伊斯兰与西方两种文明之间的冲突已经延续了1300多年，到如今，在欧洲、非洲、亚洲，穆斯林与基督教、东正教、印度教、佛教国家或人民均存在冲突。儒家背景的中国与许多邻国在领土问题上发生争执，在少数民族以及美中关系等方面面临难题。中国、朝鲜和一些中东国家一直致力于军事的现代化。

为遏止来自非西方社会的对西方文明可能的威胁，挽救出现衰退迹象的西方文明，亨廷顿认为不能仅仅局限于国家战略，还应从文明的纬度制定西方国家的国际战略。他提出的建议可归纳为三点：[②] 第一，限制与西方文明对立的文明的发展，包括抑制华人国家和伊斯兰国家常规和非常规军事力量的发展，承认俄罗斯的合法利益，保持西方技术和军事力量相对于其他文明的优势，并充分利用儒教和伊斯兰教国家的分歧和冲突。第二，扩大西方文明的优势，包括支持其他文明中赞同西方价值观、有利于西方利益的集团，并鼓励非西方国家进入代表西方利益的机构。第三，增强西方文明的阵营，一方面加强西方国家之间的合作，特别是欧洲和北美的合作，同时把接近西方文明的中欧国家、东欧国家和拉美国家拉入西方，延缓日本脱离西方而顺应中国的进程，积极促进俄罗斯和日本的合作等等。亨廷顿强调，应该认识到西方文明不是普世

---

① 亨廷顿．文明冲突与世界秩序的重建．北京：新华出版社，2002：5.

② 亨廷顿．文明冲突与世界秩序的重建．北京：新华出版社，2002：360－361.

性的，西方文明对其他文明事务的干预，可能是造成多文明世界中的不稳定和潜在全球冲突的惟一最危险的因素。[①] 他认为，西方文明的价值是具有独特性的。西方领导人的主要责任，不是试图按照西方的形象重塑其他文明，这是西方正在衰弱的力量所不能及的，而是保存、维护和复兴西方文明独一无二的特性。这些特性包括最为显著的基督教、多元主义、个人主义和法制。由于美国是最强大的西方国家，这个责任就不可推卸地落在了美利坚合众国的肩上。[②]

应该看到，亨廷顿将人类冲突的主要根源归结为文明之间的对立，只是揭示了冲突的现象，而掩盖了冲突的实质。实际上，世界上的冲突背后隐藏着不同利益之间的矛盾。如阶级利益、民族利益、国家利益。国际政治首先表现为世界上不同民族国家为获取经济利益和权力优势而进行的相互配合或相互敌对乃至冲突的形态。特别是西方国家与其他国家之间的控制与反控制，导致了当今世界大部分的冲突。美国学者福勒认为："因权力、财富、影响分配不公以及大国不尊重小国引起的世界性冲突大大超过基督教、儒教与伊斯兰教之间的文明冲突。文明是表达冲突的载体，而非原因。"[③] 事实上亨廷顿是以"文化决定论"来确保美国的国家利益。特别是白人在美国人口中所占的比例逐年下降，美国国内文化背景和种族特性日益多元化，亨廷顿担心"西方的非西方化"会不断削弱美国的文化认同，进而威胁到美国的政治一贯性和道德凝聚力。当亨廷顿把这种焦灼甚至是绝望的心理用"文明冲突论"投射到国际政治中，便得出了"儒教文明和伊斯兰教文明正在联合起来对抗西方文明"[④] 的结论，并由此产生了对未来的恐惧。

(3) 后工业社会的阶级结构与"能者统治"

美国社会学家丹尼尔·贝尔以"后工业社会"理论而著称，他建立起一种知识决定论的方法，以此作为精英主义的论据。为了证明精英

---

① 亨廷顿．文明冲突与世界秩序的重建．北京：新华出版社，2002：361.
② 亨廷顿．文明冲突与世界秩序的重建．北京：新华出版社，2002：360.
③ 亨廷顿．文明冲突与世界秩序的重建．北京：新华出版社，2002：420.
④ 亨廷顿．文明的冲突与世界秩序的重建．北京：新华出版社，2002：266.

主义的合理性，他认为“后工业社会”的一个政治特点是实行“能者统治”。贝尔把20世纪70年代前后的世界分为前工业社会、工业社会、后工业社会，广大亚非拉美国家处于前工业社会，北大西洋沿岸国家、前苏联和日本处于工业社会，美国处于后工业社会。后工业社会中知识将成为最重要的资源，专业技术人员将成为社会中的主导力量。后工业社会的一个重要特点是将比以往包含着更多的政治，政治领域“将变得更加具有决定意义。”

首先，后工业社会是一种全国性社会。二战之后，在新技术革命的影响下，通讯手段和交通工具发生了飞跃式的变革，美国变成了“全国性社会”。一是出现全国性问题，像教育、运输、福利、城市复兴、空气和水的污染以及医疗等等，再也不能由州和地方一级来对付，而现在要交由全国性社会来解决了。尽管“从宪法上看，教育、福利、地方服务等等的有关问题，都是属于州和市政当局的权力，但是这些实体再也不能完成这类服务。它们的税收基础是不重复的，它们的行政结构是陈旧和无效的。”① 二是原来某一地方的社会问题变成了全国性的问题。比如黑人反种族歧视的斗争一直没有间断，最初都是地方性的，局限在城市或州的范围内。到了20世纪60年代，由于通讯和交通工具的进步，黑人民权运动一下成为了全国性运动。如亚拉巴马州塞尔马市的警察暴力镇压黑人反种族歧视游行者的镜头通过电视的播放，立即引起全国反响，出现了1963年黑人民权运动发起的“向华盛顿进军”，利用飞机、公共汽车、火车和汽车等各类交通工具到达首都的示威者竟达25万人。由此可见，美国社会中所有的公民都关心像和平、能源、环保、经济稳定等共同的问题，而“决策的某个失误会使整个社会陷于严重危机。一个人的损失现在是所有人的损失。”丹尼尔·贝尔认为，全国性社会的一个结果是平民政治兴起。“现代大规模通信联络的出现，使我们——很多情况下——是强迫我们直接和立即对社会问题作出反应。”②

---

① 丹尼尔·贝尔. 后工业社会的来临. 北京：新华出版社，1997：352.

② 丹尼尔·贝尔. 后工业社会的来临. 北京：新华出版社，1997：346.

普通公民无法避开政治问题对自己的影响，平民卷入政治的频率和范围均明显增加。作为民众参政的对象，政府的压力也随之大大增加。

其次，后工业社会是一种公共社会。“什么是公、什么是私，什么是营利、什么是非营利，已经不是很容易区分了。”[①] 与自由主义的个人主义立场不同，贝尔主张社会的单位是社区而不是个人。社会决策不是仅仅把个人的决策集中到一起，而是一种集体决策。在公共社会中，公共机制取代市场机制，决定产品和服务的分配。这种产品和服务的质量和数量取决于公共选择，而不是个人的需要。决策的性质由市场决策转向非市场决策，传统资本主义自由竞争的原则在这种决策中不再适用。社会中的各种集团都要通过政治机制来实现自己的利益，政府成为各种势力角逐的场所。“经济秩序的独立性（以及经营经济的人们的权力）正走向结束，新的、多种多样的、不同的控制体制正在出现。总之，对社会的控制不再是经济的，而是政治的了”，[②] 政治秩序成为支配社会的规则，制度决定经济活动的效果。

除了后工业社会具有公共性特点外，贝尔还从五个方面对后工业社会进行概括[③]：（1）经济方面，从产品生产经济转化为服务性经济；（2）职业分布，专业与技术人员阶级处于主导地位；（3）中轴原理：理论知识处于中心地位，它是社会革新与制定政策的源泉；（4）未来的方向：控制技术发展，对技术进行鉴定；（5）制定决策：创造新的“智能技术”。在贝尔看来，后工业社会的阶级结构发生了重大变化，以知识为基础的专业阶级上升为社会中占主导地位的阶级，而不是原来那个以财产为基础的阶级，那么这样的社会谁是统治者？贝尔认为是政治家和科技治国论者，后工业社会是一个“能者”统治的社会。

贝尔认为，在后工业社会里，“关键的问题不仅是新的权力基础从财产标准或政治标准转移到知识，而且是知识本身的性质发生了变化。现在对社会具有决定性意义的是：理论知识处于新的中心地位，理论超

---

① 丹尼尔·贝尔．后工业社会的来临．北京：新华出版社，1997：354．

② 丹尼尔·贝尔．后工业社会的来临．北京：新华出版社，1997：405．

③ 丹尼尔·贝尔．后工业社会的来临．北京：新华出版社，1997：14．

越经验而居于首位。”[①] 掌握新的智能技术的科学家、数学家、经济学家和工程师成为新的专业阶级，他们所依赖的资源是知识，主要的活动场所在大学和研究所。而行使权力的方式则由于“科学和政治这两种因素的结合使技术决策所起的作用日益增加。有意识地制定政策，不论是外交政策、国防政策或经济政策，都要求重用这样的技术人材，他们可以说明将来行动的限度，详细制定出管理和政策程序，并且估计各种选择的结果。”[②] 可见，在后工业社会里，专门技术是取得权力的基础，教育是取得权力的方式，通过这种方式出现的人们或是集团中的精英是科学家。尽管专业技术人员可能成为新社会最高的阶级，但政治权力仍掌握在政治家手里。在全国性社会中，政客和政界公众越来越多地理解政策的技术性质和认识决策的广泛影响，各种集团都设法通过政治制度来确立自己的社会权利。政治始终是各个集团之间讨价还价，或者是行使暴力的领域，而不是一个“始终遵循理性的领域”。知识阶级以其内聚力或共同一致性的基础而言，并没有成为一个新的经济利益阶级或者争夺权力的一个新的政治阶级。[③] 但是知识阶级在越来越多的社会技术决策中起着重要作用。

后工业社会是一个“能者”全面统治的社会。不同的地位和不同的收入都基于技术才能与教育高下，进入不了教育阶梯意味着被排挤出社会上的特权地位。所以，贝尔认为，后工业社会的新地位向一切有才智的人们开放。它是一场全面的社会革命：地位与权力的社会基础的革命，以及取得社会地位和特权的新方式。[④] 它是以受过教育的天才人物居优先原则为基础的一个新的社会秩序的汇集。因此，能者统治也是建立在以技术知识和受教育程度为基础的等级制度上，“我们把能者统治规定为依靠才能来获取合理权威的地位。”而权力与权威是有区别的，权力是指挥的能力，它是直接或间接地靠武力作为后盾的；权威是一种

① 丹尼尔·贝尔. 后工业社会的来临. 北京：新华出版社，1997：375.
② 丹尼尔·贝尔. 后工业社会的来临. 北京：新华出版社，1997：341.
③ 丹尼尔·贝尔. 后工业社会的来临. 北京：新华出版社，1997：408.
④ 丹尼尔·贝尔. 后工业社会的来临. 北京：新华出版社，1997：466.

以技术、学识、天资、技巧或某种类似的属性为基础的能力，它不可避免地造成有人高明有人较差的分别。能者统治是由获得权威的人们组成的。[①] 因此能者统治是建立在个人之间天赋能力的不平等分布和后天技能有差别的前提之上的。

由此，贝尔认为工业社会里资本家与工人之间的矛盾是主要矛盾，后工业社会中则转化为“技术权贵”与民众之间、精英原则与平等原则之间的对立。专业阶级依靠其掌握的社会上最重要的资源——知识成为特权阶层，是基于机会均等原则的。贝尔赞成机会均等原则，反对平均主义，他认为：“机会均等反对出身优先、裙带关系优先、庇护的优先，也反对不根据才智、志向平等地参加公共竞争的任何分配单位的标准。”[②] 他还认为在大学、企业和政府中均可实行能者统治，能者可以调和专业人员与公民之间的冲突。“训练有素的能者统治可以使社会成为一个公正的社会，即使不是平等的社会。”[③]

贝尔的能者统治论属于一种典型的精英论，他强调社会的专职化与传统保守主义的精英论的主张是一致的，而精英统治的合理性建立在政治与技术决策的统一上。

(4) 资本主义的文化矛盾

新保守主义的一个重要的理论焦点是对资本主义现代文化进行批判，分析产生文化危机的原因，维护西方传统的价值观。丹尼尔·贝尔从文化角度对西方社会进行批评，提出了一种系统的文化保守主义理论。贝尔在《资本主义的文化矛盾》(1976) 一书中，提出资本主义社会在经济、政治、文化三大领域之间存在明显的冲突，重点是分析现代主义文化对西方社会的冲击。按照他自己的说法：“在经济上是社会主义者，政治上是自由主义者，而在文化上是保守主义者。”[④]

贝尔从社会学的视角对现代资本主义社会进行分析，着重分析西方

---

① 丹尼尔·贝尔. 后工业社会的来临. 北京：新华出版社，1997：496.

② 丹尼尔·贝尔. 后工业社会的来临. 北京：新华出版社，1997：465.

③ 丹尼尔·贝尔. 后工业社会的来临. 北京：新华出版社，1997：499-500.

④ 丹尼尔·贝尔. 资本主义文化矛盾. 上海：三联书店，1992：21.

社会的精神裂变，对文化现代主义进行批判。

首先，贝尔从现代社会的分立和多原则支配的性质出发，对资本主义文化矛盾的社会基础进行分析，提出三大领域冲突说。他认为现代资本主义社会是由技术—经济、政治、文化三个特殊领域组成的，每个领域都服从于不同的轴心原则。三个领域之间并不相互一致，变化节律亦不相同。各自有自己的独特模式，形成不同的行为方式。正是三大领域之间的冲突决定了社会的各种矛盾。①

技术—经济领域遵循效率原则，人们的活动目的是获取利润。“它的轴心原则是功能理性，而它的调节方式是节俭。从本质上说，节俭就是效益，即以最少的成本换回最大的收益。”② 技术—经济领域的轴心构造是职业和科层系统，这种制度，只见角色，不见人，社会交换只在角色之间进行。在这一官僚合作体系内，“个人也必然被当作‘物’，而不是人来对待，成为最大限度谋求利润的工具。一句话，个人已消失在他的功能之中。”③

政治领域是调解冲突的部门，以便维护社会传统或宪法所体现的公正观念。政治的轴心原则是平等原则和合法性：法律平等、公民权利平等，以及社会与经济权利平等。政治的轴心结构是代表选举制和直接参与制。政治参与的要求作为一种原则，在向社会的各个领域渗透推广。这样官僚体制与平等之间的紧张关系就构成了当今社会冲突的格局。④

文化是象征形式领域，通过绘画、诗歌、小说、祈祷、礼拜和仪式等想象形式去挖掘并表达人类生存的意义。文化的轴心原则是自我表现和自我满足。它是反制度的，独立不羁的，以个人兴趣为衡量尺度。个人的感觉、情绪和判断压倒了质量和价值的客观标准，决定着文艺作品的贵贱。文化的民主化倾向会促进每个人去实现自己的“潜力”，因此也

---

① 丹尼尔·贝尔. 资本主义文化矛盾. 上海：三联书店，1992：56.

② 丹尼尔·贝尔. 资本主义文化矛盾. 上海：三联书店，1992：57.

③ 丹尼尔·贝尔. 资本主义文化矛盾. 上海：三联书店，1992：26.

④ 丹尼尔·贝尔. 资本主义文化矛盾. 上海：三联书店，1992：26.

会造成“自我”同技术—经济秩序所需要的“角色要求”不断发生冲撞。①

贝尔进一步指出，资本主义是一种经济—文化复合系统。经济上它建立在财产所有制和商品生产基础上，文化上它也遵照交换法则进行买卖，致使文化商品化渗透到整个社会。民主，则是一种社会—政治体系，他的合法性源于被统治者同意下的管理。② 而资本主义的三大领域是围绕自己的轴心原则运行，相互冲突。以平等为原则的政治越来越多地干预社会经济，与经济、技术和文化构成矛盾；以效率为原则的经济活动抵消了政治的平等势力，使文化失去浪漫情调；文化的自我实现（或自我满足）受到机器化和国家机器日益沉重的压力，转而追求颓废和发泄不满。而资本主义社会冲突的根源“存在于官僚等级制的社会结构和郑重要求平等参与的政治体系之间，存在于依据角色和专业分工建立的社会结构与迫切希望提高自我和实现个人‘完美’的文化之间。从以上矛盾中，我们可以洞察出许多潜伏的社会冲突。”“三个领域各自拥有的相互矛盾的轴心原则：掌管经济的是效益原则；决定政治运转的是平等原则；而引导文化的是自我（或自我满足）原则。由此产生的机制断裂就形成了150年来西方社会的紧张冲突。”③

其次，贝尔从分析资本主义文化矛盾的根源入手，提出资本主义精神分裂说。他认为，经济与文化是资本主义的基本成分，“正是这种经济系统与文化、品格构造的交融关系组成了资产阶级文明。”④ 西方社会文化领域与经济领域的矛盾在于资本主义精神的裂变，而且资本主义精神在其萌芽阶段就已经携带有潜伏的病灶。贝尔指出，资本主义精神有双重来源：一是马克斯·韦伯所强调的加尔文教和清教伦理——具体指严谨工作习惯和对财富的合法追求——是促使以理性生产与交换为特征的西方文明的基本原则，⑤ 即禁欲苦行主义（asceticism）；二是，贪

① 丹尼尔·贝尔．资本主义文化矛盾．上海：三联书店，1992：26-27．
② 丹尼尔·贝尔．资本主义文化矛盾．上海：三联书店，1992：60．
③ 丹尼尔·贝尔．资本主义文化矛盾．上海：三联书店，1992：60、42．
④ 丹尼尔·贝尔．资本主义文化矛盾．上海：三联书店，1992：25．
⑤ 丹尼尔·贝尔．资本主义文化矛盾．上海：三联书店，1992：27．

婪攫取性（acquisitiveness）。“禁欲苦行与贪婪攫取从一开始就被锁合在一起。前者代表资产阶级精打细算的谨慎持家精神，后者体现在经济和技术领域的那种浮士德式骚动激情。它声称‘边疆没有边际’，以彻底改造自然为己任。这两种原始冲动的交织混合形成了现代理性观念。”① 贝尔把它们分别称为“宗教冲动力”和“经济冲动力”。

贝尔指出，从历史角度看，“经济冲动力”一直受到来自风俗传统和宗教道德的扼制，但是19世纪中叶宗教权威的破产，随着“宗教冲动力”的耗散，其对经济冲动力的约束也逐渐削弱。资本主义因其特旺盛生命力获得了自己的特性——这就是它的无限发展性。资本主义把激进的个人主义引入经济，将人的欲望不断扩展。② 在经济领域出现资产阶级企业家，他一旦从传统世界的归属纽带中解脱出来，便拥有自己固定的地位和攫取财富的能力。经济冲动力导致宗教扼制力的严重伤害。贝尔举例说明：资本主义的分期付款制度，或信用卡的使用，打破了新教伦理信奉通过节俭积累，靠存钱才可购买的信条，信用卡使人们当场即兑现自己的欲求。“历史的钟摆不免朝着松弛放纵的一端移动，日益远离节制和约束。”资本主义制度一经失去了宗教苦行主义的束缚，他在经济与文化两个方面必然会畸形冒进，相互抵触。经济冲动力成为社会前进的惟一主宰，世上万物都被剥去了神圣的色彩，世俗生活剩下的只是享乐主义。③

贝尔进一步指出，在文化领域，资本主义的兴起是艺术家热衷于个性解放和自我表现。企业家和艺术家是一对双生子，合力完成资本主义的开发工作。因此，资本主义经济冲动与现代文化发展从一开始就有着共同根源，即有关自由和解放的思想。但是随着在资本主义开发完成以后，企业家与艺术家发生对立。企业家在经济上激烈进取，贪得无厌，但在道德与文化上倾向保守，反对艺术上的多变趣味。艺术家却走向唯我主义，反传统，一味表现个人、自我，并且专门攻击现代资本主义的

① 丹尼尔·贝尔. 资本主义文化矛盾. 上海：三联书店，1992：29.
② 丹尼尔·贝尔. 资本主义文化矛盾. 上海：三联书店，1992：30.
③ 丹尼尔·贝尔. 资本主义文化矛盾. 上海：三联书店，1992：67.

功利、制度化和拜金主义，指责资本主义造成了人的异化。艺术家专门拆资本主义价值体系的台，逐步形成了“文化霸权”（cultural hegemony），与经济体制严重冲突。

第三，贝尔指出现代主义文化的后果，导致了资本主义文化危机。贝尔指出，20世纪60年代之后现代主义文化运动，它是对流行方式的反叛，是对正统秩序的永不减退的愤怒攻击。“现代主义文化是一种典型‘唯我独尊’的文化”，[①] 反对理性至上的统治地位，崇尚人的本能或潜意识，智力是欲望和情感的奴隶，而且欲望不受任何限制。这种强调本能实现的文化，向往自我的无限扩张，不断地追求新奇的事物，但是在现实中又表现出对新、旧事物的一律的厌倦。正是由于现代主义重视的是现代或将来，决非过去，但是，人们一旦与过去切断联系，就绝难摆脱从将来本身生产出来的最终空虚，造成信仰的危机。贝尔进一步指出：资本主义的生产不断扩大，为了推销，用耀眼的风采和魅力包装商品抛向市场，倡导享乐型的生活方式，诱导人们去满足骄奢淫逸的欲望，导致自相矛盾的结果，在生产组织内部遵守道德规范，强调努力工作，先劳后享，是正人君子，而事实是晚上去花天酒地，不断地放纵自我。而在现代主义反叛的大力推动下，只会促使人们对共同分享的道德秩序的瓦解。资产阶级世界观的消亡。[②]

贝尔总结说：“现代主义的真正问题是信仰问题。用不时兴的语言来说，它是一种精神危机。”[③] 也是“文化的危机……问题是文明的信念动摇了，文明的道德松动了，文明的行为败坏了。”贝尔认为，在资本主义两大动力失衡的情况下，西方文化的发展走向了偏颇，失去了维系社会的价值观，需要创建意识形态，恢复宗教的约束作用。

贝尔强调，每个社会都设法建立一个意义系统，人们通过它们来显示自己与世界的关系。这些意义体现在宗教、文化和工作中。在这些领域里失去意义就造成一种茫然困惑的局面。这种局面令人无法忍受，因

---

① 丹尼尔·贝尔．资本主义文化矛盾．上海：三联书店，1992：182．

② 丹尼尔·贝尔．资本主义文化矛盾．上海：三联书店，1992：38、100．

③ 丹尼尔·贝尔．资本主义文化矛盾．上海：三联书店，1992：74．

此也就迫使人们尽快追求新的意义，以免剩下的一切都变成一种虚无主义或空虚感。他提出探索新意义系统可能的方向：整个社会“重新向某种宗教概念的回归”和三大领域的平衡。贝尔经过对工业社会和后工业社会的分析，指出，“从历史的角度讲，宗教作为与终极价值有关的意识形态，就是一种共有的道德秩序的根据。”① 所以应当适当地保留传统宗教中至今仍有意义的内容。如，对人性的冷峻认识；对不可知力量的畏惧之心；对人类巨大灾难的预感和提醒，以及对现代人无限制地扩张和实现自我所持的怀疑和克制的态度；对人类行为的善恶评价等。②并在此基础上，形成新的宗教，成为维护社会一统的精神支柱。对于在新宗教主导的社会中的个人，贝尔建议，作为民主社会的一分子，既有充分参政权利，又不惟我至上，要具有比较发达的公民意识和社会公德。既要尊重传统，顾忌未来，又反对无节制地享受纵欲，愿意为公众作出牺牲，与社会患难共济。而作为社会经济制度与文化思想体系之间的这种机构，也将以长远的公众利益与文化延绵为重，纠正它对以往私有财产的辩护或对群体要求无止境地忍让，在较为均衡的自由与平等、需求与欲求、效益与福利的基础上仲裁各方矛盾，缓冲不断加剧的种种冲突。只有这样，资本主义社会才能恢复它赖以生存发展的道德正当性和文化连续性。③ 贝尔对资本主义文化的批判，表现出他对资本主义的发展前景担忧，但是他力图建立团结的、有共同道德分享的社会的努力，在资本主义无限追求利润和无人性的资本面前显得很无力，而问题的最终解决要依靠制度的变迁。

参考文献

[1] 马克思恩格斯全集：1－50卷．北京：人民出版社，1995.
[2] 霍布豪斯．自由主义．北京：商务印书馆，1996.
[3] 伯林．自由论．上海：上海译林出版社，2003.

---

① 丹尼尔·贝尔．资本主义文化矛盾．上海：三联书店，1992：206.
② 丹尼尔·贝尔．资本主义文化矛盾．上海：三联书店，1992：17.
③ 丹尼尔·贝尔．资本主义文化矛盾．上海：三联书店，1992：18.

[4] 卡尔·波普. 开放社会及其敌人. 太原：山西高校联合出版社，1992.

[5] 巴利. 古典自由主义与自由至上主义. 上海：上海人民出版社，1999.

[6] 哈耶克. 自由秩序原理. 上海：三联书店，1998.

[7] 哈耶克. 通向奴役之路. 北京：中国社会科学出版社，1997.

[8] 达尔. 多元主义民主的困境. 上海：三联书店，1999.

[9] 密尔. 论自由. 北京：商务印书馆，1986.

[10] 罗尔斯. 正义论. 北京：中国社会科学出版社，1988.

[11] 罗尔斯. 政治自由主义.

[12] 弗里德曼. 自由选择. 北京：商务印书馆，1982.

[13] 弗里德曼. 资本主义与自由. 北京：商务印书馆，1986.

[14] 伯恩斯坦. 社会主义的前提和社会民主党的任务. 上海：三联书店，1965.

[15] 安东尼·吉尔登. 第三条道路——社会民主主义的复兴. 北京：北京大学出版社，2000.

[16] 安东尼·吉尔登. 第三条道路及其批评. 北京：中央党校出版社，2002.

[17] 塞西尔. 保守主义. 北京：商务印书馆，1986.

[18] 马克思主义研究参考资料. 1982（13）.

[19] 密特朗. 此时此地. 北京：商务印书馆，1982.

[20] 罗尔斯. 正义论. 北京：中国社会科学出版社，1988.

[21] 米尔顿·弗里斯曼. 资本主义与自由. 北京：商务印书馆，1986.

[22] 伯恩斯坦. 社会主义的前提和社会民主党的任务. 上海：三联书店，1965.

[23] 柯尔. 社会主义思想史. 北京：商务印书馆，1981.

[24] 亨廷顿. 民主的危机. 北京：求实出版社，1989.

[25] 亨廷顿. 文明的冲突与世界秩序的重建. 北京：新华出版社，2002.

[26] 丹尼尔·贝尔. 资本主义文化矛盾. 上海：三联书店，1989.

[27] 丹尼尔·贝尔. 后工业社会的来临. 北京：商务印书馆，1984.

[28] 约翰·凯科斯. 反对自由主义. 南京：江苏人民出版社，2003.

[29] 卡尔·曼海姆. 保守主义. 南京：译林出版社，2002.

[30] 休·塞西尔. 保守主义. 北京：商务印书馆，1986.

[31] 李强. 自由主义. 北京：中国社会科学出版社，1998.

[32] 顾肃. 自由主义基本理念. 北京：中央编译出版社，2003.

[33] 徐大同. 现代西方政治思潮. 北京：高等教育出版社，2006.

[34] 唐士其. 西方政治思想史. 北京：北京大学出版社，2009.

[35] 段忠桥. 当代国外社会思潮. 北京：中国人民大学出版社，2006.

第七章

后现代主义思潮

后现代主义思潮产生于20世纪70年代末到80年代初，涉及话题众多，成为一种社会时尚。它以与现代性对立和“解构”的姿态出现，“在表象自身中突现不可表象之物”①，使用的语词极为混杂，学派林立，学派内部多音争鸣，是当代最为复杂而极具影响力的思潮之一。由于后现代主义涉及的问题和使用的范畴存在诸多歧义性，难免使人们对其认识存在模糊性和片面性。但是从后现代主义思潮自身的发展以及其学派之间的理论表现看，后现代主义虽然理论可以在不同学科领域中有其独特的表现，但就其本质特征来说是对于继承和发扬西方传统哲学精神的“现代主义哲学”所进行的全面批判。其理论阐述中可见挪用、篡改和超越现代西方哲学中反形而上学传统、怀疑论和不可知论、反基础主义、反本质主义、结构主义、浪漫主义、现象学、精神分析学、

① 李斯托威尔．近代美学史评述．上海：译文出版社，1980：103.

接受美学、虚无主义、大众主义、存在主义、解释学、西方马克思主义、社会批判理论和无政府主义的某些要素，可以说它并不是一个完全独创性的思潮。[①] 也可以说“后现代主义哲学”是对自笛卡尔以来的西方近现代哲学，甚至是作为近代哲学理论根源的古希腊哲学传统的思维方式的一次批判反省，标志着西方哲学思维方式的一次大转换。也有学者认为，后现代主义是一场对现代性批判的哲学运动，也是对发达资本主义社会发展中出现社会弊端进行批判的社会文化运动。

后现代主义思潮从思想来源来讲，主要是深受尼采、海德格尔和维特根斯坦后期哲学，以及法国哲学家乔治·巴太伊等人思想的影响。后现代主义思潮并不是一个统一的学术流派，甚至这些思想家们的思想有着明显的相互攻讦和相互抵牾之处，但是反对西方传统哲学的共同思想倾向是较一致的。主要代表有法国哲学家雅克·德里达、米歇尔·福柯、吉尔斯·德勒泽、让－弗朗斯瓦·利奥塔和让·博德里阿，以及美国哲学家理查德·罗蒂、丹尼尔·贝尔、弗里德里克·杰姆逊和伊哈布·哈桑等。

一、后现代主义的崛起

1.“后现代”概念的来源

“后现代”（Postmodernism）一词最早出现在艺术领域，1870 年英国画家查普曼（John Watkins Chapman）就提出了“后现代绘画”一词来指所谓比法国印象派绘画更现代和前卫的绘画。[②] 第二次世界大战后，“后现代”概念首先出现在萨莫维尔（D·C·Somervell）和汤因比（Arnold Toynbee）的《历史研究》（1947）的前六卷的简编单卷本中，后来汤因比本人在《历史研究》的第八卷和第九卷（1963a，1963b）中也采纳了“后现代”时代这个概念。萨莫维尔和汤因比认为“后现代”时代开始于 1875 年，他们把西方的历史划分为四个阶段，即黑暗时代

① 张国清．中心与边缘．北京：中国社会科学出版社，1998：18－19．

② 陈嘉明．现代性与后现代性十五讲．北京：北京大学出版社，2006：118．

(675～1075)、中世纪（1075～1475)、现代（1475～1875）和后现代(1875～)。从1875年开始西方文明进入到一个新的过渡时期，这个时期构成了一个不同于先前的现代的戏剧性的突变和转折，它以战争、社会动荡和革命为特点，它是无政府主义的和完全的相对主义的，而先前的现代则是以社会稳定、理性主义和进步为特征的中产阶级的时代。后现代是一个以理性主义和启蒙运动的社会思潮的崩塌为标志的“麻烦的时代”。但是汤因比并没有进一步地发挥后现代的概念。

20世纪50年代在美国出现了从历史和社会学的视角定义后现代的概念。首先，文化历史学家伯尔纳尔·罗森伯尔（Bernard Rosenberg）在关于《大众文化》的导言中运用后现代一词来指大众社会中新的生活状况，在社会文化中发生的某些根本性的变化。同时，经济学家彼得·德拉克尔（Peter Drucker）出版了《明天的里程碑》，副标题是“关于新的后现代世界的报告”，他把后现代社会等同于后工业社会。1959年赖特·米尔斯（Wright Mills）在《社会学的想象力》一书中又提出了新的后现代时代的概念。他认为，我们生活在“现代”的尾声。我们的时代是焦虑与淡漠的时代，但尚未以合适方式表述明确，以使理性和感受力发挥作用。人们往往只是沮丧地觉得似乎一切都有点不对劲，但是不能把它表达为明确的论题，[①] 而且先前的期望和影像、思想和情感的标准范畴不再适用了。1961年哈斯顿（Huston）在他的论文《西方思维的革命》中说，他发现后现代的概念变化已经极大地影响了当代的科学、哲学、神学和艺术。20世纪在西方思维中引起了突变，它开启了后现代的精神。他认为，现代是以人的理智能够把握的规律去规范实在的，而在后现代的世界观看来，实在是无序的，最终是不可认识的。

20世纪60年代到70年代许多文化的和社会的理论家开始讨论对于后现代主义文化的彻底决裂和新的后现代主义形式的出现。埃尔文·豪(Irving Howe）和哈里·勒文（Harry Levin ）对新的后现代文化持否定

① 赖特·米尔斯. 社会学的想象力. 上海：三联书店，2008：10.

的态度，把它看作是启蒙运动理性主义的衰落、反理智主义和文化能够促进社会变化的现代希望的失落。而苏珊·宋塔、莱斯丽·菲德尔（Leslie Fiedler）和伊哈布·哈桑（Ihab Hassan）则把后现代文化看作是一种肯定的发展，它和现代主义和现代性的压迫方面是对立的。认为，后现代主义本身如同历史上的运动一样，是一种“文化运动的复合体”。[①] 20世纪70年代至80年代在文学、诗歌、绘画和建筑中后现代的形式得到了进一步的发展，查尔斯·詹克斯（Charles Jencks）的有影响的著作《现代建筑语言》就推崇一种以折中主义和大众化（populism）为基础的后现代的风格，它帮助传播了后现代概念。特别值得一提的是，1972年7月15日在美国的密苏里州，圣路易斯市的名为“普鲁特（Pruitt-Igoe）”的现代主义建筑群在巨大的爆炸声中化为一片废墟。后现代主义风格的倡导者查尔斯·詹克斯把这一天视为现代主义建筑毁灭的祭日，他公开宣称，“普鲁特建筑群的崩溃，标志着现代主义国际风格已寿终正寝！”[②]

20世纪70年代中期在美国，有更多的书出现，运用后现代概念来指历史中的一个新的时代。弗里德里克·费里的《形成未来，后现代世界的来源》就为后现代意识和新的未来设计了一套新的价值和制度的选择。社会学家丹尼尔·贝尔（Daniel Bell）在《资本主义的文化矛盾》一书中也讨论了这个主题，认为现代已经结束，人类现在对未来面临着根本的选择。

基于上述对后现代主义发展过程的描述，可借荷兰学者佛马克·伯斯顿在与他人合编的《走向后现代主义》一书对其发展阶段的划分做一个概括，他们认为，后现代主义的概念经历了四个衍化阶段：（1）1934～1964年，是后现代主义这一术语开始应用和歧义迭出阶段；（2）20世纪60年代中后期，后现代主义表现出一种与现代主义的精英意识彻底决裂的精神，禀有了一种反文化和反智性的气质；（3）1972

① 佟立．《西方后现代主义哲学思潮研究．天津：天津人民出版社，2003：14.

② 佟立．《西方后现代主义哲学思潮研究．天津：天津人民出版社，2003：11.

年～1976年，出现存在主义的后现代主义思潮；（4）20世纪70年代末至80年代中期，后现代主义概念日趋综合和更具有包容性。

由此可见，后现代主义是一个含义广泛但又模糊不清的概念。从建筑、美术、电影、戏剧、文学、诗歌到哲学领域都对其有不同的界说和理解。在众多的后现代主义派别中可大体分为：否定性、批判性的后现代主义和建设性、修正性的后现代主义。前者对现代性进行批判和否定，反对任何假定的“大前提”、“绝对的基础”、“惟一的中心”、“单一的视角”，向人类迄今为止视为至极的一切东西挑战，其目的是为了解放人们的思想，拓宽视野。后者试图重建人与自然的关系、人与人的关系，要消除现代性设置的人与世界之间的对立，用新的眼光看世界，重新构建世界秩序。也可以分“极端的”和“温和的”后现代主义。前者强调后现代与现代的激进的断裂，在总体上拒斥现代性理论与话语；后者不赞成与现代性的彻底决裂，把后现代解释为现代的一种样式。还有肯定的后现代主义和怀疑的后现代主义、“愤世嫉俗”的、“悲观绝望”的和“沉于幻想、放浪形骸”的后现代主义。

关于后现代主义是一种社会形态，还是一种思想运动，可从下列后现代主义理论家的论述中得出答案：

后现代主义的理论家们认为，从20世纪60年代开始，随着科学技术的革命和资本主义的高度发展，西方社会进入一种“后工业社会”（post-industrial society，丹尼尔·贝尔语），也称作信息社会、高技术社会、媒体社会、消费社会、最高度发达社会，在文化形态上被称为“后现代社会”，这是一个崭新的“后现代时代”。后现代时代在科学、教育、文化等领域经历了一系列根本性的变化，这些变化表明它是人类历史上的一次断裂或一个新的发展阶段。

法国哲学家让—弗朗斯瓦·利奥塔描绘了后现代的知识状况，他在《后现代的状态：关于知识的报告》一书中说：“自从社会进入到所谓的后工业时代，文化进入到后现代时代，知识的状况也发生了改变。这种变化至少始于20世纪50年代，一直持续到现在，在欧洲则始于战后重建的完成。"[①] 在利奥塔看来，"后现代社会"也就是计算机化的社会和信息社会。自然科学和技术都开始与语言发生关联，无论是在语言学、控制论、信息储存和数据库，还是其他门类的问题上这些技术转变对知识及其两大功能——研究与习得知识的传播——产生了重大的影响。信息处理机器的普及，正在改变着知识，尤其是知识的传播方式。只有知识体系中那些可以翻译成计算机语言的要素，才能在新世界中存活下来。计算机赋予了这些要素某种逻辑，这种逻辑继而决定了构成合乎标准的"知识"的条件，而这个条件之一就是把知识向认知者外在化。以往知识的获得，重在对大脑的训练，而现今这种方法越来越显得陈旧。知识日益被当成一种商品，知识的生产是为了进行出售。对于这些变化，利奥塔认为，无论科学、文学艺术等都是遵循一定"游戏规则"的语言活动，在某个"宏大叙述"的制约下，使知识扎实获得了合理性。然而，进入20世纪以后，原来的游戏规则发生了变化，出现了"叙述危机"。由此，他说："用极简单的话说，我将后现代定义为针对元叙述的怀疑态度。"[②]

博德里阿认为，后现代社会不断熵化（entrophy）。整个社会的各个阶级之间、政治意识形态之间、资本与劳动之间、高雅文化与低级文化之间的区别或界限崩塌了，哲学、社会和政治理论的一切旧有的边界和区别以及资本主义社会都融解为一种无差别的模拟物（simulacra）的流动。后现代世界是一个缺乏意义的世界、无深度的世界、一个虚无主义的世界，理论在空虚中漂泊，不停泊在任何宁静的港湾。因为意义要求深度、不可见的基质、隐藏的维度和稳定的基础。"现代"是一个有深度的世界。马克思的理论把政治、文化和社会生活解释为经济的副现象，弗洛伊德根据欲望和无意识来解释一切，这些都是用深度模式来剥开实在的神秘面纱，揭示现象背后底层的实在和构成实在的那些力量。而在"后现代"社会，一切都是可见的、明晰的、透明的、运动的，

① 米勒德·艾利克森. 后现代主义的承诺与危险. 北京：北京大学出版社，2006：6.

② 利奥塔，等. 后现代主义. 北京：社会科学文献出版社，1999：3.

死亡的意义和冰冻的形式的符号变成了相同东西的新的结合和互换。后现代“已经解构了它的全部世界，所以剩下的一切都是碎片，仍需要做的一切事情只是摆弄碎片。摆弄碎片，这就是后现代。”①

后现代的马克思主义者杰姆逊也认为，后现代标志着一系列的文化转变，如高级文化和所谓的大众文化；低级文化或商业文化之间的坚固区别打破了；现代主义作品被规范化和同化了，例如它们失去了批判性的和破坏性的锋刃；文化近乎全部商品化，废除了人们赖以向资本主义挑战的批判距离，出现了充斥文化工业的形式、范畴和内容的新型文本。他认为后现代的裂变并不是一个纯文化的事件，实际上它标志着一个全新社会的来临。②

总之，后现代有两重涵义：（1）就社会进程与时代特征而言，现代工业文明发展到20世纪中期以后，社会结构、机制与文化价值发生重大变迁和转折的社会状态。（2）指一种文化样态。是对非理性主义思潮的继承，是一种态度、精神价值。也可以将其概括为：首先，后现代主义是一场消解性和批判性的文化运动和社会运动，从一开始就具有一种对西方资本主义高度发达的现代文明进行激烈的批判精神。后现代主义摈弃现代性，从不同的角度揭示资本主义社会存在的矛盾和缺陷。其次，作为一种哲学理论或学理形式，后现代主义对于包罗万象的近代哲学提出了诘难。它对作为逻各斯中心主义的、普遍性的元叙述予以统统消解。再次，后现代主义者强调一切被现代性所否定的或忽视的特征。如不确定性、片段性、异质性、非原则性、虚构性等等，拒斥一切权威、规则、崇高、真理、主题、圆满等，深入到现代性的核心，并将其肢解。由此可见，后现代主义本身就是一个混合体，要对其界定的确很难，但从其主要代表人物的理论性陈述中可以将后现代主义理解为：对“现代性”的批判。

2. 如何对待“现代性”

如何对待“现代性”，这是现代主义和后现代主义之间以及不同的

---

① 张志伟，等. 西方哲学问题研究. 北京：中国人民出版社，2003：135.

② 张志伟，等. 西方哲学问题研究. 北京：中国人民出版社，2003：137.

后现代主义者之间争论的主要问题之一。如果要将这个问题梳理清楚，首先要对“现代化”与“现代性”进行分析。

“现代”（modern）实际上就是指西方资本主义从产生、发展而走向现代化（modernization）的过程。是一个时间概念，可以指从资本主义产生发展至全球化的整个过程。“现代化”就是描述这一过程特征的概念，它主要是从经济学和社会学视角，描述社会从农业社会转型为工业社会生产方式变迁的主要特征，包括工业化、商品化、城市化、民主化、法治化、教育普及化机构科层化等。我国研究现代化的学者罗荣渠就是从过程角度对现代化进行界定，他认为现代化实质上就是工业化，是经济落后国家实现工业化的进程；是自科学革命以来人类急剧变动的过程的统称；是一种心理态度、价值观和生活方式的改变过程；是代表我们这个时代的一种“文明的形态”。[①] 现代社会与传统社会的根本区别就在于社会结构的层次化与精细化、社会功能的专门化与多样化、社会运行机制的市场化与法制化、社会阶层的流动化与平权化、国家制度的理性化与权威化、政府能力的综合化与集约化。

如果说“现代化”是一个事实层面的描述概念，那么“现代性”（modernity）则属于价值取向的问题，主要是一个哲学范畴，是“现代化”发展过程所导出的结果。[②]“现代性”体现的是理性和启蒙的精神，它相信社会历史的进步和发展，人性和道德的不断改良和完善，人类将从压迫走向解放。现代性强调理性、民主、自由、平等、博爱，推崇近现代的科学技术的进步。对“现代性”最著名的界说有三个：一是德国社会家学马克斯·韦伯的论述。他把现代性看作是一个“祛魅”过程，指出，“我们的时代，是一个理性化、理智化，尤其是将世界之谜魅加以祛除的时代。”[③] 祛魅的过程导致宗教世界观的瓦解，世俗文化的产生。在社会历史层面上，“祛魅”表现为社会组织和结构模式的理性化、合理化；在个体审美层面上，“祛魅”则表现为人的个体心理结

① 罗荣渠. 现代化新论. 北京：商务印书馆，1983：9－15.
② 陈嘉明. 现代性与后现代性十五讲. 北京：北京大学出版社，2006：36.
③ 韦伯. 学本与政治. 上海：三联书店，1998：193.

构越来越感性化、个体化。韦伯的关于现代性的论述，包含两个命题：现代生活的理性化和终极价值理念的多元化与个体化。[①] 二是英国社会学家吉登斯将现代性看作是现代社会或工业文明的缩略语，它包括从世界观（对人与世界的关系的态度）、经济制度（工业生产与市场经济）到政治制度（民主和民族国家）的一套架构。他认为，现代性与传统的根本不同就在于"制度性的变化"，即在制度性、文化与生活方式等方面发生的秩序的改变。[②] 三是哈贝马斯把现代性视为一项"未完成的设计"。哈贝马斯认为，"现代性首先是一种挑战"，是"原有模式和规范都已分崩离析，鉴于此，置身于其中的人只好去发现属于自己的模式和规范。"[③] 哈贝马斯认为现代性面临着自我确证的任务，"现代性即使能够，也不能再从另一时代所提供的模式中借鉴行为的标准，他必须从自己中创造自己的规范"。"现代性面向未来，追新逐异，可谓前所未有，但它只能在自身内部寻找规范。主体性原则是规范的惟一来源。主体性原则也是现代时代意识的源头……沿着启蒙辩证法的路径。作为现代性的所有物与惟一义务的知性合理性就应当扩展为理性。"[④] 现代社会生活的合理性出自人的理性，理性成为真理之源、价值之源，也成了现代性的安身立命之地。

如何对待"现代性"是后现代主义与现代主义决裂的分水岭。后现代的"后"就体现了对待"现代性"的不同态度。一方面，"后现代"是指"非现代"（not-modem），它要与现代的理论和文化实践、与现代的意识形态和艺术风格彻底决裂，对"现代性"采取了批判和否定的态度。"后"（post）就是主动地与先前的东西决裂，从旧的限制和压迫状况中解放出来，进入到一个新的领域。认为，资本主义的"现代化"给人民带来无数的苦难，工业化造成了对于农民、无产阶级和工匠的压迫，妇女被排除在公共范围之外，帝国主义的殖民统治采取了种族

① 刘小枫．现代性社会理论绪论．上海：三联书店，1998：222－223．

② 刘小枫．现代性社会理论绪论．上海：三联书店，1998：4．

③ 哈贝马斯．现代性的地平线：哈贝马斯访谈录．上海：上海人民出版社，1997：122．

④ 哈贝马斯．现代性的哲学话语录．南京：译林出版社，2006：49．

灭绝和大屠杀的政策。现代社会也产生了一整套惩罚的制度和实践，以及使它的统治方式和控制方式合法化的话语。现代性使理性走向了它的对立面，使自由走向了压迫和统治。所以，后现代主义者要求用新的价值和政治学去克服现代话语和实践的缺陷，呼唤新的范畴、思维方式和写作方式。另一方面，“后现代”是对现代化或工业化的超越，是资本主义的一个更高阶段，是对现代的继承和发展。美国后现代主义批判家杰姆逊认为，不同时期的彻底断裂并不意味着内容的完全改变，而是现成大量因素的重构，在早先时期或在系统中处于从属地位的一些特征现在变成占统治地位的特征，原先占统治地位的因素现在退居第二位。晚期资本主义把商品化的动力扩张到社会生活和个人生活的所有领域，渗透到知识、信息和无意识本身的全部范围。资本主义发展的每一个阶段都有相应的文化风格，如在市场经济阶段有现实主义，在垄断资本主义阶段有现代主义，而多国资本主义阶段就有了后现代主义。①

尼采的思想被认为是“开创了后现代主义的先河”。尼采颠覆了现代性的历史地位，目的是为了“打破现代性自身的理性外壳”。在尼采看来，现代意识中充满了历史知识，但丧失了人类“借以展望未来和依靠现实的至上力量来阐释过去”的“生命穿透力”。由于主张一定方法持程序的精神科学信奉一种错误的亦即永远无法达到的客观性理想，所以，它们使生命中的必然准则变得毫无意义，并且散布一种僵化的相对主义：一切都随着时间变更，而不取决于人的本真所是。精神科学使我们无法不断地冲破和消解过去，以便能够活在当前。② 在此，尼采“放弃对理性概念再作修正，并且告别了启蒙辩证法。特别是认为现代意识的历史变形（Verformung），亦即无聊内容泛滥成灾，一切本质都变得空洞无物。”③ 现代性已经没有能力独立自主地创造其自身的准则。尼采通过对传统道德、传统形而上学、实用主义认识论等体现现代性特征的领域对现代性进行批判，开创了后现代主义批判的两个方向：一是从

① 张志伟，冯俊，等. 西方哲学问题研究. 北京：中国人民大学出版社，2003：137.

② 哈贝马斯. 现代性的哲学话语录. 南京：译林出版社，2006：98.

③ 哈贝马斯. 现代性的哲学话语录. 南京：译林出版社，2006：99.

艺术的角度（也称视角主义）对世界加以考察，贯穿着反形而上学、反浪漫主义、悲观主义和怀疑主义的立场。二是对形而上学的批判，既揭示了形而上学思想的根源，又不放弃自身的哲学地位。前一方向的追随者有巴塔耶、拉康、福柯；在后一方向上有海德格尔、德里达等步其后尘。[①]

在20世纪后现代主义转向中，海德格尔从人的“存在”视角展开对现代性的批判。他把现代看作一个存在“作为技术的世界”而出现的时代，把现代性归结为一种源于对存在的遗忘而导致的由技术统治人，而不是人统治技术所造成的“无家可归”状态。他认为，现代“技术”成为人与周边存在者发生关系的方式，同时又将人的自由的本质推入危险的境地。技术的本质是人用一种逼迫、强索的方式，来向自然提出蛮横的要求，对自然采取了一种掠夺的态度。而人的生存方式又被现代技术力量安排着、要求着，成为人自己不能控制的力量。[②] 由此，导致的结果就是对存在的“遗忘”。海德格尔对现代性的批判还表现在对主体性形而上学的批判上。他认为，传统形而上学之所以具有“主体性”特征，是由于传统形而上学将它视为研究的对象，强调是绝对不可怀疑的东西、确定可知的东西、确定性。在笛卡尔哲学中，把人与世界的关系主要解释为认识主体与对象客体的关系。在这种关系中，“主体性”表现在人作为主体，其本质在于“自我”。“在现代……其自我的规定性在于，人成为存在者的中心和尺度。人成了决定一切存在者的主体，也就是说，人成了决定现代一切对象化和想象力的主体。”[③] 因此，在笛卡尔那，人的自我意识成为最高主体，其他主体则在此自我意识中找自己的场所，因而人成为实在的决定性中心。海德格尔指出这种主体性的形而上学过度地抬高了人的主体地位，恰恰在高扬自己的主体性之时丧失了自己的本质和尊严，不能理解“存在是一切存在者之存在”定论，遗忘了人的存在与周边存在者的关系，最终使包括人在内的

---

① 哈贝马斯．现代性的哲学话语录．南京：译林出版社，2006：112－113．

② 陈嘉明．现代性与后现代性十五讲．北京：北京大学出版社，2006：168－169．

③ 哈贝马斯．现代性的哲学话语录．南京：译林出版社，2006：154．

一切存在者都被当作持续贮存着的质料。

法国后现代主义思想家福柯直接指出，现代性的特征在于主体具有一种自相矛盾和人类中心论的知识型。他认为，自古希腊哲学家普罗泰哥拉提出“人是万物的尺度，是存在物存在的尺度”以来，在西方文化发展的两千多年中一直沿着这一命题演变。人类中心论赋予人先在性、绝对性、自主性、超验性和创造性等特权。实质上就是人为的虚构，是一种神话，根本不存在这种普遍的必然性，因此必须加以拒斥。[①] 而由此导出的现代知识型从一开始就充满着矛盾，认知主体把自己从形而上学废墟中树立了起来，目的是要用有限的力量的意识来清算无限力量所要求的一切。主体的有限，却要向着无限超越的异常复杂结构，使得主体表现出为了追求知识和追求更多知识的放纵意志。这种意志傲慢不羁，超出了主体能力的范围。这样，现代知识型被一种独特的求真意志所主宰，这种求真意志表现着知识与权力的内在的联系。福柯主要以“谱系学”和“考古学”的研究方式对启蒙和现代性分析与批判，将现代性也理解为“一种态度”，一种批判的精神。所以他说，所谓态度，指的是与等待现实相联系的模式，也是一种由特定人民所作的志愿的选择；最后，是一种思想和感觉的方式。一种“哲学的质疑”，亦即对时代进行“批判性的质询”。[②] 可见福柯对现代性的立场，与否定式后现代主义思想家的观点有所区别。

3. 后现代主义产生的社会与文化基础

后现代主义与其他思潮一样，它的出现有其深刻的社会与文化基础。

首先，当代科学技术的发展与生产方式转变导致社会的全面异化。资产阶级依靠现代科学技术建立庞大的生产体系，为了追求超额剩余价值，推动商品的销售，它通过广告、电视、广播、报纸等大众媒体传递各种虚假的需求，使得需求生产成为了社会的中心任务，消费社会的生

---

① 佟立. 西方后现代主义哲学思潮研究. 天津：天津人民出版社，2003：245－246.

② 陈嘉明. 现代性与后现代性十五讲. 北京：北京大学出版社，2006：5.

活方式支配了所有社会成员，消费社会创造了大量的消费手段和消费场所——购物中心、超市、网络购物街区、电视购物、电话购物、银行信用卡等，使消费变得如此简单。不需付现金，只需刷卡，人们需要的一切都可以买到。正如后现代主义思想家波德里亚所说，“我们处在消费控制整个生活的境地”。[①] 人们对消费的崇拜和对商品的崇拜成为消费社会的伦理和意识形态，深入人们的思想意识。它表现出对需求、享乐的追求。人们在消费社会中异化，失去了主体意识。

另外，现代科学技术成为人类掠夺更大物质利益的工具，从而无休止地改装地球，严重破坏着地球自身的生态系统。如生态严重失衡，大气环境被污染，海洋系统、林业系统和耕地遭到破坏，导致全球气候灾难，土地荒漠化，特大灾害性天气频发，水质变坏，空气污浊，各种生物、微生物内部平衡失调等等。这些现象表明人类赖以存在和发展的自然基础遭到破坏，直接威胁着人类自身的生存，人类将自己推进自己挖掘的陷阱。同时，科学技术原本发明出来，是为人类造福的，但在现代资本的社会却走向了反面，转化为工具理性控制世界，人成了工具的奴隶。这都不得不使人们用质疑的目光审视资本主义社会的现代工业和现代科技理性。

其次，消费社会使西方传统文化的信仰和信任发生了根本动摇，主体独立意识消失，商业活动已经全面地扩张到了文化领域。特别是对人文学科和艺术的生存与发展构成了威胁，使得一部分艺术家、思想家的创作理想和学术目标发生了重大偏离，艺术家们和思想家们的创作活动和学术活动越来越丧失了自主性和自由性。所有的文化行为首先被当作是一种商业行为。艺术活动、精神创作活动被要求遵循的是商品的逻辑和生活的逻辑，其作品越来越趋于时间化、时尚化和世俗化。科学活动、学术活动、艺术活动和其他精神创造活动，都已经丧失了传统的价值意蕴和社会地位。科学家、艺术家和思想家不再是传统意义上的对于某种特殊精神财富的探索者和创造者，而成了为填补人们的空虚灵魂而

---

① 陈嘉明．现代性与后现代性十五讲．北京：北京大学出版社，2006：334．

进行批量生产各种精神商品的特殊生意人或工匠。另一方面，为了与媒体争夺观众和读者市场，面对着传媒系统中各种新闻、信息和传闻的巨大吸引力和影响力，艺术家们和思想家们已经远远地把对事物真相（真理）的关注抛在了脑后。因为“事物的真相”成为越来越难以驾驭的东西，越来越成为媒体的“产品”和“赢利手段”。

对于普通人来说，在自由资本主义社会中，崇尚个人主义、功利主义、能力主义及对自我个性特征、个人的利益追求是一切行动的轴心。然而在当代，随着资本主义社会现代化的完成，每一个个体已经被完全地职业化和角色化。职业角色规定着每个承担者的活动范围、职责和社会表现。特别是为了提高效率而进行职业的标准化和专业化的培训，人们的行为模式一体化，导致个体与群体的趋同，自我沉沦于他人之中，沉沦于角色之中，沉沦于整个社会关系网络之中。在现实的日常生活中人们找不到真实的自我，而内心的个性自由的理念又未曾泯灭，人们开始过着双重或多重的生活，很难找到真正属于自己的那种生活。于是，在一个高度发达的工业化或后工业化社会里，个体因其职业化和角色化而怀疑自己的真实身份，怀疑自我，并最终否定了自我的价值。正是基于个体被后现代社会所全面角色化和职业化的状况，一些后现代主义者发出了“人死了”、“主体死了”的感叹。

第三，现代西方文化的危机导致传统知识分子社会角色的消失。后现代主义思想家利奥塔指出，“我们的文化经历了一系列的嬗变：科学、文学、艺术的游戏规则全然改换。”① 西方社会文化中充斥多元主义的价值观，所有的文化意图都消解在任意性中，造成知识分子的预设的理想目标的偏离，对科学、理性和真理产生怀疑。一部分知识分子不再以追求真理为己任。它们对文本世界与话语世界的解释以及生存变成了一场自娱自乐的随意性的游戏。那种把一切都建立在理性基础之上，为统一的科学目标而奋斗的传统知识分子不被认可，心甘情愿地被社会、被

---

① 佟立. 西方后现代主义哲学思潮研究. 天津：天津人民出版社，2003：263.

他者所同化、所“溶化”。[①] 特别是20世纪60年代后期“五月风暴”结束后，西方知识界不再关心人类的命运和解放，更多的是被职业化和技术化所改造，而且知识成为知识分子争夺权力的战场。知识分子的社会角色越来越多元化和模糊化，传统意义上作为“社会良心”的、维护“社会正义”的、追求“普遍真理”的知识分子形象正在消失殆尽。

第四，在当代资本主义社会中，社会交往的语言沟通功能变为控制工具。当代资本主义社会中，人与人的关系首先是由社会等级分化所决定的权力关系和物质需求所决定的资本关系。在金钱和权力的双重控制下，充满友谊和情感的语言交往日益困难，个体的语言行为越来越具有强制性（被迫性）、功利性和程序性。在社会交往中，自然的、充满温馨的话语日渐稀少，正常的语言交流日益受到怀疑，言语行为不再是人的思想和情感的自然流露，而成为一种表演，成为掩饰其真情与本意的基本手段。语言不再是人与人之间沟通的有效工具，而是类似于谜语的东西。[②] 语言成为人与人之间交流和沟通的障碍，造成说者要谨慎小心地说出，听者要费尽心思去揣摸和猜测。而且原本平等的语言交流，由于权力与地位的不平等的参与，导致主述者与聆听者之间的绝对不平等。这也被利奥塔形容为：聆听者的发言权无形地被剥夺了，权力话语剥夺了公民的自由，教师的话语剥夺了幼小学生的欢乐，科学的话语剥夺了人文精神，同一的话语剥夺了共生性和多样性，由此造成了整个社会的恐惧。[③] 这也是许多后现代主义者以语言为突破口，对资本主义制度进行全面反省和批判的原因之一。

综上所述，后现代主义出现是现代西方发达资本主义经济、政治、文化、科技发展不平衡的产物，它集中地体现了高度发展的物质文明与日益陷入危机的文化之间的严重对立和冲突。它试图在超越、压制、反叛现代性中与现代“断裂”，表现出消失了的历史意识和历史深度，但是任何文化必然渗透在过去、现在和未来之中，因此后现代主义在对现

---

① 张国清. 中心与边缘. 北京：中国社会科学出版社，1998：14.

② 张国清. 中心与边缘. 北京：中国社会科学出版社，1998：15.

③ 佟立. 西方后现代主义哲学思潮研究. 天津：天津人民出版社，2003：265.

代文化的反思和批判中，不得不与历史紧密联系，而打上现代的印记。后现代主义是一个矛盾的复合体，沿着多条思想批判路径发展，标志着现代西方社会哲学观念、思维方式、价值取向、文化形态、社会心理以及交往行为已发生或正在发生重大转变。

二、后现代主义的基本特征

后现代主义作为文化运动和哲学运动，其部分理论视角有较大的差别，但是作为西方社会对现代性批判的理论，又有着诸多的共同性。如有学者认为后现代主义就是认识论，其特征包括：对教条模式提出质疑；作品不再具有本体论功能，文本变得支离破碎；社会话语异变为叙述者的单一视角，并以引语的形式出现；对知识的反思不屑一顾，感兴趣的是语言游戏中的使用语。① 又如德里达所说，后现代主义的特征是，"关心全部哲学史的基本概念，把它们拆开"，摧毁其不平等的二元对立结构。即对客观与主观、精神与物质、真理与谬误、本质与现象、灵魂与肉体、确定性与不确定性、在场与不在场、善于恶、生与死、男与女等概念之间的等级关系加以颠覆。② 倡导一种反对"非此即彼"的思维原则，强调概念、文本、语言的不确定性、模糊性和多样性的新的思维方式；反对世界具有同一性、一致性、整体性，取消基础、中心、本质、本体的知识维度。强调对世界认识的多元化、表面化、无序化、差异性、短暂性、散乱性、无政府主义、不确定性和模棱两可的维度。

美国思想家伊哈布·哈桑，从20世纪60年代起对后现代主义问题进行深入的专题研究，他的研究成果中最重要的贡献，是对后现代主义文化特征进行了梳理和归纳。哈桑认为，后现代主义是一种反形式的、无规束的、反创造性和唯信仰论的冲击力量，它受到一种破坏意志的激发。进入20世纪80年代以后，哈桑的观点有所变化，他立足"解构

① 佛克马·伯顿．走向后现代主义．北京：北京大学出版社，1991：146.

② 佟立．西方后现代主义哲学思潮研究．天津：天津人民出版社，2003：226.

性”和“建构性”的双重维度，对后现代主义的文化特征作了总结性的概括。解构性的后现代主义文化特征主要包括：不确定性；碎片；非规范化；无我、无深度性；卑微性、无可表达性等五个方面。重构的后现代主义文化特征主要包括：反讽；混杂性；狂欢；表演性、参与性；结构主义；内在性等六个方面。哈桑对这11个特征[①]进行了分析，并指出相互之间的关系。

(1) 不确定性（Indeterminacy）。哈桑认为“不确定性”是后现代主义的首要特性。它包括了影响知识和社会的模糊性、断裂性和置换的所有的行为。不确定性确乎渗透我们的行动和思想，它构成我们的世界。

哈桑指出“不确定性”是可以由下面各不相同的概念共同描述出来的综合所指：模糊性、间断性、异端、多元性、散漫性、反叛、倒错、变形、反创造、分解、消解中心、移置、差异、分裂、消隐、消解定义、去神秘化、零散化、反正统化、反讽、断裂等等。[②] 所有这一切，形成了一股强大的自我毁灭冲动，影响西方的整个话语王国。他强调说，不确定性是中心消失和本体论消失的结果。

(2) 零乱性或碎片（Fragmentation）。“零乱性、不确定性常因片断性而产生，后现代主义者只是割断联系，他们自称要持存的全部就是断片。他们最终诅咒的是‘整体化’——不论何种的综合，社会的、认识的、乃至诗学的。因此，他们喜欢组合、拼凑、偶然得到的或割裂的文学对象，他们选择并列关系而非主从关系的形式，选择转喻而非暗喻，精神分裂而非偏执狂。他们也因此而求助于悖谬、悖论、反依据、反批评、破碎性的开放性、未整版的空白边缘。正如利奥塔所主张的：‘让我们向整体性发动一场战争；让我们做见不得人的事情的目击者；让我们使差异重新获得生机以挽回它的名誉。’……后现代主义者认为，世界是由片段组成的，但是片段之和构成不了一个整体。诸片段也并没

① 哈桑．后现代转向．四海艺文网．

② 哈桑．后现代主义概念初探．利奥塔，等．后现代主义．北京：社会科学文献出版社，1999：125－126．

有向某个整体或中心聚集。为此，后现代主义者不以追求有序性、完备性、整体性、全面性、完满性为目标，而是持存于、满足于各种片段性、零乱性、边缘性、分裂性、孤立性之中。”

（3）非原则化（Decanonization）、非中心化、非权威化、非合法化。哈桑指出，后现代主义者使社会主要准则“非合法化”，修正或颠覆权威，废除元叙事，而偏好保留了语言游戏异质性的“具细的历史”。因此，从“上帝之死”到“作者之死”和“父亲之死”，从对权威的嘲笑到对学校全部课程的修正，他们取消了文化，消除了知识的神秘性，消解了权力语言、欲望语言和欺诈语言的结构。在他们那里，人的活动不再是一种围绕一定的主题、中心、原则或秩序而进行的活动，而成了一种随意性的、游戏性的、没有终极目标的活动。哈桑认为，嘲笑和修正是颠覆的翻版，我们这个时代猖獗的恐怖主义便是最可悲的例证。但“颠覆”或“瓦解”还可采取其他一些较缓和的形式，如少数民族运动或文化女性化，这同样需要非原则化。

（4）无我性，无深度性（Self-less-ness，Depth-less-ness）。后现代主义消除了传统的自我，鼓动自我抹煞，鼓励自我增殖和反省。哈桑指出，现代文学中的“自我失落”，始作俑者是尼采所宣布的“主体”，它不过是一个虚幻：“人们指责自我主义时所谈的自我根本不存在。”因而，后现代主义压抑或分解，而有时又试图去恢复那个“深沉的”浪漫主义的自我，在后现代主义的循环中，这个自我作为一种“整体化原则”一直受到不幸的怀疑，由于自我在语言的游戏中，在籍以多元地构成现实的差异中丧失了自己，正值死神高视阔步、肆意猖獗时，自我将自己的缺席人格化了，它在各类浅薄的作品中传播自己，拒绝、回避阐释。

（5）卑琐性，不可表现性（The Unpresentable）。“后现代艺术反现实，反偶像崇拜，躲避崇高，他们寻求卑琐、低级、虚无、死寂的题材，喜欢表现人性中卑微的方面。接受文学的‘衰竭’，以有声的‘沉默’瓦解自己。正如利奥塔大胆的类比：‘后现代即是那种在表现自身时将见不得人的卑微性也展示出来的东西。’但对表现的挑战也可能将作家引向另一个阈限的境地：譬如引向卑琐而不是崇高，或说准确些，引向死亡，引向‘符号与死亡之间的交换’。‘什么是不可表现性？’它即是那种经由语言却又非任何一种特殊语言的一部分……经由语义却又不堪忍受和想象的东西：恐怖和卑琐。”

（6）反讽（Irony）。哈桑指出，当缺少一个基本原则或范式时，我们转向了游戏、相互影响、对话、会话、寓言、反省——总之，取向了反讽，这种反讽以不确定性和多义性为先决条件。反讽有三种模式："中介反讽"、"转折反讽"和"后现代"或"休止反讽"，它展现出"其更为重要的多重性、散漫性、或然性，甚至荒诞性"。反讽、透视、反省，它们表现了探求真理过程中不可避免的心灵反映，真理不断地躲避心灵，只给它留下了自我意识一种富于讽刺意味的增加或过剩。后现代的反讽体现了"悬而未决"的特性。

（7）混杂性（Hybridization）。哈桑指出，后现代主义文学包含着混杂类型，题材陈腐与剽窃，拙劣的模仿与东拼西凑的杂烩，通俗与低级下流的丰富表现。翻版与摹制可以跟它的原型一样真实，甚至可能带来一种"生命的增殖"。这产生了一个不同的传统概念，在其中，持续性与间断性、高层文化与底层文化交汇了，不是模仿而是在现在中拓展过去。在那个多元的现在，所有文体辩证地出现在一种现在与非现在、同与异的交织中。因而，哈桑认为，在后现代主义中，海德格尔的"均衡时间性"的确变成了均衡时间性的一个专门术语——一种交织的时间性，一种历史因素间的新型关系，高雅文化与通俗文化走向融合。

（8）狂欢（Carnivalization）。哈桑指出这个词是由前苏联文学家米哈伊尔·巴赫金创造的，它丰富地涵盖了不确定性、支离破碎性、非原则化、无我性、反讽、种类混杂等等。而且这个词还传达了后现代主义喜剧式的，甚至荒诞的精神气质。狂欢在更深一层意味着"一符多音"——语言的离心力、事物欢悦的相互依存性、透视和行为、参与生活的狂乱、笑的内在性。至少指后现代主义游戏的、颠覆的、包孕着复苏的要素。人类在彻底解放的迷狂中，在对日常理性的"反叛"中……在许多的滑稽模仿诗文和谐摹作品中，在无数次的蒙羞、亵渎、喜剧性的加冕和罢免中，发现了它们的特殊逻辑——第二次生命。狂欢消除了各种差距和界限，狂欢吞没了一切，重构了一切，同化了一切。

(9) 参与性、表演性(Performance、Participation)。哈桑认为，不确定性导致了参与，沟壑必须填平。后现代文本，不论语言的还是非语言的都欢迎参与行动。它需要被书写、修正、回答、演出。的确，后现代艺术称自己为行动艺术，因为它们僭越了传统流派的框架。作为行动艺术（或相关的理论）宣布了其面对时间、死亡、观众和其他因素的多变性和不确定性。行动自我表达了“一种运动中的活力，一种具有其自身形态的活力”；然而，在其对压力和困难的“自我发现、自我观照、及最终自娱的反应中”，那个自我也可能转向唯我论，陷入自我陶醉中。

(10) 构成主义(Constructivism)。由于后现代主义本质上是意向性的、象征性的、非现实的。哈桑认为，后现代主义作家只能在“小说”中“创构”现实。由于杜撰与创造之间的界限被打破，科学家现在似乎比许多人文主义者——西方最后的现实主义者们更陶醉于启发式的小说中（有些文艺批评家甚至将语言一脚踢开，这样想着时脚趾却踢在了石头上）。这种有效的虚构暗示着心灵对于自然和文化参与的增长，见之于科学与艺术、社会关系与高科技中。后现代主义维持了“从惟一的真理和固定的世界”向“正确的甚至冲突的形式或创造中的世界的多样性”过渡的运动。因此，后现代主义是一种“构成主义”。

(11) 内在性(Immanence)。哈桑认为它不带任何宗教色彩，是指心灵通过符号而概括自身的不断增长的能力。这种能力是符号化的结果。个体借助各种话语或符号而实现自我扩充、自我增长、自我繁衍的能力。活生生的语言和杜撰的语言，重新构造了宇宙——从类星体到夸克，从有文化的无意识到宇宙空间中的黑洞——将宇宙重构为语言所创造的符号，将自然转变成文化，又将文化转化为一种内在的符号系统。人们正在用自己创造的象征符号，将历史非真实化了。后现代语言，扩张了后现代人的感官，把一切自然都填满了语言。“内在性”具有朝着一切领域推进的趋势，“向着更为广阔的领域、内在的法则、媒介、语言而运动的趋势。”然而，在一个消费的社会，这种内在性会变得更加空洞而缺少预见性。在哈桑看来，内在性代表着人类心灵适应所有现实本身的倾向。

按照哈桑的说法，上面所总结出的十一方面的特征，并不能穷尽后现代主义特征。它充其量不过是一个存在争议的概念、一个语言逻辑范畴，受此现象自身的能量与批评家们不断变化的理解的双重限定。但是，哈桑的研究成果，对于我们较全面地理解后现代主义和资本主义文化的内在矛盾有重要的指导意义。

哈桑还运用“两分法”的比较，以突出现代主义与后现代主义不同范式之间的区别和联系：①

现代主义	后现代主义
浪漫主义/象征主义	解惑学/达达主义
形式（联结的、封闭的）	反形式（分裂的、开放的）
意图	游戏
设计	偶然
等级	无序
精巧/逻各斯	枯竭/无言
艺术对象/完成的作品	过程/行为/即兴表演
审美距离	参与
创造/整体化	反创造/解结构
综合	对立
在场	缺席
中心	扩散
作品类型/边界	文本/文本词性
语义学	修辞学
范式	句法

① 哈桑．后现代主义概念初探．利奥塔，等．后现代主义．赵一凡，等，译．北京：社会科学文献出版社，1999：123－125．

续表

现代主义	后现代主义
纵列关系	并列关系
隐喻	换喻
选择	混合
根/深层	枝干/表层
阐释/理解	反阐释/误解
所指	能指
读者的	作者的
叙事/恢宏的历史	反叙事/具细的历史
大师法则	个人语型
征候	欲望
类型	变化
生殖的/阳物崇拜	多形的/两性同体
偏执狂	精神分裂症
本源/原因	差异/痕迹
天父	圣灵
形而上学	反讽
确定性	不确定性
超越性	内在性

哈桑的比较为我们理解现代主义与后现代主义的关系提供一副简单明确的对立图式。在他看来，现代主义是“个性化天才”的时代，具有“神圣性、超然性和稳固性”，突出的是从形式向内容，从等级向控制，从确定性向超越性，从原因向结果的纵向关系，强调的是在场性和中心性的地位和作用。在后现代主义范式中，体现的是游戏的、平面的和解构的特征，以及后现代对无序与边缘的关照，对不确定性和内在性的呼唤，对共生关系和平等并列关系的提倡。① 但是这个图式也展现了

① 佟立. 西方后现代主义哲学思潮研究. 天津：天津人民出版社，2003：307.

二者范式之间的相互缠绕，非此即彼，泾渭分明，又相互交错、相互渗透的联系。难怪有学者认为“人们已不再把现代看作一个由盛至衰的历史时代的没落，而是一个很有希望的新的历史开端。”强调后现代是一个转折。

三、后现代主义的主要理论

后现代主义在本质上是对于西方传统哲学思维方式进行全面的批判，是对当代西方社会现代性的欺骗性、享乐主义、利己主义进行批判，是对西方现代文明陷入困境的反思。在一定意义上说，后现代主义也是一种社会批判理论。它是现代思想家对现代资本主义社会自身发展的一种理论反省，对资本主义现代化过程给人类的生存带来危害及社会发展弊端的批判，是对现代主义科学至上导致人的异化状态的批判。尽管，后现代主义是一个庞杂的矛盾复合体，理论观点差异较大，阐述的话题各有侧重，但是后现代主义作为一场运动，又表现出各个独立理论、话题之间的联系与重合，可以纳入“后现代”的总话题中，它的全部内容都是对自启蒙运动以来经过文本化了的西方文明的一种再审视、再思考、再建构。基于这样的路径，我们可以通过后现代主义的主要代表思想家的主要理论观点走入后现代主义像“迷”一样的理论宫殿。

1. 德里达：解构主义

雅克·德里达（Jacques Derrida）是法国哲学家，当代解构之父。1931年生于阿尔及利亚的犹太家庭，1949年去法国求学，1956~1957年在哈佛大学深造。1960年起，一直在巴黎高等师范学院任教，后任学院哲学系主任。2004年患癌症去世。主要论著有：《人的终结》（1969）、《人类科学话语中的结构、符号和游戏》（1970）、《文字语言学》（1976）、《解构与批评》（1979）、《哲学的边缘》（1982）、《马克思的幽灵》（1993）等。

德里达将西方自柏拉图、亚里士多德、笛卡尔直至康德、黑格尔的形而上学传统归结为“逻各斯中心主义”。“逻各斯”是希腊文“logos”

的译音，本义为言语、思想、思维。作为哲学术语含义因哲学家不同而不同，在赫拉克利特那是“世界的普遍规律”，在柏拉图那是“理念”，在斯多葛派那是“宇宙理性”。而近代哲学家则认为，逻各斯是万事万物的本源。逻各斯中心主义强调理性、本质、真理、第一因、超结构等一切思想、语言、经验以及万物之基础的东西。德里达认为，这种逻各斯中心主义一方面表现为以当下存在（presence）为中心的本体论，另一方面表现为口头语言即言语（speech）中心论或语音中心论的语言学。他的首要任务就是“清理现象学源头处的某些形而上学的预设或原则”的东西。①

德里达认为，逻各斯中心主义在西方传统哲学中一直占主导地位，它所主张的“逻各斯”隐含着一个预设，承认事物、世界具有一个预先存在的内在的根本性的东西，是万事万物的本原和中心。而事物不存在一个规定的、先在的根本性的特征或本质，一切都是变动的、不确定的，意义之存在于解释着的解释中。因此逻各斯中心主义是一种“在场的形而上学”，必须“解构”。

“解构”是德里达哲学的核心概念，他将自己的哲学称为“解构”或“消解”的哲学。德里达强调，“解构”（deconstruction）源于海德格尔的“摧毁”或“拆除”（destruction），但又与后者不同。“他只是想将海德格尔的 Destruction（破坏、瓦解、摧毁）或 Abbau（分解，拆除）翻译过来让它们服务于自己的目的。”② 在德里达看来，“解构”是一种颠覆二元对立概念的基本策略，是一种去中心的非逻辑概念的手段和形式。德里达声明，解构不是拆毁或破坏，它如果是某种东西的话，它是对于存在的一种思考，对于形而上学的一种思考，对于存在的权威、或本质的权威的一种讨论，而这样一种讨论或解释不可能是一种否定性的破坏，而且“解构既不是一种分析（an analysis）也不是一种批判（a critique）”，“它不是一种分析，特别是因为结构的拆除不是倒退

① 德里达．谈现象学．哲学译丛，2001（3）：29.

② 冯俊．德里达的“解构”：后现代主义哲学的焦点．人文社科论衡网，2005.

到简单的元素，退向一种不可消解的来源。”① 有时候德里达也承认“解构的否定性”，强调对非正当的教条、权威与霸权的对抗。而在“解构”的运用方面，强调“解构”就是把传统形而上学确立的概念和思想体系加以粉碎、加以模糊化。粉碎的目的就是暴露在每一种理论的起点上被掩盖的那些东西，考察它的前提，它与后续的全部观念和陈述的关系。解除原有的“符号/意义”二元对立固定结构和二元对立指涉关系，破除“符号/意义”二元对立的语音中心主义原则，破除其主次关系分明的体系性，而且，也开辟了自由思想和自由表达所必需的各种条件，特别是提供了传统文化所重视的“在场出席”以外的各种展现可能性。② 解构并不是要破坏、毁灭一切秩序，而是要防止秩序包括思想、文化、道德体系的僵化和极权化。

德里达对形而上学的“解构”，就是要批判形而上学的独断性，震撼“整体”，打破“结构”。他从语言入手，消解中心与本原，颠覆二元解构和等级结构，使事物之间、等级结构的两极之间变得自由平等。

德里达认为，如果坚持逻各斯中心主义的观点来认识世界，必然会导致形而上学的“二元论”，即存在与虚无、本质与现象、在场与不在场、真理与错误、同一与差异、心灵与物质、确定与不确定、善与恶、男人与女人、灵魂与肉体、生与死，自然与文化、语言与文字等等。在这些对立的范畴中，两极的地位并不是独立的、平等的，表明前者对后者的支配，前项对后项的统治。而且，每一组中的第二项被看作是对第一项的否定、败坏、缺乏，或是由第一项陷落而来，例如不在场是在场的缺乏，恶是由善而陷落，错误是对真理的歪曲。在概念体系的秩序中，总是给予前一项以优越性，在这些二元对立中就是要使统一性、同一性、直接性、时空的当下性优越于差异、异化、距离和延迟。因此，德里达指出，这种形而上学的二元对立的等级结构必须加以解构，必须对这一等级关系加以颠覆。

---

① 冯俊. 德里达的“解构”：后现代主义哲学的焦点. 人文社科论衡网，2005.

② 冯俊. 德里达的“解构”：后现代主义哲学的焦点. 人文社科论衡网，2005.

形而上学的思维方式深深地植根于语言之中，逻各斯中心主义在语言学中表示语言中心主义。德里达认为，柏拉图、亚里士多德和现代语言学家索绪尔等人都将语言与写作、说与写对立，认为语言的本质是说话而不是写作，写作不过是说话的派生物（记录）。这种观点认为，口头语言优越于书面语言，说话优越于写作。因为按照语言中心主义的逻辑，语言是意义的“在场”表达，与意义的一致性使语言具有真实性和可靠性。而书写则借助于符号表达意义，但是由于作者的“不在场”，其意义就难以是自明的，只有经过解释才能接近意义，而解释者难免会出现误读、误解或误用，因此写作或书写与语言比只能是第二性的。德里达认为，逻各斯中心主义就是通过这种典型的等级制用语言控制着“文字”，把文字贬低为中介，把它沦为了意义的外在性。[①] 他甚至说语言中心主义所谓的“语言第一性，书写第二性”的二元对立，体现了逻各斯中心主义的全面等级暴政。

德里达指出，在现实中，语言与书写之间不存在二元对立，而且语言在一定程度上存在着意义的不确定性、重复性。书写虽然存在着“不在场”的特征，但是文字比语言更具有永久意义的“出场”性。书写是一种物质形式保留人们的思想，每一次的阅读都能感受到作者的“出场”。所以德里达认为，语言和文字之间是一种平等和互补的关系，语言转瞬即逝，缺乏考证性，而书写以文字的方式记录语言，是永无止境的言说，还可以修正语言证书的缺陷，补充语言，二者不可偏废。

到此，德里达通过“解构”方法，对西方传统哲学的形而上学二元论对立的思维方式进行了颠覆和拆解。并力图用他创造的“异延、播撒、追踪、增替”等“既是……又不是”的概念，去瓦解西方哲学传统的确定性与统一性的解释模式。其中他最主要的目的之一，是将文化从哲学的压制下解放出来，把哲学从主宰其他一切意识形态的至高无上的宝座中拉下来，还它供人消遣的平民的位置。德里达的确没有解构一切，他从整个世界的变化性的视角，强调语言、文本和意义的不确定性

---

① 佟立．西方后现代主义哲学思潮研究．天津：天津人民出版社，2003：227.

和开放性，消解了传统的固定不变的观念。但是，也应该看到，德里达的解构更多地是在玩文字游戏，从形式上否定传统哲学的二元对立。即在否定概念之间的绝对对立的同时，删去了概念所反映的事物之间真实的区别和联系，抹煞了判断事物之间主次、优劣的标准，最终使之间的理论导向相对主义。德里达的解构主义存在着理论矫情，理解起来容易产生误读，这也是他在世期间解构主义遭到广泛批评的原因所在。如果按照他自己所说，解构是一种阅读方式，这种方式的目的不在于寻找真理，而是在阅读的游戏中寻找快慰。阅读就是一种创造的工作，它要求读者发挥创造性，极力在文本中找有歧义的语词、语句和概念，并以此为突破口，填入或嫁接上自己所理解，所需要的内容，充分展开，从而使文本的内容增值，产生新的意义。[①] 那么，他也无需为自己的理解辩解，我们对他理论的理解也无需有所顾忌，解构成了一场“自由嬉戏”。

最后必须要提到的是德里达所强调的“解构”是有底线的，就是正义。1993 年满世界处于“历史的终结行将到来，未来将是自由市场经济全球化的时代”的鼓噪和喧嚣之中。因为七十多年前“十月革命”的炮声中断了资本的世界历史殖民化和帝国主义瓜分全球的美梦，而今整个苏东社会主义阵营在现实中全面溃败，社会主义的现实在场性再一次遭到毁灭性的打击。一时间，国际共产主义运动落入谷底，“马克思主义已经死亡”的老调再一次被重弹起来。也正是在这个令全世界左派痛苦不堪的时刻，德里达站出来发表了《马克思的幽灵》一书，公开提出马克思的幽灵化在场的重要观点，直接抵抗对马克思、马克思主义的围剿，亮出了维护马克思批判精神的左派立场，强调“我挑了一个好时候向马克思致敬。”说我们都是马克思的幽灵、马克思主义的继承人，都是马克思主义的精神的幽灵化和具体化。“人们必须接受马克思主义的遗产，接受它最有‘活力’的部分。”[②] 这是一种极为可贵的历史批

① 夏基松．现代西方哲学．上海：上海人民出版社，2006：410．
② 德里达．马克思的幽灵．北京：中国人民大学出版社，1999：78．

判精神，通过对马克思那种无处可逃的革命遗产，来重新生成今天的批判性时代精神。“忠实于某种马克思主义的精神的遗产似乎仍然是一种责任。”① “没有马克思的记忆，没有马克思的遗产，也就没有将来。”称自己的解构理论是“解构的马克思主义精神。”②

2. 利奥塔：“后现代状态”的描述

让－弗朗西斯·利奥塔（Jean-Francois Lyotard），法国哲学家，后现代思潮理论家。1950 年至 1952 年在法属阿尔及利亚的君士坦丁一家中学担任哲学教师，1955 年成为激进团体“社会主义或野蛮”的阿尔及利亚分支的领导成员，并对法国占领阿尔及利亚持积极批判态度。1958 年获得法国大学与中学教师学衔，曾在中学任教 10 年。1971 年获文学博士学位，其后在巴黎第八大学哲学系任教。他还在“社会主义或野蛮”及以后的“工人权力”团体从事了 12 年的理论和实践工作。20 世纪 70 年代开始后现代文化研究，涉及的内容很广泛。1998 年因患癌症不治去世。

利奥塔的主要著作有：《利比多经济学》（1974），《后现代状况：关于知识的报告》（1979），《公正》（1984），《多元共生的词语》（1986）等。《后现代状况》一书，曾经在 20 世纪 80 年代初引起西方哲学界有关后现代主义问题的深入论争，至今仍被认为是研究这一课题的经典著作之一。

利奥塔对现代性的质疑，可以追溯到他的少年时代，经历过二战和德国纳粹对法国的占领，纳粹的暴行，尤其是“奥斯维辛”集中营的大屠杀，成了利奥塔不断反思的对象，令他对黑格尔思辨叙事的前提“凡是存在的都是合理的”产生怀疑，这也促成他对后现代状况的研究。

利奥塔的研究重点是通过考察知识的合法性和知识分子的地位来批判现代性，达到“去中心”，“消解统一性和整体性，放逐元话语”的

① 德里达. 马克思的幽灵. 北京：中国人民大学出版社，1999：122－123.
② 德里达. 马克思的幽灵. 北京：中国人民大学出版社，1999：130.

目的。

利奥塔认为，传统形而上学和现代主义的思维方式习惯于使用“元话语”（metadiscourse）和“宏大叙事”（grand narrative）来解决知识和科学的合法性问题。在传统的知识体系中有两个合法性模式：叙事知识和科学知识。所谓叙事知识是指其表达依赖于叙事形式的知识，“叙事是传统知识主张的典型。”① 这种知识在文化人类学中描述的比较多，主要有以下特征：第一，叙事是在一定的社会范围内讲述，并对行为标准进行界定，评价该社会的一切行为；第二，叙事形式可以接纳各种不同的语言游戏：定义性的，道义性的，疑问性的，评价性的；第三，叙事传播有一定的规则。故事的开头和结尾都有固定的模式，而且叙事所传递的不仅仅局限于内容的讲述，而将过去的经验纳入典章制度中，告诉人们社会制度的合法化以及应该依照哪些社会自身规定的评价标准去行为。简言之，叙事的主要目的是“说明这些标准是如何应用在生活中的。因此这些叙事讲述的功能，就是在所论及的文化里，去确定人们应该说什么，做什么。这些叙事说法之所以是合法的，仅仅只是因为这些说法能够自我救赎，自我再生。”② 在此，利奥塔认为，所谓知识的合法性就是知识被普遍接受而不受怀疑。而这样的叙事知识通过神话、传说、民间故事的形式传承下去，为人们建立了行为规范，自然就获得了合法性。

与叙事知识的合法性模式不同，利奥塔指出，科学知识是以有效论证为基础，它是对外在物做真理性的陈述。而科学陈述只遵循“真”这一价值原则，长期以来人们都认为科学知识的合法性是确定的。可是，科学知识自身也有难以解决的问题。他指出，现代科学知识的合法性的来源或依据有两方面：一是早期资产阶级启蒙哲学（元话语）对它的论证。在中世纪科学知识没有任何合法性，只是到了资产阶级革命后，与政治权力的结合的资产阶级“元话语”才给了它以这种合法性。

① 利奥塔．后现代状况——关于知识的报告．长沙：湖南美术出版社，1996：77.

② 利奥塔．后现代状况——关于知识的报告．长沙：湖南美术出版社，1996：82－83.

二是科学知识以可证实性或可证伪性等预设性假设，即由于它们被认为是可被经验证实或证伪的，因而才被认为是科学的。[①] 然而，到了20世纪，随着启蒙哲学受到批判，逻辑实证主义的衰落和库恩哲学的兴起，这两种合法性都失去了依据。特别是20世纪现代物理学的发展，表明科学知识具有不稳定性、非连续性和无序性，都对传统的科学证实构成有力的冲击，导致科学知识合法性的动摇。而且，科学知识的"真"原则也无法解决公正性问题，它不是社会行为的准则。"从科学的观点来看，叙事性的知识根本就算不上知识。"但是"科学知识无法使别人知道其为真。"[②] 因此，科学知识不得不面对自身是否具有合法性的问题。

除此之外，利奥塔认为，在20世纪，叙事知识的合法性也出现危机，这一危机被他称为"叙事危机"。他指出，知识的合法性原是建立在"元叙事"或"宏大叙事"的基础上的。而"元叙事"或"宏大叙事"作为话语模式是现代性的标志，并存在着两种宏大叙事：一种是思辨的宏大叙事。如德国的思辨哲学，他是精神辩证法的典范，在这一宏大叙事中，它将科学的目的与意义纳入到精神展开的历程中。一种是法国的启蒙叙事。如人类解放理论，它的核心内容是人道主义、自由、平等的理论。他继续分析道，启蒙叙事和思辨叙事虽然思路不同，前者是从政治理想出发，阐述科学对社会理想的作用，而后者试图通过抽象的概念将二者统一起来，但是两种叙事在功能上是一致的，它们都是把科学知识纳入到一个总的、普遍性的社会理想框架内，使后者成为前者的目的，并以此方式"使社会政治体制、法律、伦理、思想方式合法化。"[③] 但是由于技术科学以完成了现代性的形式破坏了现代性，当代技术科学深刻地颠覆现代性的事业。如能源危机、核危机、生态危机、人口爆炸等等，直接对人类的生存造成危机。技术科学愈发达，它离理性所允许的合理现实就愈远，它的合法性问题愈严重。技术科学并未将

---

① 夏基松. 现代西方哲学. 上海：上海人民出版社，2006：416.

② 利奥塔. 后现代状况——关于知识的报告. 长沙：湖南美术出版社，1996：101.

③ 利奥塔. 后现代性与公正游戏. 上海：上海人民出版社，1997：167.

普遍的社会理想实现，相反，它“加快了合法性丧失的过程”。[①]

利奥塔断言：“在当代社会与文化——后工业社会和后现代文化中，知识的合法化问题以不同的术语加以系统阐述。但无论它应用何种整合模式，也不管它采取的是思辨型叙事或解放型叙事，宏伟叙事总归已经失去了它的可信性质。”[②] 因此，利奥塔强调：“后现代不是别的，就是对各种元叙述的怀疑。这种不信任态度无疑是科学进步的产物，而科学进步反过来又预设了这种怀疑态度。”[③]

利奥塔指出，在后现代社会中，元话语、法定的标准、普遍性的原则都越来越不可能，“我们面对的问题在于，以追求合法化为原动力，去从事解构合法化的活动”，“如果我们对解构合法化要进一步探源并扩大范围，那就开启了通往后现代潮流的路向：科学只能玩自已的语言游戏”。[④]

利奥塔认为，在后现代社会中，替代传统的“元叙事”的是维特根斯坦的语言游戏理论。在利奥塔看来，语言是一种游戏，语句的意义是由语言游戏的规则确定的。而游戏规则有三个特征：一是游戏规则是参赛者之间的约定的产物；二是没有语言游戏规则就没有语言游戏；三是语言游戏规则决定语句的意义。由于语句的性质不同，分属于不同的语言游戏，因而所遵循的规则也不同。相同的语句在不同的意义游戏中，受到不同语言游戏规则的制约而具有不同的意义。因此，语词和语句的意义是不确定的，是可变的、多样的。[⑤] 利奥塔再次指出，由于游戏规则的不确定性和多样性，决定了后现代文化知识的异质标准。所谓异质标准就是多元标准，就是不具有放之四海而皆准的同一性标准。在后现代文化中，无论是叙事知识还是科学知识，都是多元的、可变的，因此，在后现代社会不可能有统一性的社会规范和共同的一致性的意

① 利奥塔. 后现代性与公正游戏. 上海：上海人民出版社，1997：168.
② 利奥塔. 后现代主义. 北京：社会科学文献出版社，1999：10.
③ 利奥塔. 后现代主义. 北京：社会科学文献出版社，1999：3.
④ 利奥塔. 后现代状况——关于知识的报告. 长沙：湖南美术出版社，1996：126.
⑤ 夏基松. 现代西方哲学. 上海：上海人民出版社，2006：417.

见，不再有专家式的一致标准。后现代知识不再是权威者奴役人的工具，它坚持宽容的异质标准。他说，后现代知识处于一种“纷争”状态，“纷争”坚持差异性、离散性、多元性，它意味着自由、个性和开放；而一致性、统一性、一元性等同于压制性、强迫性、抑煞性而差异性、离散性、多元性则意味着自由、个性和开放①。

利奥塔在反对“宏大叙事”的统一性和整体性时，但肯定了小叙事的作用。他认为，后现代社会的人，不再相信伟大的“推动者”、伟大的“主题”，人们只运用“小型叙事”，只相信后现代世界是一个“凡人”的世界。“我们不再求助于宏大叙事，即我们既不能求助于精神的辩证法甚至也不能求助于人类的解放来使后现代科学的话语合法化。但是，正如我们所见到的一样，小型叙事仍然是富于想象力的发明的精华，特别是在科学中。”② 在利奥塔看来，后现代主义就是强调知识的不可通约性、不可预见性、不确实性、灾变性、异质性、多元性、不可修正性、混沌、悖论、差异和谬误推理（paralogy）。知识的获得不是接受普遍真理或同意共识，而是不断地怀疑现存的范式，发明新的范式。

值得注意的是，利奥塔在解构现代知识的合法性时，意识到知识分子地位也成了问题。他认为，随着元叙述的解体，先前被统合在一个完整体系当中的知识分散为了不同的语言游戏，它们遵循着不同的知识原则，从而呈现出多样性和异质性。结果是，以往的普遍主体便急剧地隐退，社会主体消融在各式各样的语言游戏当中，而不是像在元叙事体现中那样能够统摄全局，全知全能，普遍地把握认知对象。在这里，利奥塔强调，后现代社会如果有知识分子的话，应该是具体的知识分子。这是因为，后现代社会中，主体会因不同知识原则而被分散，人的社会功能表现为多样性。而且这些功能从它们各个方面来看都是彼此异质的，正像不同知识原则之间的无法通约一样，各种功能之间也不能直接过

① 夏基松．现代西方哲学．上海：上海人民出版社，2006：419．
② 江怡．走向新世纪的西方哲学．北京：中国社会科学出版社，1998：518．

渡。因此，知识分子对某一功能的承担，并不保证他们同样有效地完成其他功能。正是在这样的意义上，利奥塔甚至说“不应该再有知识分子。”①

综上所述，利奥塔通过解构知识的普遍效用、法定的标准，把知识异质化和游戏化，的确达到了颠覆传统哲学和现代性的目的。但是他在批判传统哲学时将统一性与差异性、普遍性与多样性的对立绝对化，只能在对立的两端思维，而失去了统一性就无从实现他的“多元性的游戏”。同时，由于他对统一性和普遍性的全面否定，片面夸大多元性和异质性，使他的理论走向了相对主义。正如美国后现代思想家詹姆逊所指出的那样，利奥塔的这种观点使后现代文化完全丧失了深度感。纯粹的异质性，杂乱无章的差别，乱七八糟的各种力量的并存，令人无法确定他们究竟会产生什么作用。

3. 福柯：反人本中心论

米歇尔·福柯（Miechel Foucault），法国后现代主义思想家。1926年生于法国西部古镇普瓦提埃的一个中产阶级家庭，1964 年考入著名的法国巴黎高等师范学院哲学系，由于自身的原因涉猎心理学、精神分析和精神病学，进而为自己的研究开辟了独特的领域。他曾师从结构主义马克思主义哲学家阿尔都塞，受老师的影响，于 1950 年加入法国共产党，斯大林死后没有多久退出。自 1952 年后曾在法国、德国、瑞典、波兰、突尼斯等国的大学任教，也尝试过各样的工作，几乎是自我放纵。1960 年获哲学博士学位，自 1970 年起任法兰西学院历史与思想系教授，讲授西方思想史。1984 年因病去世。福柯一生漂泊，思想新颖，分析方法独特，研究主题多变，涉及领域众多，尤其关注癫狂、知识型、知识、权力、性欲，并进行哲学沉思，并为自己的研究领域找到了独特的考古学方法和系谱学方法。他的著述颇丰，主要有：《精神病与人格》（1954，1962 年改为《精神学与心理学》）、《癫狂与非理性——

---

① 秦喜清. 让－弗·利奥塔：独树一帜的后现代理论家. 北京：文化艺术出版社，2002：148.

古典时代癫狂史》(1961)、《词与物——人类科学的考古学》(1966)、《知识考古学》(1969)、《监督与惩罚》(1975)、《权力/知识》(1975)、四卷本《性史》(1976～1984)。

福柯的后现代理论主要是从知识、权力的视角出发，对现代性的核心内容人本中心论和人本自由论进行批判，建构他的后现代理论。首先，分析前现代、现代的"知识型"，论证人本中心论的虚构性。自古希腊哲学家普罗泰格拉提出"人是万物的尺度"以来，西方的思想文化一直沿着这个观点演变。特别是在西方近现代哲学发展史上，笛卡尔的"我思故我在"首先确立了精神性主体的存在，具有自我意识和自由意志的主体。卢梭的"天赋人权"，使启蒙思想家们把人确立为自主的、自由的、理性的实体；康德的"人为自然立法"又把人的主体性上升到了新的高度。而黑格尔的"实体即主体"的思想则把人的主体性推崇为推动世界自我展现、自我认识的"绝对精神"。现代主体性哲学强调人是世界的主人，人在发挥主体性的条件下，可以不断地认识世界、控制世界，为了谋求人类的幸福，人是一切价值的创造者。福柯认为，这些都是把"人类中心论"作为其理论预设的根基。因此只要建构的根基坍塌，人本主义理论也就失去了其意义。

福柯指出，以主体性为基础的人本主义赋予了人中心性、先在性、绝对性、自主性、超越性、创造性等特权，实质上就是人为的虚构，是一个神话，根本不存在这种普遍的必然性。虽然福柯也承认人本主义在启蒙时代倡导的理念，把人从封建神学的压迫中解放出来有着积极的历史作用。但是，"我的所有分析旨在否定这种人的创造的必然性。"①

福柯从知识的考古学入手，对前现代、现代西方思想文化发展的不同"知识型（episteme)"进行分析，从而得出对人类中心论否定结论。福柯将他提出的"知识型"设定为两方面：一是从狭义角度看，是指"词"与"物"的关系；一是从广义角度看，是指支配社会历史的有机知识和科学的综合体系，是隐藏在人文现象背后的深层结构。他认为，

① 佟立．西方后现代主义哲学思潮研究．天津：天津人民出版社，2003：246.

西方社会文化知识经历了三种“知识型”的变迁：一是14～16世纪文艺复兴时期的“知识型”。这时期的文化构造遵循“相似性”原则。具体表现为：便利、仿效、类推和同一性。二是17～18世纪古典时期的“知识型”。由于“词”与“物”的相似转化为“表象”，与现实事物之间存在差异，“相似性”原则被“同一与差异”原则代替。因此，古典“知识型”的方法是分析与分类。三是19～20世纪现代时期的“知识型”。在这个时期“表象”知识型突变为了“根源知识型”。人们放弃“同一与差异”原则，取代的是以“本质”、“起源”、“结构”为原则，“知识的一般领域是由有机结构，即由其整体性发挥功能的要素之间的联系构成的。”① 这时人们不再注意个别事物，而是整体性有机结构之间的类比。

对于不同时期的知识型，福柯进一步分析道，在古典时期，人不是这个世纪的创造者，只是追求精确性的说明者。因为语言可以分毫不差地表达确定的思想和自有的秩序，哲学家、思想家和科学家的任务就是对现存的秩序加以描述，而且这种描述是按照自然秩序、现存秩序包括语法规则来设计的符号秩序。人既不能创造世界，也不能改变自然，只能描述自然，这种描述从分类到归纳证实，始终追求的是精确性和确定性的知识。人在此期间只能从事描述性的工作反映自然，因此，人是知识的产物，自然的产物，那种“人是万物的尺度”、“人为自然的立法”的人类中心论的观念与历史发展的事实相悖。福柯断言，人在古典“知识型”中没有自己的位置，有的只是世界，世界秩序，存在的只是人类。只有到了现代，由于知识发生了重大变化，纷繁复杂的世界已难以用有秩序的系统来说明，此时人才能从众多的存在物中分离，人才能成为既是知识的主体，又是知识的客体；也只有到此时，人文科学才能建立。福柯说，“人的出现是知识基础排列的变化的结果。如同人类思想考古学所表明，人的近期的发现，并正在走向终结。”② 这是因为，现

---

① 夏基松．现代西方哲学．上海：上海人民出版社，2006：394．

② 佟立．西方后现代主义哲学思潮研究．天津：天津人民出版社，2003：249．

代人文科学无视人的有限性，把人看作历史的中心，把主体看作世界客体的中心，并编造了逻各斯、理性、存在、自由、平等、人权、上帝等一整套超验主义的概念。在近代人本主义那里只提供了抽象的、自足的、理性的“人”的观念，然而，实际上人是处于具体的社会、道德与权力关系之中的，尤其是处于权力之网中。因此，无论人本主义把人预设得多么的完美，到头来不过是理性的监禁品，非理性的试验品和权力的驯服工具。简言之，人本主义所虚幻的人，“如同画在沙滩上的肖像，将被冲刷掉。”① 同时，他认为近代以来的一切人本主义都是以主体性形而上学为基础的，它们总是把人的最一般的本质当作当然的现成的前提，人被看作是“理性的生物”，“人是存在者的主人”，这些定义都是形而上学的。这种理论把人的本质归结为生物性的本质。

为此，福柯模仿尼采的“上帝死了”提出“人也死了”，即人的终结或消失。在福柯那里，人不是尼采说的道德和伦理主体，而更多地是一个概念的人，是认识论意义上的人，学科知识视野中的人。“人们之所以想要科学地认识人类并不是对人的伦理关注，恰恰相反，是因为人们首先建构成一门可能的学问的对象，才使得现代人本主义的所有伦理主题得以发展。”② 所以，福柯指出，人的消失，是作为某种观念形态或者是形态的人的消失，是以人为中心的学科的消失，是 19 世纪以来人为中心的现代知识型的消失。而人作为学科对象消失了，在对象基础上所发展起来的伦理主题和人本主义也将随之消失。

其次，从对权力的分析，揭示人本主义的自由论的欺骗性。福柯在《监视与惩罚》中对权力进行了考察，他指出，人不仅是知识的产物，还是权力的产物。在现代社会“权力产生知识……权力和知识正好是互相蕴涵的……如果没有相互关联的知识领域的建立，就没有权力关系，而任何知识都同时预设和构成了权力关系。因此这些‘权力—知识’关系不能以知识主体为基础进行分析，不管那主体是否摆脱权力系统的

① 佟立. 西方后现代主义哲学思潮研究. 天津：天津人民出版社，2003：251－252.

② 福柯. 人死了吗?. 福柯集. 杜小真选编. 上海：上海远东出版社，2004：79.

关系；相反，认知的主体、待认知的对象、知识的模态，必须视为是'权力—知识'的那些基本内涵和历史变迁的产物。"[①] 甚至真理并不是独立于权力之外的，真理是此世的产物，是在多种形式的规约中产生的。拥有权力的人才是真理的操纵者和创造者。不仅如此，权力的外在表现就是人与人之间的关系，权力是一种社会关系的体现。福柯指出，在现代社会，权力渗透在人们的日常生活和日常行为中。权力主要通过三种形态的运作达到对人的肉体和心灵的惩罚，首先是规范化形态。福柯认为，"规范化"使非同一的东西统一于一种标准或准则之中，被统一了的对象变成了同一标准可操作性的材料。社会无处不充斥着规范化的准则，人的行为、举止、言谈、价值取向都不能超越规范化的准则，否则，无论谁都将被送上法庭或被送进疯人院。在法律人人平等的背后，人的自由被淹没在规范化的权力惩罚中。第二个形态是"检查"。福柯指出，"检查"最能体现权力具有的广泛性、多样性、控制性和惩罚性。在西方现代社会中，人从一出生，便被置于永久的检查境况。权力通过个人档案、登记表以及各种等级证书，将人牢牢地记录在册，随时随地接受检查，人成为永久性检查的客体。在各种监控手段的普遍运用的状态下，人没有自由，自由只是一种空想。[②] 第三是"监视"。在福柯看来，"监视"原本是在监狱中控制犯人的手段。但是权力通过检查和惩罚将人置于监视之下，每个公民都被视为罪犯。西方社会的监禁制度是资产阶级"自由制度"的权力产物，有形无形地通过调查、统计、监视、侦查以及人事档案、奖惩考勤等制度手段，对人进行从内到外的控制，从而以最小的代价取得权力所需的最大效果。在权力惩罚机制中，大多数人是被监视者，但是在监视者之间也存在监视与被监视的关系。权力将每个人都置于权力的"眼睛"之中，每个人在这种目光的压力下，都会逐渐地把对方变成相互之间的监视对象，"任何一个目光都将成为权力整体运作的一部分"。[③] 因此人本主义的"自由"、"人

---

① 米勒德·艾利克森．后现代主义的承诺与危险．北京：北京大学出版社，2006：170.

② 佟立．现代西方后现代主义哲学思潮研究．天津：天津人民出版社，2003：254.

③ 佟立．现代西方后现代主义哲学思潮研究．天津：天津人民出版社，2003：254.

权”是建立在这种普遍的权力压制基础上的神话。

福柯通过对现代社会的权力与知识追查，揭露出资本主义“监狱式社会”统治之所以牢固的手段。他形象地比喻，在封建社会愚蠢的暴君用锁链束缚他的奴隶，而现代的统治者是用知识创造出来的制度和价值标准锁住人们的行为和大脑。他认为，权力创造一切社会现象，不仅仅是政治斗争、各种战争等重大社会现象，而且产生各种边缘性的、不为人们所关注的各种社会现象，如监禁、癫狂、性等。癫狂和精神病并不像一般人认为的那样仅仅是生理的疾病，而是与监禁、监狱一样是权力的创造物。

不可否认，福柯对权力和知识的现实关系的分析，揭示了人本主义关于“自由”理论的抽象性、虚伪性和欺骗性，揭示了现代社会制度本身存在的非人化的特征，以及为了统治的需要对人的精神和心灵的控制。同时也指出人本主义赋予人以至高无上的中心地位和超验主义的特权，使人取代上帝的位置，导致人的理性自大和膨胀。他警告说，这种忽视人的局限性以及社会文化的制约性，夸大人的无限创造性，势必导致事事处处表现出武断与专横，难以维护人与自然的文化和这个世界的平衡关系，失去人生存的自然、社会、文化条件，最终难逃自我毁灭的命运。他希望重新认识人自身和人的地位。福柯的这些思想都是对现代西方社会发展的社会文化危机的探索，因此具有重要的现实意义。但是，对于人本主义反对封建统治的历史功绩，不能简单抹掉，否则有失公道。福柯错误的将启蒙与人本主义割裂，仅仅将启蒙看作一个事件，历史性进程的总体，而人本主义是观念，是一种主题，二者是历史和道德的区别。[①] 从福柯的论述中我们也可以看到，福柯赞成“启蒙”的批判过程，但将这一过程产生的结果，包括观念的和现实的都视为荒谬加以批判。为此哈贝马斯提醒到：“我们必须小心，不要把孩子和脏水一起泼掉。”

---

① 福柯．何谓启蒙．福柯集．杜小真选编．上海：上海远东出版社，2004：537－539．

4. 罗蒂：反基础主义

理查德·罗蒂（Richard. M. Rorty），1931 年出生于纽约，是当代美国最有影响力的哲学家、思想家，也是美国新实用主义后现代哲学的主要代表之一。1956 年获耶鲁大学哲学博士学位，后留校任教。20 世纪 60～80 年代在普林斯顿大学任教，并是美国和德国的一些大学的客座教授，曾来过我国讲学。他的影响力主要来自两个方面：第一，他利用英美分析哲学所擅长的严格方法和精密论说，详细分析了当代诸多分析哲学和历史主义思潮，结合欧陆哲学的解构思想，发展出一套独特的新实用主义的思路和话语。第二，他擅长以宏观的历史视野，向人们显示新实用主义的信仰对于我们的行为有什么影响。特别是他的"后哲学文化观"在西方学术界和美国青年学者中引起极大的共鸣，他的《哲学与自然之镜》至今还是美国哲学界和其他学科讨论的热门课题。2007 年 6 月逝世于加州帕罗奥多。他的主要著作有：《语言学的转向》(1976)、《哲学与自然之镜》(1979)、《实用主义的后果》(1982)、《偶然性、反讽与协同性》(1989)、《筑就我们的国家》(1998)、《客观性、相对主义和真理》（哲学论文集第 1 卷，1991)、《论海德格尔和其他问题》（哲学论文集第 2 卷，1991）等。

罗蒂认为，传统哲学发展到现代已经没有了存在的意义。他指出，自柏拉图以来，西方哲学虽然有摆脱时间和历史而进入永恒的企图，但是几乎所有的哲学都在说着柏拉图的语言。笛卡尔的"我思故我在"是认识论哲学的第一原理，就是强调人是思维的实体，其全部本质在于凭借思维去认识外部世界和映照广延性的物体。笛卡尔将心与外在对象作了二元论的区分，在他那里，"去认知，就是去准确地再现心以外的事物，因而去理解知识的可能性和性质，就是去理解心灵在其中以构成这些再现表象的方式。"① 因此，罗蒂认为，笛卡尔在发扬柏拉图的哲学传统，将认识论（关于心灵的学说）作为哲学的中心部分。近代哲学自笛卡尔起，经过洛克、康德的哲学就是一种将心灵比喻为反映外在

① 理查德·罗蒂. 哲学和自然之镜. 李幼蒸，译. 上海：三联书店，1987：1.

事物的镜子，把知识看成是外在世界的反映的镜式的知识认识论哲学。这种认识论哲学坚持：知识有其外在的基础，而这些外在的基础能为人心所把握和表述。前者是基础主义，后者是表象主义，而它们都是人为地区分现象与本质、内在与外在，并使之绝对对立的本质主义，他称这种传统哲学为“镜式哲学”。传统哲学把认识看作是心灵或精神对于外部世界的表象，心灵是一面巨大的镜子，它可以准确地反映外面的实在；它包含着各种各样的表象，其中有些是准确的，有些是不准确的，如果没有这面镜子，作为准确再现的知识观念就不会出现。哲学家的工作就是通过审视、修理和磨光这面镜子，以获得更准确的表象。

罗蒂进一步指出，传统哲学的表象主义、基础主义和本质主义的“镜式哲学”发展到了尽头，而后起的现代西方哲学，无论是以分析哲学为主的科学主义还是现象学为主的人本主义都是坚持基础主义、表象主义和本质主义的“镜式哲学”的新变种，所以他在引起反响的著作《哲学与自然之镜》中说，他著书的目的“在于摧毁读者对‘心’的信任，即把心当作某种人们应对其具有‘哲学’观的东西这种观念；摧毁读者对‘知识’的信任，即把知识当作某种应当具有一种‘理论’和具有‘基础’的东西这种信念；摧毁读者对康德以来人们所设想的‘哲学’的信任。”① 并提出放弃表象主义、本质主义、基础主义的“后哲学文化观”。

罗蒂认为，根本就不存在作为表象自然之镜的“心灵”实体，因而也就不存在心中的表象与对象是否一致的问题。“如果不把心灵看作是一面镜子，不把知识看作是一种表象”，表象主义就不攻自破了。知识不再被看作是自我对于外部世界的准确表象，某一陈述的真假，只能以社会公认的陈述来判断，只有在特定的社会环境中才能决定。知识和真理不再是以表象为基础，而是以它们与其他主张和信念的协调为标准。罗蒂一再强调，没有人曾经得到过绝对真理和绝对基础，不存在理论上中立的事实集合与永恒不变的理性结构。我们所能承认的就是此时

---

① 理查德·罗蒂. 哲学和自然之镜. 李幼蒸，译. 上海：三联书店，1987：4.

此刻所得到的东西以及合理地期望拥有的东西。因此，罗蒂说，为了消除基础主义和本质主义的影响，我们必须向外转而非向内转，必须走向现实的生活环境。哲学应该从绝对真理的象牙塔里走出来，走向一个多元的和开发的世界。“没有镜式本质的概念我们也能诸事顺遂。”① 他宣称，作为“大写哲学”的传统的哲学将被一种“无镜的哲学”所代替，而这种哲学是“小写的哲学”。

那么什么是罗蒂所说的“新哲学”、“小写的哲学”、“后哲学”呢？罗蒂推崇詹姆斯、杜威的实用主义理论。他认为，实用主义就是一种反二元论的反再现论和反实在论的学说。传统哲学强调“摹写实在”，重视认识论；实用主义不讨论这一问题，而是强调“应付环境”，重视“实用”和“满意”的问题。他说：“20 世纪最有用的哲学家是这样一些人：他们发现了在我们感到对某些目的是有用的描述世界的方式与那些我们觉得对其他一些目的是有用的描述世界的方式之间的区别，并用这个区别来代替古希腊在实在与现象之间的区别。我将用实用主义作为这个替代的标签。”在罗蒂看来，实用主义的精华部分就是与大写的哲学彻底决裂。“实用主义者乐见到的不是高高的祭坛，而是许多图展、书展、电影、音乐会、人种博物馆、科技博物馆等等。总之，是许多文化的选择而不是某个有特权的核心学科或制度。”② 实用主义那种拒绝核心和基础的多元论，是与民主政治和当代社会相一致的。可见，罗蒂试图以复兴实用主义替代传统哲学。

罗蒂以实用主义自居，并对实用主义作了自己的“新”解。他认为实用主义有三个根本特征：一是反本质主义的真理观。实用主义所说的真理不是那种具有一个本质的东西，在本质与现象之间根本就不存在什么区别。“那些希望真理具有一个本质的人，也希望知识，或理性，或研究，或思想与其对象之间的关系也有一个本质。而他们希望能够运用他们对这样的本质的认识来批评他们看来是错误的观点，并为发现更

---

① 罗蒂．哲学与自然之镜．上海：三联书店，1987：106．

② 罗蒂．反哲学文化．上海：上海译文出版社，1992：153．

多的真理指明前进的方向。……这样的希望是徒劳的。这里，没有任何地方存在这样的本质，也没有任何普遍的认识论方法来指导或批评或保证研究过程。”① 这是我们最好加以相信的东西。他说，真理与其说是一个事实判断，不如说是一个价值判断。二是反对把事实和价值，现有的东西和应有的东西完全割裂。他指出，在实用主义看来，“事实与价值之间没有任何形而上学的区别，在道德与科学之间也没有任何方法论的区别。”② 西方哲学所追求一种机械的程序，把服从科学认识视为合理性的存在。科学真理被抬高，人的感情和意欲被贬低。实际上，在现实中，无论是科学研究还是道德研究，都是对各种具体经验的思考，它们之间没有高下大小之分。三是实用主义者看重的不是追根究底把事情寻清楚，而是如何团结一致来对抗黑暗的现实。当看清人类的计划是可错的暂时的时候，他们会接受出发点的偶然性，而不拘泥于必然性的模式。③ 人类社会的发展不是命定的，而是存在着不断改善的可能性。

综上所述，罗蒂认为，“实用主义者一直在试图发现一些方法，用非哲学的语言来提出反哲学的观点。”④ 无论是皮尔士的实验主义、詹姆斯彻底经验主义还是杜威的工具主义，都是从根本上开创了一种新的哲学形象。其目的就是要打破传统哲学问题赖以生存的整个架构，并拒绝采纳任何一种传统哲学的立场。⑤ 最让罗蒂赞赏的是，实用主义不仅抛弃了传统哲学的各种问题及其思维方式，而且指出了哲学改革的方向，那就是彻底否定以认识论为中心的哲学传统，跳出形而上学问题的陷阱，更多地关注自由而不是真理。对于柏拉图主义的问题“我们不应当再问这样的问题。”⑥ 如杜威那样强调理论要从属于实践，主张放弃思辨的理想和确立先验基础的企图。我们应当追问的问题是社会的和政治的问题，是有关人的生活实践和历史遭遇的问题。旨在帮助达到最大

---

① 罗蒂. 反哲学文化. 上海：上海译文出版社，1992：246.

② 罗蒂. 反哲学文化. 上海：上海译文出版社，1992：248.

③ 罗蒂. 反哲学文化. 上海：上海译文出版社，1992：251.

④ 罗蒂. 反哲学文化. 上海：上海译文出版社，1992：3.

⑤ 江怡. 走向新世纪的哲学. 北京：中国社会科学出版社，1998：558－559.

⑥ 罗蒂. 反哲学文化. 上海：上海译文出版社，1992：2.

多数人的最大幸福，其方法就是消除那些阻碍这种幸福的语言、习惯、观念和制度。由此我们可以看出，罗蒂以实用主义的理念终结了“传统哲学”的本质主义、基础主义和表象主义。

但是，罗蒂也强调，他的意图不是取消哲学本身，而是给危机的哲学注入新的活力，改变哲学在文化中的地位。他乐见到20世纪末，在美国实用主义与后尼采的德国和法国哲学之间的汇合将明朗化，这种汇合最终导致后哲学文化。在后哲学文化中，哲学必须从高高在上的统驭一切的“封闭性”中解放出来，不再是整个文化等级秩序的主宰和基础，而只是与其他学科相对的一个学科的名字。哲学以参与者的身份进入文化活动之中，同文化的其他部分平等相处。哲学由大写的变成小写的，成为真正的哲学，即“无镜的哲学”。在后现代哲学文化中，罗蒂也不断地解释，从表面上看，哲学放弃了追求真理的崇高使命，丧失了原有的文化特权，但是，可以将哲学当作改善社会生活的一种工具。“哲学最终将成为使我们更自由和更幸福的方式重新描述我们的生活——的工具。”①

通过上述对罗蒂反基础主义后哲学文化理论的初步阐述，也可以看出其理论存在着局限。首先是对基础主义和本质主义的批判绝对化。他的批判更多的是从西方传统唯心主义认识论的本质的“逻辑先在”为批判的出发点，指出了传统唯心主义认识论把本质的“逻辑先在”性绝对化，将人们的感性认识被动化，认识仅仅是镜式反映，这是值得肯定的，但是，他认为，本质与现象之间根本就不存在什么区别，这是错误的。必须承认任何事物有其成为这一事物的内在规定性，由于与其他事物的相互作用表现出不同现象，甚至存在着一定假象。二者既存在着区别，又存在着联系，现象是事物内在规定性的外在表现，本质影响着事物的如何表现。而深入认识事物的过程是通过人的认识能力来完成的，并不是罗蒂所说的“镜式反映”。罗蒂这种简单地否定本质的存在，进而否定任何普遍性、确定性的论证本身难以站住脚。罗蒂看到了

① 罗蒂．反哲学文化．上海：译文出版社，1992：8.

人们认识与事实之间存在着差别，但将人的感性认识出现的偏差绝对化，夸大人的感觉的主观特征，将认识归结为“像一面中了魔的镜子，布满了迷信和欺骗，”以此否定哲学认识论的存在的价值。其次，罗蒂用实用主义的真理观思考当代哲学，认为没有超越时空的普遍永恒真理，真理只是我们思考之路上的权宜之物，强调真理是一个价值判断，真理没有本质，是一个用来表示赞许的词。罗蒂的目的是要否定真理的永恒性，希望能历史地看待真理，相信世界的进步和变化，相信新的东西会不断出现并导致真理观变迁，“一切事物，包括所谓真理，都将随历史烟消云散，没有永恒，也没有真理。”① 但是罗蒂将真理的相对性绝对化，否认真理的客观性，这必然导致真理作为一种价值判断无从依据。在对待科学真理的态度上，罗蒂赞同库恩的观点——科学的发展就是科学范式的不断变换的结果，科学范式是科学家共同体所共同接受的一组假说、理论、准则和方法的总和与信念，它们并不是关于客观世界的知识，而只是有用的工具，没有真假之分，或者说没有什么真理性和客观性可言。因此罗蒂认为，如果考虑如何判断有用——无用的话，共同体成员意见的一致性就是标准。可见罗蒂还是像老一代实用主义者一样将真理简单归结为有用即真理，不可避免地犯相对主义和主观主义的错误。

罗蒂的后哲学文化理论在批判传统哲学的缺陷上也饱受西方学术界的批评和质疑。他试图在哲学研究中真正放弃“基础”和“根源”的探索，也使自己陷于尴尬，无法说明自己的理论的准确性，因为如果说自己的理论“把握了某种正确的东西”，就要论证与事实是否相符合，这恰恰又回到了本质主义的老路上。罗蒂理论的矛盾的确反映了后现代文化自身的特点，正像后人的评论所说，罗蒂是把哲学与诗融合在一起。也正如他自己所宣扬的“哲学家应该是诗人，而非科学家。”②

---

① 罗蒂. 哲学的场景. 王俊，等，译. 上海：译文出版社，2009：33.

② 米勒德·艾利克森. 后现代主义的承诺与危险. 北京：北京大学出版社，2006：193.

后现代主义思潮是一个庞杂的哲学文化思潮，对其进行评价是件较为困难的事情。如果从该思潮的共同性上看，可以从其合理性与缺失方面进行概括：首先，从后现代主义合理性方面看，一是作为一种社会批判理论，它是当代西方哲学家对于资本主义社会自身发展的一种理论反省。反思在现代化过程中，过度高扬了主体性和人类中心论，导致人和自然的关系变为了统治和被统治、改造和被改造、利用和被利用的关系，人类无限制地向自然索取，使得自然环境和生态平衡遭到极其严重的破坏，危及人类与自然界的生存。反思现代主义宣扬科学至上，导致科学的发展不仅使人再次异化，并丧失自由，而且导致了对精神文明和道德信仰的忽视。反思理性主义和启蒙精神在反对封建神学、解放思想方面的历史的作用后，理性主义转化为绝对统治，总体化或整体性又重新产生了近乎恐怖的思想禁锢和压迫人的意识形态。二是后现代主义哲学是现代哲学发展的一个转向。它是人类进入到科学技术高度发达的信息社会，社会的生产结构和文化形态发生了巨大变化，导致人类的哲学思维方式也发生了相应的转变的产物。后现代哲学的转向主要表现为：反对普遍化、总体化、同一性、等级体系、本质论、基础论和表象论，肯定多元性、多样性、差异、非中心、零散化、机遇、混沌、不确定性、流动和生成。这些特征的确是以往的哲学所缺乏的或者说重视得不够的，后现代主义哲学能够将它们提出来研究并且予以特别的重视。后现代主义哲学对现代性的批判击中了现代主义哲学的要害。应该说后现代主义哲学是对西方哲学发展的一次最深刻的理论反省，它是西方哲学企图跳出传统哲学藩篱的一次大胆尝试，尽管它不是一次非常成功的尝试，但它已经显示出当代西方哲学发展的一种新的转向。其次，从存在的缺陷分析，后现代主义思潮均以批判现代主义为己任，但是由于后现代主义的批判表现出过于偏激，而走向另一个极端。它对于现代主义采取完全否定的态度，把自己和现代主义看作是完全对立的两极。他们将理性和非理性、总体性思维和局部性思维、横向思维和纵向思维、同一和差异、确定性和不确定性、结构和解构绝对对立起来，导致对理性主义和启蒙思想全盘抛弃，显得极其错误和幼稚。实际上，后现代主义并不能完全驳倒理性主义，正如有些后现代主义的批评家认为的那样，尽管后现代主义者们反对总体化的思维方式、反对宏大叙事，但是他们把“后现代”与“现代性”区分开来，对现代性进行批判和反省，力图对现代主义的思维方式进行一种根本性的转换，这本身就是以一种整体化思维框架和宏大叙事方式为前提的。可见，“后现代”一词本身就与它反对的思维方式划不清界限，这也许说明了“现代主义”思维方式是不能完全被超越的。此外，后现代主义主张非理性主义、相对主义、无政府主义、反辩证法，片面强调不确定性和零散化，过分宣扬现代化的弊端和恶果等，也决定着后现代主义不可能成为一种有着广阔发展前景的思潮。正像西方学者所说，后现代主义对当代西方社会的把脉是准确的，可惜开错了药方。

参考文献

[1] 伯顿编. 走向后现代主义. 北京：北京大学出版社，1991.

[2] 福柯. 知识考古学. 上海：三联书店，2003.

[3] 福柯. 性经验史. 上海：上海人民出版社，2000.

[4] 福柯. 癫狂与文明. 上海：三联书店，1999.

[5] 福柯集. 杜小真选编. 上海：上海远东出版社，2004.

[6] 德里达. 解构与思想的未来. 长春：吉林人民出版社，2006.

[7] 包亚明. 一种疯狂守护着思想：德里达访谈录. 上海：上海人民出版社，1997.

[8] 德里达. 马克思的幽灵. 北京：中国人民大学出版社，1999.

[9] 利奥塔. 后现代状——关于知识的报告. 长沙：湖南美术出版社，1996.

[10] 利奥塔. 后现代性与公正游戏. 上海：上海人民出版社，1997.

[11] 罗蒂. 哲学与自然之镜. 李幼蒸，译. 上海：三联书店，1987.

[12] 罗蒂. 后哲学文化. 上海：上海译文出版社，1992.

[13] 罗蒂. 后形而上学希望. 上海：上海译文出版社，2009.

[14] 罗蒂. 实用主义哲学. 林南，译. 上海：上海译文出版社，2009.

[15] 罗蒂. 哲学的场景. 王俊，等，译. 上海：上海译文出版社，2009.

[16] 哈桑. 后现代转向. 北京：时报文化出版企业有限公司，1993.

[17] 利奥塔等. 后现代主义. 赵一凡，等，译. 北京：社会科学文献出版社，

1999.

[18] 米勒德·艾利克森. 后现代主义的承诺与危险. 北京：北京大学出版社，2006.

[19] 道格拉斯·凯尔纳，等. 后现代理论. 北京：中央编译出版社，1999.

[20] 哈贝马斯. 现代性的地平线：哈贝马斯访谈录. 上海：上海人民出版社，1997.

[21] 哈贝马斯. 现代性的哲学话语录. 南京：译林出版社，2006.

[22] 佛克马·伯顿. 走向后现代主义. 北京：北京大学出版社，1991.

[23] 江怡. 走向新世纪的西方哲学. 北京：中国社会科学出版社，1998.

[24] 张国清. 中心与边缘. 北京：中国社会科学出版社，1998.

[25] 王潮. 后现代主义的突破：国外后现代主义理论. 兰州：敦煌文艺出版社，1996.

[26] 刘鸣九. 从现代主义到后现代主义. 北京：中国社会科学出版社，1994.

[27] 刘小枫. 现代性社会理论绪论. 上海：三联书店，1998.

[28] 盛宁. 人文困惑与反思——西方后现代主义思潮批判. 上海：三联书店，1999.

[29] 刘放桐，等. 新编现代西方哲学. 北京：人民出版社，2000.

[30] 赵敦华. 现代西方哲学新编. 北京：北京大学出版社，2001.

[31] 秦喜清. 让-弗·利奥塔：独树一帜的后现代理论家. 北京：文化艺术出版社，2002.

[32] 张志伟，等. 西方哲学问题研究. 北京：中国人民大学出版社，2003.

[33] 佟立. 西方后现代主义哲学思潮研究. 天津：天津人民出版社，2003.

[34] 夏基松. 现代西方哲学. 上海：上海人民出版社，2006.

[35] 陈嘉明. 现代性与后现代性十五讲. 北京：北京大学出版社，2006.

[36] 赖特·米尔斯. 社会学的想象力. 上海：三联书店，2008.

第八章

未来主义思潮

憧憬未来、设想未来、预测未来是人类生存及发展的一种需要。古希腊一位哲人在对世界进行描述时，概括出一个永恒的真理："一切皆变"。当今的世界在新科技革命的巨浪推动下，以前所未有的高速度、快节奏变化着，这是以前任何一个历史时期都无法相比拟的。它使人类在短短的几十年的时间内创造出以往几千年所没有的成就，如高分子合成工业、原子能工业、电子计算机工业、半导体工业、宇航工业、激光工业、信息产业、生物工程等等。科学技术的巨大发展影响着整个社会的变迁，影响着社会的经济结构、政治体制、人们的社会关系、生活方式和思想观念，同时也带来了许许多多复杂的社会问题，这些问题困扰着人们，引起众多学者的关注，未来主义应运而生。

未来主义产生于20世纪60年代末至70年代初，是在西方发达资本主义国家出现的一种对社会发展的未来前景进行研究和预测的社会思潮。未来主义主要有两个派别：社会历史学派和生态学派。社会历史学派侧重对新科技革命造成的社会变迁进行研究和预测，认为随着科学技术的不断革命，现存的资本主义制度与社会主义制度都将被一种新的制度所替代。生态学派则重点研究和预测科学技术的负面影响，尤其是全球性环境和发展问题对社会发展的影响。由于两派研究的侧重视角不同，在理论上多有分歧，但存在着多种共同点，即都是对新科技革命所带来的后果的未来思考；都是一种对人类未来发展的预测和设计；都是以摆脱现有发展困境为理论研究的目标。

一、未来主义的兴起

当代科学技术的迅猛发展，给人类带来了重大的影响。人们不禁要问：科学技术的发展将会给人类及其赖以生存、发展的自然环境和社会带来什么结果？有什么意义？科学技术在社会发展中的作用如何、前景如何？在西方社会思想兴起的一门综合性思潮——未来主义，正是企图探索此类种种问题的。

1. 对新科技革命与全球性问题的思考

二次大战结束后，一场全球范围内的新科技革命勃然兴起。新科技革命的出现，使人类社会的发展尤其是发达国家的社会发展自 20 世纪 60 年代以来出现了一系列深刻而广泛的变化。随着信息技术、电子技术、生物技术、空间技术、新材料技术、新能源技术和环保技术等高新科技的不断涌现，直接推动了社会生产力要素巨大的变化，使人与自然的物质交换以及人与人之间的社会互动深入到信息层面，特别是科学技术知识从一种附着性的生产要素逐步转变为一种独立的要素。产业结构随之转型，服务行业的从业人数到 20 世纪 80 年代跃升为占劳动力的 70%，出现第二产业的退缩和第三产业扩展的局面。而且随着知识在生产过程的地位提高，劳动力结构也发生了变化。在一些发达国家，白领人数超过蓝领人数，20 世纪 60 ~ 90 年代，发达国家拥有的科学家和工程师的人数增长是整个劳动力平均增长的 2 倍。新科技革命的迅猛发展，使社会的生产领域迅速扩张，产业结构不断升级，加速了社会结构变迁的速度，社会的消费结构发生转变，社会生活越来越便捷，人类社会进入了一个新的发展阶段。

但是，人类社会在高歌猛进的发展中，在一片对高新技术乐观的气氛中，技术进步背后的负面问题无情地向人们袭来。如人口爆炸、资源枯竭、生态危机、能源危机、生态恶化、经济滞胀、失业严重、道德沦丧、犯罪加剧、战争频发、核威慑等等，都直接威胁着人类自身的生存和发展。从这些问题的成因、威胁程度和解决途径上看，已经成为全球性问题，超越了政治疆域和地理疆界，将危及整个地球和全人类。一些学者认为，世界正在迅速地从一场灾难走向另一场灾难，人类所面临的是一幅全球性灾难的图景。而当今世界各国的发展表现出越来越强的相互依赖性，都被纳入全球一体化的体系中，世界各国的发展越来越趋于整体性，成为系统中的一个环节，所以全球性问题的解决内在地要求各国、各地区、各民族之间的协调、互助、合作。

在这样的全球发展趋势下，如何把握世界的未来变化及其发展趋势，如何对人类社会的前途和命运作出预测，成为人们的迫切愿望。特别是环境与发展之间这样的全球性问题也要求人们必须从总体上思考和解决科技发展对于社会发展的正反效应的问题，未来主义由此应运而生。

2. 未来主义思潮的理论来源

未来主义产生于二战之后的新技术革命的大潮中，是当时西方社会思想界对未来大工业社会发展的预测以及对科学技术反向功能担忧的产物，因此在理论的建构上是多学科、多视域、多理论的综合。未来主义在一个意义上说是西方学术界对人类的未来、社会发展趋势、社会发展难题以及社会制度的走势所展开的大讨论的结果，之前出现的未来学、科技决定论、趋同论、生态学等思潮成为未来主义理论形成的主要来源。①

① 段忠桥．当代国外社会思潮．北京：中国人民大学出版社，2006：4－5．

首先，作为未来主义产生的学科母体是20世纪50年代出现的未来学。“未来学”一词由德国学者费莱希泰姆在20世纪40年代首次提出并使用，随后在欧美广泛传播。20世纪50年代末新技术革命将世界卷入了变革的大潮之中，对社会发展前景的研究就变得尤为迫切，未来学成为发展迅速、规模庞大、渗透于诸多领域的新兴学科。未来学是指以未来问题为研究对象的一门综合学科。它主要探讨大工业生产方式和新科技革命给社会发展带来的影响，揭示按照人类的需要所作的各种选择实现的可能性，对未来发展的方向和前景进行预测和说明。它的研究课题众多，例如，预测未来科学技术的新发明和新发现，以及这些发明和发现可能应用的领域；预测科学技术发展前景对经济的影响，以及由此产生的社会后果；预测社会未来的发展，对未来劳动和职业的探索，未来城市发展的构想；涉及未来教育、人口、食物、资源、能源、交通运输、保健、城市住宅建设、环境保护、空间开发和利用、家庭和社会等方面。它研究的范围包括自然科学、政治、经济、历史、社会心理、文化等领域。

未来学对未来主义的启示：一是，科学预测是可能的，未来研究可以成为科学。二是，未来研究和社会发展具有密切的关系，对未来的预测可以成为人们行动的依据。

其次，科技决定论对未来主义的理论形成产生直接影响。由于现代科技的力量使人类在自然面前获得节节胜利，人工自然系统随之日益发展，人类认识和改造自然的能力不断提高，人们乐观地看到只要掌握现代科技，就等于把握了现代社会发展的钥匙。因此，在20世纪20年代现代科学技术推动美国的崛起，产生了科技决定论这一种颇具影响力的社会思潮。科技决定论的理论建立在两个原则基础上：一是科学技术是自主的；二是科学技术变迁将导致社会变迁。科技决定论对未来主义的影响主要表现在：（1）科技是现代社会发展的决定性力量，随着科学技术的发展可以消除社会差别，可以解决现有的一切社会制度中存在的弊病。（2）科技专家可以主宰和掌握人类的命运，成为社会的统治者。（3）科技具有自主性和独立性，能够成为一种专门的结构和力量，能够成为决定其他一切力量的根本原因。[1]

第三，趋同论为未来主义关于社会制度走势研究提供了理论支持。“趋同”（convergence）本义是指亲缘关系较远的异种生物由于处在相同的环境中而在结构上具有相同的特征和功能。荷兰经济学家丁伯根在1961年将这一生物学术语移植到社会政治领域，用以说明资本主义和社会主义的关系，这样便形成了一种特定的社会思潮——趋同论。[2]“趋同论”从研究社会主义和资本主义未来发展的趋势出发，认为社会的发展与生产关系毫不相干，科技革命产生工业社会；无论资本主义还是社会主义，正在走同一条发展道路，从社会发展的趋势上看，二者之间的共同点、相近的成分日益增多和强化，各自的弱点将不断克服，在相互影响，相互借鉴，取长补短的过程中，两种社会制度之间的差别逐渐缩小，以至完全消失，最终发展为本质上同一类型的工业社会。在这种社会里阶级对抗消失，科技空前发展，经济有计划地发展，消除了经济危机，达到社会平等。这种主张对未来主义研究关于社会制度的走势研究提供了理论支持。

需要指出的是，技术决定论是趋同论的理论基础和逻辑起点。趋同论者认为，科学技术已成为直接决定或统治社会一切的力量（科学技术是第一生产力）。科学技术的决定作用在社会主义和资本主义制度下是相同的，它要求建立起相同的产业体系、教育结构、科研——生产——管理一体化的组织体系、相同的社会运行机制，由此导出两种社会制度趋同，也正是科学和技术革命使人类社会从工业社会发展到信息社会。而在信息社会中，信息化和富裕化是资本主义和社会主义共同追求的目标。虽然“趋同论”承认社会主义存在着制度和社会发展的优越性，但是在情感上无法客观地、正确地认识社会主义的本质特征，因此抹煞社会主义与资本主义制度的根本区别，否认社会主义必将代替资本主义的内在规律性，实质上是要维护资本主义制度的永恒性。

---

① 段忠桥. 当代国外社会思潮. 北京：中国人民大学出版社，2006：4.

② 樊期曾. 现代科技革命与未来社会. 北京：中国人民大学出版社，1993：5－6.

最后，生态学为未来主义产生提供了科学依据。“生态学”一词最早是由德国动物学家赫克尔于 1866 年提出的，旨在“研究动物与其有机及无机环境之间相互关系的科学”，特别是动物与其他生物之间的有益和有害关系，从此，揭开了生态学发展的序幕。随着人类活动范围的扩大与多样化，人类与环境的关系问题越来越突出，近代生态学研究的范围从生物个体、种群和生物群落，扩大到包括人类社会在内的多种类型生态系统的复合系统。人类面临的人口、资源、环境等重大问题都是生态学的研究内容。它还将系统论、控制论、信息论的概念和方法引入其研究中，使得生态学在 20 世纪获得了全新的发展。

生态学理论主张为：（1）人类社会和自然生态系统的关系同有机体和环境的关系一样，都存在着物质变换，通过物质变换，它们构成了一个整体——生态系统，因而，必须将环境和发展作为一个整体。（2）自然界内部存在着系统关联（如食物链），由于人类不适当的活动就会造成生态破坏，而这些破坏反过来会限制社会发展，因此，在社会发展的过程中必须高度关注这一问题。（3）人类通过掌握和运用生态学规律，对地球进行科学的管理，可以最终实现生态协调，因而，实现社会的可持续发展是完全可能的。未来主义对全球性环境与发展问题的研究就是以生态学为科学根据展开的。

总之，未来主义是将上述社会思潮和科学技术成果作为自己的理论依据和出发点的，由此成为了一种国际性思潮。

二、未来主义的主要理论视域

未来主义作为对人类社会发展的未来前景进行研究预测的社会思潮，由于其研究视域和方法的不同，可分为两个主要派别：社会历史学派和生态学派。

社会历史学派认为，随着新科技革命的发展，科学技术和知识分子在社会发展的过程中越来越居于指导性的地位。势必促使社会结构，特别是阶级结构出现一系列的重大变化，从而推动人类社会最终进入一个新阶段。这个新的阶段将取代现存的资本主义制度和社会主义制度，在避免双方弊病的同时，将双方的优点融合起来。主要理论有：丹尼尔·贝尔的“后工业社会”的理论、阿尔文·托夫勒的“第三次浪潮”的理论、约翰·奈斯比特的“信息社会”的理论。

1. 丹尼尔·贝尔的“后工业社会”理论

美国社会学家、政治哲学家丹尼尔·贝尔于1959年提出“后工业社会”的概念。贝尔认为“后工业社会”的概念强调理论知识的中心地位是组织新技术、经济增长和社会阶层的一个中轴。① 后工业社会是一种概念性图式，它的基础是中轴原理。“中轴原理”是贝尔自己独创的概念，以此来规定社会结构和社会关系。按照他自己所说，“中轴原理”中的原理不是通常意义的基本理论的意思，而指的是某种能源，某种顺理成章的能力之源。“中轴原理”则是一个社会领域中的社会关系赖以建立起来、形成“意义”，使关系活动起来、运转起来的“作为首要逻辑的动能原理。”②“中轴原理”不是说明因果关系，而是趋中性。③

在贝尔看来，依据技术的变化，人类社会的发展可分为前工业社会、工业社会和后工业社会三个发展阶段。而对社会形态的把握上可以从两种不同的中轴来理解：一是以生产资料的所有制为中轴；一是以生产力的发展为中轴。依据前者，可将社会发展区分为封建主义、资本主义和社会主义等阶段；而后者是现代社会发展的中轴。如果按照生产力水平的不同，前工业社会的中轴原理是传统主义，考虑土地和资源方面的限制；工业社会的中轴是经济增长，强调国家或私人对投资决策的控制；而后工业社会的中轴是理论知识，知识一跃成为社会的主要资源，科学家和研究人员成为社会的统治人物。从工业社会发展到后工业社会，与从资本主义发展到社会主义或官僚集体主义，是沿着两种不同的轴心发展运动的。

贝尔认为，“封建主义、资本主义和社会主义的序列以及前工业社会和后工业社会的序列都是来自马克思。马克思主义于生产关系的定义

---

① 丹尼尔·贝尔. 后工业社会的来临. 北京：新华出版社，1997：124.
② 丹尼尔·贝尔. 后工业社会的来临. 北京：新华出版社，1997：9.
③ 丹尼尔·贝尔. 后工业社会的来临. 北京：新华出版社，1997：9.

中包括社会关系和生产‘力’（即技术）在内。他把当前的生产方式称之为资本主义的，但是如果我们把资本主义这个词限制在社会关系方面，而把工业这个词限制在技术方面的话，那么我们可以通过分析看到不同序列如何显示出来。在这个意义上说，可以有社会主义的后工业社会，也可以有资本主义的后工业社会，如苏联和美国，虽然按照所有制的中轴来看二者存在矛盾，但以生产和技术为中轴看，双方又同是工业社会。”① 而且沿着“技术的中轴”发展，后工业社会是取代资本主义和社会主义的新社会形态。

关于后工业社会，贝尔在其所著的《后工业社会的来临》一书中作了具体的描述，可以概括为：首先，理论知识具有首要的特点。在后工业社会中，知识本身的性质出现了变化，理论与经验相比，占首要位置，而理论知识的系统汇编和材料科学成为技术创新的基础。后工业社会是双重意义上的一个知识社会：一是革新的源泉越来越多地来自研究和发展（更直接地说，由于理论知识居于中心地位，在科学和技术之间存在了一个新型关系）；二是社会力量——按大部分国民生产总值和大部分就业情况来衡量——越来越多地在于知识领域。② 其次，技术的变化是有计划、有节制的，技术评估占有重要地位。贝尔认为，技术一直是驱动社会时代变化的主要力量之一，技术的变化改变了社会关系和人们观察世界的方法，也成为提高全世界生活水平的主要火车头。工业社会强调技术为基础，但是对技术的发展没有限制，没有对其预测评估，导致技术在带来巨大社会进步的同时，也同样带来了有害的负作用，人们很容易忽略其发展中的更深层的或不可预料的后果。而科学与革新的融合，系统地和有组织地推动技术增长的可能性，并通过创造进行技术预测的新技术来努力“探测技术的海洋”，通过制定管理新技术的标准，系统地计划未来，这是后现代社会的基础之一。③ 再次，后工业社会是以服务行业为基础的社会。即从商品制造业为主的经济形态向服务

---

① 丹尼尔·贝尔．后工业社会的来临．北京：新华出版社，1997：11．
② 丹尼尔·贝尔．后工业社会的来临．北京：新华出版社，1997：234．
③ 丹尼尔·贝尔．后工业社会的来临．北京：新华出版社，1997：217．

业为主的经济形态转型。在后工业社会中，大多数劳动力不再从事农业或制造业，而是从事服务业，如贸易、金融、运输、保健、娱乐、研究、教育和管理等工作。第四，后工业社会是一个从以企业家为主的社会转向以专业技术人员为主的社会。在后工业社会中，专业技术人员是这样一些职业集团，如教师、工程师、经济学家、数学家、掌握智能技术的科学家等，他们分布在工业、政府、大学、研究机构中，在其从事的科研中占主导地位，成为了与工业社会企业家主导相区别的新的统治阶层。他们是通过平衡技术力量和政治力量，通过享有选举权和其他权利的手段来行使他们的权力的。在贝尔看来，后工业社会与现代工业社会最基本的差别不是谁占有生产资料和谁不占有生产资料，而是谁在政治上、经济上或社会组织中拥有决策权和谁不拥有决策权。[①] 而在后工业社会里，专门技术是取得权力的基础，教育是取得权力的方式，而决策的复杂化需要新的技术（系统分析、线性规划、程序预算）来支撑。因此，后工业社会是一种“公正的能者统治”[②] 的社会。最后，在后工业社会中，制定各项政策都需要通过智能技术。智能技术就是用规则系统（解决问题的规则）来代替直观的判断。这些规则系统可以体现在自动化装置里，或者体现在计算机程序中，或者体现在某些统计资料或数学公式的一套指令里。用于处理“条理化、复杂性”问题的统计技术和逻辑技术，都是形成一套决策规则的手段。

贝尔对大量的现有证据进行分析与对比，对人类社会的未来发展前景作了自己的推论：（1）资本主义工业社会和社会主义工业社会将走向“趋同”的发展道路，共同进入后工业社会。“后工业社会作为一种社会制度并非继承资本主义或社会主义，而是像官僚科层化那样贯穿双方。”[③]（2）在后工业社会中，蓝领工人阶级日益成为少数，其力量也将越来越弱，不可能成为马克思主义所说的革命的主要力量。而新起的“新工人阶级”（有教育的劳动者）将成为主要力量。（3）社会发展并

---

① 樊期曾．现代科技革命与未来社会．北京：中国人民大学出版社，1993：53．

② 丹尼尔·贝尔．后工业社会的来临．北京：新华出版社，1997：15．

③ 丹尼尔·贝尔．后工业社会的来临．北京：新华出版社，1997：531．

没有什么客观规律，因为各种社会都有不同的经济、技术、政治和文化体系；社会发展的动力是生产力的进步、对技术和工业化的强调。

贝尔用他的“后工业社会”的理论来解释西方社会的新变化，希望借助新社会形态来克服现存的两种社会制度的弊端，以“技术的中轴”分析社会主义和资本主义存在的共同点，断言两大制度在组织管理和经验方面正在相互仿效、彼此接近，预测未来社会是两大制度的“殊途同归”。在这里，贝尔以“技术的中轴原理”简单地将资本主义和社会主义两种制度的本质区别给消解掉了，把资本主义发展的内在矛盾运动带来的经济危机，用技术和组织管理的有效性给解决了。同时，贝尔在抽掉“阶级”的经济内容的前提下，认为后工业社会的阶级结构，是以知识而不是财产为基础的专业阶级，而且知识阶级很可能成为新社会的最高阶级。因此，他断言，马克思所说的资产阶级和无产阶级的矛盾将消失，社会主义取代资本主义的阶级基础也将不复存在。在此前提下，对于资本主义社会来说，敌对的意识形态再也不是工人阶级的社会主义思想，而是新阶级价值观的兴起，因此，取代资产阶级意识形态的不是社会主义思想，而是后工业社会的价值观。这样，意识形态就终结了，产生社会主义的文化动因就再也不存在了。由此可见，贝尔所设计的两大社会制度的最终走向，是社会主义纳入继续发展的资本主义社会之中。但是关于资本主义继续发展的“后工业社会”是否能够真正的来临或者实现，后工业社会是否能够解决现代资本主义社会不可克服的弊端，贝尔自己也不确定，只好反复强调，“后工业社会”首先是社会结构性质的变化——社会的一个方面而不是整个结构的变化，它是社会学家所集中起来的社会上各种变化的一种“理想类型”和构思。①

2. 托夫勒的“第三次浪潮”理论

美国未来学家阿尔温·托夫勒（Alvin Toffler），世界著名未来学家，也是当今最具影响力的社会思想家之一。1928 年 10 月 8 日出生于纽约，毕业于纽约大学，1970 年出版《未来的冲击》、1980 年出版

---

① 丹尼尔·贝尔. 后工业社会的来临. 北京：新华出版社，1997：535.

《第三次浪潮》、1990 年出版《权力的转移》等未来三部曲，享誉全球，成为未来学重要代表人物，对当今社会思潮有广泛而深远的影响。托夫勒的妻子海蒂也是知名的未来学者，两人多次合作著述，2006 年 5 月，两人发表最新作品《财富的革命》。

托夫勒是第一位洞察到现代科技将深刻改变人类社会结构及生活形态的学者。在《第三次浪潮》中，他将人类发展史划分为第一次浪潮的“农业文明”，第二次浪潮的“工业文明”以及第三次浪潮的“信息社会”，给历史研究与未来思想带来了全新的视角。托夫勒认为第三次浪潮的新文明将是一个“实托帮”，与“乌托邦”不同，而作为工业化产物的资本主义和社会主义都要向“实托帮”过渡。

首先，托夫勒认为，人类社会的发展是技术浪潮的推动过程。在任何社会都存在六个相互关联的领域。这六个圈层是：技术圈层、社会圈层、信息圈层、生物圈层、权力圈层和精神圈层，人类社会的发展就是这六个圈层的交替运动的结果。在这六个圈层中，技术圈层最为根本，一旦社会的技术圈层发生重大的变化，社会的其他圈层也要发生相应的变化，这样，就会引起整个社会结构的变化，形成社会发展的过程。“浪潮”就是用来说明技术变化造成的社会剧烈转变的术语。

托夫勒指出，到目前为止，人类社会经历了两次重大的变革浪潮，每一次形成的文化和文明，都是以前人所不能想象的生活方式取代原来的生活方式。[①] 现在我们正在感受着第三次浪潮的全面冲击。第一次浪潮是农业革命，是以锄头为象征。在社会结构、家庭结构、价值观念等方面发生了一系列根本性的变化，建立了农业社会。农业革命历时数千年。第二次浪潮的变革，是工业文明兴起，至今不过 300 年。它以装配线（生产流水线）为代表。随着第二次浪潮的到来，农业社会的社会结构、家庭结构、价值观念遭受了一次剧烈的冲击，并迫使它发生根本性的变化。在每个家庭内部形成的新旧之间的矛盾，打击了家长的权威，改变了父母与子女的关系，促成了新的礼仪观念。由于经济生产从

① 阿尔温·托夫勒. 第三次浪潮. 上海：三联书店，1984：56.

田野转向工厂，为了向工厂提供劳动力，家庭的一些重要职能转向新的专业机构。随着劳动力的流动，原本的大家庭解体为小家庭。第二次浪潮采用标准化、专业化、同步化、集中化、好大狂、集权化六个基本原则。[①] 这六条原则都是在生产与消费的分裂和生产的不断扩大的基础上产生和发展起来的。它们和谐一致、相互强化、相互补充，其结果导致了社会的停滞不前。托夫勒认为，第三次浪潮在20世纪50年代中期首先出现在美国，这次浪潮在许多国家中向第二次浪潮社会内部的旧的经济和政治结构发起挑战，对工业文明的六项基本原则进行逐条的冲击。取而代之的是知识化、多样化、小型化、个人化、分散化和产销一体化等原则。在电脑工业的带动下，世界的工业体系开始瓦解，生产方法和社会面貌都将发生极大的变化。正在兴起的电子和电脑工业、空间工业、海洋工业、生物技术是第三次浪潮的基础。托夫勒还认为，由于产销高度的结合，市场化终结。第三次浪潮将成为历史上一个出现“超越市场”的文明。他说，它不是不需要任何交换网络的文明，而是依赖市场，而又不再由于需要建立，扩张、规划和完善这个市场结构消耗大量的人力、物力、财力与时间。[②] 经济结构的变化将带来一系列的变化，正在打击着能源基础、技术、信息系统以及文明的家庭和企业的结构，又由于微型处理机和微型计算机的出现，机器智能普遍化程度达到新的水平。在深刻变革信息领域的同时，人们注定要改变自己的思想——改变人们思考问题、综合情况、预测行动后果的方法。总之，第二次浪潮产生的一切都在变化或受到冲击，知识浪潮和工业浪潮之间的冲突已经构成了社会发展的主题。

其次，资本主义与社会主义将终结于第三次浪潮，“趋同”进“新的社会”。托夫勒认为，资本主义和社会主义都是第二次浪潮的产物，都将进入“新的社会”。在“新的社会”中，不再存在所有制问题。所有制在本质上是第一次浪潮和第二次浪潮的问题。托夫勒甚至撇开社会

---

① 阿尔温·托夫勒. 第三次浪潮. 上海：三联书店，1984：117.

② 阿尔温·托夫勒. 第三次浪潮. 上海：三联书店，1984：380－381.

制度性质和革命的阶级属性，认为 1917 年的苏联十月社会主义革命与美国的南北战争、日本的明治维新等资产阶级革命并没有本质上的差别，其目的都是为了实现工业化，都是要确立第二次浪潮的文明。“1917 年的革命，是美国内战在俄国的翻版。这场斗争，并不像人们所认为的那样，是在搞共产主义，而是为了工业化问题。布尔什维克扫除了农奴制和封建帝制的残余，把农业推到次要地位，有意识地加速了工业化的进程。他们成了第二次浪潮的执政党。”①

托夫勒强调，资本主义社会结构和社会主义社会结构具有同构性。托夫勒认为，“标准化、专业化、同步化，集中化、好大狂、集权化，同时应用在工业社会的两翼——资本主义与社会主义社会中”。② 这六条原则是资本主义和社会主义发展共同的策略，是资本主义和社会主义的共同“纲领”。托夫勒还认为，资本主义社会和社会主义社会所面对的矛盾是相同的，即“新文明”与“工业社会”之间的冲突。这是超越资本主义和社会主义斗争的超级斗争。斗争的一方是旧的工业社会的拥护者和既得利益者，他们要维护工业社会的秩序；另一方则是第三次浪潮的拥护者，他们认为，目前世界上面临的许多严重问题（粮食、能源、军备竞赛、人口、贫困、资源、生态、气候、老龄化、城市社会的解体、生产的需要、工作的报酬等），在现有的工业社会的结构中是难以解决的，而只有在向第三次浪潮转变的过程中，问题才能迎刃而解。托夫勒试图通过第三次浪潮中的新的科技革命来替代阶级之间的斗争，认为技术可以改变现实社会的各种矛盾，把人类带向一个无比美好的社会，而人类未来的“新社会”就是消失了两种制度的界限的和谐社会。第三次浪潮之所以能够将这两种社会制度融合，托夫勒分析后认为，这得益于两个基本趋势：一是社会发展的技术化。凭借高科技的发展，第三次浪潮将把二者融合起来；二是社会发展的全球化。在原有的工业化和市场化开辟的世界历史（全球化）的基础上，就要超越两种社会制

---

① 阿尔温·托夫勒. 第三次浪潮. 上海：三联书店，1984：74.

② 阿尔温·托夫勒. 第三次浪潮. 上海：三联书店，1984：117.

度的区分，事实上它们融合成为一个整体，“全球主义，或至少是超越民族主义，是在运行过程中那些越过国境的新经济的自然表现”。①

托夫勒的确观察到当今发达国家科技革命带来的深刻变化，并将这样的变化生动地描述出来，试图归纳出其间带有普遍性的特征。对现代社会发展出现的种种弊端和全球性问题感到忧心忡忡，希望借助于特殊的力量将其彻底消除。特别是他对在20世纪并存的两大社会制度未来的发展作出预测，将二者融入第三次浪潮，将二者之间的对抗和冲突溶解掉。但是仅仅从技术发展的视角分析和预测人类社会的发展有失偏颇。首先，社会形态的性质是由生产关系的性质决定的，社会形态的更替是由社会基本矛盾运动决定的。生产工具只是衡量社会发展水平的客观尺度，难以说明社会多结构之间的关系和变化的根源。任何社会的政治结构和观念结构都有其自身发展的能动性和主动性，可以干预社会的经济领域，社会形态的发展变化是经济、政治、观念相互作用、相互制约的结果。社会形态的变迁是客观规律与主观选择的统一，不排除不同国家、不同民族在其发展过程中的独特性，所以社会形态的更替是不能绕过财产关系来考察的。他自己也知道，所有制在“本质上是第一次浪潮或第二次浪潮的问题。”② 而所有制在他的第三次浪潮中被人为地抹掉了。我们还可以在书中读到，第三次浪潮的突出特点是资本主义高度发展的产物，它有强大的同化力和辐射力，因此不需要暴力革命就可将社会主义纳入自己的体系中去，这的确让我们思考纳入的具体细节。其次，在分析社会发展的方法论上存在片面性。托夫勒的确从大量经验事实出发，通过类比分析，归纳普遍性、共性，试图解释第三次浪潮出现的内在逻辑，但是他对社会模式先入为主的构思，影响了分析的客观性和深入性，更多的是对事实、现象的表面描述，而没有深入分析事物、现象、过程中间的必然联系。如将1917年的十月革命、美国的南北战争及日本的明治维新的革命性质、革命目的、革命的主体、革命的历史

① 段忠桥．当代国外社会思潮．北京：中国人民大学出版社，2004：13.
② 阿尔温·托夫勒．预测与前提．北京：国际文化出版公司，1984：107.

条件都一概忽略，只看最后的结果。托夫勒的观念、感情、想象、直觉与思考纠缠在一起影响着他的认识模式，导致他所说的“实托邦”更多的是带有理性主义、浪漫主义色彩的社会改造方案，资本主义与社会主义之间矛盾和发展中存在的问题都可以在第三次浪潮中洗刷干净。正像《第三次浪潮》一书的副标题“大汇合的结局”一样，资本主义与社会主义的非本质的“趋同”仅仅是作者的精心构思罢了。

3. 奈斯比特的“信息社会”理论

约翰·奈斯比特（John Naisbitt），世界著名的未来学家，阅历丰富，有着哈佛、康奈尔和犹他三所大学的教育背景。1963 年，他被肯尼迪总统任命为教育部助理部长，还曾任约翰逊总统的特别助理。1967 年创办了自己的都市研究公司，奈斯比特使用自创的“内容分析”方法研究美国社会。所谓“内容分析”方法，事实上就是广泛收集各地报纸，每天对这些报纸的内容进行分类编排，建立索引和分析比较。奈斯比特始终认为重大的社会变化都是从地方开始，自下而上的，因而通过对城市、乡村变化的研究和分析，能够判断出将来的一些发展趋势。他的都市研究公司定期作出研究报告，提供给一些大公司和图书馆。畅销全球的《大趋势》一书的蓝本正是这些定期作出的研究报告。他的代表著作《大趋势》，与威廉·怀特的《组织的人》、阿尔温·托夫勒的《未来的冲击》并称“能够准确把握时代发展脉搏”的三大巨著。主要著作有：《大趋势》（1982）、《2000 年大趋势》（1990）、《中国大趋势——新社会的八大支柱》（2009）。

奈斯比特在其成名作《大趋势》中，根据社会信息化的程度，将人类社会的发展区分为农业社会、工业社会和信息社会三个阶段，认为科技的迅速发展和社会信息化所带来的社会生活各方面的变化是不可避免的，这一变化可能影响着人类社会的未来走势。

奈斯比特认为信息化已成为社会发展的大趋势。他在大量调查资料的基础上，通过他的“内容分析”方法，总结出改变美国社会生活的 10 个新趋势：（1）从工业社会转向信息社会；（2）从强制性技术转向高技术和高情感；（3）从国家经济转向世界经济；（4）从短期行为转向长期考虑；（5）从集中管理转向分散管理；（6）从向组织机构求助转向自助；（7）从代议民主制转向共同参与民主制；（8）从等级制度转向网络组织；（9）经济活力的重心从北方转向南方；（10）从非此即彼的选择转向多元选择。[①]

奈斯比特指出，在这十大发展趋势中，从工业社会转向信息社会是最主要的趋势。美国自20世纪50年代中期开始进入信息社会。可从两个主要标志性事件证实：一是由于信息技术的发展，美国的就业结构出现重大变化，1956年美国从事技术、管理事务的“白领工人”的人数首次超过从事体力劳动的“蓝领工人”的人数。美国的工业社会要让路给一个新社会，在新社会中，多数人要处理信息，而不是生产产品。二是原苏联在1957年发射了世界上第一颗人造卫星，开辟了全球通信的新时代，它对信息社会的重要性远远大于对空间探索的重要性。1956年~1957年是一个转折点，标志着工业社会的结束，信息社会的开始。因此，奈斯比特提醒道，信息社会是真实的经济存在，而不是抽象的思想。

奈斯比特认为信息社会主要有以下几个方面的特征：（1）“知识生产力已成为决定生产力、竞争力和经济成就的关键因素。知识工业已成为最主要的工业，这个工业向经济提供生产所需要的重要中心资源。”[②]（2）在信息社会中，知识是随知识的增加而增加，而不是随着生产劳动的增加而增加。（3）信息社会是智力密集的社会。“新权力来源不再是少数人手中的金钱，而是多数人手中的信息。”[③] 同时，在信息社会，就业需要很高的能力，企业将被迫去训练非熟练工。（4）农业社会，在时间观念上，人们习惯向过去看；工业社会的时间倾向性是注意现在；在信息社会，人们的时间倾向性是未来，人们必须向现在学习如何预测未来，学会趋势并非是命中注定的。[④]（5）信息企业已经成为美国

① 约翰·奈斯比特．大趋势．北京：中国社会科学出版社，1984：前言．
② 约翰·奈斯比特．大趋势．北京：中国社会科学出版社，1984：15．
③ 约翰·奈斯比特．大趋势．北京：中国社会科学出版社，1984：15．
④ 约翰·奈斯比特．大趋势．北京：中国社会科学出版社，1984：17．

最重要的行业。(6) 在信息社会，工作重点是选择情报信息，而不是提供情报信息。而且他还指出，从20世纪80年代后期开始，电子工业成为美国最大的行业之一，电脑在人们的日常生活中占据着重要的位置，如果不会使用电脑将成为“真正科学技术的文盲”。奈斯比特根据上述信息社会特征的分析作出自己的判断：信息社会必然成为工业社会之后的一个新的发展阶段。

奈斯比特进一步指出，信息社会是一个从生产、经济到政治的具体的、完整的社会形态概念，是一种替代资本主义和社会主义划分的新的社会形态。他在分析2000年的世界发展的趋势后认为，私有化已经成为一种全球性的潮流，在这种情况下，社会主义将通过市场机制的方式向资本主义趋同。理由来自两方面的事实：一是社会主义国家的改革，市场型社会主义的出现；二是高福利国家的民营化。自由市场社会主义出现的必然性。

首先，奈斯比特指出，社会主义国家目前都在进行改革，国家控制经济的局面正在被打破，社会主义发生的激烈的变革，导致传统的社会主义正在消失。造成这一结果，有六个主要原因①：(1) 全球经济的建立。在全球化的经济中，任何单独国家，无论是资本主义国家还是社会主义国家，都不可能维持一种封闭的、自给自足的经济。资本主义经济的相对效率使之能够较好地适应和重新组成一个世界经济。任何企图在经济上保持封闭和脱离全球竞赛的国家都将会毫无希望地落在后面。社会主义作为全球经济的一部分，必然保持开放的、更大的竞争力，通过改革，以便能够更好地加入到世界经济的循环中来。(2) 技术的发展。电信技术最先使全球经济成为可能，并加速了这种发展。金融服务业是全球经济中最发达的部分，由于使用了电子技术，能够做比我们长期使用的财政或服务机构所能做的更多的事情。高科技电信正在成为现实。(3) 中央集权的失败。尚未有任何成功的中央计划经济最终被人们承

---

① 约翰·奈斯比特，帕特里夏·阿伯丁. 2000年大趋势. 北京：经济日报出版社，1990：79-81.

认。不得不承认至少自斯大林时代起，中央控制经济始终是一种灾难。每个人都很清楚，分散的、企业经营的、由市场促进的模式在各地更为成功。曾被认为似乎可取代资本主义世界的社会主义正面临着挑战：改革或是灭亡。（4）福利国家社会主义的高昂代价。由中央政府提供的为公众服务的代价，使许多国家都难以承受，负担很重，许多负责社会福利的部长和总理都担心经济的崩溃。随着退休人员比例的急剧增多，各地都对日益增长的公共开支提出警告。人们不禁要问：政府如何才能在承担这些责任的同时而又不至于使国库亏空？（5）劳动力的改变。蓝领工人是工会和社会主义政党的基本成员，劳动价值论是社会主义诞生的根据，由于全世界蓝领工人的人数和重要性在下降，而且这个下降只是结果的开始。在制造业中的劳工的比率还在向零逼近，人们需要新的经济理论。（6）个人的价值更受重视：信息经济的本质是把社会重心从国家转移到个人。而计算机只会加强个人的力量并削弱政府的力量。奈斯比特特别强调，全球经济一旦形成，个人的作用将比在工业时代时更为强大、更为重要。"没有个人自由，便没有经济改革。"

在奈斯比特看来，上述六个因素的交互影响，迫使原苏联及其盟友面临两难抉择：是进行社会主义改造，还是抛开它。目前作为过渡时期，所有实行中央计划经济的国家都在进行大规模的市场机制的试验。这是一场意义深远的转变，从政府控制的经济转向市场导向的经济。"社会主义经济学的核心是政府拥有生产资料和控制产品的分配。而现在全世界的社会主义国家都放松了国家对经济的控制，他们通过开放民营与租赁等方式改变着生产资料的所有权。"① "自由市场社会主义，毕竟不是原来的社会主义。"②

其次，高福利国家的民营化。奈斯比特认为，英国的撒切尔夫人通过"放手企业经营和自由竞争的政策，推行国营企业私营化和股份私有

---

① 约翰·奈斯比特，帕特里夏·阿伯丁. 2000年大趋势. 北京：经济日报出版社，1990：116.

② 约翰·奈斯比特，帕特里夏·阿伯丁. 2000年大趋势. 北京：经济日报出版社，1990：101.

化，成功地阻挡了社会主义在英国的发展，使英国经济复苏。从全世界来看，社会主义国家以及高福利国家出现转机的关键，是采取在英国已获得成功的方法，即将国有企业民营化和使公众成为股东。[①] 随着高福利国家出现私有化的浪潮，在福利国家中，最基本的转变是从中央集权到个人拥有权力，具体表现为：从公房向私房转变；从国家办医疗向个人选择转变；从政府规定向市场机制转变；从福利向以工代赈转变；从由政府垄断向企业竞争转变；从国营企业向民营企业转变；从国营企业向劳动者个人所有转变；从政府制定社会保险计划向民间保险和投资转变；从重税向减税转变。[②] 奈斯比特指出，社会民主党有效地发展资本主义私营企业，不仅没有阻碍经济的发展，反而促进了经济的发展。而且，政府和民间的伙伴可通过投资，来推动公众的努力。从全世界来看，人们关注的中心从阶层或集团转向个人，如今最有效的计划就是适合个人力量和要求的计划，通过政府和民间企业的合作，制定满足个人而不是阶层、集团和行业需要的计划。

总之，奈斯比特通过对当今社会主义改革出现的市场经济和资本主义高福利国家的民营化浪潮及经济政策的调整的分析中，得出两种社会制度都在向私有化方向发展的结论。他认为，尽管资本主义和社会主义两种社会制度之间存在着差距，但是必将在信息社会的基础上得到弥合。在此，奈斯比特简单地将市场经济等同于资本主义，将计划经济等同于社会主义，不了解市场和计划只是资源配置的方式。特别是，将原苏联及东欧各国放弃社会主义本质的改革，理解为社会主义发展的必然，而资本主义发展阶段上的政策调整也被理解为是向信息社会的过渡，资本主义的内在矛盾和阶级矛盾在信息社会中一笔勾销。

三、未来主义生态学派的主要理论视角

如何评价科学技术的作用，如何评估技术进步背后的社会后果及其

① 约翰·奈斯比特. 2000 年大趋势. 北京：经济日报出版社，1990：148.
② 约翰·奈斯比特. 2000 年大趋势. 北京：经济日报出版社，1990：166.

对社会未来发展的影响，如何制定出适当的社会发展的战略，这是未来主义的生态学派思考的基本问题。罗马俱乐部和赫德森研究所[①]，从两个不同的方面对此进行了探讨，最后形成了两种不同的理论。前者最初提出“零增长”的悲观主义观点，后者则提出“没有极限的增长”的乐观主义观点。

(一) 对“人类的困境”的反思

罗马俱乐部是一个非官方的、国际性的未来主义研究中心。成立于1968年4月，由来自十个国家的科学家、教育家、经济学家、人类学家、实业家、政府的和国际机构的文职人员组成，在意大利经济学家、企业经理奥莱里欧·佩切依博士的领导下，讨论现在的和未来的人类困境这个令人震惊的问题，并形成了一个“无形学院”，总部设在意大利罗马，现有成员增加至25个国籍70个成员。它的宗旨是通过对人口、粮食、工业化、污染、资源、贫困、教育等全球性问题的系统研究，提高公众的全球意识，敦促国际组织和各国有关部门改革社会和政治制度，并采取必要的社会和政治行动，以改善全球管理，使人类摆脱所面临的困境。该组织在1971年以后陆续向联合国提交了十份相关的报告，引起了对世界全球性问题和可持续发展问题的关注，促成了联合国环境与发展大会的召开。由于它的观点和主张带有浓厚的消极和悲观色彩，被称为“未来主义的悲观派”的代表。

罗马俱乐部的学者们比较一致地认为，自从人类使用了科学技术，世界就变得愈来愈小，而且还以不断增长的速度收缩着，这是因为世界人口的数量、力量和要求不断增长，世界的变化过程就像脱缰的野马，几乎到了不可控制的地步。他们认为到21世纪头十年，矿产资源将会耗尽，粮食生产的增长将会终止，环境污染将会无法消除。人类陷入了自己知识设置的陷阱中，摆脱这种困境是十分艰难的。有的学者指出，为了避免这种灾难，必须确立“全球的平衡”，建立解决全球性危机的

---

① 于1961年成立的一个重要的美国思想库。该所主要与政府各部门，尤其是国防部门以及与防务有关的大公司签订合同，研究形势，提出设想，筹划发展。20世纪60年代前半期，主要从事防务政策的研究，被称为“未来学乐观派”的代表。

模式，抓住人类危机的复杂性，以求改变现状。有些学者甚至认为，照现在这样发展下去，人类将面临着灭亡的前景，因此他们把研究“人类的困境”问题放在首位。罗马俱乐部的学者认为，由于新技术革命的作用，人类进入了“全球王国”的时代，即从根本上改变人类生存条件的时代。在这个“全球王国”的时代，人们用自己的智慧改造自然界，来满足自身发展的需要，这是一个按一定指数增长的力量，然而又由于不顾后果地加速发展而最终走向覆灭。人类自身的发展离不开他们赖以生存的生态圈，但由于技术无政府主义的作用，以及人类缺乏相应的理解和责任感，因而没有处理好人类智慧与全球环境的关系，使人类自身陷入“困境”。

那么，“人类的困境”主要表现在哪些方面呢？罗马俱乐部主席佩切依在《未来掌握在我们手中》一书中，列举了“把人类不断驱向毁灭道路”的十大综合因素①：

第一，人口爆炸。“过多的人口不仅是当前所有问题的增殖器，而且是产生大量新的问题的原因。如果不认识到一点，情况将更加恶化。”因为人口的不断增长，引起个人消费爆炸，必然导致消费自然资源的无限增长，其后果是能源危机、土地占有率下降、粮食危机等一系列问题。人口爆炸的“蘑菇云”已经在全球系统中造成严重的不平衡，它还将像“癌溃疡”一样引起更恶劣的不平衡。

第二，“没有计划和方案用以满足如此众多人口的基本需要，并为他们提供稳定的生活。几乎占地球人口四分之一的居民生活在绝对贫穷和最大的困苦中。没有人知道，明天又将有多少人会陷入同样的不幸中。”

第三，“生物圈的破坏。维持人类生存的四个最重要生物系统——农田、牧场、森林和海洋动物群，都已惨遭掠夺。全球的生态系统受到人类污染的侵袭或威胁。”这一切都是人类的贪婪和不知足所致。实际

---

① 奥莱利欧·佩切依. 未来掌握在我们手中. 北京：科学技术文献出版社，1988：52－53.

上这是从根本上侵犯了自己的生存基地。

第四，“世界经济危机：经济衰退，货币和金融系统的混乱，通货膨胀，失业，没有控制的增长，过渡消费，挥霍资源和低发展，都是一种病态的和令人忧虑的发展征兆。最容易获得的能源业已枯萎。工业文明埋葬了它自己的基础。”

第五，“随着军事化的进展而来的军备竞赛：军费开支已达到惊人的创纪录高度，武器的毁灭能力一直以令人恐怖的程度增长，至今还看不到它的上限。”这是对人类最全面、最荒谬和最直接的威胁，是人类自己以严厉的科学手段在自我毁灭。其中，尤以核武器为甚。

第六，“忽视深远的社会弊病。我们生活在一个由受自私自利、不公正和偏执所决定的物质过剩的社会中。它的苦果是：疏远、冷漠、犯罪、毒品、逆乱、暴力、恐怖活动、刑讯直到种族谋杀。”

第七，“科学技术发展的无政府状态。人们把科技‘进步’视为私有目标，冷酷地反对社会的优先需要，并削弱社会的能力，阻碍社会前进。进步的费用和收益的分配严重不均。”

第八，“国家机关的衰老和僵化。国家机关的发展远远落后于各民族生活和地球的发展。面对日益增长的普遍混乱，国家机构却无力解决，政治生活日益瘫痪。”

第九，“东西对立和南北悬殊：这都是巨大的人类集团和他们的政府政治上和心理上不成熟的证明。在这种情况下，世界是无法管理的。”

第十，“缺少道德和政治领导。领导人受到他们自己的思想体系、信念、所受委任和他们的特权拘束，”从而使普通人在剧烈的人类斗争中处于孤立无援的境地，只能把他们的一切托付于命运。

基于这十个原因，佩切依说：“我们一致认为：世界形势事实上明显变坏，人类的未来前景确实暗淡。”人类由于无能或不满足，由于他们的精神状态和举止行为，已从他们的知识和权力的顶峰坠入危机的深渊，现在已经到了为改变他们的生活和处理问题的方式而必须进行深刻改革的时机了。

为此，罗马俱乐部的成员试图通过分析“人类困境”的根源，以便寻找解决困境的办法。

关于造成人类困境的原因，罗马俱乐部内部观点并不一致。亚历山大·金认为，人类困境的根源在于自私、统治和占有欲。人类有一种残忍、不宽容的特性在生存斗争中把自己的意志强加给其他生物，同时又为了利益而自相残杀、征服弱者。正是人类的这种特性驱使着人们摧残周围的环境，最后毁灭人类自己。人类这种特性还是人类遗传密码的一个组成部分，因此不可能在短期内改变。

而佩切依等人则认为，人类的困境并不是人的本质所固有的危机，而是文化的危机。原因之一，是各国政府只把人看成是生物有机体，或者说消费者。而且往往把注意力集中在人的物质需求上，使满足各种需求的行为无限扩张，而把人类的其他文化需求看成是次要的问题。在一些国家中，只注重与经济效益直接相关的学科的发展，而把那些真正解决人类复杂的社会问题的人文科学和社会科学打入十八层地狱。科学技术在军事上的运用，会使社会其他部分深深地卷入疯狂的军备竞赛中去。科学技术主要反映了发达国家和当权者的利益，造成了贫富国家之间差距。特别是科学技术的发展缺乏整体观，忽略了综合利用的努力。原因之二是人的素质问题。人们利用他们的智慧创造出高度复杂的技术，一味追求使自己日臻完善，完全忘记了人类所负的责任，毁坏了人与自然生态的和谐。之所以出现这些问题是由于人类不负责任的自私。因此，“人类的困境”是人类素质的危机，问题就是出在人自身而不是外部世界。人类必须从自身寻找解决问题的方案和通向人类幸福的途径。①

罗马俱乐部的米都斯小组②，将系统动力学引入到研究中，列出影响全球系统的人口、资本、粮食、污染和不可再生资源的五个基本要素③，发现各个要素之间的关系，去寻找出人类困境的原因。他们在研

---

① 奥莱利欧·佩切依. 未来掌握在我们手中. 北京：科学技术文献出版社，1988：106.

② 受罗马俱乐部委托，麻省理工学院的米都斯教授领导一个研究小组，研究人类困境产生的原因和解决的方法，并于1972年提交了罗马俱乐部的第一份研究报告《增长的极限》。

③ 丹尼斯·米都斯，等. 增长的极限. 长春：吉林人民出版社，1997：58.

究中发现，增长是存在极限的，主要是地球的有限性造成的。在全球系统中的这五个变量是按照不同的方式发展的，人口、资本是按照指数方式发展的，属于无限制的系统；而人口、经济所依赖的粮食、资源和环境却是按照算术方式发展的，属于有限制的系统。而人类对粮食的需求和对自然资源的消费量却都是按指数增长的。[1] 这样，人口增长、资本的增长，必然会引发和加剧粮食短缺、资源枯竭和环境污染等问题，这些问题又反过来会进一步限制人口和经济的发展。而人口和经济的增长使得资源消耗量按指数增长，一旦不可再生的资源达到耗尽的极限，直接危及到人类的生存。人类需求的无限增长与地球资源的有限储备之间形成了难以协调的矛盾，特别是目前对地球吸收污染物质的能力的界限的无知，控制污染十分困难，而自然过程又存在着一种滞后性。总之，在这种系统中，一个因素的增长，将通过刺激和反馈的连锁作用，使最初变化的因素增长得更快。全球系统无节制地发展，最终将向其极限增长，并不可避免地陷于恶性循环之中，最终导致社会的崩溃。

那么，如何解决人类的困境呢？在解决的办法上，罗马俱乐部的成员在总体上比较悲观，认为不管科技是给人类带来光明的普罗米修斯，还是烧毁神庙的恶魔海斯特拉特，都是不可阻挡的。但是关键问题是要把人们的思想认识调节得适应科学技术发展所造成的形势，对于科技发展所带来的后果和影响趋利避害。所以在十年的时间里罗马俱乐部向世人公布了十份报告，希望阻止人类的没落，让人们从盲目的乐观中清醒过来。

罗马俱乐部中有的学者认为，如果想得到对威胁着人类的病症的可靠诊断，研制出有效地遏制的方法的话，我们就必须重新发扬整体思想，把经济同生态结合起来，把安全问题和社会问题结合起来，把克服能源危机与修改现行政策联系起来，以及把地球上的每一个角落发生的事件联系起来，树立对人类的责任感。总之，从全人类共同利益上思考问题，建立起解决全球问题的框架。全世界的政府和联合国共同建立为

① 丹尼斯·米都斯，等. 增长的极限. 长春：吉林人民出版社，1997：27、28.

全体成员利益的发展战略，制定全球的粮食、能源、环境的政策以阻止其进一步的恶化。也有学者认为，由于人类文化的缺陷限制了人类自身的活动范围和明智发展的可能性，要处理好可持续发展的问题，走出人类困境就必须重视教育，提高人的素质。人的素质和人的能力的发展才能使人的需要具有合理性，首要的任务就是让人们学会控制自己，重新认识人与自然的关系和自身的合理需求，树立既关注现在，也关注后代的责任感和公平意识，促使人类抓住这最后一次契机。因此，为了达到持续的发展，走出困境，只有改善人的素质，再没有别的出路。

米都斯小组则在《增长的极限》的报告中提出解决问题的另一种思路。他们认为全球均衡状态是解决人类困境问题的最终出路。他们认为，通过纯粹技术的、经济的或法律的措施和手段的结合，不可能带来实质上的改善，惟一可行的办法是："需要使社会改变方向，向均衡的目标前进，而不是像以往的增长。"① 全球均衡状态的最基本的定义是人口和资本基本稳定，遏制人口和经济增长的状态，将其控制在平衡之中。也就是自觉抑制增长。要达到全球均衡状态，应该遵循一个最低的要求②：(1) 工厂资本和人口在规模上不变。出生率等于死亡率，资本的投资率等于折旧率。(2) 所有投入和产出的速率，包括出生、死亡、投资和折旧率保持最小。(3) 资本和人口的水平以及两者的比例安排得与社会价值一致。随着技术进步而创造出新的选择自由，对它们可以深思熟虑地加以修正，慢慢地加以调整。全球均衡状态并不意味着停滞，而只是要求人口增长和经济增长要保持甚至是降低到现在的水平以下，也就是要按照"零增长"甚至是"负增长"的方式来约束人口和经济的增长。在均衡状态中，技术进步是必要的，这里的技术是经过生态化调整的技术，包括：收集废料的新方法，以减少污染，并使被抛弃的物质可以用于再循环；更有效的再循环技术，以降低资源消耗率；更好的产品设计，以延长产品寿命和便于修理，结果使资本的折旧率最

---

① 丹尼斯·米都斯，等. 增长的极限. 长春：吉林人民出版社，1997：149.

② 丹尼斯·米都斯，等. 增长的极限. 长春：吉林人民出版社，1997：133.

小；利用最无污染的太阳能；在更完备地理解生态关系的基础上，使用控制虫害的天然方法；医学进步，以降低死亡率；避孕手段的进展，以促进出生率同降低的死亡率相等。总之，向全球均衡状态的努力是对目前这一代人的挑战，必须在当代人的范围内解决这些问题。而不能延误时机，将之传给下一代。

罗马俱乐部发表的包括《增长的极限》在内的十个报告，在国际上引起巨大的反响。特别是“零增长”理论，在全球范围内引起了一场关于人类社会发展前景的大讨论。让世界重新审视人类发展与自然之间的关系，也引来了批评的声音，有的认为“零增长”论是只会起负作用的理论。这种观点不仅无助于问题的解决，而且还会加剧社会不平等，降低社会效益，导致社会停滞，因此，无论是发达国家还是发展中国家都不会接受这一理论。“零增长”论的确是不全面的理论，在现实中，任何理论都是需要经验不断修正的，但是能够引起全世界对自身生存和发展的重新认识，这一理论就是有意义的。正如罗马俱乐部的成员所说，我们的态度是一种很严肃的忧虑，而不是绝望的恐惧；是给世界人口和经济的增长强加上一个制动器，而绝对不是导致冻结世界各国经济发展的现状；是通过有计划的措施和深思熟虑的尝试，而不是通过偶然性或突变完成；是希望建立全人类的共同信念，为达到全球的经济、社会和生态的和谐状态的一种努力。①

（二）卡恩的“大过渡”理论

在未来学研究中与悲观主义观点相反，当代大多数未来学家对人类今后的发展持十分乐观的态度。他们认为，未来的前景无比灿烂，只要掌握了先进的科学技术，人类便可以比较容易地主宰这个世界。他们纷纷在研究的基础上著书立说向人们描述，科技的成就怎样地给人们带来直接的物质福利，以及如何带来西方发达国家从 20 世纪 50 年代到 70 年代的经济繁荣。并且指出，随着新技术革命的浪潮的发展，在 20 世纪 70 年代以后，人类社会正逐步走向“后工业社会”、“技术电子社

① 丹尼斯·米都斯，等. 增长的极限. 长春：吉林人民出版社，1997：151.

会”、“高福利社会”。布热津斯基在《在两个时代之间：美国技术电子时代的作用》一书中明确地宣称；技术电子时代已经开始，并认为科学和技术对人和人类社会的影响成为当代变革的主要源泉，特别是在发达的国家更是这样。

美国赫德森研究所所长、物理学家、数学家赫尔曼·卡恩，被誉为是“用数学、表格和曲线来预测未来的科学家”，并以对未来发展作乐观主义评价著称。卡恩与同事合作，于1976年发表了《今后二百年——美国和世界的一幅远景》的报告，提出一种乐观主义的“大过渡”理论。

卡恩等人认为，当代的问题往往要到已经成为历史并能够从历史的来龙去脉中观察，才能为人们所充分了解，必须从长期性视野出发来研究全球性环境与发展问题。卡恩等乐观主义的理论核心是“大过渡”的理论。他宣称向美好世界的“伟大过渡”已经开始，那种认为原料和能源的匮乏可能引起世界“崩溃”的观点和“零度增长”的观点都是错误的。在他们看来，只要运用少许智慧和良好的管理来处理当前的问题，就能够使经济增长在一个相当长的时间内继续下去，这将有益于人类，而不是有害于人类。“没有这样的增长，今天人们深感遗憾的国与国之间的贫富悬殊或许永远不能克服，‘零增长’会使穷国永远贫困下去，并且只能增加当前‘富国’和‘穷国’之间的紧张关系。”“我们与限制增长的人的分歧，主要在于这种转变发生的原因，而不是在于转变的可能性。”① 因此保持增长具有重要意义，但也要充分注意当代经济发展出现的某种消极方面。他们指出：如果不注意消除某些消极的趋势和倾向，如果管理不善，特别是如果发生战争或自然灾害，也不排除将出现灾难性的演变。他们对于未来的基本蓝图是建立在这样的一个思想基础上的，几乎每一个国家都将找到自己的经济进步的道路，当前出现的人口、能源、原料、粮食、生态等问题以及由此引起的一系列困难，“是过渡时期中的一些过渡问题，是处在世界贫穷和世界繁荣之间

① 赫尔曼·卡恩，等. 今后二百年. 上海：上海译文出版社，1980：4.

的一个时期的问题”。[①] 随着新技术革命的发展，各种问题都将被克服。世界上大多数国家将在20世纪末或21世纪初达到“超工业经济”，然后向“后工业社会”过渡。他们认为，人类历史上存在两大分水岭：大约一万年以前开始的农业革命和大约二百年前开始的工业革命。工业革命的扩展可能在四百年内完成，也就是大约在22世纪后期完成。这是一个长达四百年的大过渡，是西方文化的长期的、多方面的基本趋势，即进步的趋势所决定的。

卡恩等人认为，从长期性的视野出发，人类目前正处于大过渡的转折点上，而全球性问题正是在社会发展的转折点上产生的暂时性问题。同样，当今世界不同的国家和地区还存在着发展水平的差异，这些问题是贫穷地区向富裕过渡过程中产生的问题，随着发展中国家（地区）的日益发展，这些问题就会迎刃而解。他们一再强调，不能着眼于短期问题，而必须从长期性的视野出发，这样，得出的结论才是可信的，而罗马俱乐部的担心是不必要的。为此提出了他们的依据：

（1）人口不会出现爆炸。从当前人口统计的数据看[②]，人口的增长现象具有暂时性，在今后的50年里对人口迅猛增长的担心将会消失。从人口历史的视角看，人类社会发展的不同时期存在着不同的人口规律。在工业化之前的社会发展阶段，高出生率和高死亡率相互抵消了，人口的增长是缓慢的。在工业化初期，经济发展和科技进步降低了死亡率，高出生率引起人口的快速增长。而随着工业化的成熟，在社会福利水平和社会文化水平提高的情况下，出生率和死亡率将趋于平衡。他们还认为，科学技术的未来发展将为人口问题提供新的解决办法，可以建造以海洋为基地的人造浮岛——庞大的工业生产的综合体，也可以向外层空间移民。科学进步的速度之快，它能预测今后50年内将会出现更多的新东西，以及它们对未来人口增长的影响。

（2）关于经济增长的问题。卡恩等人认为罗马俱乐部关于经济增

---

① 赫尔曼·卡恩，等. 今后二百年. 上海：上海译文出版社，1980：25.

② 引用了安斯利·科尔：“人口历史”人口增长—1750年到现在的分析图表；罗那德·弗里曼等的“长期历史前景中的人口增长率”分析成果。

长带来后果的担心是可能发生的。但是，当人口增长的步伐放慢的时候，经济增长也会放慢；由于生产要素的成本不断增加使得收益递减，而且增加投资、技术进步和其他革新措施也常会产生反效果；进入超工业时期，财富和生产的边际效用会递减，保险、社会安全和大众福利使生活有了保障，生产的优先地位发生了变化；人们富裕起来成为既得利益，需要的增长发生变化，人们既反对增长本身，又反对随增长而来的变化，地方主义突出，这对经济增长是一种重要的阻力。

(3) 资源不会枯竭。卡恩等人认为，从人类使用能源的历史看，人们凭借先进的技术完全可以提取在地球上可能需要的任何数量的能。在未来，人们将大量使用太阳能、风能、地热、核聚变等永久性的能源。同时，随着科技进步，人们将扩大探矿和采矿的范围，未来的资源完全可以满足人们的需要。

(4) 粮食供给需求。他们认为，粮食危机是不可能的。随着人类社会富裕程度的提高，人们对粮食的需求将下降；“新奇的”技术使用不仅能增加粮食产量，还能改变口味；传统农业采用高产品种的潜力很大；非传统农业提供的非传统食品（如单细胞蛋白质）将能够成为人们主要的食品。由于高科技方法和新奇的方法的广泛的使用，传统的农业逐步地、部分地让位非传统的农业，从而逐步改变饮食习惯，人们可以食用“超级谷物”和合成食品。从长期性的视野来看，粮食的供给是充分的。

(5) 环境污染的治理。在他们看来，由于环保运动的推动，政府不得不采取行动以及法律的制约，生产企业的“无污染物质排放的”的费用不断提高。这是因为从环境经济学的角度看，在多花一块钱而得不到一块钱好处的时候，污染就中止了。而且随着人们对环境问题的认识加深，环保指标不断提高，污染的代价太高就可起到抑制的作用，治理污染的费用在整个国民生产总值中所占的比重会逐步减少。由此可见，随着“大过渡”的完成，这些问题基本上是可以得到解决的。

卡恩及他的合作伙伴在对他们所掌握的现实数据的分析中，乐观地认为，随着技术的改进和完善，经济增长能够持续下去。目前环境与发展之间的问题成因不在于技术本身，而是由于采用了尚不完善和不发达的技术造成的。随着科学技术的改进和完善，过渡时期存在的种种问题会得到解决。科学技术的高度发展，能够帮助人类社会摆脱从贫困向繁荣过渡中必然产生的困难。在今后的50年里，世界将从大部分贫困走向大部分达到中等富裕；从大部分是农村走向大部分是城市；从大部分是前工业社会和缺乏知识走向大部分是后工业社会和有知识；从大部分衣食住很差和短寿走向大部分衣食住良好和长寿；通过环境的治理，人们可以呼吸到清洁的空气，能直接饮用河水，享受悦人的周围景色。科学技术的发展、创新给人类带来前所未有的希望，既对社会进行改造，又为全人类造福。在地球的历史中，人类曾经经历过无数的灾难和严峻的考验。面对当下的困境，人类不能如此地夸大自己的破坏力，而如此地低估自己适应或解决问题的能力。[①] 目前人们所作的悲观的预测，是忽视了技术和经济进步所具有的医治伤害的可能作用，以及对未来技术新发展的无法把握。对于200年的大过渡，尽管斗争、献身精神和智慧是必不可少的，只要作出一番适当的努力，人类可以解决一切问题——甚至人类梦想在地球上建立一个平等的理想国可能不久也会趋于实现。

了解现在是预测未来的重要依据，人类对自身存在和发展关注，以及对未来社会发展的预测是一个永恒的议题。无论是以罗马俱乐部为代表的悲观主义，还是以卡恩等为代表的乐观主义，虽然观点针锋相对，但是作为对人类社会未来发展前景的预测，都是对人类的发展作出了重要的、有价值的贡献。可以说，没有生态学派对环境和发展关系的反思，就不可能形成可持续发展的理论，也就没有世界各国将可持续发展理念贯穿于21世纪社会发展战略中。

从未来主义的悲观主义的视角看，他们提出关于人类发展前景暗淡和陷入大灾难的预测，虽然过于片面，但很严肃地提醒人们关注导致人类生存困境的全球问题，揭示了现代社会发展的经济增长方式和技术使用所带出的消极恶果，动摇了几个世纪根植在现代工业文明中的关于经

① 赫尔曼·卡恩. 今后二百年. 上海：上海译文出版社，1980：188.

济无限增长的神话，从全人类共同生存以及对未来人负责的立场，试图阻挡资本无人性的扩张和贪婪前进的步伐。

罗马俱乐部将社会发展进程中出现的一系列的负面问题放在了“全球性困境”的框架中，将系统动力学的理论和方法引入到未来研究中，强调必须在全球性的范围内来解决这些问题。其一，将全球看成是一个整体，提出了各种全球性问题相互影响、相互作用的全球系统观点。其二，极力倡导从全球入手解决人类重大问题的思想方法，应用世界动态模型从事复杂的定量研究。其三，指出人、社会、自然三者是相互作用、相互制约的系统，而人的作用、责任和观念直接影响着这个系统的平衡。人类社会要保持三者之间的平衡，就应将文化、价值和人的素质作为协调环境和发展的主要途径，有助于达到“全球均衡”和“零增长”的目标。这些新观点、新思想和新方法，表明了人类已经开始站在新的、全球的角度来认识人、社会和自然的相互关系。它所提出的全球性问题和所开辟的全球问题研究领域，都标志着人类已经开始综合地运用各种科学知识，来解决那些最复杂并属于最高层次的问题。

从未来研究的乐观主义视角看，他们不回避人类当前发展出现的种种危机，对解决问题和未来抱有积极乐观的态度，主要的贡献是用发展的观点看待现实与未来。其一，强调以长期性的视野来考虑和解决问题。指出在工业化和现代化的过程中，由于人们只顾眼前利益而忽略长远利益，才导致了全球性的环境与发展问题愈演愈烈。而以长期性的视野来考察问题，会呈现出不同的面貌。只有将眼前利益和长远利益、局部利益和整体利益统一起来，只有着眼于未来，才能找到解决现实问题的方法和措施。其二，倡导对人类社会的未来预测应建立在对历史发展阶段分析的基础上。他们认为社会发展的不同历史阶段其内部各个因素之间的变化和相互影响是不同的，如从历史的视角看人口、经济、能源、环境和粮食供给在长期的相互作用下将趋于平衡。其三，强调科学技术在解决现实问题和未来发展中的重要作用。特别是从发展的视角看，为解决问题的新技术将不断涌现，主张不要被眼前的困难吓倒，技术的进步是人们建立信心的支柱。同时，强调在科学技术进步中的人的能动性和智慧的重要性，人类可以打破现有知识和条件限制，为生存求改变、求创新。其四，强调综合解决问题方法。倡导全世界各国政府共同参与，通过培训、教育、革新、体制改革、立法、投资等方式协作解决全球性问题。

未来主义生态学派提出的可持续发展的理念对20世纪最后十年及21世纪的全球发展战略的制定和实施起到积极的推动作用。但是也要看到理论存在的局限性：其一，将科学技术作为制约全球性环境发展问题的决定性力量。无论是悲观主义还是乐观主义，在理论阐释上只是视角的不同，前者认识问题的出发点是基于当下状况，而后者则着眼于未来的发展，但是他们的预测未来的共同点是，把现存问题的成因与解决方法过多地归结在科学技术的作用上，无限夸大科学技术在社会发展的作用，甚至起到决定性的作用。而且对科学技术的二重性作了分裂性描述，悲观主义更多地强调技术的阶段性作用所带来的负面影响，而乐观主义则夸大了科学技术进步的推动力量。事实上，科学技术具有工具理性的特点，它作用的大小和好坏取决于人类需要的程度。未来主义既没有看到技术被利用背后的利益关系，也没有看到环境和发展之间隐含的不同社会、不同集体之间的复杂的利益关系，实际上，全球性危机是一种社会问题，是由不合理的国际政治经济秩序造成的。具体来说：一是发展中国家成为发达国家的原料和初级产品的产地，超负荷的开采加剧了资源的短缺和环境的破坏。二是发展中国家成为发达国家转嫁公害的牺牲品。发展中国家成为发达国家推行霸权主义的生态牺牲品。其二，未来主义生态学派都回避特定的社会制度谈论环境与发展的问题。悲观主义没有分析资本通过垄断追求高额利润时滥用人类智慧所造成的危机，回避全球危机产生的经济根源和资本主义的固有矛盾。因此在解决人类困境以及人与自然的关系时，不是把注意力放在经济与政治制度的变革上，而是抽象地谈论对人的素质的改造，以及建立新的人道主义的价值观，确立一个超历史、超社会阶层的“国际经济结构”或“世界合作的共同体”模式，来帮助人类走出困境。对于乐观主义来说，抓住了科学技术的发展推动社会进步的事实，但同样回避社会制度的制约作用，宣称新技术革命可以使资本主义摆脱危机，进入“奇妙的新时代”。事实上，人类社会的发展是一个自然历史过程，社会基本矛盾运动才是推动社会发展的根本力量，技术只是社会基本矛盾的组成因子之一。“技术决定一切”的观点，不过是资本主义永恒论的另一种表现形式。其三，回避社会的阶级、阶层之间冲突，否认在特定制度下仍然存在阶级的对抗，以及对抗在问题解决中的作用，而且认为对不平等的反抗是造成危机的原因之一。佩切依认为“阶级斗争正在导致巨大的浪费而毫无成效，甚至连一贫如洗的人们也发现他们目前备受社会不公正和经济不平等的折磨，但如果斗争不断发展下去，这种可怕的折磨将更普遍地出现于全世界，到头来，首当其冲的牺牲品却是他们自己。”人们对共同危机的新认识和人类的某些利益的一致性，使他们倾向于提高人民的团结，而超脱了一切政治的和社会的界限。全人类在必须共同面对未来的决定性挑战的时刻，应该恢复人类的良知，① 在这里我们不禁要问：社会不公平的根源是什么，为什么可以成为普遍现象？为什么社会底层民众争取平等的斗争会不断持续？摆脱了政治组织后，个人在争取经济权利、政治权利时有多大的现实能力？如何面对在经济上占统治地位的资产阶级？仅仅凭借人类的良知就可以解决社会危机吗？因此抽象地讨论全球问题，难免有些书生的天真。

总之，要彻底解决全球性问题，走可持续发展之路，人类要学会调节环境与发展的关系，正如恩格斯所说：“要实行这种调节，仅仅认识是不够的。这还需要对我们迄今存在过的生产方式以及与这种生产方式在一起的我们今天整个社会制度的完全的变革。”②

参考文献

[1] 丹尼斯·米都斯. 增长的极限. 长春：吉林人民出版社，1997.

[2] J. L. 西蒙，H. 卡恩. 资源丰富的地球——驳《公元2000年全球研究》. 北京：

① 奥莱利欧·佩切依. 未来的一百页. 北京：中国展望出版社，1984：113.

② 恩格斯. 自然辩证法. 北京：人民出版社，1984：306.

科学技术文献出版社，1988.
[3] 奥雷利奥·佩西. 人的素质. 沈阳：辽宁大学出版社，1988.
[4] 池田大作，奥雷利奥·佩西. 二十一世纪的警钟. 北京：中国国际广播出版社，1988.
[5] 阿尔文·托夫勒. 未来的冲击. 北京：新华出版社，1996.
[6] 约翰·奈斯比特，等. 高科技·高思维. 北京：新华出版社，2000.
[7] 阿尔文·托夫勒. 预测与前提. 北京：国际文化出版公司，1984.
[8] 丹尼尔·贝尔. 后工业社会的来临. 北京：商务印书馆，1986.
[9] 阿尔文·托夫勒. 第三次浪潮. 北京：新华出版社，1996.
[10] 约翰·奈斯比特. 大趋势. 北京：中国社会科学出版社，1984.
[11] 约翰·贝米·福斯特. 马克思的生态学——唯物主义与自然. 北京：高等教育出版社，2006.